西方經濟學原理

(第四版)

楊伯華、繆一德 主編

財經錢線

第四版序言

▲世界聚焦經濟學

儘管1929—1933年間,全世界陷入過一次經濟大蕭條。在那以後的七十多年中,局部地區和國家也出現過經濟和金融危機,甚至出現過1997年那樣嚴重的亞洲金融危機,但是多數國家的經濟實現了穩定的增長,人們的生活水準得到了持續不斷的提高,似乎經濟大蕭條不會重現了。正當我們津津樂道於經濟繁榮之時,始於2008年美國「次貸」危機的全球性經濟和金融危機再次襲來。面對新世紀的世界經濟危機,各個國家政府強力出擊,推出一系列改革金融、刺激經濟的政策,希望減輕衰退,迅速復興經濟。效果如何,人們當拭目以待。

伴隨著世界經濟的枯榮,經歷過經濟制度的轉型變遷,借助於科學技術的進步,得益於其他學科的發展,經過一代又一代經濟學家的不懈努力,經濟學的專業範疇、分析工具、分析方法、研究範圍都得到了前所未有的創新。無論是作為一門科學,還是作為一門學科,經濟學都已經成為人們普遍關注的焦點。

▲經濟學家的感受

「經濟」這個詞來源於希臘語,意思是「家庭管理」。家庭管理的核心就是「節約」或者「效率」。中國素來有「經世濟民」、「經邦濟世」之說,意味著經濟學也關注國家管理的問題。所以,無論是家庭成員和公司員工,還是地區和部門管理者,甚至是國家管理者,都應該掌握必要的經濟學。

重視經濟學並不是希望人人都成為以經濟學研究為職業的經濟學家,也不是因為經濟學能夠直接教給我們一些賺錢的竅門,而是希望大家都能夠掌握經濟學的思維方式,能夠在現代社會中「像經濟學家一樣思考問題」。毋庸置疑,經濟學理論源於實實在在的經濟生活,經濟學家的思維方法也源於家庭、企業和政府的行為。但是,學會自覺運用經濟學思維方法來理解現實,自覺運用經濟學的專用工具來分析問題,顯得尤為重要。

卡爾・馬克思說:「分析經濟形式,既不能用顯微鏡,也不能用化學試劑。二者都必須用抽象力來代替。」

約翰・梅納德・凱恩斯說:「經濟學理論並沒有提供一整套立即可用的完整結論。它不是一種教條,只是一種方法、一種心靈的容器、一種思維的技巧,幫助擁有它的人得出正確結論。」

沃爾特・威廉姆斯說:「經濟學是一種思維方法,而且也是運用廣泛的一種有用的分析工具。經濟理論可以廣泛運用於有關人類行為利益與成本問題的任何一種討論。」

▲教材細節掃描

《西方經濟學原理》的第一版在2000年面世,2002年和2004年本書的第二版和第三版也先後出版了。第三版出版以來,人們的物質和文化需求日新月異,經濟學的分析方法和分析技術出現了一些新的的發展,社會對人們所需要掌握的知識以及必須具備的

能力有了更高的要求。諸如此類變化，不僅要求轉變課堂教學方式，而求要求更新教學內容。為了適應社會要求的變化，我們根據經濟學課程的教學要求，參考部分教師和學生的意見，對《西方經濟學原理》進行了第四次修訂。

秉承第三版的風格，第四版仍然追求以盡可能簡明的形式來介紹經濟學的基本原理，力圖為讀者在比較短的時間內把握經濟學的基本原理提供一個基本框架。除此之外，第四版進一步強化了經濟學方法和經濟學工具的實際運用，意在培養讀者理解現實和分析問題的能力。

我們盡可能在本書中提供這門學科比較全面而完整的內容，而不是片面或過分簡單的節選。從微觀經濟學到宏觀經濟學，從單個的家庭、單個的企業和單個的市場，再到作為整體的國民經濟；從市場有效時的自由競爭理論，再到市場失靈時的政府干預理論；從經濟效率和經濟公平的追求，再到經濟穩定和經濟增長的實現；從產品市場到要素市場，再到勞動力市場、金融市場和外匯市場。

我們知道許多讀者對經濟學開始都有濃厚的興趣，但是難於堅持學習。所以我們選擇一些例子來說明原理，使學生感興趣，並使內容生動活潑。同時，我們還通過運用原理來說明現實與爭論，讓原理活靈活現。比如，運用消費者行為理論的工具來分析政府的稅收類型的選擇、政府不同的住房支持政策的選擇；又如，運用供求均衡理論工具來分析人體器官市場問題、關稅和配額的福利影響問題等等。

我們意識到不少學生感到經濟學難學，為此，我們把學生放在中心地位，並為學生而寫。我們不使用讓人畏懼的形式與語言，並使學生的注意力集中在實質性內容上。在經濟學中大量使用的經濟函數，我們在書中也盡可能避免使用，而用經濟因素之間的影響關係來表述。我們盡量使用通俗易懂的語言，大量使用簡明的平面圖形。第四版中，我們增加了大量的圖形和表格，目的就是便於讀者直觀形象地理解經濟學原理和經濟關係。

儘管經濟學中有很多模型，有很多分析工具，但我們在書中堅持運用供求均衡分析，而不是介紹多種分析模型和工具。比如，我們用市場供求均衡理論分析市場價格和交易量的決定與變化，分析政府的微觀規制對交易價格、交易量和經濟福利的影響。再如，我們用總供求均衡理論來分析GDP、價格總水準和總就業量的決定與變化，並用其分析宏觀財政政策和貨幣政策的作用。讀者也許會發現，第四版中還有其他經濟模型，實際上其他模型只不過是供求均衡模型的變形而已。

▲可選的學習思路

經濟學內容多而且雜，常常讓人感覺看得懂，聽得懂，記不住，容易忘，無法整體把握。導致這些問題的主要原因是沒有把主要的經濟學知識理順。為此，我們在此給大家介紹一種學習教材的思路，以供讀者參考。當然，如果讀者能夠自己理出一個線索出來，那是最好不過的了。按照傳統的經濟學分類方式，第四版的內容包括三個部分：經濟學導論、微觀經濟學和宏觀經濟學。

經濟學導論（第1章），主要介紹經濟學研究的主要問題、經濟學研究的基本方法和經濟學中的圖表，主要是為學習具體的經濟學知識作一些準備。可以採取的一種學習線索是，從研究問題（第1節），到研究方法（第3節），再到經濟圖表（第4節）。

微觀經濟學（第2、3、4、5、6、7章），主要介紹對單個家庭、企業和市場的經濟

行為分析的理論工具和實際策略。可以採用的線索之一是：從家庭行為理論（第3章），到企業行為理論（第4、5章），再到市場運行理論（第2、6、7章）。可以採用的線索之二是：從市場有效理論（第2章、3章、4章、5章第1節、6章的競爭性要素市場、7章的第1節）到市場失靈理論（第5章的3、4、5節，第6章的壟斷性要素市場、7章的2、3、4、5節）。

宏觀經濟學（第8、9、10、11、12、13、14章），主要介紹對整個國民經濟運行進行分析的理論工具和政策運用。可以採用的線索之一是：從總供給模型（第13章），到總需求模型（第9、10、14章），再到總供求模型（第8、11、12章）。可以採用的線索之二是：從經濟理論（第8、9、10、11章）到經濟現實（第12、13、14章）。

▲學習建議點滴

經濟學是作為經濟類的基礎課來設置的，是各專業的基礎課之一。通過本課程的學習，要求學生掌握現代經濟學的基本概念和基本理論，掌握經濟學所運用的基本分析方法，以作為學習其他專業課程的基礎。在學習中應該注意以下幾個問題：

注意政治經濟學和經濟學的區別。政治經濟學和經濟學分別屬於不同體系，不可將這兩門不同的學科混淆起來。

著重掌握基本理論。多觀察，多思考，用實例幫助理解，也可適當練習試題。適當的練習是檢驗自己是否真正理解的重要手段。

理解經濟圖形。圖形是本書的教學難點。學習經濟學必須懂得圖形。圖形並不要求死記，但必須看懂和理解。要根據教材進行訓練，要求掌握最基本的圖形，會識圖、繪圖。

重視運用原理分析現實問題。特別強調原理的運用，要求讀者能夠運用基本原理進行簡單的經濟學分析。

▲編寫團隊素描

為了編寫適應社會發展和學生培養教學的教材，經過反覆討論選擇，我們成立了《西方經濟學原理》教材修訂編寫組。

◆除了北京大學胡代光教授擔任教材編寫的顧問之外，我們編寫組還包括西南財經大學西方經濟學專業的部分博士研究生和碩士研究生。

◆教材修改部分的執筆人為西南財經大學經濟學院的吳開超教授和曾志遠教授。他們都是畢業於國內著名大學的經濟學博士，不僅對經濟學原理相當熟悉，對現實經濟生活也有相當的理解。特別值得指出的是，兩位作者長期擔任本科和研究生的教學工作，具有豐富的經濟學教學的實踐經驗。

◆除了楊伯華教授和繆一德教授外，教材修改編寫的基本分工是：吳開超編寫教材的第一章、第二章、第三章、第四章、第五章、第六章和第七章；曾志遠編寫教材的第八章、第九章、第十章、第十一章、第十二章、第十三章和第十四章。編寫組的其他成員為我們準備了大量的案例和材料，還負責了部分文字的錄入和編輯。

▲感謝、祝願、期待

本書得以編寫出版，除了編寫成員的愉快合作外，我們心中充滿感激。在教材的編寫過程中，我們參考了大量的國內外相關專著、教材、論文和新聞報導。比如，薩繆爾森等主編《經濟學》、曼昆主編的《經濟學原理》、希勒主編的《當代經濟學》、帕金主編的《經濟學》。此外，還有高鴻業教授主編的《西方經濟學》。我們在此表示衷心的

比如宏觀消費函數一般寫為 $C = c_q + c \cdot Y_d$。

西方流行的經濟學教材和國內編寫的經濟學教材有很多不同，但是我們認為最大的不同是國外教材本身包括了較多的參考資料，這些參考資料多以案例分析、背景介紹、人物小傳和理論新發展導讀的形式穿插在教材之中，使得教材篇幅巨大。在我們看來，教材和教學輔導資料應該分開來，二者合一對中國的學生不是很恰當。正是基於這樣的認識，第三版仍然追求以盡可能簡明的形式來介紹西方經濟學的基本原理，為讀者在比較短的時間內把握經濟學的基本原理提供一個基本框架。

本書第三版仍然是作者們共同努力的集體成果，各章撰寫的分工略有改變。第一章由楊伯華撰寫；第二章由吳開超撰寫；第三章由白瑩、吳開超撰寫；第四章由吳開超撰寫；第五章由白瑩、吳開超撰寫；第六由楊伯華、白瑩撰寫；第七章由吳開超、白瑩撰寫；第八章由繆一德撰寫；第九章由繆一德、曾志遠撰寫；第十章由曾志遠撰寫；第十一章由曾志遠撰寫；第十二章由繆一德撰寫；第十三章由繆一德、曾志遠撰寫；第十四章由楊伯華、曾志遠撰寫。吳開超負責微觀經濟學部分的統稿工作，曾志遠負責宏觀經濟學部分的統稿工作。

本書的內容取材於西方國家一些流行的同類教科書和論著，也參考了國內的一些相關資料。在此，我們一併表示衷心的感謝。由於作者水準有限，錯誤在所難免，敬請讀者不吝賜教。

編者

目　　錄

第一章　經濟學導言 …………………………………………………………… (1)
　　第一節　經濟學的研究對象 ………………………………………………… (1)
　　第二節　微觀經濟學與宏觀經濟學 ………………………………………… (7)
　　第三節　經濟學的研究方法 ………………………………………………… (9)
　　第四節　經濟學中的圖表 …………………………………………………… (11)

第二章　需求和供給理論 ……………………………………………………… (21)
　　第一節　需求函數和市場需求 ……………………………………………… (21)
　　第二節　供給函數和市場供給 ……………………………………………… (24)
　　第三節　需求彈性和供給彈性 ……………………………………………… (27)
　　第四節　市場均衡與經濟福利 ……………………………………………… (32)
　　第五節　政府對價格的管理 ………………………………………………… (39)

第三章　消費者行為理論 ……………………………………………………… (51)
　　第一節　效用和效用極大化原則 …………………………………………… (51)
　　第二節　消費者偏好和消費約束 …………………………………………… (55)
　　第三節　消費者均衡和個人需求 …………………………………………… (60)
　　第四節　企業和政府行為與消費選擇 ……………………………………… (65)
　　第五節　不確定條件下的個人選擇 ………………………………………… (69)

第四章　廠商的生產和成本理論 ……………………………………………… (77)
　　第一節　生產要素和生產成本 ……………………………………………… (77)
　　第二節　一種變動投入要素的生產 ………………………………………… (79)
　　第三節　兩種變動投入要素的生產 ………………………………………… (82)
　　第四節　固定要素比例的長期生產 ………………………………………… (87)
　　第五節　廠商的短期成本和長期成本 ……………………………………… (90)

第五章　市場結構和廠商均衡理論 …………………………………………… (96)
　　第一節　市場結構和利潤最大化 …………………………………………… (96)
　　第二節　完全競爭廠商的產出決策 ………………………………………… (100)
　　第三節　完全壟斷廠商的均衡 ……………………………………………… (105)

第四節　不完全競爭廠商的決策 …………………………………………… (112)
　　第五節　完全信息博弈與廠商的決策 ………………………………………… (122)

第六章　要素價格理論 ……………………………………………………………… (135)
　　第一節　廠商對生產要素的需求 ……………………………………………… (135)
　　第二節　個人對生產要素的供給 ……………………………………………… (140)
　　第三節　地租和工資的決定 …………………………………………………… (145)
　　第四節　利息和利潤理論 ……………………………………………………… (150)
　　第五節　收入平等與分配政策 ………………………………………………… (155)

第七章　帕累托效率與市場失靈 …………………………………………………… (158)
　　第一節　一般均衡與帕累托效率 ……………………………………………… (158)
　　第二節　自然壟斷與政府管理 ………………………………………………… (163)
　　第三節　逆向選擇和道德風險 ………………………………………………… (166)
　　第四節　外部效應與科斯定理 ………………………………………………… (170)
　　第五節　公共物品與資源配置 ………………………………………………… (173)

第八章　國內總產出和價格指數 …………………………………………………… (179)
　　第一節　國民產出和國民收入 ………………………………………………… (179)
　　第二節　國內生產總值的核算 ………………………………………………… (183)
　　第三節　價格指數與經濟福利 ………………………………………………… (187)
　　第四節　宏觀經濟基本恒等關係 ……………………………………………… (190)

第九章　簡單的國民收入決定理論 ………………………………………………… (193)
　　第一節　宏觀消費函數 ………………………………………………………… (193)
　　第二節　均衡國民收入的決定 ………………………………………………… (199)
　　第三節　乘數和乘數原理 ……………………………………………………… (202)
　　第四節　宏觀財政政策 ………………………………………………………… (207)

第十章　擴大的國民收入決定理論 ………………………………………………… (212)
　　第一節　產品市場均衡與 IS 曲線 …………………………………………… (212)
　　第二節　利率決定和貨幣政策 ………………………………………………… (219)
　　第三節　貨幣市場均衡與 LM 曲線 …………………………………………… (227)
　　第四節　IS—LM 模型與宏觀政策的有效性 ………………………………… (230)

第十一章　總需求—總供給模型 …………………………………………………… (236)
　　第一節　總需求曲線 …………………………………………………………… (236)
　　第二節　總供給曲線 …………………………………………………………… (239)
　　第三節　宏觀經濟均衡及均衡的改變 ………………………………………… (246)

第十二章　失業與通貨膨脹 …………………………………………（251）
第一節　失業與充分就業 ………………………………………（251）
第二節　通貨膨脹與價格穩定 …………………………………（255）
第三節　菲利浦斯曲線與滯脹 …………………………………（260）

第十三章　經濟增長與增長政策 …………………………………（270）
第一節　經濟增長的源泉 ………………………………………（270）
第二節　資本累積與經濟穩態 …………………………………（272）
第三節　儲蓄率與資本黃金律 …………………………………（279）
第四節　人口增長與經濟增長 …………………………………（287）
第五節　技術進步與經濟增長 …………………………………（290）

第十四章　開放經濟下的宏觀管理 ………………………………（296）
第一節　開放經濟下的收支項目 ………………………………（296）
第二節　匯率和匯率決定 ………………………………………（302）
第三節　開放經濟下的宏觀模型 ………………………………（307）

第一章　經濟學導言

本章重點及難點

(1) 經濟資源的稀缺性。
(2) 基本經濟問題的產生和內容。
(3) 生產可能性邊界與機會成本。
(4) 收益遞減規律與相對成本遞增規律。
(5) 微觀經濟學與宏觀經濟學。
(6)「理性經濟人」假定。

在實際生活中，居民戶、企業和政府都會面臨各種各樣的經濟問題。翻開報紙和雜誌，占據大幅版面的是價格、工資、廣告、收入分配、消費者權益、公平交易、外匯儲備、銀行利率、股票漲跌、進出口貿易、產業結構、稅收等經濟問題。打開電視和收音機，占用大量黃金時間的仍然是這些經濟問題。經濟問題紛繁複雜，備受關注。

為了幫助人們更好地認識和處理經濟問題，經濟學家們通常根據一些給定條件，運用一套可以適用於各類經濟問題的分析方法，進而建立了一門學科即經濟學來解釋複雜多樣的經濟現象。從英國經濟學家亞當·斯密的《國富論》誕生到現在，現代經濟學已經走過了200多年的歷史，其研究成果之豐富，研究範圍之廣泛，以至於有「經濟學帝國」之稱。

第一節　經濟學的研究對象

一、經濟學的定義

1. 西方經濟學是一門內容相當豐富、發展非常迅速的學科

就內容看，它可以泛指與經濟問題有關的，至少應包括有三種類別的各種不同的文獻、資料和統計報告：第一類是企業的經營管理方法和經驗。它著重於運用運籌學、數理統計學等方法來研究和總結企業營運的經驗；第二類是對一個經濟部門、領域或重大問題進行集中研究而形成的運用經濟學，比如資源經濟學、旅遊經濟學、石油經濟學等；第三類是純經濟理論的研究成果，如微觀經濟學、宏觀經濟學、數理經濟學、動態經濟學、福利經濟學、經濟思想史等等。本書只限於研究理論經濟學中的微觀經濟學和宏觀經濟學，它構成了西方院校所講授的經濟學概論課程的基本內容，是當代西方經濟學中最基本也最重要的部分。

就西方經濟學的發展看，經濟學作為學術上的一門獨立學科，只有200多年的歷

史。但是，從亞當·斯密1776年發表《國富論》為經濟學奠定基礎，直到現在的200多年中，西方經濟學已經經歷了六次在理論學術觀點上的重大的革命性改變。它們是：斯密對重商主義的革命、邊際革命、凱恩斯革命、貨幣學派的反凱恩斯革命、斯拉法革命和理性預期革命。而且，在資本主義發展的不同歷史時期，除占據主導地位的經濟學派之外，還有其他各種非主流經濟學和異端學派存在。所以，在不同歷史時期，不同經濟學派之間的經濟理論，存在著很大差異。本書作為經濟學概論性教科書，盡量注意了內容的規範性。我們採用了近年來西方教科書流行的結合或綜合形式，包容了一些重要學派的見解，但著重對當代的流行理論進行解說，集中分析當代西方經濟中的主要經濟問題和政策主張，不強調和較少涉及各流派之間的爭論，也較少回顧經濟理論的演變發展過程。

2. 經濟學的定義

當代西方經濟學家一般認為：經濟學是研究經濟資源充分利用和合理配置問題的科學。

經濟資源是指對人有效用而且又具有稀缺性的資源。有效用而不具有稀缺性的資源是自由取用之物。稀缺性的標誌是價格，價格不為零的有效用的資源就是稀缺性資源。在西方經濟學看來，勞動、資本、土地、管理、技術都是稀缺性資源，這不僅因為它們對人們有效用，而且因為人們要獲得它們就必須支付相應的價格：工資、利息、租金和利潤。現有的經濟資源總量是有限的，現有的可利用的技術是一定的，因此經濟資源投入而可能獲得的產出也是有限的，人們所能獲得的需求的滿足程度當然也是有限的。但是，在另一方面，人們的需要總是無限的。生存、舒適、奢侈……需要的層次會逐步向上發展，且種類無限，這是人類社會進步的標誌。人類無法擺脫並始終面臨著需要的無限性和滿足需要的有限性這個最根本的經濟問題，而且絕不可能最終解決這個問題。人們面對這一根本的經濟難題所能做的是什麼呢？是如何去做出合理的選擇，使經濟資源得到充分利用和合理配置，實現節省或效率，使產出達到最大，使人們的需要獲得最大程度的滿足，使社會經濟福利達到最大。就此而言，如何充分利用和合理配置經濟資源而實現節省或效率，既是經濟學要研究的永恆主題，也是經濟學家永遠也無法完全解決的中心課題。

節省或效率是通過選擇來實現的。因為資源具有稀缺性，所以選擇是必要的。就此而言，經濟學又是一門以科學的觀點來研究社會的選擇問題的科學，它對社會經濟的選擇問題進行系統的探索。它研究社會中的個人、廠商、政府和其他組織是如何進行選擇的，這些選擇又是怎樣決定了社會資源的利用和配置的。

3. 市場活動循環圖

圖1-1是我們繪製的市場經濟活動的流程圖，它簡明地說明了市場經濟中的市場主體、市場客體、市場活動和市場價格。

（1）就消費者來說，它是生產要素的所有者，通過向要素市場上提供勞動、資本、土地和企業家而獲得工資、利息、租金和利潤。這些要素價格就構成消費者的收入。消費者擁有的收入就是他的貨幣選票；他支付相應的價格，在產品市場中去購買所需要的食品、服裝、理髮等產品和服務，以滿足自己的各種需要。當然，消費者還要與政府發生關係：一方面，消費者要政府繳納社會保障稅和個人所得稅，以獲得政府提供的公共

图 1-1　市场经济活动循环图

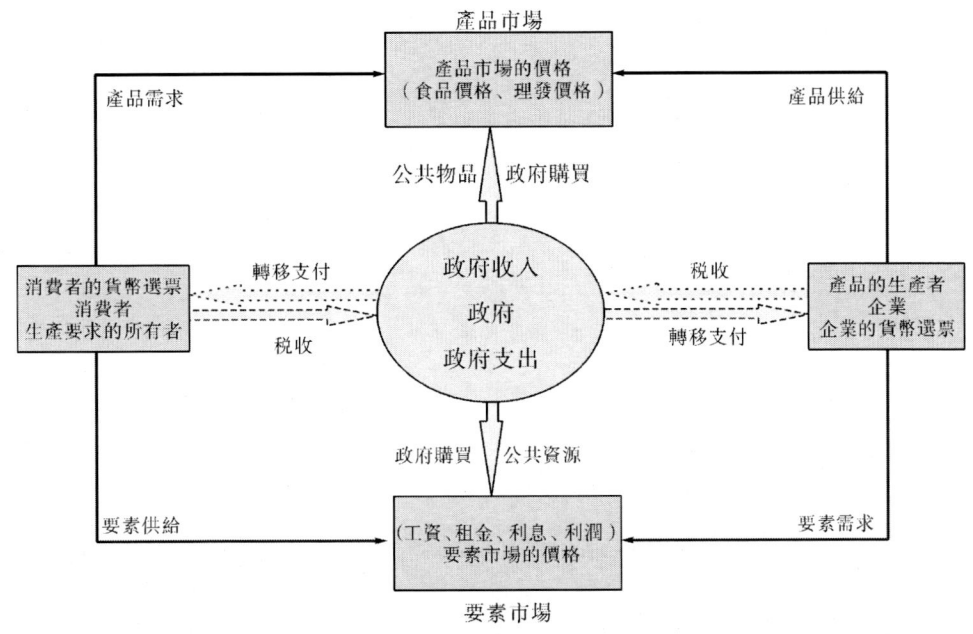

产品和服务，另一方面，政府还要对消费者进行福利开支等转移支付。

（2）就企业而言，为了满足消费者的需要，它是产品和服务的生产者和所有者，通过向产品市场上提供消费者所需要的食品、服装、理发等产品和服务而获得相应的收益。企业拥有的收入成为它的货币选票，它运用这些选票在要素市场上去购买它进行生产所必需的劳动、资本、土地和企业家，同时向消费者支付工资、利息、租金和利润等价格。当然，厂商也要与政府发生关系：一方面，企业者要政府缴纳间接税（关税、营业税、消费税等）、社会保障税和企业所得税，以获得政府提供的公共产品和服务，另一方面，政府也要对企业者进行福利开支等转移支付。

（3）如果消费者和企业仅仅是市场活动的参与者，那么政府的角色就是多重的。作为市场活动的参与者，政府在产品市场上，既提供公共物品和服务，又通过政府购买的形式购买产品和服务；在要素市场上，它既提供公共资源，同时又去雇佣要素。作为经济活动的调控者，政府还通过财政、货币政策和产业政策来引导经济运行，以弥补市场的失灵。当然，政府也不是万能的。

4. 基本经济问题

对任何经济而言，都需要解决四个方面的基本选择问题，即基本经济问题。对这四个问题的选择决定着经济将会如何运行。

（1）生产什么、生产多少。社会的消费结构和生产结构在不断变化。在市场经济条件下，这种选择主要是通过市场来实现的。生产什么和生产多少的选择主要决定于厂商和消费者两者之间的相互关系，但政府也起着重要作用。在产出决策上，价格因素是关键。价格引导着消费，也引导着生产。所以经济学关注的一个中心问题是：商品之间的

相對價格的高低如何決定？價格上升或下降的原因是什麼？同時，經濟學也非常關注生產總水準的變動與就業率變動之間的密切關係。

（2）怎樣生產。生產產品的方式往往是多樣的。比如生產紡織品，可以用手工織機生產，可以用機器生產，也可以用計算機操縱的最先進的自動化機器生產。機器越好，越節省人力，但卻需要投入更多的資本。在市場經濟條件下，生產方式的選擇主要是由廠商按效率原則自主決策的，但政府也會以管理的法規、條文、規範等方式施加重要影響。經濟學非常關注廠商對生產方式進行選擇的原則的分析，重視決策對技術進步的各種影響的分析。

（3）為誰生產。誰來消費社會生產出來的產品？在市場經濟條件下，高收入者才能是高消費者。但是收入與工資的高低又是由什麼決定的呢？簡單地說，收入的高低主要決定於居民戶和廠商之間的相互作用。同時政府會用收入再分配計劃進行參與，對收入分配產生重大影響。而且，我們還得回答一些困難問題，諸如運氣、教育、遺產、儲蓄、經驗、勤奮等等對收入高低的作用。

（4）誰做出經濟決策、以什麼程序做出決策。西方經濟學認為，無論是命令式的中央計劃制度還是市場經濟制度都是兩種極端的決策制度。前者由政府負責一切經濟活動事務，由統一的計劃管理機構通過一個官僚體系發布行政命令，決定生產什麼、如何生產和為誰生產。後者則是通過市場，由生產者和消費者的自由交換和分散決策，決定生產什麼、如何生產和為誰生產。但是這兩種極端的形式既不是理想的也不是現實的經濟組織模式。純粹的市場經濟會存在市場失靈，諸如壟斷、外部效應、通貨膨脹和失業的週期循環以及市場分配導致的不可接受的其他結果等。因此，為了對付市場的缺陷，需要政府介入，在效率、平等、穩定三個方面發揮政府的經濟作用，形成混合經濟。薩繆爾森說：「我們的經濟是私人組織和政府機構都實施經濟控制的『混合經濟』：私有制度通過市場機制的無形指令發生作用，政府機構的作用則通過調節性的命令和財政刺激而得以實現。」西方經濟學認為它們的混合經濟組織模式是一種最優制度選擇。在混合經濟制度下，經濟學家們關注的是：如何尋求公共部門與私人部門、個人決策和政府決策、平等和效率之間在經濟上的適度平衡，這是經濟分析的中心問題之一。

二、社會的生產可能性邊界

1. 生產可能性邊界的定義

前面已經證明，由於經濟資源的稀缺性，迫使社會進行投資、產出和生產方式的選擇。這個基本經濟事實可以用簡單的生產可能性邊界圖形加以說明。

任何一個經濟社會，其經濟資源總量是一定的，即有一定數量的人口、一定程度的技術知識、一定數量的資本和自然資源。當這個經濟社會決定生產什麼和為誰生產時，它實際上必須決定這些經濟資源如何進行最合理的配置。這當然是一個非常複雜的過程。為了簡化分析，我們假定：這個經濟社會投入全部經濟資源，需要生產的僅有兩種經濟物品或兩類物品，以 x 和 y 來表示。它們可以是大炮和黃油，也可以是麵包和葡萄酒，或者是消費品和資本品。生產可能性邊界就是指充分利用現有經濟資源即稀缺性資源，在充分就業條件下，所能生產的最大限度的產品組合或結合。它提供了可供社會選擇的各種生產可能性數值的清單。

表1-1提供了一系列的生產可能性清單。A點表示只生產資本品而不生產消費品的一個極端，而F點則是只生產消費品而不生產資本品的另一個極端。在其間的B、C、D、E各點，資本品的生產數量逐漸減少，以換取生產更多的消費品。兩種產品的增減是借助於資源配置方式的轉換來實現的。這表明了一個基本事實，即在一個充分就業的經濟中，在生產某一種物品時，總是必須放棄某種其他物品的生產，「不存在免費的午餐」，有所得必然有所失，替代乃是必然規律。

表1-1

可能性	消費品	資本品
A	0	13
B	1	12.5
C	2	12
D	3	10
E	4	6
F	5	0

根據表1-1的數字資料，可畫出生產可能邊界圖形。圖1-2表明：假設技術水準和經濟資源的數量均為一定，社會可以沿著這條邊界選擇消費品來代替資本品。社會在邊界上的生產和配置資源，或者說沿著邊界進行選擇替代，都是有效率的。效率的含義就是不存在資源的浪費。不存在浪費的狀態就是經濟在不減少一種物品的生產的情況下，就不能增加另一種物品的生產的時候，其生產便是有效率的。而有效率的經濟是位於其生產可能性邊界上的。

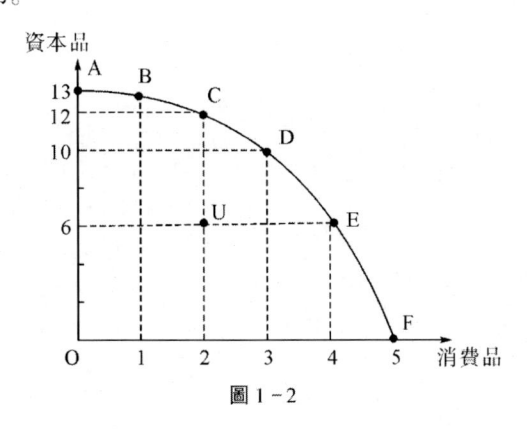

圖1-2

如果在生產可能性邊界的內部進行生產，例如在圖1-2的U點，這表明經濟處於缺乏效率的狀態。造成這種狀態的原因：第一是資源未被充分利用，存在著失業的勞動者、閒置的工廠設備和荒廢的土地；第二是經濟組織的方式缺乏效率，或經濟中壟斷盛行和經濟調節缺乏效率；第三是統制經濟制度，如官僚主義導致的激勵機制的弱化、信息障礙、決策失誤、無效管理和效率損失。如果經濟處於邊界之內，通過擺脫和消除浪

費及低效率的原因，就可以使生產向可能性邊界靠近，獲得更好的結果。在某種意義上講，就可以在不減少某種物品產量的條件下得到其他物品的更大產量。也就是說，你有可能獲得「免費的午餐」。

一個社會不可能在生產可能性邊界之外進行生產。這是因為社會的經濟資源是有限的，其可能的最大產出組合絕不可能在其有限的邊界之外。

2. 生產可能性邊界的用途

生產可能性邊界有助於說明經濟中許多最基本的概念。

（1）有助於說明經濟學的定義。經濟學是研究有效地選擇經濟資源的利用和配置方式的科學。生產可能性邊界恰當地表明了選擇的限制條件、選擇的機會、選擇的效率和選擇的成本。

（2）給稀缺性提供了一個嚴謹的定義。「經濟資源稀缺性」指的是人力資源和非人力資源的數量是有限的，使用這些資源產出的每一種物品也都有個有限的最大數量。生產可能性邊界以恰當的形式表示了可以被生產出來的物品的各種組合的外部界限。

（3）有助於說明許多基本經濟問題和基本經濟過程。比如：在生產可能性邊界上，可以把社會最終選定的生產物品組合點標示出來；由生產可能性邊界引申出來的效率、缺乏效率和增進效率的分析結論，為生產方法的合理選擇提供了一般基礎；我們可以用生產可能性邊界的外移來表述經濟增長；用公共物品和私人物品產出組合比例的變化來說明社會經濟走向繁榮的過程；用目前的消費和犧牲目前消費的資本形成之間的選擇來說明經濟增長的途徑；用生產可能性邊界向外的大幅移動，來表明享受到科學技術發明成果並且給予發明者豐厚獎勵的經濟社會所具有的巨大的發展潛力。

（4）能夠對經濟學中的選擇成本做出恰當的解釋。經濟資源的稀缺性使得社會不得不做出選擇，而任何選擇不只會帶來某種好處，還會招致一定的成本。比如在生產可能性邊界上，多生產黃油，就必須少生產大炮，減少的大炮就構成多生產黃油的選擇成本。選擇成本實質上就是機會成本。經濟學上把因做出一種選擇得到某種東西而不得不放棄的次優選擇的利益稱為機會成本。如果資源可用於多種用途，則機會成本由因此而放棄的最佳用途的代價來衡量。

（5）可以說明最著名的收益遞減規律。收益遞減規律是指相對於其他不變投入量而言，假定技術水準一定，增加某些可變投入量將使產量增加；但是，在達到某一點之後，增加相同的投入量而增加的產出量很可能變得越來越少。

向外凸出的生產可能性邊界恰當地說明了收益遞減規律。邊界向外凸出，說明為更多增加某種產品 x 單位，必須以犧牲越來越多的另一種產品 y 為代價，即增加 x 產品的相對成本是遞增的。這稱為相對成本遞增規律。相對成本遞增規律是與收益遞減規律密切聯繫的。為了簡化分析，我們假定 x 和 y 兩種產品分別是大炮（工業品）和黃油（農產品）。又假定生產大炮（工業品）只需要勞動而土地可以忽略不計，生產黃油（農產品）則既需要勞動又需要土地，並且假定土地的數量是固定的。這樣，不斷增加農產品生產，就要把越來越多的勞動從工業部門轉入農業部門並與固定不變的土地相結合，結果是每單位勞動和越來越少的土地相結合。依據收益遞減規律，隨著投入的勞動不斷增加，增加的單位勞動所增加的產量將會遞減，因此增加單位農產品需要從工業部門轉移出來的勞動量就將越來越多，結果增加單位農產品必須犧牲掉的工業品也會越來越多。

由此可見，正是收益遞減規律導致了相對成本遞增規律，從而使生產可能性邊界外凸。也就是說，用向外凸出的生產可能性邊界能夠說明收益遞減規律。

第二節 微觀經濟學與宏觀經濟學

經濟學有兩大分支：微觀經濟學與宏觀經濟學。

一、微觀經濟學

微觀經濟學以個別經濟單位為研究對象。個別經濟單位是指所有參與社會經濟運行的個人或實體，它包括消費者、工人、投資者、土地所有者、廠商等。

微觀經濟學是研究個別經濟單位的決策行為以及市場體系如何對稀缺資源進行配置的科學。微觀經濟學通過對個別經濟單位決策行為的研究，來描述現代市場經濟的運行機制和作用，說明市場配置經濟資源的過程、效率及其失靈，尋求改善效率、彌補缺陷的途徑。市場機制就是價格機制，價格分析是微觀經濟學的核心，因而微觀經濟學又被一些經濟學家稱為價格理論。

微觀經濟學的內容實際上包括三個部分：一是考察消費者和生產者、個別產品的需求和供給如何相互作用並共同決定個別產品的數量和價格，這部分是個別產品市場的價格、產量決定理論。二是要素市場的價格決定理論，它考察要素所有者（居民戶）與要素使用者（廠商）、個別要素的供給與需求雙方如何相互作用並共同決定要素的價格（工資、利息與地租）。三是以個別經濟單位的行為為出發點，把全部社會經濟活動作為考察內容。比如一般均衡分析同時考察了產品市場上所有個別產品市場的供求相互作用的關係，以及要素市場上所有個別要素的供求相互作用的關係。又如福利經濟學雖然是微觀經濟學的組成部分，但它卻是以社會的福利問題為考察對象的。

二、宏觀經濟學

宏觀經濟學考察整體的經濟行為及其後果，即經濟運行的整體，故又稱為總量經濟學。宏觀經濟學集中研究經濟繁榮與衰退、通貨膨脹與失業、長期的經濟增長與短期的經濟波動、國際收支和匯率變動這些主要經濟問題，並建立理論模型，用於經濟預測和決策。

現代宏觀經濟學作為一門獨立的經濟學分支，正式形成於1936年凱恩斯出版《就業、利息和貨幣通論》之後。在20世紀30年代以前，傳統的經濟理論比較忽視宏觀分析，強調微觀分析。傳統的宏觀經濟觀點依據薩伊定律，以充分就業為假定，認為偏離充分就業、出現經濟危機只是一種例外的暫時的現象。從這種基本觀點出發，經濟危機和失業問題並未引起它們的廣泛關注和深入研究。由於19世紀上半葉嚴重的或長期的蕭條相對來說還很少，這就支持了傳統經濟學的信念。20世紀30年代的大危機使傳統經濟學破產。凱恩斯的《就業、利息和貨幣通論》對20世紀30年代的大災難提供了系統的理論解釋，批判了薩伊定律，為政府干預和調節經濟的政策提供了理論依據。凱恩斯學說的中心內容是國民收入決定理論。由於宏觀經濟學的主要課題是說明國民收入的決定、波動和增長原因，所以又稱為現代收入理論。按照凱恩斯主義經濟學的解釋，總需求決定國民收入。總需求不

足會導致生產下降，失業增加；總需求過度則會出現通貨膨脹。因此政府應當採取財政政策和貨幣政策來減少失業、穩定物價，並促進經濟增長。

政府是否能夠並且應該干預經濟以改善其運行效率呢？對此，理論界存在嚴重的分歧和激烈的爭論。宏觀經濟學長期以來存在著兩個主要的思想流派：一個思想流派信奉自由放任的自由主義；另一個思想流派信奉政府干預，認為政府干預對改善經濟運行具有重要意義。在20世紀70年代以前，前者以弗里德曼為代表的貨幣主義為首，後者以凱恩斯主義為首。到了70年代以後，貨幣主義為新古典宏觀經濟學所取代，其代表人物有R. 盧卡斯、T. 薩金特、R. 保羅以及E. 普西斯科特和N. 華萊士等。作為對立面的另一派則是第三代的新凱恩斯主義者，該學派的主要代表人物有Q. A. 阿克洛夫、J. 耶倫、D. 羅默、O. 布蘭查、G. 曼奎、L. 薩姆納斯和B. 伯納克等。這兩個對立的思想派別的每一代都展開了激烈的論戰。論戰是圍繞著宏觀經濟學的主要問題展開的。這些主要問題是：如何解釋高的和持續的失業時期？如何解釋通貨膨脹？什麼決定經濟增長？應該讓誰來決定匯率？在這些問題上，這兩個派別之間在觀點及理論方面都存在著對立和衝突。論戰的中心問題，也是宏觀經濟學的中心問題：在每一個主要經濟問題上，政府是否能夠而且應該做什麼，以及怎樣做才是最好的。這些觀點、理論和政策上的分歧、衝突和論戰對政界和宣傳媒介關於經濟政策的討論產生了強烈影響。作為一本初級教程，本書並不強調分歧和論戰，而是集中於實實在在地討論上述這些主要宏觀經濟問題，有選擇地對比流行的觀點、理論和政策加以介紹。

微觀經濟學和宏觀經濟學之間的根本區別是研究的重點和闡述方法存在著差別。它們探討不同的問題，所以有時也採用相當不同的方法。

微觀經濟學研究個別經濟單位的經濟行為，著眼於生產者行為、消費者行為、個別商品市場及行業的研究，採取個量分析方法。在微觀分析中，通常需要假定經濟總量是給定的，比如總收入、物價水準是給定的，然後分析消費者如何將他們的收入分配在不同商品的購買支出上；分析不同行業之間商品的相對價格的變化。宏觀經濟學研究的是社會整體的經濟行為，著眼於對事關全局的主要經濟問題的分析。它採取總量分析方法，側重研究主要經濟總量及其總量之間的函數關係。在宏觀分析中，通常需要忽視經濟總量在不同行業內的配置以及變化，比如忽視行業間相對價格的變化、忽視總收入分配在不同商品購買支出上的變化，而只把總收入、物價水準這些總量作為分析的關鍵變量。再者，個別經濟單位的經濟行為原則和經濟總體的經濟行為原則也是不同的。不能簡單地認為總體是個體的總和，總體行為原則就等同於個體行為原則之和，否則就會犯「合成的謬誤」。比如：節儉是個人的美德，但如果整個社會節儉成風就會導致消費不足，引發經濟衰退；個人漲工資增加收入是好事，但如果社會平均工資上升就會導致成本推進，結果發生通貨膨脹和失業增加。

不過近年來，宏觀經濟學和微觀經濟學的界限越來越模糊了，這是因為宏觀經濟學同樣也涉及了對市場的分析，比如對商品和服務市場、勞動力市場、企業債券市場的分析等等。對這些市場進行分析，研究這些市場是如何運行的，又必須首先研究和瞭解廠商、消費者、工人以及投資者的行為——正是這些個別經濟單位組成了這些市場。所以，宏觀經濟學家越來越關注總體經濟現象的微觀經濟分析，致力於建立相互貫通、彼此協調一致的宏觀經濟學的微觀經濟學基礎。

第三節　經濟學的研究方法

一、經濟學的表達方式

如果借用物質的三態做比方，經濟學是一半為固態的學科：它不像自然科學那麼精確，但又比大多數非自然科學要精確些。經濟學考察和研究經濟變量以及相互之間的關係，這些經濟變量通常是可以計量的，所以也就適於用數學來表達經濟變量及其關係。這是經濟學具有固態特徵的方面。就此而言，正如凱恩斯指出的：「經濟學是一門容易的學科，沒有什麼突出之處。」也正因如此，經濟學除了採取文字陳述的表達方式之外，還經常採用算術的（列表法）、幾何的（圖示法）、代數的（方程式）表達方法。以需求原理為例來說明：假定其他情況不變，產品的價格上升，購買量將減少。這是文字陳述的方法。我們也可以採用統計的方法：根據統計資料，在各種不同價格下列出對某種商品的不同購買量，這就是需求表。這是算術方法。我們也可以根據需求表畫出需求圖形，得出一條向右下方傾斜的需求曲線。這是幾何法。最後，也可以採用代數的方法，寫出函數關係式 $Q_d = f(P)$ 或方程式 $Q_d = a - b \cdot P$。

二、經濟模型

經濟模型是一種理論結論，它用來描述所研究的經濟現象的相關經濟變量之間的依存關係。所以，經濟模型是對經濟問題的一種理論解釋。

現實的經濟問題是錯綜複雜、變化多端的，任何經濟模型都必須運用科學的抽象，使問題簡化，捨棄一些次要因素或變量，集中說明真正重要的少數主要變量之間的關係。所以經濟模型是對極其複雜的現實問題進行高度簡化的人工經濟結構，是以簡化的方式對現實經濟問題進行思考和解釋，它使得對現實問題的解釋更為便捷、容易。

為此，經濟學家必須做出種種假設。假設的目的是使複雜問題簡化，以突出分析的重點。比如我們在生產可能性邊界模型中假定一個經濟社會只生產兩種產品、經濟資源總量和技術既定等。這個模型簡化了複雜的經濟，但卻提供了思考稀缺性、經濟效率、機會成本和經濟增長等主要經濟問題的簡單的方法。經濟學家用不同的假設來解釋不同的問題。比如在進行短期的貨幣政策效應分析時，假定價格是具有黏性的；而做長期分析時，則又假定價格是具有彈性的。不同的假定，對經濟模型中包括哪些變量、包括幾個變量，以及對變量特點的說明都是不同的，所以即使研究同一個問題，也會建立起不同的模型。比如貨幣需求問題，就有庇古、凱恩斯、弗里德曼等多種模型；消費函數問題，就有絕對收入、相對收入、持久收入和生命週期理論等多種模型。

建立經濟模型必須首先提出假設，所有的經濟模型都建立在一些假設之上，結論是從假設中運用邏輯推理的原則得出來的。所以，如果假設是正確的，又正確地運用了邏輯推理，那就必然會導致正確的結果。

經濟模型是一種逐步地研究經濟問題的方法。它把龐大而複雜的問題，分為細小而簡單的、能一次性加以處理的問題。這種高度簡化的模型當然會得出極不真實的結論。

但是我們在高度簡化的模型中逐步加進複雜的因素，考察會出現什麼新的結果。然後再加上另一個複雜因素，考察可能產生的影響。這樣，我們的假設就會逐步變得更接近於實際，得出的理論結論也就更能解釋我們所觀察到的事實。

由經濟模型引申出的理論只是一種假說，假說需要對現實經濟的觀測來證明。把經濟模型運用於經濟變化的預測中，把預測的結果與實際的變動相對照，並做統計的和歷史的分析。只有當預期的變化符合經驗的或歷史的實際時，原則和理論才被證明是正確的。因此，經驗觀測和經濟理論之間有一種循環關係：從反覆的經驗觀測中提出假設，並建立模型以集中概括主要經濟變量之間的關係，由此提煉出理論，但理論又必須由經驗觀測來驗證。

三、「經濟人」假定和行為最優化的準則

「經濟人」的概念是由義大利經濟學家帕累托引入經濟學的。其意思是說：人在經濟生活中總是受個人利益或利己動機所驅使，並且在做出經濟決策時，總是理智地、深思熟慮地對各種可能的選擇機會進行權衡比較，力圖尋求以最小的代價去獲得自身的最大經濟利益，這被稱為行為目標最優化準則，即決策目標的最大化（或最小化）原則。這是西方經濟學關於人類行為的一個基本假定。因為最優方案的選擇是通過對各種可選方案的預期成本和預期收益的現值的微量增減的變動不斷調整，權衡得失，去劣擇優，使邊際成本趨於並最終等於邊際收益而實現的，所以最優化原則又稱為邊際原則，即只有採用邊際方法才能達到最優化的目標。西方經濟學者承認，「經濟人」假定和最優化準則未必完全合乎事實，但是對人的行為目標做出一致性假定，在影響人的經濟行為的眾多因素中，抽出主要的基本的因素來建立模型，在此基礎上提出一些重要的理論結論，並據此對人們的經濟行為做出預測，這顯然是有意義的。可以設想：要是沒有這個假定，如果人們對得失、利弊抱著無所謂的態度，那麼經濟學就很難提出什麼有用的理論了。再者，任何理論總是建立在給定的前提或假定之上的。如果我們採用非功利主義的人類行為假定，比如同情心、利他主義、政治原則、道德倫理規範等，也許就更加不合乎經濟生活的事實了。在這個意義上，雖然「經濟人」假定不完全符合事實，但大體上不違反實際，因此應該有很大的實用價值。

四、實證分析和規範分析

經濟學家力求通過分析的方法，形成為經驗和歷史所證實的經濟原則和理論，以用於經濟預測和決策，幫助解決社會面臨的重大經濟問題。但是，在涉及經濟政策的問題上，即涉及政府應該做什麼的問題上卻出現了嚴重的爭論和分歧。經濟學家投入到激烈的辯論之中，他們根據各自的判斷標準，進行規範分析，做出各自的評價，提出不同的主張，經濟學隨之被劃分為實證經濟學和規範經濟學。

目的在於表述經濟是如何運行的經濟學分析體系叫做實證經濟學。它要闡明、描述客觀事物是什麼、是怎樣的。它只做客觀的陳述和分析，揭示經濟變量之間穩定的函數關係或因果關係，提出假說或理論，再由經驗事實加以驗證。比如「最低工資立法引起了失業」、「通貨膨脹和失業具有替代關係」、「擴大政府開支和減少稅收造成財政赤字」都是實證命題。

規範經濟學則試圖設立一些價值判斷標準來決定好壞、是非，決定應該怎樣做。當經濟學家根據這些標準來說明政府應該怎樣做時，就稱為「規範的說明」。比如：失業

和通貨膨脹具有替代關係，但當兩者並存時，是優先解決失業問題，搞赤字財政政策呢？還是優先解決通脹問題，搞財政緊縮政策呢？到底政府應該怎樣做是正確合理的呢？這就是規範經濟學的問題了。又比如：「政府應該提高最低工資」、「政府應該加大再分配政策的力度以解決收入差距過大的問題」等，都是規範命題。

實證分析和規範分析的主要差別是其對命題的正確性的判斷標準不同。實證命題必須通過檢驗證據來確認其正確性；規範命題則涉及價值觀，涉及我們對倫理、宗教和政治哲學的看法，因此難於找到客觀的、統一的判斷正確性的標準。

實證分析和規範分析也是相關的。對客觀經濟問題的實證分析結論會影響到關於「什麼是正確的經濟政策」的規範觀點。比如說，如果「最低工資立法引起失業」是正確的，就應該得出「政府不應該提高最低工資」的規範結論。但是，規範結論並不一定以實證結論為基礎，如前所述，它往往會受價值觀的重大影響。比如說，就公平的觀點看，政府應該實行提高最低工資的政策。再者，經濟學家致力於解釋經濟的運行，進行實證分析，目的是為了改善和增進效率，提高社會福利，這就必須進行規範分析。所以兩者是有機結合的。從經濟思想的發展史來看，大多數經濟學家的看法基本上是一致的：經濟學既是一門實證的科學，也是一門規範的科學。

第四節　經濟學中的圖表

圖表用來說明關鍵的經濟學觀點。圖表不但出現在經濟學教科書中，也出現在討論商業和經濟觀點的報紙雜誌文章中。為什麼要大量使用圖表？因為它們簡化了經濟觀點，讓觀點更具體，可以應用於現實世界的問題中。經濟和商業問題可能會很複雜，但圖表使複雜的問題簡單明了，突出商業問題所需的關鍵聯繫。

人們之所以在使用圖表和公式時有困難，通常僅僅是因為對它們不熟悉。經過實踐，你會熟悉本書中所有的圖表和公式。而一旦你熟悉了它們，你就可以使用它們來分析那些如果不使用它們就非常難以分析的問題了。下面是對如何使用圖表和公式作一個簡要介紹。

一、作圖的數據

1. 離散圖

離散圖畫出了一種經濟變量的值對另一種經濟變量的值。這種圖形用來揭示這兩種經濟變量之間是否存在一種關係；它也被用於描述這種關係。

圖1-3A表示消費與收入之間關係的離散。橫軸衡量平均收入，縱軸衡量平均消費。每一個點表示在2000—2007年中某一年的人均消費與人均收入。在圖形內代表8年的各點是「離散」的。每個點用兩個數字標出，它們告訴我們相應的年份。例如，標有96的點告訴我們，在1996年，人均收入是19,200美元，而人均消費是17,750美元。這個圖中的點形成一種關係，這種關係表明隨著收入增加，消費也增加。

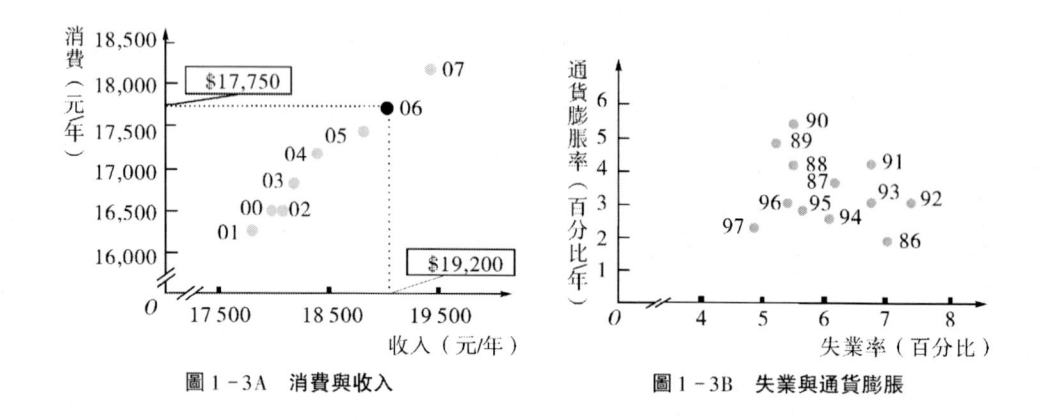

圖 1-3A　消費與收入　　　　　　　　圖 1-3B　失業與通貨膨脹

圖 1-3B 表示某國通貨膨脹與失業的離散。這個圖中的各點告訴我們這兩個變量之間沒有明顯關係。由於缺少一個明確的關係，這個圖形告訴我們，在該國的通貨膨脹與失業之間並不存在一種簡單的關係。

像圖 1-3A 這種表示兩個變量之間一種明確關係的離散圖告訴我們兩個變量有高度相關性。當表現出高度相關性時，我們可以從另一個變量的值來預測一個變量的值。但是，相關性並不簡單就是因果關係。有時高度相關性僅僅是一致性，但有時高度相關性產生於因果關係。例如，很可能是收入增加引起消費增加。

你剛剛看到的兩個圖，正如小缺口所表示的，軸是斷開的。這種斷開表示從原點 O 跳到所記錄的第一個值。圖 1-3A 中，使用了斷開是因為消費的最低值大於 15,000 元，而收入的最低值大於 16,500 元。在這個圖的軸上沒有斷開的小缺口，就會有許多空地方，而所有的點都會擠在右上角，而且我們也無法看出這兩個變量之間是否存在一種關係。通過把軸斷開，我們可以看出這種關係。

把軸斷開，像用變焦鏡頭一樣，使這種關係進入圖形中心並對其加以放大，使它占滿了圖形。斷開可以用來強調一種關係，但是斷開也會引起誤導，作出了說謊的圖形。為了避免這種誤導，在開始解釋圖形之前密切注意橫軸和縱軸上的數值和標記，養成這樣的習慣，不失為一種好辦法。

2. 時間序列圖

時間序列圖用橫軸表示時間（例如月或年），並用縱軸衡量我們關注的一個或幾個變量。圖 1-4A 表示時間序列圖的一個例子。在這個圖中，時間軸（橫軸）用年來衡量，是 1968—1998 年，我們關注的變量是咖啡的價格，並用縱軸來衡量價格。正如這個例子所表明的，時間序列圖迅速而容易地傳遞大量信息。

（1）咖啡的價格水準——在什麼時候高，什麼時候低。當這條線距離橫軸遠時價格高，距離橫軸近時價格低。

（2）價格如何變動——價格是上升還是下降。當這條線像 1976 年那樣向上方傾斜時價格上升，當這條線 1978 年那樣向下方傾斜時，價格下降。

（3）價格變動的速度——價格上升得快還是慢。如果這條線非常陡峭，那麼價格上升或下降就都快；如果這條線不陡峭，價格上升或下降就都慢。例如，1976 年和 1977

年價格上升極快，而1993年價格上升得比較緩慢。同樣，當1978年價格下降時，下降迅速，但在20世紀80年代初期、價格下降較為緩慢。

（4）時間序列圖還表明是否存在一種趨勢。你可以看出，從20世紀70年代中期到90年代中期，咖啡價格的普遍趨勢是下降。這就是說，顯然價格也有漲落，但是普遍傾向是下降。

（5）時間序列圖還使我們可以迅速地比較不同的時期。圖1-4A表明20世紀80年代不同於70年代，70年代咖啡價格的波動比80年代劇烈。

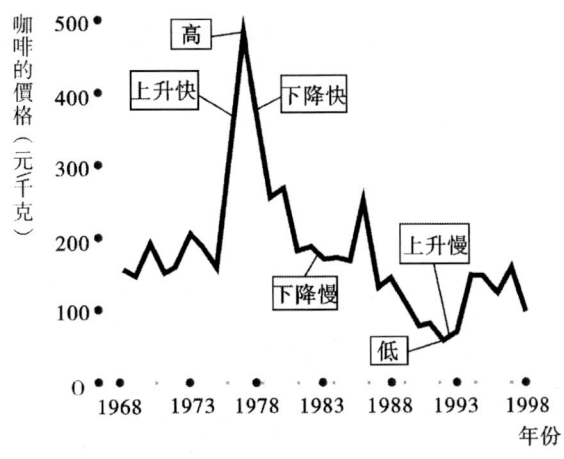

圖1-4A　咖啡的價格變化

有時我們想用一張時間序列圖比較兩個不同的變量。例如，假設你想知道政府預算餘額是否隨失業率而波動，你可以畫一個每種變量都在同一時間標度上的圖來考察政府預算餘額和失業率。我們可以衡量的政府預算餘額既可以是盈餘又可以是赤字。圖1-4B表示預算盈餘，失業率標度在圖的左邊，政府預算盈餘的標度在右邊，黑色線表示失業，灰色線表示預算盈餘。這個圖表明，失業率和政府預算盈餘反方向變動。

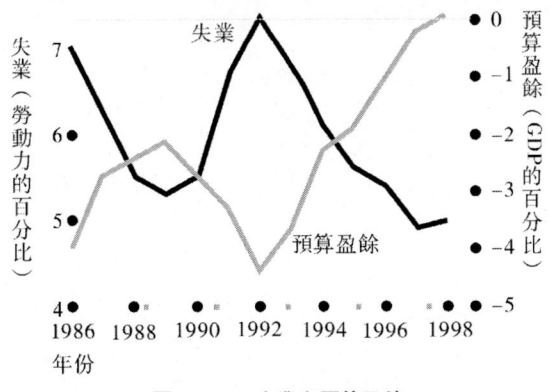

圖1-4B　失業與預算盈餘

圖1-4C是用按赤字衡量的政府預算餘額。這就是說，我們把右邊的標度反轉過來

了。這個圖表明，失業率與政府預算赤字同方向變動，預算赤字和失業率同時增加和同時減少。

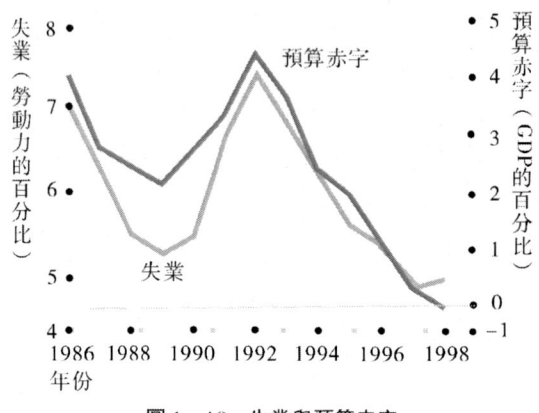

圖 1-4C　失業與預算赤字

3. 橫斷面圖

圖 1-5A、圖 1-5B 使用兩種常見形式的圖表，顯示了美國汽車市場份額的值。市場份額顯示不同企業所占行業銷量的百分比。在這個例子中，顯示的是各組企業的信息：「三大公司」——福特、通用和戴姆勒—克萊斯勒——以及日本企業、歐洲企業和韓國企業。圖 1-5A 以柱狀圖的形式顯示，每組企業的市場份額由柱形的高度代表。圖 1-5B 以餅狀圖的形式顯示相同的信息，每組企業的市場份額由不同扇形的面積代表。

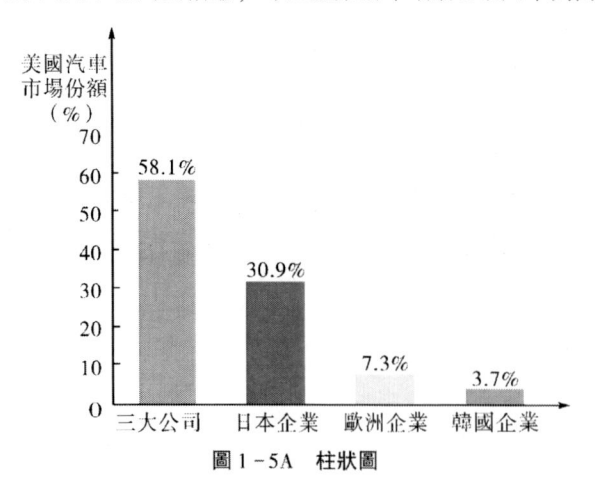

圖 1-5A　柱狀圖

圖 1-5B　餅狀圖

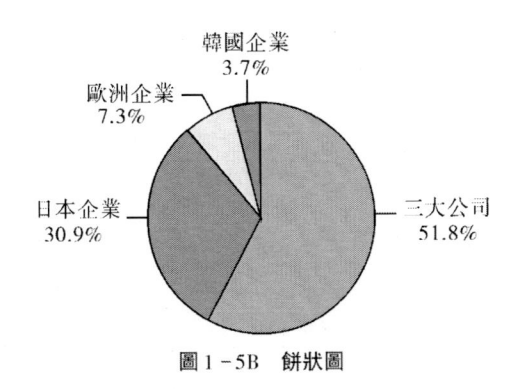

二、雙變量圖表

我們常常使用圖表來顯示兩個變量之間的關係。在經濟模型中你將遇到許多不同的圖形，但有一些反覆出現的類型，只要你學會認識這些類型，你就會很快瞭解圖形的含義。在這裡，我們將考察經濟模型中所用的不同類型曲線，而且我們將看到每種曲線的一些日常生活的例子。在圖形中看到的類型有 4 種情況，現在我們考察這四種情況。

1. 同方向變動的變量

圖 1-6 是同時上升或下降的兩種變量之間關係的圖形。同方向變動的兩種變量之間的關係稱為正相關或同方向相關，用向右上方傾斜的線來表示這種關係。圖 1-6 表示三種類型關係。一種是一條直線，而另外兩種是曲線，但在這三個圖中的所有線都稱為曲線。圖形的任何一條線——無論它是直線還是曲線——都稱為曲線。

一條直線所表示的關係稱為線性關係。圖 1-6A 表示 5 個小時中走過的公里數與速度之間的線性關係。例如 a 點告訴我們，如果我們的速度是每小時 40 公里，5 個小時中我們將走 200 公里。如果我們使速度翻一番達到 1 小時 80 公里，那麼在 5 個小時中我們走過了 400 公里。

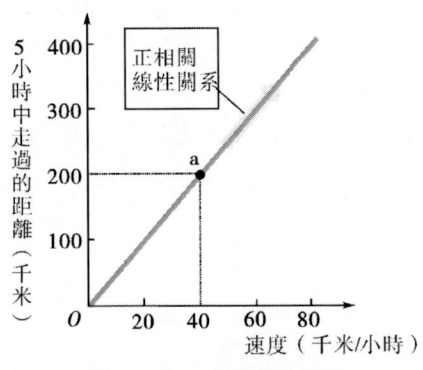

圖 1-6A　正相關線性關係

圖 1-6B 表示跑步距離與使心率回到正常休息時的水準所需要的時間之間的關係。這條曲線向右上方傾斜而且越來越陡峭的原因是跑步增加額外 100 碼就需要額外的恢復

時間（1碼＝0.9144米，下同）。跑100碼時所要恢復的時間小於5分鐘，但跑第三個100碼時所需要的恢復時間大於10分鐘。

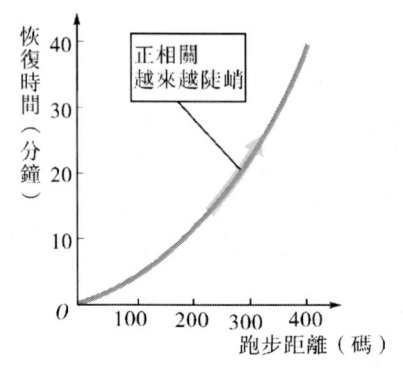

圖1-6B 正相關越來越陡峭

圖1-6C表明學生所完成的習題量和學習時間量之間的關係。這種關係用一條開始時相當陡峭而以後越來越平坦地向右上方傾斜的曲線來表示。隨著學生的學習時間越來越多和學習越來越累，學習的效率越來越低。

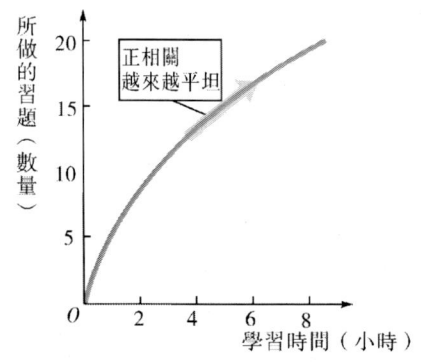

圖1-6C 正相關越來越平坦

2. 反方向變動的變量

圖1-7表示反方向變動的因素之間的關係。反方向變動的變量之間的關係稱為負相關或者反向相關。圖1-7A表示一個人每一天可用於勞動的小時數與閒暇和睡眠的小時數之間的關係。多勞動一小時意味著閒暇和睡眠的時間就要少一小時，反之亦然。這種關係是線性負相關。

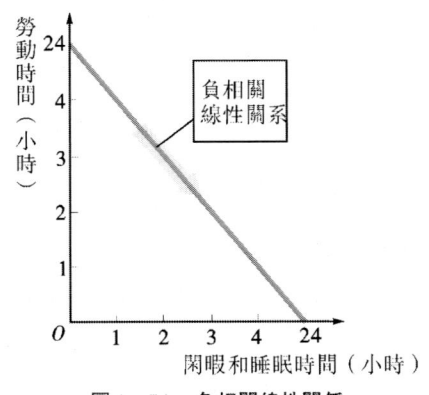

圖1-7A 負相關線性關係

圖1-7B表示旅行每公里的成本和旅途長度之間的關係：旅途越長，每公里的成本越低。但是，隨著旅途長度的增加，每公里成本下降。而且，旅途越長，成本下降得越少。曲線向右下方傾斜這一事實表示這種關係的特點。這條線在旅途短時開始陡峭，然後隨著旅途長度增加而越來越平坦。這種關係的產生是因為一些成本是固定的，例如汽車保險，這些固定成本分攤到了較長的旅途中。

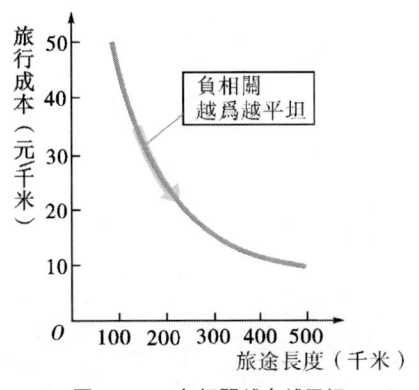

圖1-7B 負相關越來越平坦

圖1-7C表示一個國家民用品產量與軍用品產量之間的關係。隨著民用品產量的增加，不僅軍用品產量會減少，而且每多生產一個單位的民用品所導致的軍用品的減少量會越來越多。這種關係是因為在一定的資源條件下，生產民用品的邊際收益在遞減，從而機會成本在遞增。

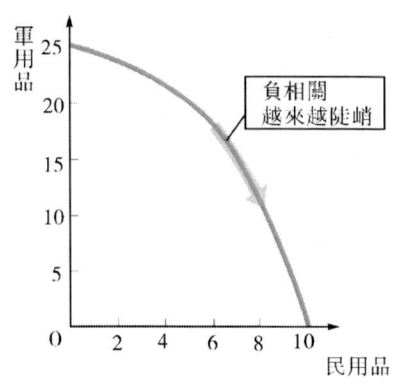

圖1-7C　負相關越來越陡峭

3. 有最大值或最小值的變量

經濟模型中的許多關係有最大值或最小值，例如，企業努力使可能的利潤最大並以可能的最小成本生產。

圖1-8A表示勞動投入量與小麥產量之間的關係。在資本和技術不變時，如果沒有勞動投入，小麥收成為零；隨著勞動量的增加，小麥收成也增加。在勞動投入為10時，小麥收成達到40的最大量。但是，如果勞動量超過10，小麥收成則開始減少。這種關係是開始時向右上方傾斜，達到最大，然後向右下方傾斜。

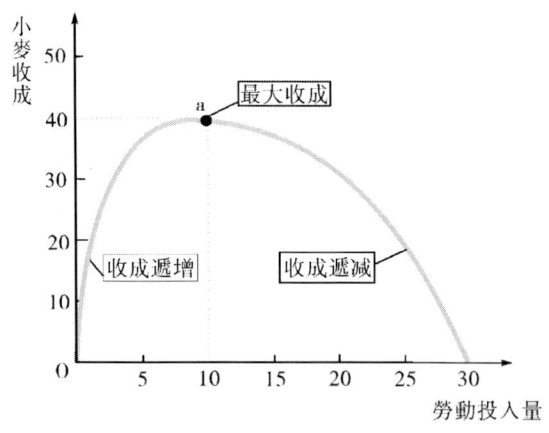

圖1-8A　有最大值的關係

圖1-8B表示相反的情況——開始時向右下方傾斜，下降到最小，然後問右上方傾斜。這種關係的一個例子是隨著開車速度提高的每公里汽車成本。在速度低時，汽車沿一條擁擠的車道爬行。每升汽油的公里數低，因此每公里的汽油成本高。在速度極高時，汽車開得比它的最有效速度還快；而且，每升汽油的公里數又低，每公里的汽油成本高。在一小時70公里的速度時，行駛每公里的汽油成本最小（b點）。

4. 無關的變量

有許多情況是無論一個變量發生什麼變動，另一個變量都保持不變，有時我們想用

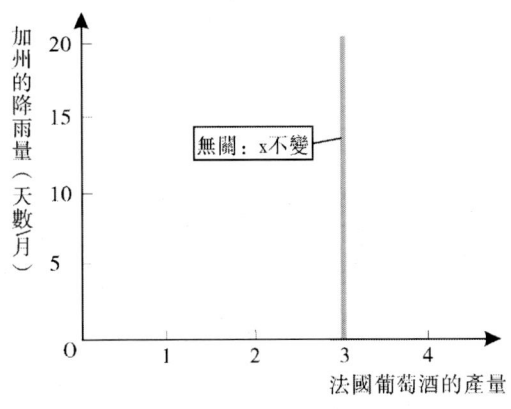

圖 1-8B　有最小值的關係

一個圖形來表示兩個變量之間的這種獨立性，而圖 1-9 表示出做到這一點的兩種方法。

在圖 10-9A 圖中，無論橫軸上的香蕉價格如何變化，學生的經濟學成績都是 75 分。在圖 1-9B 圖中，法國葡萄酒的產量並不隨著加州的降雨量而變化。

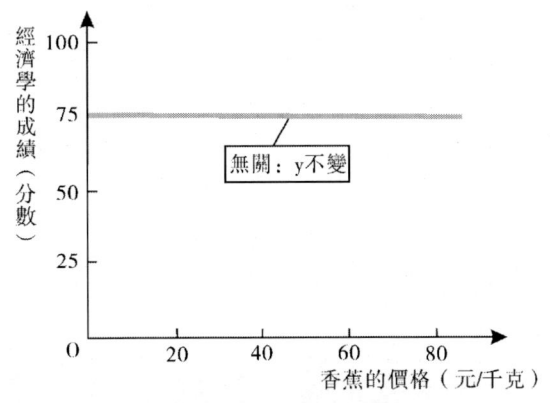

圖 1-9A　無關：y 不變

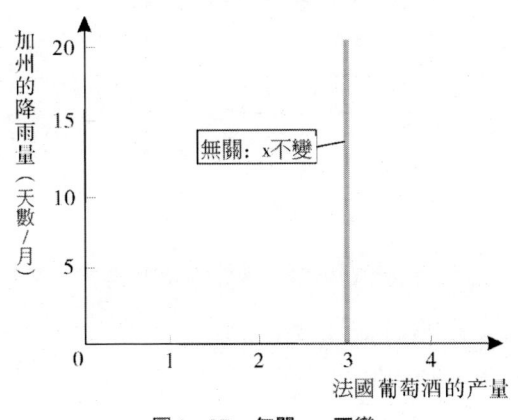

圖 1-9B　無關：x 不變

三、考慮兩個以上的變量的圖表

圖1-10中的需求曲線圖顯示了烤鴨的價格和烤鴨的銷售量之間的關係，但我們知道，任何商品的銷售量不僅僅取決於它的價格。例如，烤鴨在某一週的銷售量可能受到其他一些變量的影響，像涮羊肉的價格、烤鴨店是否在進行廣告宣傳等。改變任何其他變量的值，都會使得圖形中需求曲線的位置發生變化。

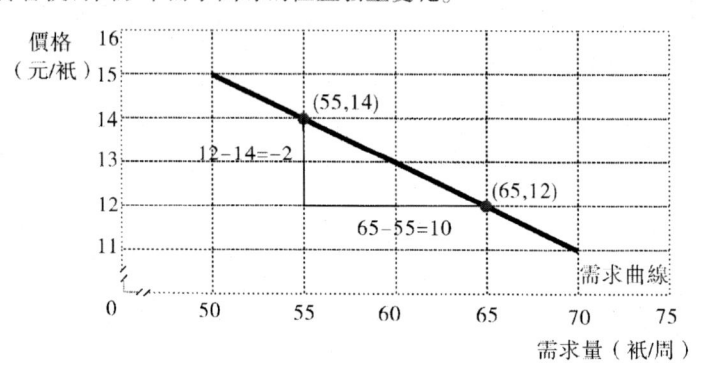

圖1-10A　需求量的變化

例如，假定圖1-10中的需求曲線是將涮羊肉的價格保持在20元固定不變的前提下繪出的。如果涮羊肉的價格漲到30元，那麼有些消費者就會從購買涮羊肉轉為購買烤鴨，在每個價格上出售的烤鴨就會增加。在圖形中的結果將是代表需求曲線的線段向右上方平移。類似地，如果涮羊肉的價格從20元降到10元，有些消費者就會從購買烤鴨轉向購買涮羊肉，而每個價格上出售的烤鴨就會減少。在圖形中的結果將是代表需求曲線的線段向左下方平移。

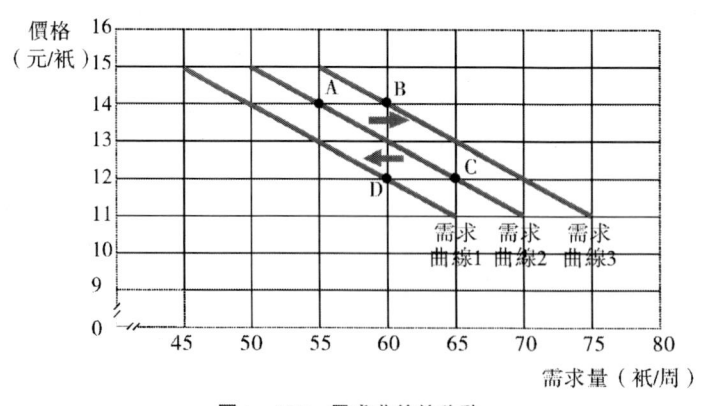

圖1-10B　需求曲線的移動

顯然，通過需求曲線的移動，我們就考慮了第三個變量——涮羊肉的價格變化的影響。我們將在本書中多次運用曲線的移動這個方法來考慮額外變量的影響。

第二章　需求和供給理論

本章重點及難點

（1）什麼是需求量？它主要受哪些因素影響？
（2）什麼是需求？什麼是需求定理？
（3）需求的運動與需求量的運動有何不同？
（4）什麼是需求彈性？怎樣計算需求彈性？
（5）供給的運動與供給量的運動之間有何關係？
（6）什麼是供求均衡？供求均衡是如何實現的？
（7）運用供求均衡方法分析稅的歸宿、支持價格和限制價格。

19 世紀的著名歷史學家和散文作家托馬斯‧卡萊爾認為：「培養一個經濟學家是容易的，只要像教一只鸚鵡那樣說『需求』和『供給』就可以了。」他對需求和供給在經濟學中的地位的估價是相當正確的。微觀經濟學是研究價格如何配置資源、調節經濟的科學，而任何產品價格和要素價格都是由需求和供給決定的，因此，經濟學的分析從分析需求和供給開始。

需求和供給理論是研究產品市場上產品價格的決定和變動的一般理論，它是整個經濟學理論的基礎。

第一節　需求函數和市場需求

需求分析主要說明需求量與影響需求量的因素之間的關係。需求理論包括需求函數、需求曲線和需求彈性理論。本節只研究需求函數和需求曲線，需求彈性在第三節分析。

一、需求函數

分析商品需求就必須分析商品需求量及其影響因素。特定市場上商品的需求量，是指在一定的條件下，該市場上的全體消費者願意而且能夠購買的商品數量。直接和間接影響市場需求量的因素有許多，歸納起來，經常起作用的因素有：

第一，商品自身的價格。商品價格是影響需求量的最直接、最重要的因素。對於不同商品的需求量，價格的影響方向和影響力度是不相同的。

第二，消費者收入。消費者收入形成居民的商品購買力。一般情況下，當居民收入提高時，需求量會相應增加；而在收入降低時，需求量會相應減少。

第三，相關商品價格。相關商品有兩類：一類是互補品，一類是替代品。互補品是

指在滿足某種慾望時需要互相補充的那些商品，如計算機和磁盤；替代品是指在滿足某種慾望時可以互相替代的那些商品，比如的士和巴士。一種商品的價格變化會導致其互補品的需求量反向變化，導致其替代品的需求量同向變化。

第四，消費者偏好。消費者偏好就是消費者對某種商品或服務的偏愛。現代社會中鋪天蓋地的廣告宣傳就是通過影響消費者偏好而影響商品需求量的。如消費者對牛肉的偏好增強，對牛肉的需求量就增大；偏好減弱，對牛肉的需求量就減小。

第五，消費者價格預期。就一個規定時期而言，當消費者預期進口轎車價格不久將會下降時，他現在對進口轎車的需求量會減少；反之，如果預期價格還會上漲，則需求量會增加。

第六，消費者人數。市場需求量是某市場全體買者所購買的數量之和，如果市場上單個消費的購買量分別為 q_1、q_2、…、q_n，則市場需求量 $Q_d = q_1 + q_2 + \cdots + q_n$。因此，買者的數量多少就會明顯地影響需求量。如果每個買者所消費的商品量不變，那麼市場需求量隨消費者人數增加而增大。

經濟學在研究各個經濟變量之間的關係時常用函數來表示。在特定條件下某種商品的需求量與影響這些需求量的因素之間的關係就是需求函數。需求函數一般可記為：

$Q_d = f(P, I, P_r, W, P_e, P_n)$

式中 Q_d 表示需求量，P、I、P_r、W、P_e、P_n 分別表示商品自身的價格、消費者收入、相關商品價格、消費者偏好、價格預期和消費者人數等因素。其中 Q_d 是因變量，而 P、I……是自變量，需求量是價格等自變量的函數。

微觀經濟學認為，儘管影響需求量的因素複雜多樣，但商品自身的價格是決定需求量最重要的因素。為了簡化分析，通常假定影響需求量的其他因素不變，只研究需求量對商品價格的依存關係。因此，需求函數可簡寫成：

$Q_d = f(P)$

上式表示需求量是商品價格的函數。儘管需求函數大多數都是非線性函數，但我們還是通常用線性需求函數來表示，一般寫成：

$Q_d = a - b \cdot P$

二、市場需求

產品的市場需求總是相對於特定產品在特定時期內的特定市場的需求而言的。市場需求是指在一定時期內，某種商品的各種可能的價格與在這些價格水準上，該市場的全體消費者願意而且能夠購買的產品量之間的關係。很明顯，產品需求是消費者的購買意願和購買能力的統一體。購買意願和支付能力是形成市場需求的必不可少的因素，只有購買慾望而無支付能力，或具有支付能力而無購買慾望，都不是經濟學上所說的需求。經濟學上的需求一定是購買慾望和支付能力統一起來的有效需求。

按產品需求的定義，產品需求是特定條件下產品購買量與產品價格的對應關係。因此，產品需求實際上就是前面所講的簡化的需求函數，自然可以用需求函數 $Q_d = f(P)$ 來表示。不同產品的需求函數是不相同的，因而不同產品的購買量與其價格的對應關係也不相同。有的產品的購買量並不因價格變化而發生大的改變；有的產品的購買量又並不因價格固定而保持不變；少數產品購買量隨價格的升降而同向變化；大多數產品購買

量依價格的升降而反向變化。

經濟學認為，儘管需求量與價格關係複雜多樣，但根據經驗和統計可以證實的情形是購買量與價格的反向依存關係，即在其他因素不變的情況下，某種產品的需求量隨產品價格變化而反向變化：價格上升，產品購買量減少；價格下降，產品購買量增加。價格越低，需求量越大；價格越高，需求量越小。這種關係普遍而典型地存在著，經濟學稱之為需求定理。需求定理概括了需求量與價格的一般依存關係。

既然需求可以用簡化的需求函數來反應，自然也能夠用需求曲線來描繪。需求曲線就是用來描述需求量與價格的關係的幾何圖形，即需求的幾何表示。在經濟學上，習慣於用橫軸代表因變量需求量 Q，用縱軸代表自變量價格 P。根據需求定理，需求曲線為如圖 2-1 所示的曲線 D。

需求曲線是從左向右下方傾斜的曲線，其斜率 $\Delta P/\Delta Q$ 為負。它反應了需求量與價格的負相關關係。向右下方傾斜的需求曲線只是需求曲線的一般情形，還存在著垂直於數量軸的需求曲線、平行於數量軸的需求曲線以及正相關的需求曲線。我們一般以向右下方傾斜的需求曲線分析為主。

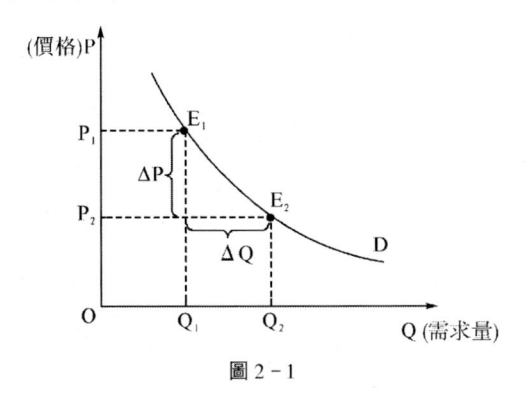

圖 2-1

三、需求的運動

需求是對特定條件下購買量與價格關係的概括和描述，如果特定條件變化就會導致需求的運動。需求的運動是指在商品自身價格一定時，由於影響需求量的其他因素改變而造成的商品購買量與商品價格對應關係的變化。

按照需求運動的定義，需求的運動實際上是需求量與價格關係的改變，因此，需求的運動表現為需求函數的變化和需求曲線的移動。引起需求運動的因素是除商品自身價格之外的其他因素，即消費者收入、消費者偏好、消費者預期和相關商品價格等。需求的運動可用圖 2-2 來說明。

在圖 2-2 中，原來的需求曲線為 D_0，E_0 (Q_0, P_0) 和 E_0' (Q_0', P_0') 是 D_0 上的兩點。現在由於其他因素發生變化（比如消費者收入增加），消費者在價格 P_0 時，能夠購買 Q_1 和 Q_2 的數量，而在價格 P_0' 時，能夠購買 Q_1' 和 Q_2' 的數量。顯然，由於消費者收入增加，消費者在原來的價格水準的購買量增加了，表現為點 E_0 運動到了 E_1 (Q_1, P_0) 或 E_2 (Q_2, P_0)，點 E_0' 運動到了 E_1' (Q_1', P_0') 或 E_2' (Q_2', P_0')。連

接 E_1 和 E_1' 兩點得新的需求曲線 D_1，連接 E_2 和 E_2' 兩點可得新需求曲線 D_2。因此，由於消費者收入增加，需求曲線 D_0 實際上運動到了 D_1 或 D_2，與 D_0 曲線對應的需求函數也改變成了與 D_1 或 D_2 對應的需求函數了。可見，需求曲線向右方移動是需求增加，需求曲線向左方移動是需求減少。

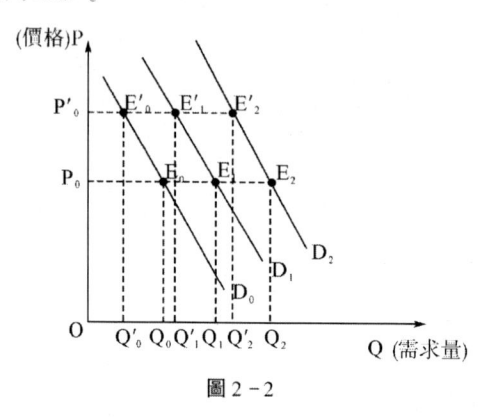

圖 2-2

正如需求不同於需求量一樣，需求的運動也不同於需求量的變化。需求量的變化，是指在其他因素不變的條件下，因商品價格改變而引起的購買量的變化。需求量的變化表現為原有需求曲線上點的運動或同一需求函數中購買量的變化，直接引起需求量變化的因素是商品自身價格。比如：在圖 2-2 中的 D_0 曲線上，當商品價格為 P_0' 時購買量為 Q_0'，現因商品價格變化（比如價格由 P_0' 降為 P_0），商品購買量增加為 Q_0。需求量的變化表明了消費者對價格信號的反應。

第二節　供給函數和市場供給

供給分析就是要說明產品供給量與影響產品供給量的因素之間的關係，這個關係可以用供給函數、供給曲線和供給彈性來表示。在本節主要研究供給函數和供給曲線，而供給彈性放在本章第三節來分析。

一、供給函數

某種產品的供給量，是指在某一特定條件下，廠商願意而且能夠提供的產品數量。產品供給量的大小受很多因素的影響。歸納起來，影響供給量的直接因素和間接因素主要有：

第一，產品自身的價格。產品自身的價格是影響供給量的直接因素。不同產品的價格對供給量的影響是不相同的，但一般來說，價格上升，供給量增加；價格下降，供給量減少。

第二，生產技術水準。生產技術不同使得勞動生產率存在差異。一般地，生產技術進步，勞動生產率提高，供給量增加。

第三，生產要素價格。生產要素價格形成產品生產成本。要素價格下降，產品成本

降低，利潤增加，使得供給量增加；反之，要素價格上升，產品成本提高，減少的利潤將導致供給量減少。

第四，相關產品價格。在商品價格不變的情況下，如果其他相關產品價格上漲，生產者就會把資源轉而生產其他產品，該產品供給量就會減少。

第五，生產者價格預期。如果生產者預期自己所生產產品的價格不久將會上漲，他們就會減少現在的供給量，以便在將來價格上漲後提供更多的產品，獲得更大的收益。

第六，廠商的數量。由於某市場供給量是該市場上全體廠商所提供產品的總量，即是說市場供給量 Q_s 是各個廠商供給量 q_1、q_2、$\cdots$、q_n 之和，$Q_s = q_1 + q_2 + \cdots + q_n$，因此，市場供給量要受廠商數量多少的影響。一般地，市場供給量隨廠商數量的增多而增加。

經濟學把影響供給量的因素作為自變量，把供給量作為因變量，用函數來表示供給量對影響供給量的因素的依存關係，這種函數就是供給函數。供給函數可表示為：

$Q_s = f(P, A, P_F, P_r, P_e, P_m)$

上式中 Q_s 代表供給數量，P、A、P_F、P_r、P_e、P_m 分別代表產品價格、生產技術、要素價格、相關產品價格、生產者預期和廠商的數量等因素。供給函數表示了供給量 Q_s 是 P、A、P_F、P_r、P_e、P_m 的函數。

微觀經濟學認為，產品價格是直接影響供給量的最重要的因素。為了簡化分析，通常假定影響供給量的其他因素不變，只研究供給量對價格的依存關係。因此，供給函數可簡化為：

$Q_s = f(P)$

簡化的供給函數表明了供給量和價格這兩個經濟變量之間的關係。如果某商品供給量與價格之間是線性關係，即為線性供給函數，可一般表示為 $Q_s = c + d \cdot P$。如果某產品供給量與價格之間存在非線性關係，那麼這種供給函數就是非線性供給函數。我們主要以線性供給函數為例來分析。

二、市場供給

與產品需求一樣，產品供給也總是某種產品在特定時期內的特定市場的供給。產品供給是指在一定時期內，當其他條件不變時，廠商願意而且能夠在每一價格水準下所提供的產品數量。或者說，產品供給是指在一定時期內，某種產品的各種可能的價格與在這些價格水準上，廠商願意而且能夠提供的產品數量之間的關係。顯然，產品供給量是廠商的提供意願和提供能力的統一體，是有效供給。

按產品供給的定義，產品供給是特定條件下產品提供量與產品價格的對應關係，因此，產品供給實際上就是前面所述的簡化的供給函數，可以用供給函數 $Q_s = f(P)$ 來表示。產品不同，產品供給函數就不同，產品供給量對價格的依存關係也不同。有的產品的供給量並不隨價格改變而有大的改變，而有的產品的供給量即使在價格固定的情況下也會改變，大多數產品的供給量隨價格變化而同向變化。

經濟學認為，儘管供給量與價格的關係紛繁複雜，但普遍的現象是供給量與價格的正向依存關係，即在其他因素不變的情況下，某種產品的供給量隨產品價格變化而同向變化：價格上升，產品供給量增加；價格下降，產品供給量減少。經濟學把這種供給量

與價格的普遍關係稱之為供給定理。供給定理是一個經驗規律，概括表述了供給量與價格的一般依存關係。

既然供給可以用簡化的供給函數來表示，自然也可以用供給曲線來描述。供給曲線是用來描繪供給量與供給價格的關係的幾何圖形，即供給的幾何表示。在經濟學上，習慣於用橫軸代表因變量供給量 Q，用縱軸代表自變量價格 P。根據供給定理，供給曲線為如圖 2-3 所示的曲線 S。

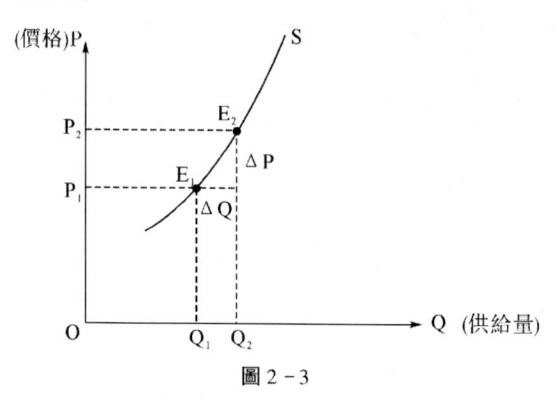

圖 2-3

供給曲線是從左向右上方傾斜的曲線，斜率 $\Delta P/\Delta Q$ 為正。它反應了供給量與價格的正相關關係。供給曲線向右上方傾斜只不過是供給曲線的一般形式，實際上還存在一些特殊的供給曲線，比如與橫軸垂直的供給曲線或者與橫軸平行的供給曲線。在我們的分析中，一般採用向右上方傾斜的供給曲線。

三、供給的運動

供給是對特定條件下供給量與價格關係的概括，當特定條件改變時，供給就會變化。供給的運動是指在產品自身價格一定時，由於影響供給量的其他因素變化而造成的商品供給量與產品價格對應關係的變化。

按供給運動的定義，供給的運動實際上是供給量與價格之間關係的改變，它表現為供給函數的改變和供給曲線的移動（主要是平行移動）。造成供給變化的因素是除產品價格之外的其他因素改變，包括要素價格、生產技術、相關產品價格和生產者價格預期等的變化。供給的運動可用圖 2-4 來說明。

在圖 2-4 中，原來的供給曲線為 S_0，E_0 和 E_0' 是 S_0 上的兩點。現在由於其他因素發生變化（比如生產要素價格下降），廠商在價格 P_0 時能提供 Q_1 和 Q_2 的數量，而在價格 P_0' 時卻能提供 Q_1' 和 Q_2' 的數量。很顯然，由於要素價格下降，廠商在原來的價格水準下的供給量增加了，表現為點 E_0（Q_0，P_0）運動到了 E_1（Q_1，P_0）或 E_2（Q_2，P_0），而點 E_0'（Q_0'，P_0'）運動到了 E_1'（Q_1'，P_0'）或 E_2'（Q_2'，P_0'）。連接 E_1 與 E_1'、E_2 和 E_2' 分別得到曲線 S_1 和曲線 S_2。因此，因要素價格下降，產品供給曲線 S_0 實際上移動到了 S_1 或 S_2，即供給增加了。可見，供給曲線向右方移動是供給增加，供給曲線向左方移動則為供給減少。

供給的變化不同於供給量的變化。供給量的變化，是指在其他因素不變的條件下，

圖 2-4

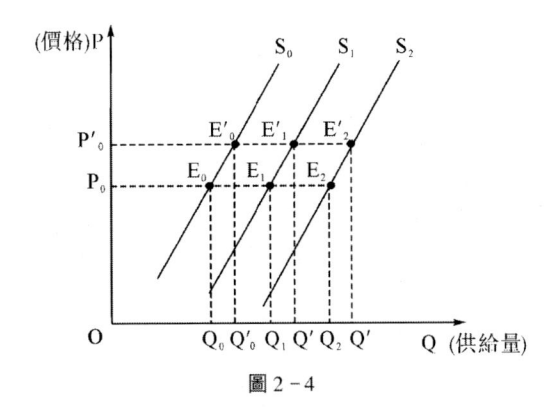

由於產品價格變化而引起的供給量的變化。供給量的變化表示為原有供給曲線上點的運動，直接造成供給量變化的因素是產品自身的價格。比如：在圖 2-4 中的 S_0 曲線上，當價格為 P_0 時，供給量為 Q_0，現因產品價格提高為 P_0'，產品供給量由 Q_0 增加為 Q_0'。供給量的變化顯示了廠商對價格信號的反應。

第三節　需求彈性和供給彈性

需求彈性和供給彈性是產品需求分析和產品供給分析的主要內容。在上兩節的研究中，只分析了產品數量隨產品價格變動的一般趨勢，而沒有從量上具體分析價格變化會造成產品數量多大程度的變化。為此，馬歇爾使用了需求彈性和供給彈性的概念。

在經濟學中，當兩個經濟變量存在函數關係時，彈性用來表示自變量變化所引起的因變量變化的程度，通常表示為：

$$彈性 = \frac{因變量的變化率}{自變量的變化率}$$

彈性在經濟分析中應用得十分廣泛。本節主要介紹需求價格彈性、需求收入彈性、需求交叉彈性和供給價格彈性。

一、需求價格彈性

1. 需求價格彈性的定義

需求價格彈性，簡稱為需求彈性，就是指產品需求量對產品價格變化的反應靈敏度。有些商品價格的微小變化就會導致需求量的巨大改變，即反應靈敏；有的產品價格變化很大但只能導致需求量的微小改變，即反應微弱。反應靈敏度高則彈性大，反應靈敏度低則彈性小。需求彈性的大小等於需求量的變化率與價格變化率的比。用公式表示為：

$$E_d = \frac{\Delta Q}{Q} \div \frac{\Delta P}{P}$$

上式為需求彈性的一般公式。式中 E_d 代表需求價格彈性，Q 為需求量，ΔQ 為需求

量的變量，P為價格，ΔP為價格的變量。按照需求定理，需求量是價格的減函數，需求彈性值一般為負值。

根據需求彈性的一般公式，需求彈性還可以表示為：

$$E_d = \frac{\Delta Q}{\Delta P} \times \frac{P}{Q}$$

由於 $\Delta Q/\Delta P$ 為需求曲線斜率 $\Delta P/\Delta Q$ 的倒數，因此需求價格彈性值就等於需求曲線斜率的倒數與價格—數量比的乘積。在價格與數量比 P/Q 一定時，斜率越大彈性就越低，斜率越小則彈性越高。因此，在一定程度上，可以用各曲線的斜率差別來表示它們的彈性差異。

2. 弧彈性和點彈性

測定彈性一般有兩種方式，即弧彈性和點彈性。需求彈性也可分為需求弧彈性和需求點彈性。

需求弧彈性是用來測定需求曲線上某兩個點之間那一段的彈性，它通常用兩點間的平均彈性來表示。這是因為：如果需求量和價格變動幅度較大，按照需求彈性的一般公式來計算彈性，在價格上漲和降低的不同情況下所得結果是不同的。為了求得彈性值的統一，習慣上取價格和數量變動前後的平均值，在弧的中點來測定彈性。弧彈性公式為：

$$E_d = \frac{Q_2 - Q_1}{P_2 - P_1} \times \frac{P_1 + P_2}{Q_1 + Q_2}$$

需求點彈性不同於弧彈性。需求點彈性是用來測定需求曲線上某一個點的彈性大小，它是需求量對產品價格微小變化的反應程度。當價格的變化量 ΔP 很小時，價格變動前後的兩點之間的那段弧就幾乎是一個點了，其弧彈性就是點彈性了。即是說，當 $\Delta P = dP$ 時，$\Delta Q = dQ$，$\frac{\Delta Q}{\Delta P}$ 就等於 $\frac{dQ}{dP}$，因此，需求點彈性公式為：

$$E_d = \frac{dQ}{dP} \times \frac{P}{Q}$$

這就是說，點彈性就等於需求函數中一定點的偏導數乘以該點上的比率 P/Q。由此可知，需求曲線上的每一點的彈性一般是不一致的。根據彈性的意義和相似三角形原理可證：在線性需求曲線上，某點把需求曲線分為上下兩段，該點的需求彈性等於下段的長度與上段長度之比。因此，在圖2-5中，在需求曲線上，中點A彈性為1，中點以上任一點彈性都大於1，中點以下的任一點彈性都小於1。點的位置越高，彈性越大；點的位置越低，彈性越小。極端地，在需求曲線的縱截距點B，彈性無窮大；在橫截距點C，彈性為0。

3. 需求彈性的分類與總收益

不同的產品的需求彈性不同，根據產品需求量對價格變化反應程度的差異，把彈性分為五種類型：一是需求彈性充足，即需求量的變化率大於價格的變化率，需求彈性 $E_d > 1$；二是需求彈性缺乏，即需求量的變化率小於價格變化率，需求彈性 $E_d < 1$；三是需求單位彈性，即需求量的變化率等於價格變化率，需求彈性 $E_d = 1$；四是需求完全彈性，它是指產品價格的微小變化就會引起需求量的無窮大的變化，從而需求彈性 E_d

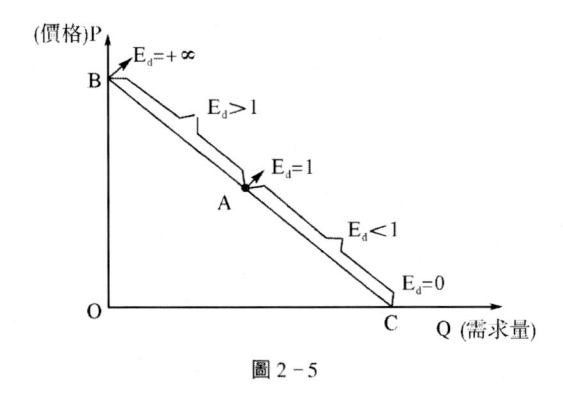

(價格)P 軸,圖中 B 點在 P 軸上,向右下方延伸至 Q 軸上的 C 點。沿曲線由 B 至 C 標示:$E_d=+\infty$、$E_d>1$、$E_d=1$(A 點)、$E_d<1$、$E_d=0$。

圖 2-5

為 $+\infty$;五是需求完全無彈性,即指無論價格如何變化都不會導致需求量的變化,因而需求彈性 E_d 為 0。需求彈性的五種類型的需求曲線可以用圖 2-6 表示。

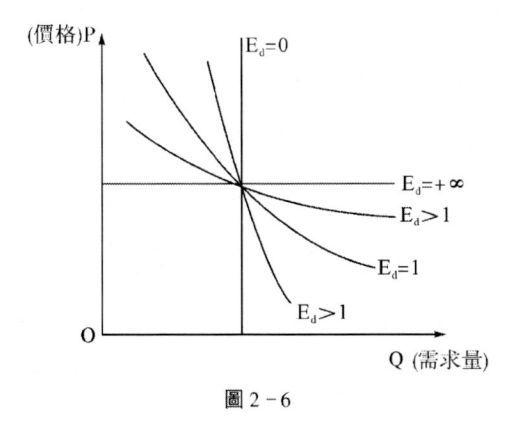

圖 2-6

經濟學家和企業家都很重視需求彈性,這是因為廠商的價格決策和收益變化與需求彈性相關。需求彈性不同,價格變化對總收益的影響也不同。總收益是廠商銷售一定量的產品所獲得的全部銷售收入。總收益等於產品價格與銷售量的乘積。

一般地,按需求定理,如需求彈性 $E_d>1$,總收益會隨價格的下降而增加,隨價格上升而減少;如需求彈性 $=1$,則總收益並不因價格的升降而增減;如需求彈性 $E_d<1$,那麼總收益會隨價格的下降而減少,隨價格上升而增大。

需求彈性與總收益的關係可以用圖 2-7 來表示和說明。

在圖 2-7 中,BC 是需求函數為 $Q=a-b \cdot P$ 的線性需求曲線,其中點為 A 點,TR 為總收益曲線。在需求彈性充足的 BA 段,價格下降導致需求量增加會使總收益遞增;在需求缺乏彈性的 AC 段,價格下降導致需求量增加會使總收益遞減;在需求為單位彈性的 A 點,價格變化並不改變總收益,此時總收益達到最大且等於 $a^2/4b$。

4. 影響需求彈性的因素

產品需求彈性的大小是受很多因素影響的,主要的因素有:

第一,產品的可替代性。替代品多且替代程度高的產品需求彈性充足。因為該產品

圖 2-7

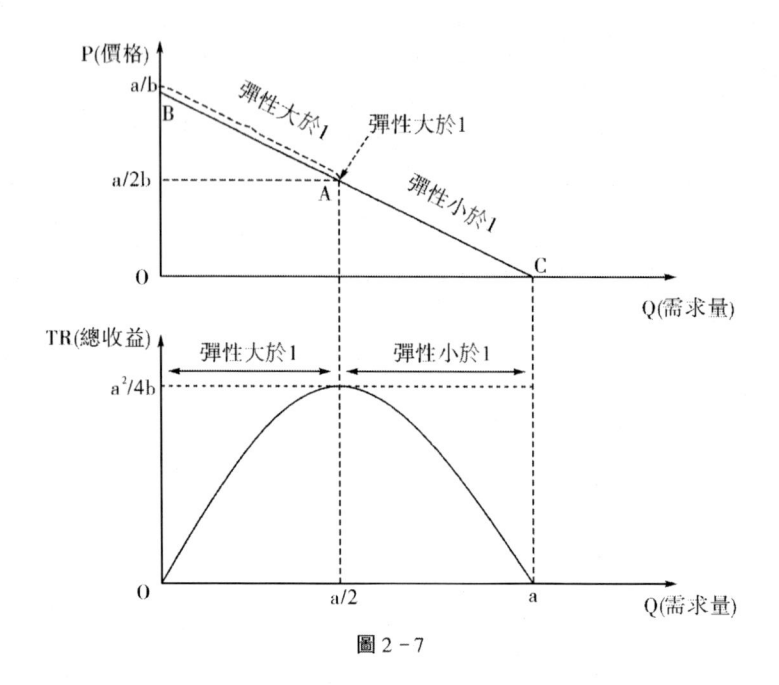

價格上升時，居民就會購買其他替代品；價格下降時則會用該產品取代其他替代品。比如：據估算，美國居民航空旅行的需求彈性為 2.4，主要就是因為航空旅行有汽車旅行、火車旅行等作為替代。反之，替代品少和替代程度低的產品需求彈性缺乏。例如：法律服務幾乎是不可替代的，所以其需求彈性僅為 0.5。

第二，產品的需求強度。一般來說，居民對必需品的需求強度大而穩定，所以必需品的需求彈性小。例如土豆和食鹽等必需品都缺乏彈性。相反，消費者對奢侈品的需求強度小而易變，因此奢侈品的需求彈性較大。比如出國旅行這種消費的需求彈性一般都大。據估計，在 20 世紀 70 年代，美國土豆的需求彈性為 0.31，而國外旅行的彈性為 4。

第三，產品的使用時間。一般來說，使用時間長的耐用消費品需求彈性大，而使用時間短的非耐用消費品需求彈性小。例如：在美國，電冰箱、汽車等耐用品的彈性在 1.2~1.6 之間，而報紙雜誌的彈性僅為 0.1。

第四，產品的支出比例。在家庭支出中所占比例小的產品，需求彈性小；在家庭支出中所占比例大的產品，需求彈性大。比如：在美國，香菸支出占家庭支出的比重小，其需求彈性為 0.3~0.4；而汽車支出占家庭支出比重大，其需求彈性為 1.2~1.5。

總之，影響彈性的因素很多。某種產品需求彈性的具體大小，是由上述因素綜合決定的，而且它還會因時期、地區和消費者收入而不同。

二、需求收入彈性和交叉彈性

除產品自身價格之外，消費者收入和相關產品價格的變化也要引起產品需求量的變化。因此，除需求價格彈性外，還有需求收入彈性和需求交叉彈性。

1. 需求收入彈性

需求收入彈性是指某種產品的需求量對消費者收入變化的反應靈敏度。收入彈性也用需求量的變化率與收入變化率的比來表示。如用 I 表示消費者收入，Q 表示某產品需求量，那麼需求收入彈性可寫成：

$$E_I = \frac{\Delta Q}{Q} \div \frac{\Delta I}{I} \quad 或 \quad E_I = \frac{\Delta Q}{\Delta I} \times \frac{I}{Q}$$

與需求價格彈性一樣，需求收入彈性也有點彈性和弧彈性之分，但與需求價格彈性不同，需求收入彈性既可能為正，也可能為負。經濟學根據需求收入彈性對產品進行分類。產品的需求量隨消費者收入的增減而同向變化，即收入彈性為正的產品稱為正常產品；如需求量隨消費者收入增減而反向變化，即收入彈性為負的產品稱為劣等產品。在正常產品中，收入彈性 $E_d > 1$ 的產品，即需求量的變化率大於收入變化率的產品，稱為奢侈品；而收入彈性 $E_d < 1$ 的產品，也就是需求量的變化率小於收入變化率的產品稱為必需品。

2. 需求交叉彈性

需求交叉彈性是指一種產品的需求量對它的相關產品價格變化的反應靈敏度，通常用該種產品需求量的變化率與其某種相關產品價格變化率的比來表示。假設產品 x、y 是兩種相關產品，則交叉彈性公式可寫為：

$$E_{xy} = \frac{\Delta Q_x}{Q_x} \div \frac{\Delta P_y}{P_y} \quad 或 \quad E_{xy} = \frac{\Delta Q_x}{\Delta P_y} \times \frac{P_y}{Q_x}$$

同樣，需求交叉彈性也可分為點彈性和弧彈性，其公式變化與需求價格彈性類似。

產品的相關關係主要有替代和互補兩種。產品的需求量隨其替代品價格的變化而同向變化，則替代品的交叉彈性為正；產品的需求量隨其互補品價格的變化而反向變化，則互補品的交叉彈性為負。

三、供給價格彈性

供給量受多種因素影響，所以存在多種供給彈性，比如供給價格彈性、供給交叉彈性、供給點彈性和供給弧彈性等。在這裡只分析供給價格彈性。

供給價格彈性，簡稱供給彈性。它是指產品的供給量對產品價格變化的反應程度，通常用供給量的變化率與價格變動率之比來表示。用 E_s 代表供給彈性，則供給彈性的公式為：

$$E_s = \frac{\Delta Q}{Q} \div \frac{\Delta P}{P} \text{或} E_s = \frac{\Delta Q}{\Delta P} \times \frac{P}{Q}$$

按照供給定理，供給量與價格一般是同向變化，所以供給彈性一般為正。與需求彈性一樣，供給彈性也用點彈性和弧彈性兩種方式來測定。

根據供給彈性的值，供給彈性可分為五類：①供給彈性充足，即 $E_s > 1$；②供給彈性缺乏，即 $E_s < 1$；③供給單位彈性，即 $E_s = 1$；④供給完全彈性，則 $E_s = +\infty$；⑤供給無彈性，即 $E_s = 0$。上述五類供給彈性，可以用圖 2-8 中的五條曲線來表示。應該指出的是：單位彈性的產品供給曲線必過原點，而彈性充足的產品供給曲線一定有正的縱截距，彈性缺乏的產品供給曲線一定有正的橫截距。

圖 2－8

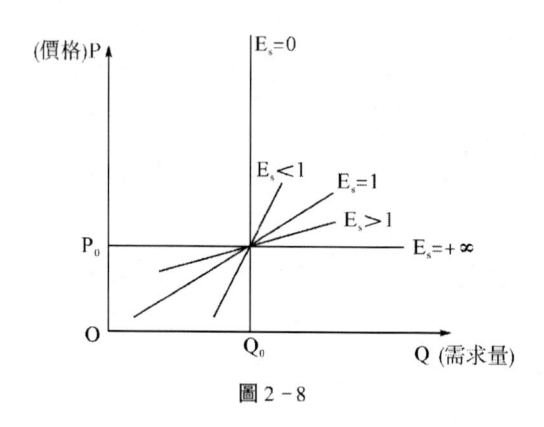

第四節　市場均衡與經濟福利

在西方經濟學中，「均衡」是一個被廣泛運用的重要概念。經濟均衡主要指經濟事物中有關的變量在一定條件的相互作用下所達到的一種相對靜止的狀態。經濟事物之所以能夠處於這樣一種相對靜止的狀態，是由於在這樣的狀態中，有關該經濟事物的各參與者力量能夠相互制約和相互抵消，也由於在這樣的狀態中，有關該經濟事物的各方面的願望都能得到滿足。

一、均衡價格的決定

在西方經濟學中，一種商品的均衡價格是指該種商品的市場供給量和該種商品的市場需求量相等時候的價格。在均衡價格下相等的供求數量被稱為均衡數量。從幾何意義上說，一種商品市場的均衡出現在該商品的市場需求曲線和市場供給曲線的交點上，該交點被稱為均衡點。均衡點所對應的價格和數量分別被稱為均衡價格和均衡數量。現在用圖 2－9 來說明一種商品均衡價格的決定。在圖 2－9 中，D 代表某種商品的需求曲線，S 代表某種商品的供給曲線，D 和 S 相交於點 E_0，E_0 點為均衡點。在均衡點 E_0，均衡價格為 P_0，均衡數量為 Q_0。顯然，在均衡價格的水準，消費者的購買量和生產者的銷售量是相等的，都為 Q_0。也可以說，在均衡數量的水準，消費者願意支付的價格和生產者願意接受的價格是相等的，都為 P_0。因此，這樣一種狀態便是一種使買賣雙方都感到滿意並願意持續下去的一種均衡狀態。這種均衡狀態又稱為市場出清，P_0 又稱為市場出清價格，Q_0 又稱為市場出清數量。

商品的均衡價格如何形成的呢？商品的均衡價格表現為商品市場上需求和供給這兩種相反的力量共同作用的結果。它是在市場的供求力量的自發調節下形成的。

當市場價格偏離均衡價格時，市場上會出現需求量和供給量不相等的非均衡的狀態，一般說來，在市場機制的作用下，這種供求不相等的非均衡狀態會逐步消失，實際的市場價格會自動地回復到均衡價格水準。

仍用圖 2－9 來說明均衡價格的形成。當市場價格 P_1 高於均衡價格 P_0 時，商品的

圖 2-9

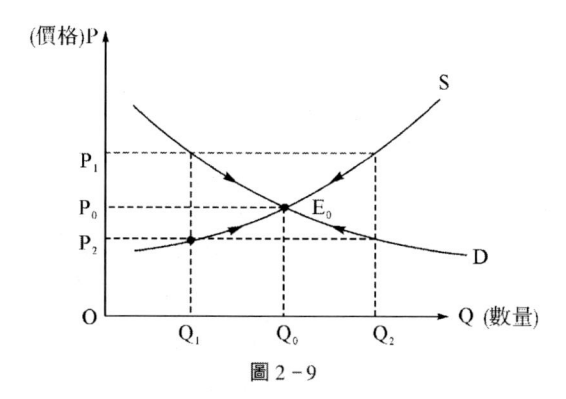

需求量為 Q_1，而供給量為 Q_2。面對這種供過於求的市場狀況，一方面會使消費者壓低價格來得到他要購買的商品量，另一方面，又會使生產者減少商品的供給量。這樣，該商品的價格必然下降，一直下降到均衡價格 P_0 的水準。與此同時，商品的供給量逐步由 Q_2 減少到 Q_0，商品的需求量逐步由 Q_1 增加為 Q_0，從而實現供需量相等時的均衡數量 Q_0。

相反地，當市場價格 P_2 低於均衡價格 P_0 時，商品的需求量為 Q_2，而供給量為 Q_1。面對這種求過於供的市場狀況，一方面會迫使消費者提高價格來得到他要購買的商品量，另一方面，又會使生產者增加商品的供給量。這樣，該商品的價格必然上升，一直上升到均衡價格 P_0 的水準。與此同時，商品的供給量逐步由 Q_1 增加到 Q_0，商品的需求量逐步由 Q_2 減少為 Q_0，從而實現供需量相等時的均衡數量 Q_0。

顯然，市場均衡的實現需要嚴格的條件，一是市場價格要反應市場的供求關係。如供過於求，價格要下降；如供不應求，價格就應上升。二是買者和賣者都以價格信號或價格槓桿來調節自己的需求量和供給量。西方經濟學認為，市場經濟能夠滿足這兩個條件，而計劃經濟則不能滿足這兩個條件。

二、均衡價格的變動

特定的需求和供給的均衡決定了特定的均衡價格。因此，需求和供給變化就會導致原有均衡的改變，從而改變原有均衡數量和均衡價格。在幾何圖形中，需求和供給的變動表現為需求曲線和供給曲線位置的移動。

1. 需求變動的影響

在供給不變的情況下，需求增加會使需求曲線向右平移，從而使得均衡數量和均衡價格都增加。需求減少會使需求曲線向左平移，從而使得均衡數量和均衡價格都減少。如圖 2-10 所示。在圖 2-10 中，既定的供給曲線 S 和需求曲線 D_1 相交於點 E_1。在均衡點 E_1，均衡價格為 P_1，均衡數量為 Q_1。需求增加使需求曲線向右平移至 D_2 曲線的位置，D_2 曲線與 S 曲線相交於 E_2 點。在均衡點 E_2，均衡價格上升為 P_2，均衡數量增加為 Q_2。相反，需求減少使需求曲線向左平移至 D_3 曲線的位置，D_3 曲線與 S 曲線相交於 E_3 點。在均衡點 E_3，均衡價格下降為 P_3，均衡數量減少為 Q_3。

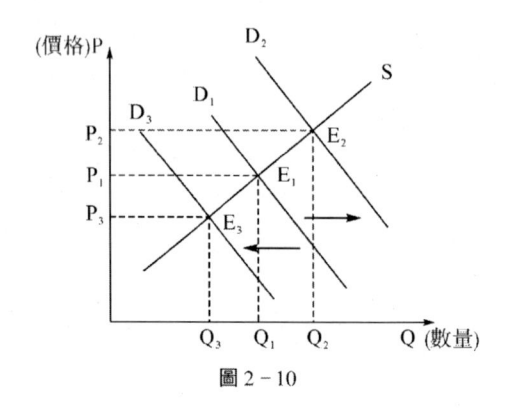

图 2-10

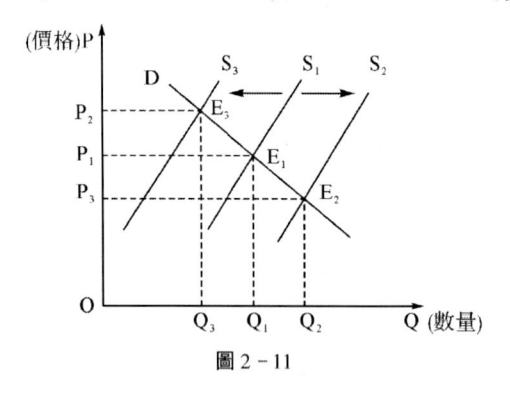

2. 供给变动的影响

在需求不变的情况下，供给增加会使供给曲线向右平移，从而使得均衡价格下降，均衡数量增加。供给减少会使供给曲线向左平移，从而使得均衡价格上升，均衡数量减少。如图 2-11 所示。在图 2-11 中，既定的需求曲线 D 和供给曲线 S_1 相交於点 E_1。在均衡点 E_1，均衡价格为 P_1，均衡数量为 Q_1。供给增加使供给曲线向右平移至 S_2 曲线的位置，S_2 曲线与 D 曲线相交於 E_2 点。在均衡点 E_2，均衡价格下降为 P_2，均衡数量增加为 Q_2。相反，供给减少使供给曲线向左平移至 S_3 曲线的位置，S_3 曲线与 D 曲线相交於 E_3 点。在均衡点 E_3，均衡价格上升为 P_3，均衡数量减少为 Q_3。

图 2-11

综上所述，可以得到如下结论：在其他条件不变的情况下，需求变动分别引起均衡价格和均衡数量的同方向的变动；供给变动分别引起均衡价格的反方向的变动和均衡数量的同方向的变动。

3. 供给和需求同时变动

如果供给和需求同时变动，则商品的均衡价格和均衡数量的变化是难以肯定的，这要结合需求和供给变化的具体情况来决定。以图 2-12 为例进行分析。假定消费者收入增加引起的需求增加，使得需求曲线由 D_1 向右平移至 D_2；同时，厂商的技术进步引起供给增加，使得供给曲线由 S_1 向右平移至 S_2。由 D_2 曲线和 S_2 曲线的交点 E_2 可知：最后的均衡价格是上升了。这是因为在本例中，需求增长的幅度大於供给增长的幅度。

圖2-12

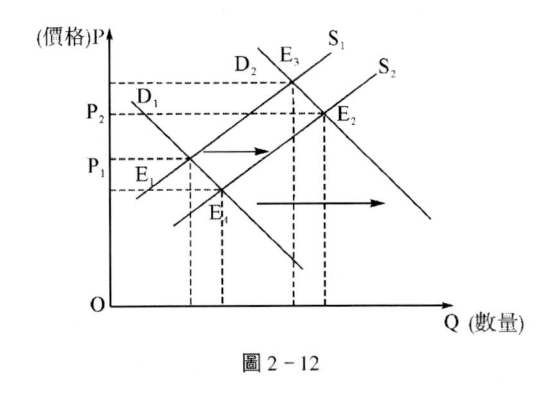

三、市場均衡與經濟福利

市場供求的變化不僅會引起均衡價格和均衡交易量的變化，還會導致經濟福利的變化。實際上，這個問題就是關於自由市場均衡的經濟福利和經濟效率。經濟學認為，市場的經濟總福利是消費者的市場福利和生產者的市場福利的和，即經濟總福利＝消費者剩餘＋生產者剩餘。經濟效率通常是指資源配置效率。合理配置了資源就有效率，否則就缺乏效率。實際上，如果資源配置使總剩餘最大化，我們可以說，這種配置表現出效率。如果一種配置是無效率的，那麼，買者和賣者之間交易的一些好處就還沒有完全實現。例如，如果一種物品不是由最低成本的賣者生產，配置就是無效率的。在這種情況下，將生產從高成本生產者轉給低成本生產者就會降低賣者的總成本並增加總剩餘。同樣，如果一種物品不是由對這種物品評價最高的買者消費，配置也是無效率的。在這種情況下，使該物品的消費從評價低的買者轉給評價高的買者就將增加總剩餘。

1. 意願賣價與消費者剩餘

經濟學認為，人們以市場價格購買合消費一定數量的商品，他不僅可以得到與市場價格相當的滿足，而且還可以得到額外的福利。這部分超過消費者在商品購買時所支付的市場價格的福利，就是消費者剩餘。消費者在某種商品的購買中獲得的剩餘，根源於他願意支付的最高價格（或意願買價）與實際支付的價格（或市場價格）的差額。也就是說，消費者總剩餘＝意願價格總額－市場價格總額。

消費者剩餘可以用需求曲線來說明。在圖2-13中的需求曲線上，如果我們先給定一個價格，就可以知道與這個價格所對應的需求量。比如，當市場價格為5時，人們的需求量就是10；如果市場價格上升到8，相應的需求量就減少到4了。

實際上，需求曲線還可以這樣來理解。仍然以圖2-13的需求曲線為例來說明：如果我們先給定一個購買量，就可以知道與這個購買量相對應的意願買價。比如，當購買量為4時，我們就得到價格為8，它說明的是人們願意為第4個商品支付的最高買價為8，也就是意願買價為8；當購買量為10時，我們就得到價格為5，它說明的是人們願意為第10個商品支付的最高買價為5。

很顯然，意願買價與市場價格有區別也有聯繫。在圖2-13中，當我們說市場價格為5元時，意思是說我們所購買的10個商品中的每一個都實際支付了5元。當我們說意

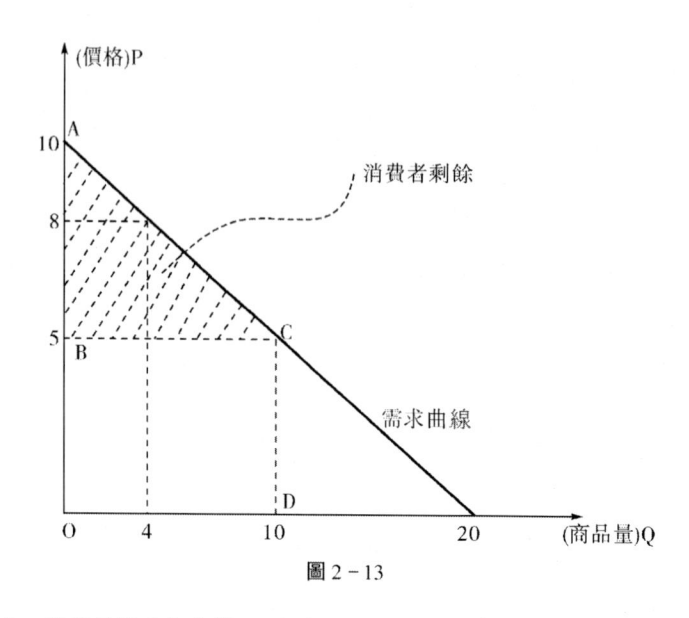

願價格為5時，僅僅是說我們為第10個商品最多願意支付5元，而第10個商品前面的9個商品的意願買價都比5元要高。容易看出，當我們購買一定數量的商品時，市場價格總是等於我們所購買的最後一個商品單位的意願買價，因而也總是比最後一個商品單位前面的每一個商品的意願買價低。正是因為每個商品單位的市場價格一般低於該商品單位的意願買價，所以才會有消費者剩餘存在。

有了意願買價和市場價格，我們就容易理解消費者剩餘了。現在我們假設商品的單位市場價格為5，消費者的需求量為10。在這種情況下，消費者剩餘是多少呢？從圖2-13可以知道，此時人們實際支付的價格總額為50，在圖上表現為矩形BCDO的面積。人們願意為10個商品支付的價格等於梯形ACDO的面積，等於75。因此，消費者剩餘就是75-50=25，在圖中由三角形ABC的面積來代表。

在經濟學中，消費者剩餘通常用來反應消費者參與市場購買所獲得的經濟福利。消費者剩餘越大，就說明消費者的經濟福利大；消費者剩餘越小，就說明消費者的經濟福利小。根據消費者剩餘的定義，我們能夠知道市場價格、意願價格和商品購買量都會影響消費者剩餘。就市場價格而言，在其他因素不變的條件下，消費者剩餘與市場價格呈反向變化。在圖2-13中，大家可以計算出市場價格為8時，消費者剩餘=36-32=4，小於市場價格為5的福利25。

2. 意願賣價與生產者剩餘

經濟學認為，人們以市場價格生產和銷售一定數量的商品，不僅可以得到與商品生產成本相當的收益，而且還可以得到額外的福利。這部分超過生產者在商品生產時所支付的成本的福利，就是生產者剩餘。生產者在某種商品的銷售中獲得的剩餘，根源於他實際得到的價格（或市場價格）與它願意得到的最低價格（或意願賣價）的差額，或者說根源於它的銷售總收入與商品總成本的差額。也就是說，生產者總剩餘=市場價格總額-意願賣價總額=總收益-總成本。

圖 2-14

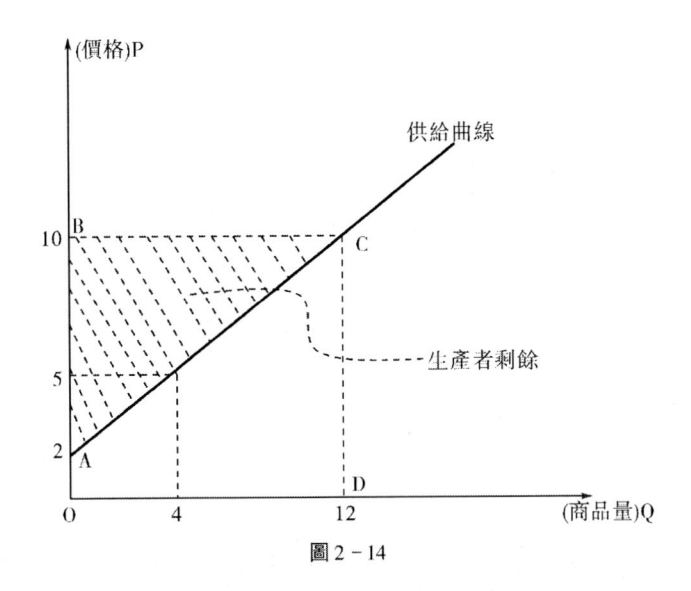

　　生產者剩餘可以用供給曲線來說明。在圖 2-14 中的供給曲線上，如果我們先給定一個市場價格，就可以知道與這個價格所對應的供給量。比如，當市場價格為 5 時，人們的供給量就是 4；如果市場價格上升到 10，相應的供給量就增加到 12 了。

　　實際上，供給曲線還可以這樣來理解。仍然以圖 2-14 的供給曲線為例來說明：如果我們先給定一個銷售量，就可以知道與這個銷售量相對應的意願賣價。比如，當購買量為 4 單位時，我們就得到價格為 5，它說明的是廠商生產銷售第 4 個商品所願意接受的最低賣價為 5，也就是意願賣價為 5；當購買量為 12 時，我們就得到價格為 10，這個 10 說明的是企業為第 12 個商品願意接受的最低賣價為 10 元。

　　很顯然，意願賣價與市場價格有區別也有聯繫。在圖 2-14 中，當我們說市場價格為 10 元時，意思說企業所銷售的 12 個商品中的每一個都是以 10 元來賣的。當我們說意願價格為 10 元時，僅僅是說企業的第 12 個商品最低也要賣 10 元，而第 12 個商品前面的 11 個商品的意願賣價都比 10 元要低。容易看出，當企業銷售一定數量的商品時，市場價格總是等於企業所銷售的最後一個商品單位的意願賣價，因而也總是比最後一個商品單位前面的每一個商品的意願賣價高。正是因為每個商品單位的市場價格一般高於該商品單位的意願賣價，所以才會有生產者剩餘存在。

　　有了意願賣價和市場價格，我們就容易理解生產者剩餘了。現在我們假設商品的單位市場價格為 10 元，企業者的生產量為 12。在這種情況下，生產者剩餘是多少呢？從圖 2-14 可以知道，此時企業實際得到的價格總額為 120 元，也就是總收益為 120 元，在圖上表現為矩形 BCDO 的面積。企業願意為生產和銷售這 12 個商品所接受的最低賣價為梯形 ACDO 的面積，等於 72。因此，消費者剩餘就是 120－72＝48，在圖中由三角形 ABC 的面積來代表。

　　在經濟學中，生產者剩餘通常用來反應企業參與市場銷售所獲得的經濟福利。生產者剩餘越大，就說明企業的經濟福利大；生產者剩餘越小，就說明企業的經濟福利小。

根據生產者剩餘的定義，我們能夠知道市場價格、意願賣價和商品銷售量都會影響生產者剩餘。就市場價格而言，在其他因素不變的條件下，生產者剩餘與市場價格呈正向變化。在圖 2-14 中，大家可以計算出市場價格為 5 時，生產者剩餘 = 20 - 12 = 8，小於市場價格為 10 的福利 48。

3. 市場均衡的福利和效率

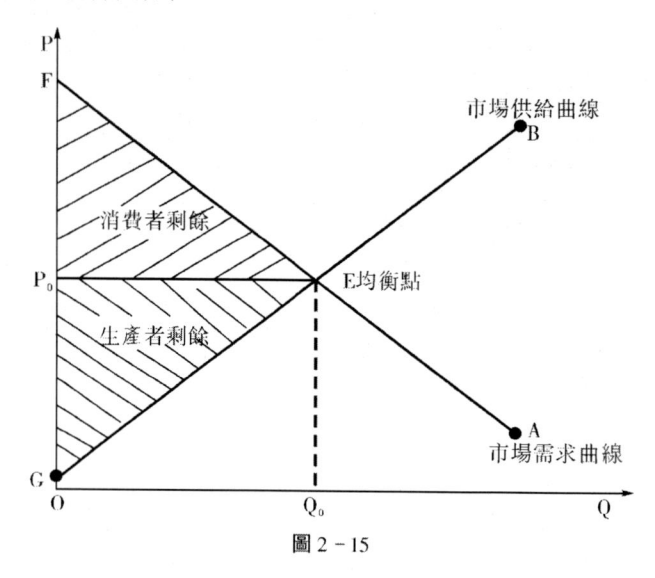

圖 2-15

如圖 2-15，當市場達到供求均衡時的總剩餘為三角形 EFG 的面積。我們前面說明過，消費者剩餘等於價格以上和需求曲線以下的面積，而生產者剩餘等於價格以下和供給曲線以上的面積。因此，供給和需求曲線到均衡點之間的總面積代表這種市場的總剩餘。

這種均衡的資源配置是否有效率？它是否使總剩餘實現了最大化？為了回答這些問題，要記住當市場均衡時，決定價格的是參與市場的買者與賣者。那些對物品評價大於價格（由需求 D 曲線上的 EF 段表示）的買者選擇購買物品，那些對物品評價小於價格（由需求曲線上的 AE 段表示）的買者選擇不購買物品。同樣，那些成本低於價格（由供給曲線上 GE 段表示）的賣者選擇生產並銷售物品，那些成本大於價格（由供給曲線上 BE 段表示）的賣者選擇不生產和銷售物品。從這些觀察可以得出以下兩個關於市場結果的觀點：

第一，在生產與銷售量達到市場均衡時，人們不能通過改善買者之間的消費配置或賣者之間的生產配置來增加社會福利，因而是有效率的。因為自由市場把物品的供給分配給對這些物品評價最高的買者，也就是支付意願最高的買者；同時，自由市場將物品的需求分配給可以以最低成本生產這些物品的賣者。

第二，社會也不能通過增加或減少物品量來增加經濟福利，因而福利是最大的，任何偏離市場均衡的政策都會導致經濟福利的淨損失。

在圖中 2-16 中，如果市場價格低於均衡價格，如價格為 P^{**} 時，比如政府的最高限價政策（比如租金控制）使市場偏離了自由市場的均衡，從而總剩餘為梯形 A + B +

D+F 的面積，比市場均衡時的總剩餘小了三角形 C+E 的面積。

同樣，在圖 2-16 中，如果市場價格低於均衡價格，比如價格為 P***，比如政府實行最低限價政策，比如制定最低工資法，實行農產品支持價格等，也會偏離市場均衡狀態，讓社會白白損失掉相當於三角形 C+E 的面積大小的剩餘。

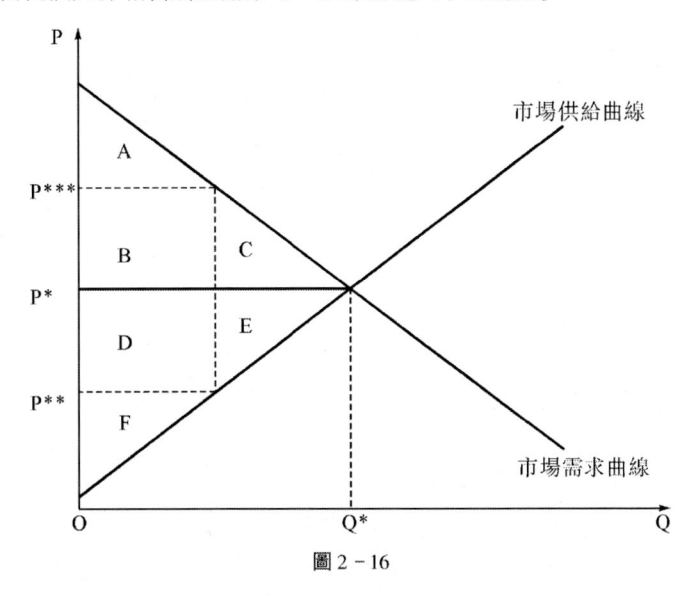

圖 2-16

這兩個關於市場結果的觀點告訴我們，供求均衡使消費者與生產者剩餘之和最大化。換句話說，均衡結果是資源的有效配置。因此，政府的工作是非常簡單的：他可以讓市場自己找出結果。

第五節　政府對價格的管理

現代經濟學認為，均衡價格是市場競爭自發形成的，均衡價格反應了經濟均衡，但也受政府政策的影響。政府通過稅收和價格政策來管理均衡價格，以實現效率和公平。

一、徵收貨物稅

1. 貨物稅的分攤

政府通過徵收貨物稅來影響價格。我們以政府向賣者徵收汽油稅為例來分析其對價格的影響和稅的歸宿。稅的歸宿指的是賦稅的最終經濟負擔由買者還是賣者來承擔，以及它們各自分擔的比例。

在圖 2-17 中，D_0 和 S_0 分別代表汽油的需求曲線和供給曲線，稅前的均衡點為 E_0，均衡價格為 10.5，均衡數量為 60。現假定政府對汽油銷售商按單位數量徵稅 7 元，由於徵稅使成本增加，廠商出售原來的數量會索要 10.5+7=17.5 的價格。於是供給減少為 S_1，S_1 與 D_0 的交點為 E_1，在 E_1 點達到新的均衡，均衡價格為 14，均衡數量

圖 2-17

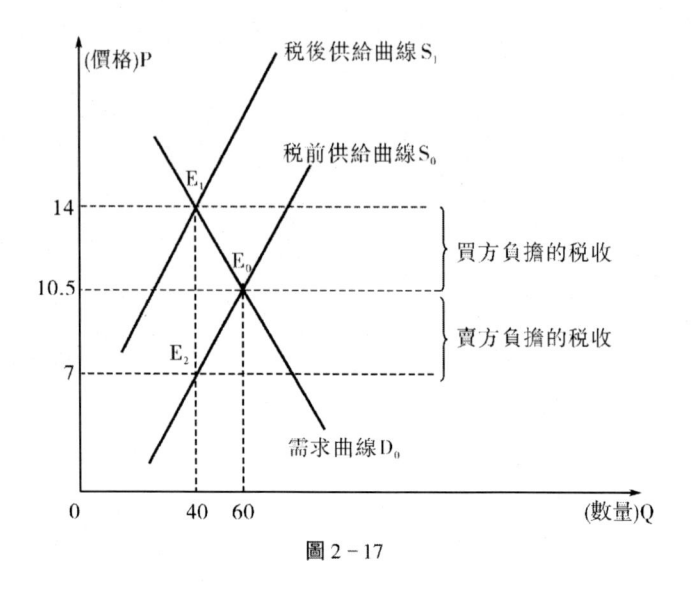

為 40。

比較稅前與稅後均衡，汽油買者支付的價格為 14，比原來提高了 14 - 10.5 = 3.5 元，而汽油賣者得到的價格為 14 - 7 = 7，比原來降低了 10.5 - 7 = 3.5。買者多支付的價格和賣者少得到的價格就是買者和賣者所最終負擔的稅額。

2. 稅收分攤與供求彈性

供求雙方最終負擔稅額的多少，取決於供給彈性和需求彈性的相對大小。一般地，如果供給彈性等於需求彈性，買賣雙方平均分攤稅收。如圖 2-17，買賣雙方各自負擔 3.5 元的貨物稅。

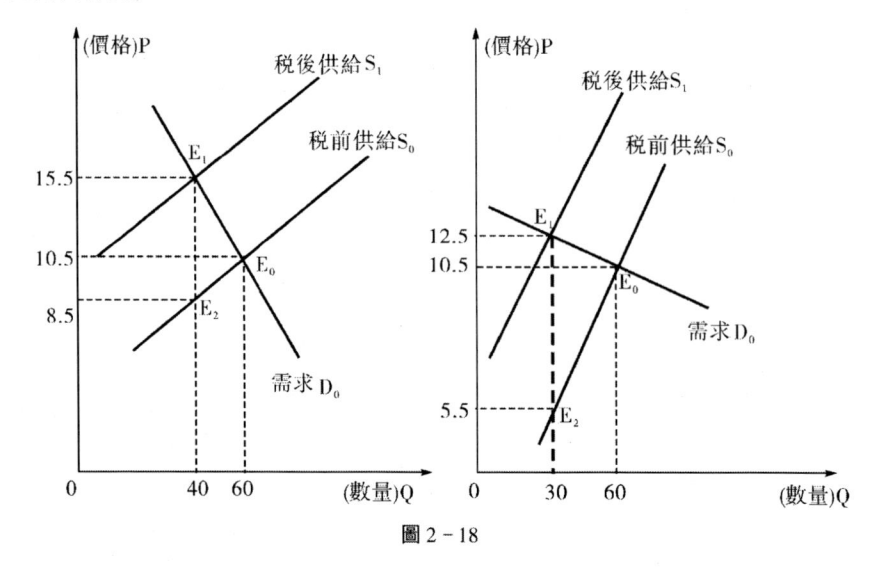

圖 2-18

如果供給彈性大於需求彈性，賣者分擔的稅負小，而買者分擔的稅負大；反之，如果供給彈性小於需求彈性，賣者分擔的稅負大，而買者分擔的稅負小。如圖2-18所示，在左圖中，需求曲線比供給曲線的斜率更大，因而需求彈性小於供給彈性，此時買方負擔了整個稅收中的5元，而賣方僅僅負擔了其中的2元。在右圖中，需求彈性大於供給彈性，買方僅負擔2元，而賣方負擔了5元。

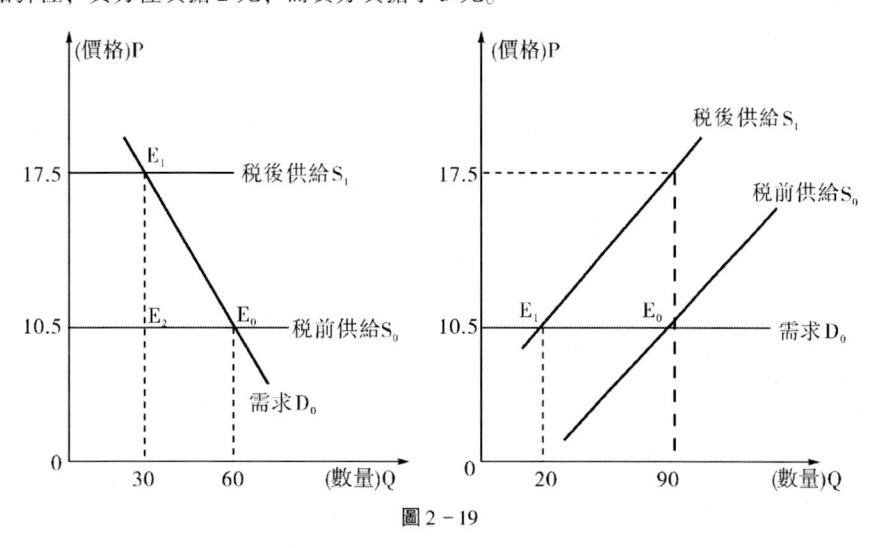

圖2-19

極端地，如果供給為完全彈性，需求為非完全彈性，稅收負擔最終由買方完全承擔；如果需求是完全彈性的，供給為非完全彈性，稅收負擔最終由賣方完全承擔。在圖2-19的左圖中，徵稅使均衡價格提高了7元，消費者就負擔全部稅收；圖2-19的右圖中，徵稅並沒有改變均衡價格，因而企業就負擔全部稅收。其中的道理很簡單，因為如果供給完全彈性，那麼只要買方不願負擔全部稅收，它就可以不向市場提供任何產品；如果需求完全彈性，只要企業提高哪怕一點點價格，消費者就根本不購買任何產品。

3. 徵收貨物稅的福利影響

由於徵收貨物稅改變了市場的均衡，打破了市場原油的均衡狀態，因而必然會對經濟福利產生影響。從圖2-17、2-18、2-19可以看出，徵收貨物稅之後，在新的均衡水量水準上，買方的意願買價與賣方的意願賣價之間的差值剛好等於單位稅額7元。相當於在新的均衡數量水準上，在供求曲線之間打入了一個剛好等於單位稅額7元的價格楔子。一般地，這個價格楔子如圖2-20所示。

顯然，從圖2-20可見，徵收7元的貨物稅之後，經濟福利發生了變化。如表2-1所示，因為徵稅，消費者剩餘減少了28元，生產者剩餘減少了21元，整個社會總福利減少了14元，即市場淨福利減少了C和E兩部分。

(價格)P

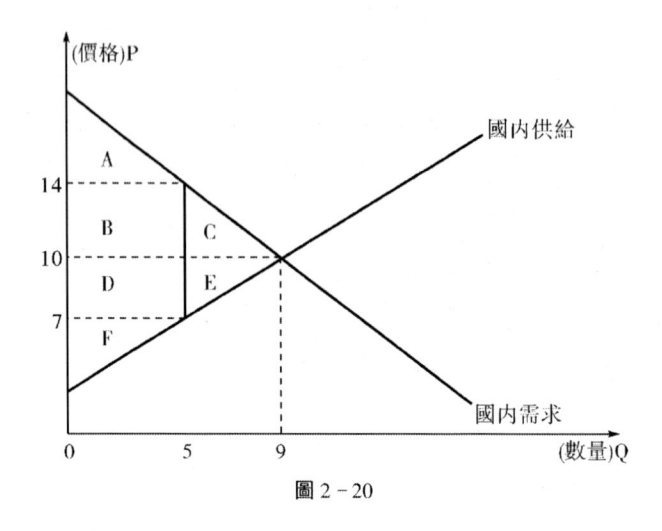

圖 2-20

表 2-1

項目	徵稅前	徵稅後	徵稅後的福利變化
消費者剩餘	A + B + C	A	- B - C
生產者剩餘	D + E + F	F	- D - E
政府稅收額	0	B + D	B + D
市場總福利	A + B + C + D + E + F	A + B + D + F	- C - E

二、實行支持價格

1. 農產品支持價格

支持價格是指為了避免市場自發形成的均衡價格太低而損害生產者的利益，政府對產品制定高於均衡價格的最低價格。支持價格可以用圖 2-21 來表示。

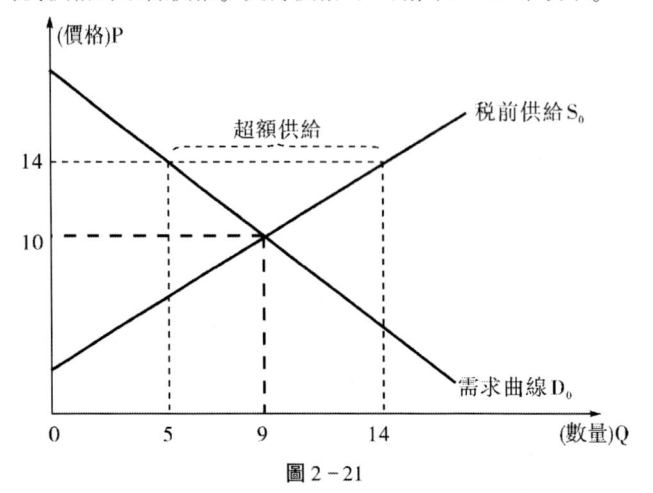

圖 2-21

在圖 2-21 中，市場供給和需求分別為 S_0 和 D_0，它們自發形成的均衡價格為 10，均衡數量為 9。由於 10 太低，政府為了穩定產品供給和生產者收入，規定該產品的價格最低不能低於 14。14 即為支持價格。

支持價格的表現形式多種多樣，比如最低工資和農產品保護價。由於農產品的供給和價格很不穩定，許多國家政府都通過不同的形式對農產品實行支持價格，以穩定農業。在美國，農產品支持價格一般採用兩種形式：一種是緩衝庫存法，一種是穩定基金法。

緩衝庫存法，即政府或政府的代理人按照某種平價收購全部農產品。在供大於求的時期，政府以平價收購的農產品多於其賣出的農產品，從而庫存增加；在供小於求的時期，政府以平價收購的農產品少於其賣出的農產品，從而庫存減少。這樣，通過政府農產品庫存的增減調劑，減輕農產品供求波動而造成的價格波動，將農產品價格穩定在某一平價上，使農產品生產者收入保持相對穩定。

穩定基金法，即政府或其代理人按某種平價收購農產品，而在供大於求時按低於平價的市場低價賣出全部農產品，在供小於求時以高於平價的市場高價賣出全部農產品，政府用高價出售所得的盈利彌補低價銷售所受的虧損。由此可見，穩定基金法既不建立庫存，也不以平價售賣產品，但收購價格是穩定在平價水準上的。

實行農產品支持價格，有利於穩定農業生產、優化農業結構和擴大農業投資。因此，實行農產品支持價格的國家，農業生產發展都較好。但是，由於支持價格高於均衡價格，所以必然會存在和產生產品過剩。誠然，實行農產品支持價格也有負效應：在支持價格水準存在剩餘農產品，而消除市場上產品剩餘會增加財政補貼，造成產品和土地資源的浪費，甚至引發世界農產品市場的貿易戰。

2. 實行農產品支出價格的福利

不僅如此，與徵稅一樣，實行農產品支持價格也會對市場福利產生影響。讓我們考慮政府實行農產品支出價格並收購過剩農產品的福利變化。如圖 2-22 所示，整個市場福利減少相當於 C + F + H + J + I。詳細分析見表 2-2。

表 2-2

	市場均衡	支持價格	福利變化
消費者剩餘	A + B + C	A	- B - C
生產者剩餘	E + F + G	B + C + D + E + F + G	B + C + D
政府成本	0	- C - D - F - H - J - I	- C - D - F - H - J - I
市場總福利	A + B + C + E + F + G	A + B + E + G - H - J - I	- C - F - H - J - I

3. 生產配額的福利影響

政府除了進入市場買斷產出，從而增加供給之外，還可以通過減少供給來使物品價格上升到 14 的水準。政府可以指定法令，直接規定每一個企業所能夠生產的配額。美國的農業政策採用限耕方案——以直接的收入轉移支付的方式——給予農民資金刺激，鼓勵他們把部分耕地閒置。如果政府採用限制種植面積的方式，市場福利會比第一種情

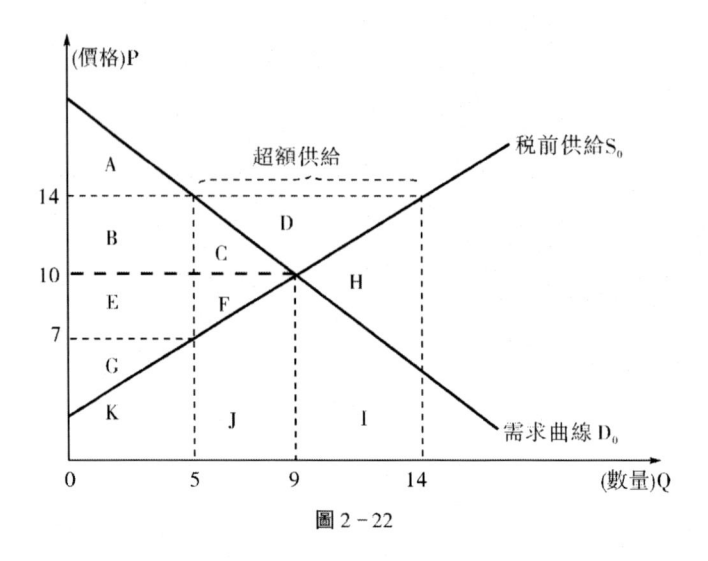

[圖 2-22]

況好些嗎？為了進行比較，我們假設政府保證農民的收益與實行支出價格一樣。在這種情況下，由於政府通過限制種植面積，使農產品產量為 5 單位，就不會產生過剩農產品。

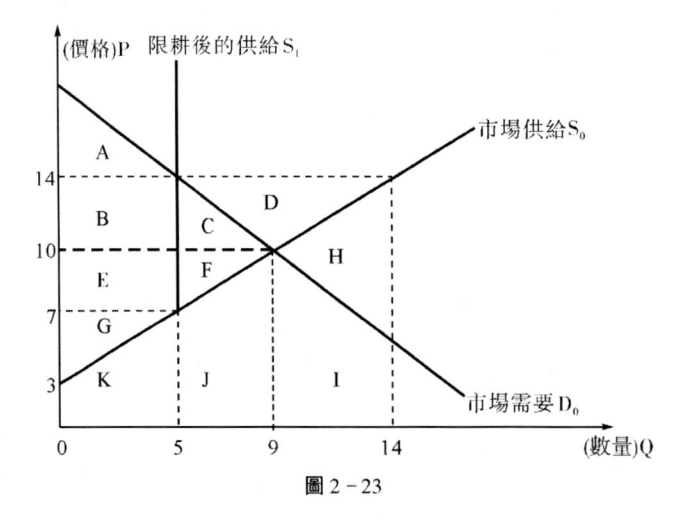

[圖 2-23]

如圖 2-23 所示，政府限制種植面積，實際上相當於改變了供給曲線，新的供給由兩部分構成：在 5 單位前，供給曲線是原來供給的相應那一段；在 5 單位水準上，供給就是一條垂線了。顯然，實行限耕方案也會導致經濟總福利的變化，其中消費者剩餘減少了 B+C，生產者剩餘增加了 B+C+D，而政府的政策成本增加了 -B-C-D，社會總福利減少了 C+F，如表 2-3 所示。

表 2-3

	市場均衡	限制耕種	福利變化
消費者剩餘	A + B + C	A + B	- C
生產者剩餘	E + F + G	B + C + D + E + F + G	B + C + D
政府收支額	0	- C - D - F	- C - D - F
市場總福利	A + B + C + E + F + G	A + B + E + G	- C - F

顯然，就消費者剩餘和生產者剩餘而言，實行限耕方案與實行價格支持是完全一樣的，因而，兩種政策在消費者和生產者眼裡是無差異的。但是，對於政府而言，哪種方案的代價更大呢？比較支持價格和限耕方案，它們的相對大小就取決於 C + D + F 與 C + D + F + H + J + I 的相對大小。通常情況下，限耕方案比價格支持花費要小。因此，就經濟福利而言，限耕方案要優於價格支持。詳細分析見表 2-4。

表 2-4

	支持價格	限制耕種	福利變化
消費者剩餘	A	A	0
生產者剩餘	B + C + D + E + F + G	B + C + D + E + F + G	0
政府收支額	- C - D - F - H - J - I	- C - D - F	H + J + I
市場總福利	A + B + E + G - H - J - I	A + B + E + G	H + J + I

即便如此，對於社會來說，限耕方案也不是最優的，因為它的代價要大於直接發錢給農民。因為，如果政府直接發錢給農民 B + C + D，消費者剩餘為 A + B + C，生產者剩餘為 B + C + D + E + F + G，政府成本為 B + C + D，總福利為 A + B + C + E + F + G。顯然，直接發錢給農民的總福利要大 C + F。

三、實行限制價格

1. 限制價格的定義及其運用

限制價格是指為了避免市場自發形成的價格太高而損害消費者利益，政府制定低於均衡價格的最高價格。限制價格可以用圖 2-24 來表示。

在圖 2-24 中，S_0 和 D_0 分別代表某種產品的供給和需求，自發形成的均衡價格為 10 元。由於這個價格太高，政府為保護消費者而規定該產品的市場價格最高不能超過 7 元，它即為限制價格。

限制價格一般在戰爭或自然災害等特殊時期使用。但許多國家對某些生活必需品或勞動長期實行限制價格，比如：法國在第二次世界大戰後對煤炭、電力、煤氣、交通和郵電服務實行限價政策；英國對房租實行限價控制等。此外，規定利率上限也屬於限價政策的一種形式。

（價格）P

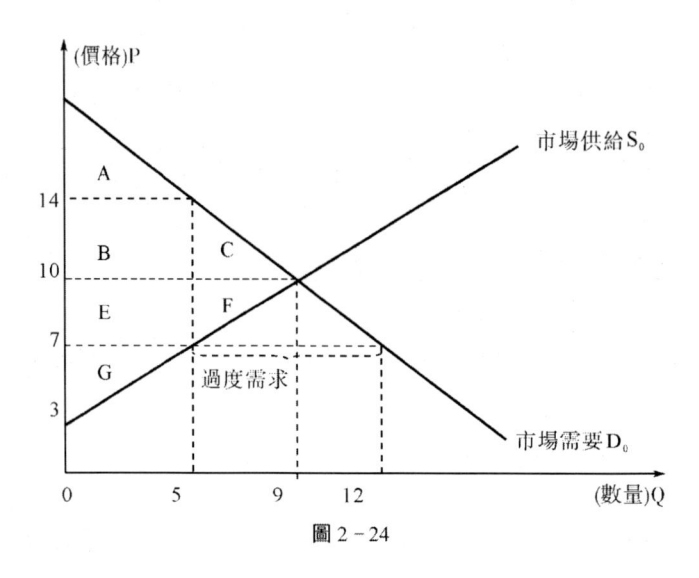

市場供給 S₀

市場需要 D₀

過度需求

圖 2-24

2. 限制價格與經濟福利

限制價格的實行，可能有利於實現社會平等、維持社會安定，但限制價格必然造成嚴重的不利影響：一是限價不利於刺激生產，存在長期的產品短缺或者存在過度需求；二是限價不利於抑制需求，造成資源的嚴重浪費；三是限價形成的短缺迫使政府實行配給制，可能由此而產生黑市交易、關係買賣、行賄受賄等。限制價格使價格機制運轉不靈，它的不合理是敗壞社會風氣和滋生腐敗的經濟「溫床」，因此，經濟學家一般都反對長期實行限制價格。

與支持價格一樣，限制價格的實施也會導致經濟福利的變化。很明顯，在限制價格的條件下，總福利會減少 C+F。因為此時的消費者剩餘改變 -B-C，生產者剩餘的改變量為 B-F。如表 2-5 所示。

表 2-5

項目	市場均衡	限制價格	福利變化
消費者剩餘	A+B+C	A	-B-C
生產者剩餘	E+F+G	B+E+G	B-F
政府成本	0	0	0
市場總福利	A+B+C+E+F+G	A+B+E+G	-C-F

四、國際貿易與市場福利

在前面的分析中，我們沒有考慮國際貿易。我們已經知道了在沒有國際貿易的條件下，整個市場福利用消費者剩餘和生產者剩餘來表示。圖 2-25 表明，在沒有國際貿易的情況下，市場均衡時的總福利最大，而任何偏離市場均衡都會導致淨福利損失。那麼，國際貿易是如何存在的？誰是出口國，誰又是進口國呢？誰能夠從貿易中獲得好

處,誰又在其中遭受損失呢?很多國家都採用關稅和配額政策,這些政策又會如何影響市場福利呢?

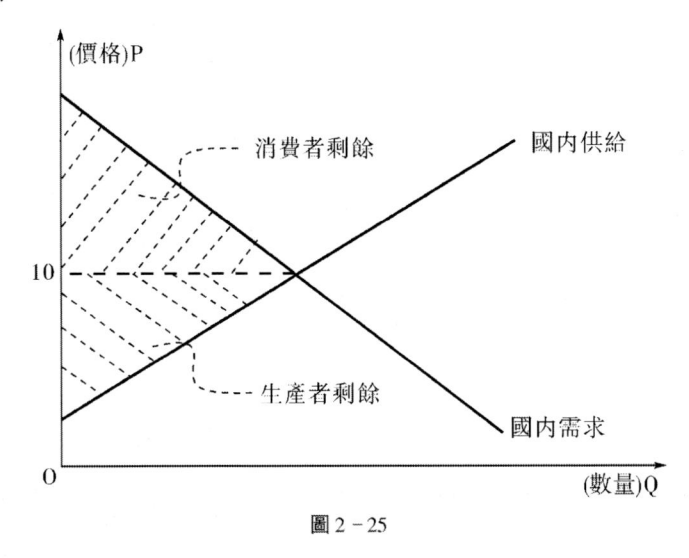

圖2-25

為了分析這些問題,我們假設我們要分析的這個國家為一個小型經濟國家,因而它的進出口行為不會影響國際市場上商品的價格,它僅僅是個價格接受者。這意味著它可以以這個價格來出口或者進口商品。

1. 出口國的福利得失

假設某個國家在貿易前的國內的均衡價格低於世界市場的價格,一旦存在國家貿易,那麼這個國家的國內價格將會上升至世界市場價格。此時,國內供給量就會大於國內需求量,這個國家就會向其他國家出口產品,從而使它成為一個出口國。容易理解,貿易並不會使每一個人受益。因為貿易迫使國內價格上升到世界價格,那麼國內生產出口品的企業就會得到好處,而國內鋼鐵消費者就要受損,因為他們不得不以更高的價格來購買這種產品。

為了衡量這種得失,我們可以觀察消費者剩餘和生產者剩餘的變化。如圖2-26所示,在貿易前,產品價格調整使國內的產品市場均衡,因而消費者剩餘為A+B,生產者剩餘為C,因而總剩餘為A+B+C。在允許貿易後,國內價格上升到世界價格,消費者剩餘為A,而生產者剩餘為B+C+D,其總福利為A+B+C+D,如表2-6所示。

表2-6

項目	貿易前	貿易後	福利變化
消費者剩餘	A+B	A	-B
生產者剩餘	C	B+C+D	B+D
市場總福利	A+B+C	A+B+C+D	D

比較貿易前後的福利變化,我們發現,出口國的生產者從貿易中獲益,其大小相當

48 / 西方經濟學原理

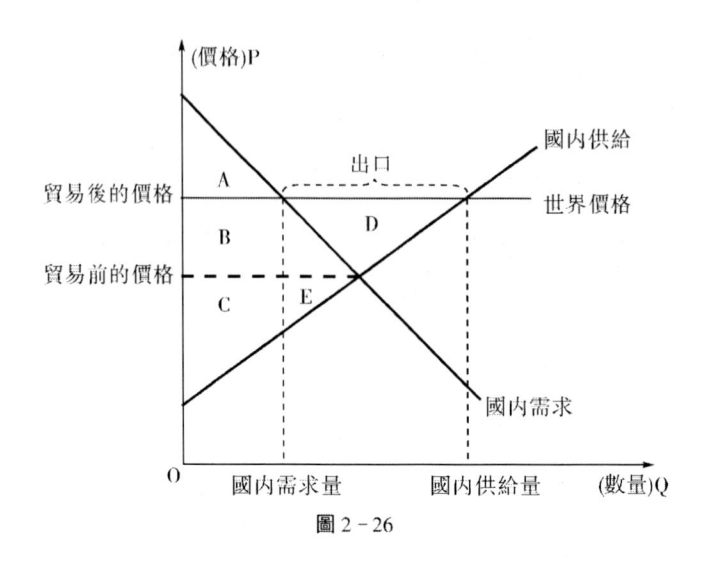

```
           (價格)P
              |
              |\         /  國內供給
              | \       /
              |  \  出口/
              |   A   /
貿易後的價格 ---|----\-/--------- 世界價格
              |   B \ D
              |     / \
貿易前的價格 ---|----/---\-----
              |   / E   \
              |  /   C   \
              | /         \  國內需求
              |/           \
              O----|--------|------(數量)Q
                國內需求量  國內供給量
```

圖 2-26

於增加的生產者剩餘 B + D；出口國的消費者從中受損，減少了 B 的消費者剩餘；但是整個國家的總福利增加了 D。

2. 進口國的福利變化

假設某個國家在貿易前的國內的均衡價格高於世界市場的價格，一旦存在國家貿易，那麼這個國家的國內價格將會下降至世界市場價格。此時，國內供給量就會小於國內需求量，這個國家就會向其他國家進口產品，從而使它成為一個進口國。容易理解，因為貿易迫使國內價格下降到世界價格，那麼國內生產出口品的企業就會受損，因為他們不得不以更低的價格來銷售這種產品；而國內鋼鐵消費者就要受益，因為他們可以以更低的價格來購買產品。

為了衡量這種得失，我們也可以觀察消費者剩餘和生產者剩餘的變化。如圖 2-27 所示，在貿易前，產品價格調整使國內的產品市場均衡，因而消費者剩餘為 A，生產者剩餘為 B + C，因而總剩餘為 A + B + C。在允許貿易後，國內價格下降到世界價格，消費者剩餘為 A + B + D，生產者剩餘為 C，其總福利為 A + B + C + D，如表 2-7 所示。

表 2-7

項目	貿易前	貿易後	福利變化
消費者剩餘	A	A + B + D	B + D
生產者剩餘	B + C	C	- B
市場總福利	A + B + C	A + B + C + D	D

比較貿易前後的福利變化，我們發現，進口國的消費者從貿易中獲益，其大小相當於增加的消費者剩餘 B + D；進口國的生產者從中受損，減少了 B 的生產者剩餘；但是整個國家的總福利增加了 D。

図 2-27

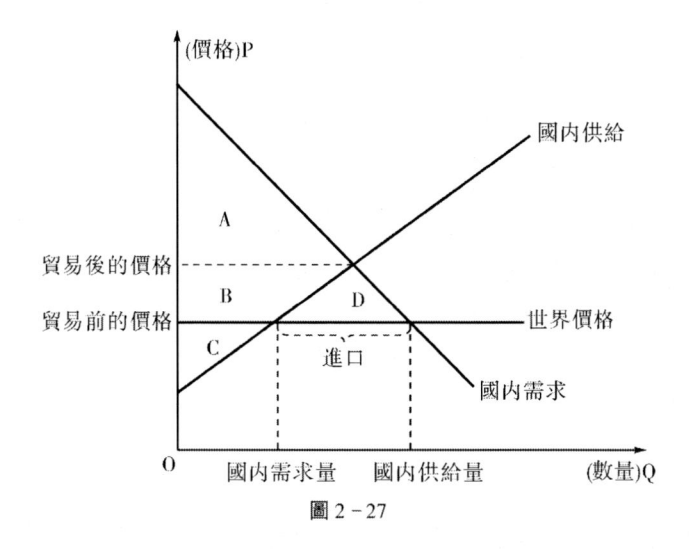

3. 關稅政策的福利影響

關稅是一個國家對在國外生產而在國內銷售的產品所徵收的稅收，屬於間接稅。如果一個國家是該產品的出口國，關稅對這個國家是沒有什麼影響的，關稅只會對進口國產生影響。

圖 2-28 說明，在自由貿易下，國內價格等於世界價格，而關稅使進口產品的價格提高到世界價格之上，價格上升的大小剛好等於關稅額。顯然，關稅使進口國的買者和賣者的行為受到影響。由於關稅提高了價格，因而國內需求量從 Q_d^1 減少到 Q_d^2，而國內供給量從 Q_s^1 增加到 Q_s^2。因此，關稅減少了進口量，並使國內市場接近於沒有貿易時的均衡。

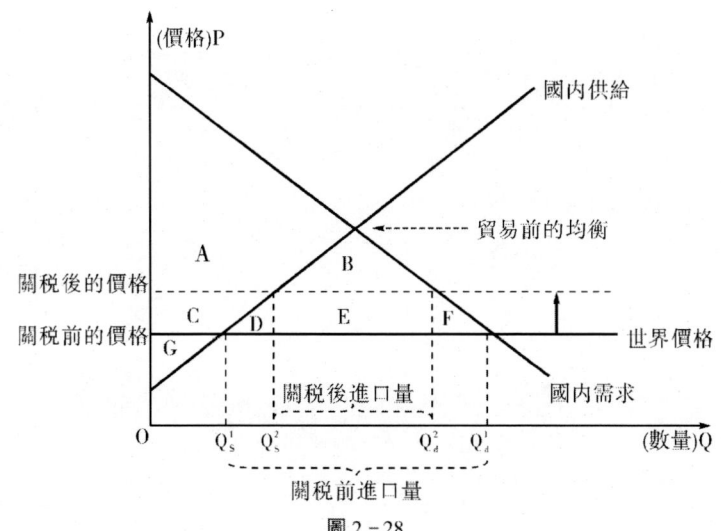

圖 2-28

那麼關稅對市場福利究竟會產生什麼影響呢？顯然，由於關稅提高了價格，國內賣者的境況改進了，而國內買者的境況變差了。當然，關稅增加了政府收入。這些福利的變化，用表2－8中的剩餘可以表示。

表2－8

項目	關稅前	關稅後	福利變化
消費者剩餘	A＋B＋C＋D＋E＋F	A	－B－C
生產者剩餘	D＋E＋F	F	－D－E
政府稅收額	0	B＋D	B＋D
市場總福利	A＋B＋C＋D＋E＋F	A＋B＋D＋F	－C－E

第三章　消費者行為理論

本章重點及難點

(1) 什麼是效用、基數效用和序數效用？
(2) 什麼是邊際效用、邊際效用遞減規律？
(3) 如何用基數效用理論推導出需求曲線？
(4) 什麼是消費者剩餘？
(5) 什麼是無差異曲線？其特點有哪些？
(6) 消費者均衡是如何實現的？其條件是什麼？
(7) 什麼是價格效應、收入效應和替代效應？

　　價格是市場經濟制度中引導資源配置的基本機制。在第二章中我們已經分析了價格是如何由需求和供給決定的，但卻沒有說明需求和供給本身是如何被決定的。需求形成於購買，購買產生於消費，消費由消費者進行；供給形成於售賣，售賣決定於生產，生產由生產者進行。因此，要說明需求和供給的決定，就必須說明消費者行為和生產者行為。

　　消費者行為理論，就是要研究消費者的資源配置行為，從而揭示需求是如何決定的。從這種意義上講，本章是第二章的繼續和深化，是微觀經濟學內容的自然展開。

第一節　效用和效用極大化原則

　　在經濟學上，消費者又稱為居民戶，是指能夠做出統一消費抉擇的預算支出單位。它可以是一個人，也可以是由若干人組成的家庭。微觀經濟分析假定居民戶信息充分、精於計算、富有理性。居民戶向廠商提供土地、勞動、資本和企業家才能等多種生產要素，並因此而獲得相應的租金、工資、利息和利潤收入。消費者行為就是居民戶把這些收入用來購買商品以獲得滿足的過程。消費行為的產生，一是因為居民戶有消費慾望，二是居民戶能夠從商品消費中獲得滿足或效用。

　　居民戶作為「經濟人」，其消費的目的是獲得最大的幸福。美國經濟學家保羅・薩繆爾森認為：幸福可以用效用與慾望的比值來表示，幸福與效用成正比，與慾望成反比。因此，在慾望一定的條件下，最大幸福實際上就是效用最大化。

一、慾望和效用

　　慾望是指消費者那種缺乏的感覺和求得滿足的願望，是消費者的不足之感與求足之願的統一體。

從根本上講，人的慾望是無限的，但在一定的時間和地點，消費者的某種慾望卻是有限的。一般地，隨著商品消費量的增加，消費者的某種慾望會得到逐漸的滿足，從而其相應的不足之感和求足之願就會減弱，這就是慾望的遞減性。

消費者決定購買和消費某種商品，原因在於該商品能夠滿足他某方面的需要。經濟學把消費者在某種物品的消費中所獲得的滿足程度稱為效用。滿足程度高就是效用大，反之，滿足程度低就是效用小。如果消費者在商品消費中感到快樂，則效用為正；反之，如果消費者感到痛苦，則效用為負。

效用是商品對慾望的滿足，是消費者的心理感覺。效用具有主觀性、非倫理性和差異性三大特徵。

某種物品效用的大小、有無，沒有客觀標準，完全取決於消費者在消費該商品時的主觀感受。例如：一支香菸對吸菸者來說可能有很大的效用，而對不吸菸者來說，則可能毫無效用，甚至為負效用。

效用是對慾望的滿足。商品滿足的慾望，可以是求知、求美等有益的慾望，也可以是吸菸、酗酒等不良的慾望，甚至還可以是背離道德、違犯法典的慾望，比如吸毒和賭博。從這個意義上講，效用是中性的，沒有倫理學的含義。

效用作為一種主觀感受，因人、因時、因地而異。對不同的人而言，同種的商品提供的效用是不同的。對於同一個人，同種商品在不同的時間和地點帶來的效用也是不同的。例如：同一件棉衣，在冬天或寒冷地區給人帶來的效用很大，而在夏天或熱帶地區也許只能帶來負效用。

商品之所以能帶來效用，主要是因為商品具有使用價值。使用價值是商品本身具有的能夠滿足人們某種需要的有用性。人們消費某種商品，實際上是在利用商品的使用價值，並在對商品有用性的使用中獲得一定的效用。因此，使用價值是效用的物質基礎。效用與使用價值密切相關，但又截然不同；使用價值作為商品的有用性是客觀存在的，不以人們是否消費商品而轉移；而效用是對消費慾望的滿足，它是一種心理感覺，人們只有消費商品才能獲得效用。

二、總效用與邊際效用

效用是對慾望的滿足。現實中，一個消費者同時存在多種慾望，也同時消費多種商品，並同時獲得多方面的效用。為簡化分析，這裡先研究只消費一種商品時的總效用和邊際效用。

1. 總效用和邊際效用的定義

總效用是特定消費者消費一定數量的某種物品所得到的總滿足程度。商品消費總是一個單位、一個單位地漸次進行的，每單位商品消費都要獲得一定的效用。因此，總效用也就是各單位商品效用的和。總效用是相對一定的商品消費量而言的，它隨商品消費量的變化而變化。從這個意義上講，總效用是商品消費量的函數。如果用 TU 表示總效用，q 表示商品量，總效用函數就是 $TU = f(q)$。

邊際效用是指消費者增加單位商品消費所增加的效用。如邊際效用表示為 MU，商品增量為 Δq，總效用增量為 ΔTU，則 $MU = \Delta TU/\Delta q$。在 $\Delta q = 1$ 時，邊際效用就等於相鄰兩個單位總效用之差。如果商品是可以無限細分的，當商品消費增加一個微量 dq，總

效用也會增加一個微量 dTU，則 MU = dTU/dq。因此，邊際效用是總效用函數的導數。與總效用一樣，邊際效用也依存於商品消費量，是商品量的函數。邊際效用函數可表示為 MU = ψ（q）。

2. 總效用與邊際效用的關係

邊際效用隨商品消費量的變化而變化。在其他條件不變的情況下，隨著消費者對某種物品消費量的增加，他從該物品連續增加的消費單位中所得到的邊際效用越來越小，甚至為負。這種現象普遍存在，被稱為邊際效用遞減規律。這個規律告訴我們：在消費者偏好和商品使用價值既定的條件下，商品消費量越小，邊際效用越大；商品消費量越大，邊際效用越小；如果增加單位消費品不能獲得任何滿足，邊際效用則為零；當商品消費量超過一定數額，繼續增加商品的消費，不僅不能帶來愉快，反而會造成痛苦，邊際效用變為負值。邊際效用的遞減變化可以直觀地用表3-1反應出來。

表3-1

商品消費量 q	邊際效用 MU	總效用 TU
0	0	0
1	30	30
2	20	50
3	10	60
4	0	60
5	-10	50

總效用也隨商品消費量的變化而變化，它的變化可根據邊際效用遞減規律來解釋。如前所述，總效用是各單位商品消費的效用之和，也就是各單位消費品的邊際效用之和。從表3-1可以看出：如邊際效用為正，增加商品消費會使總效用增加；如邊際效用為零，增加商品消費並不能增加總效用，此時總效用達到最大；當邊際效用為負時，增加商品消費會使總效用減少。簡而言之，由於邊際效用遞減規律的作用，總效用先是隨商品消費量的增加而遞增，在達到效用最大後，又隨商品消費量的增加而遞減。

表3-1反應了總效用、邊際效用以及它們的相互關係。如果以橫軸代表商品消費量 q，以縱軸表示總效用 TU 和邊際效用 MU，我們也可以用總效用曲線和邊際效用曲線來描述總效用 TU 和邊際效用 MU 的關係。如圖3-1所示，如果消費量是連續變化的，總效用是一條先上升而後下降的曲線，邊際效用則是一條向右下方傾斜的曲線。當消費 q_1 單位商品時，邊際效用為 MU_1，而總效用等於 TU_1 個效用單位；當消費量小於 q_4，邊際效用曲線在橫軸上方，總效用曲線處於上升階段；如消費量為 q_4，邊際效用曲線與橫軸相交，此時總效用曲線上升到頂點；如果消費量大於 q_4，邊際效用曲線在橫軸下方，總效用則處於下降階段。

圖 3-1

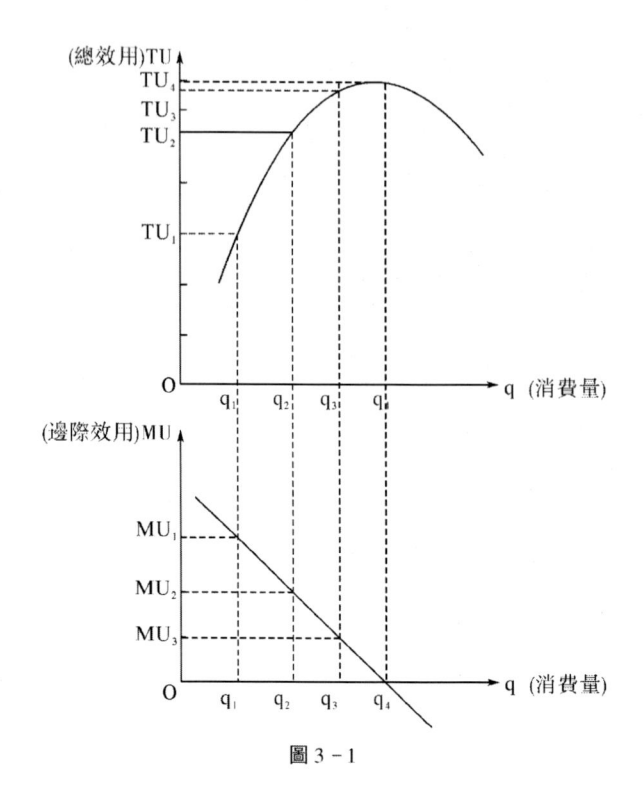

三、效用極大化

1. 效用極大化原則

理性的消費是以效用最大化為目標的，但任何現實的消費行為總要受到諸多限制和約束，比如消費者收入的限制、商品價格的約束以及購買多種商品的取捨等，因此，效用最大化總是指特定條件下的最大化效用。在經濟學上，效用極大化是指在預算收入、商品價格、貨幣效用以及消費偏好既定的條件下，消費者把有限的收入合理而充分地用於各種商品的購買或消費選擇上，以獲得最大效用。

實現效用極大化，就是實現消費者的貨幣資源的最優配置。貨幣資源的優化配置必須符合一定的條件：人們用全部收入購買多種商品，用在各種商品購買上的貨幣的邊際效用相等，且都等於貨幣自身的邊際效用。

用來購買某種商品的貨幣的邊際效用是指增加單位貨幣所購買的商品帶來的邊際效用。它通常用商品的邊際效用與商品價格的比值來表示大小。比如：某單位巧克力的價格為 5 美分，它提供的邊際效用為 10 效用單位，則購買巧克力的貨幣的邊際效用為 2 效用單位。即是說，增加 1 美分就要使總效用增加 2 個效用單位。如果用 λ 表示貨幣的邊際效用，P_1, P_2, …, P_n 表示各種商品的價格，MU_1, MU_2, …, MU_n 表示相應的商品的邊際效用，則消費者均衡的實現條件可寫為：

$$\frac{MU_1}{P_1} = \frac{MU_2}{P_2} = \cdots = \frac{MU_n}{P_n} = \lambda$$

消費者均衡的實現條件實際上是對人們日常生活經驗的理論概括。無論人們是否瞭解這種理論，他們實際上都在自覺或不自覺地按這一原則進行消費和購買。

2. 效用最大化的實現過程

消費者之所以要按這一原則不斷購買，是因為在收入和價格既定的條件下，假設只有 x 和 y 兩種商品，多購買 x 商品就必須少購買 y 商品。隨著 x 商品購買數量的增加，x 商品的邊際效用遞減；而隨 y 商品購買數量減少，y 商品的邊際效用會遞增。為了實現消費者均衡，消費者必須使其購買的 x 商品和 y 商品的數量組合帶來最大的總效用。為此，消費者就要調整他在 x 和 y 這兩種商品上的貨幣支出比例，從而調整他所購買的 x 商品和 y 商品的數量組合。如果用在 x 商品上的貨幣邊際效用大於用在 y 商品上的貨幣的邊際效用，人們就應該把購買 y 商品的部分貨幣轉用於增加對 x 商品的購買，從而增加總效用；反之，消費者就會把購買 x 商品的部分貨幣轉用於增加對 y 商品的購買，從而增加總效用。上述調整過程將反覆進行，直到購買 x 商品和 y 商品的貨幣的邊際效用相等為止——因為在消費者均衡條件下，無論他如何調整，都要減小總效用。

綜上所述，消費者均衡是一種效用最大化狀態。在這種狀態下，消費者的貨幣分配比例達到最佳。消費者均衡是在消費者對貨幣資源的配置進行反覆調整中實現的。這種調整過程可能表現在人們對商品效用的內省、對物品價格的比較、對購買計劃的推敲上，表現在購買商品時的思考、詢問和猶豫不決中。

第二節　消費者偏好和消費約束

研究消費者行為，就是要研究消費者如何在收入和價格既定的條件下，確定實現最大效用的商品購買組合，至於最大效用是多大則完全沒有研究的必要。因此，只要消費者對各種可能的商品組合進行偏好排序，就能從中找出特定約束下的最佳組合。為此，現代經濟學以無差異曲線和消費約束線為分析工具。

一、偏好和無差異曲線

人們消費各種商品，實際是消費各種商品的組合。在理論簡化的分析中，我們可以看成是兩種商品的組合，它們或者是兩種商品不同偏好水準的組合，即效用有高低順序的組合；或者是無差異的組合，也就是效用相同的組合。在序數效用論中，這種偏好和無差異的組合間的關係是用無差異曲線來表示的。

1. 無差異曲線的定義

對兩種商品的各種組合，根據偏好程度，消費者總能把它們分成各個系列。各個系列之間的組合是存在偏好差異的，而同一系列內的組合的偏好是無差異的。無差異曲線就是能夠給消費者提供相同效用水準的兩種商品的不同數量的組合點的系列。

顯然，一個偏好系列就形成一條無差異曲線，多個偏好系列就形成多條無差異曲線。正如地圖上的等高線一樣，無差異曲線表示兩種商品組合的效用高度。同一條無差異曲線上的商品組合效用高度相等，而不同無差異曲線的商品組合效用高度不同。

圖 3-2 顯示了杰倫對一週內麵包與可樂的消費組合的偏好和效用。杰倫對在曲線

U_1 上的各種消費組合是無差異的，因為它們都提供同等程度的滿足。例如：杰倫從3個麵包和7瓶可樂的消費中獲得的滿足，與他從2個麵包和13瓶可樂的消費中獲得的滿足一樣。杰倫對曲線 U_2 與 U_1 的組合系列則存在不同的偏好。根據「多比少好」的偏好和效用公理，曲線位置越高的組合效用越大，曲線 U_2 表示的滿足程度高於 U_1，即 $U_2 > U_1$。

圖3-2只是顯示了對杰倫的兩種偏好系列和效用水準的評價。事實上，圖中應當有無數條無差異曲線，這些曲線平行鋪滿了整個正象限。但是為了簡化作圖和分析，我們通常只畫其中的幾條曲線。應當指出的是，曲線 U_1 和 U_2 除了說明 U_1 比 U_2 效用低之外，並不能說明 U_1 比 U_2 效用低多少。

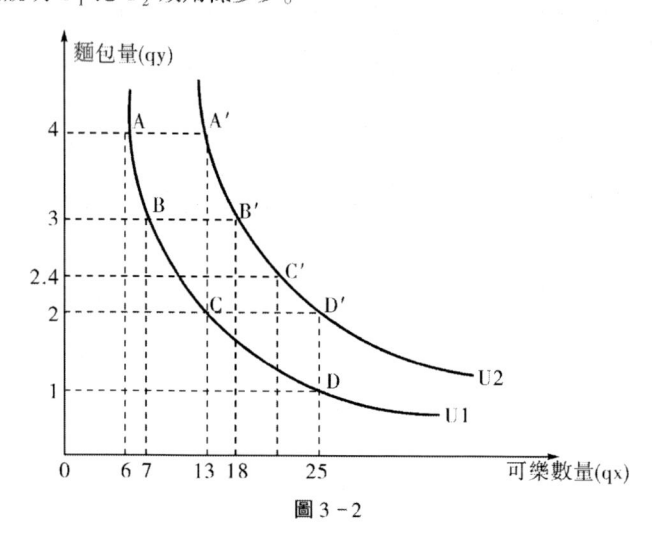

圖 3-2

2. 無差異曲線的特徵

從無差異曲線的走勢、形狀以及關係看，它具有三大特徵：

第一，無差異曲線向右下方傾斜。如圖3-2，在曲線 U_1 上的一切商品組合點，比如 A、B、C、D，都能提供完全相同的滿足程度。根據無差異曲線的定義，消費者在滿足水準不變的條件下可以選擇兩種商品的不同組合。他可以通過放棄一定數量的 y 商品使消費減少，由此得到的滿足才能增加一定數量的 x 商品的消費且帶來等量增加的滿足，使總效用保持不變（比如改變 C 組合為 D 組合）。因為如果杰倫要想保持 y 商品消費不變而增加 x 商品消費（比如由 C 變為 D′），或者同時增加 x 商品和 y 商品的消費（比如由 C 變為 C′），都會改變他的滿足水準。所以，等效用曲線上的消費組合改變，兩種商品的數量必須是此消彼長、呈反方向變動的，即無差異曲線是一條負相關的曲線。

第二，無差異曲線向原點凸出。無差異曲線上的組合點的運動，實際上反應了兩種商品之間的替代關係。比如曲線 U_1 上的 B 點向 C 點運動，實際上是杰倫用增加2瓶可樂的消費來替代1個麵包的消費。在經濟學上，這種消費者為了保持同等效用水準，在增加單位 x 商品消費時所必須減少的 y 商品消費的數量，被稱為邊際替代率。邊際替代率就是無差異曲線的斜率，通常用商品 y 的減少量 Δq_y 與商品 x 的增加量 Δq_x 之比來表

示。由於同一無差異曲線上任意兩種商品組合帶來的效用相同,增加 Δq_x 所增加的效用必然等於減少 Δq_y 所減少的效用。所以有:

$$\frac{\Delta q_y}{\Delta q_x} = \frac{MU_x}{MU_y}$$

根據邊際效用遞減規律,隨著 x 商品數量的增加,y 商品的數量必然相應地減少,從而 x 商品的邊際效用 MU_x 越來越小,y 商品的邊際效用 MU_y 越來越大。這就使得邊際替代率或無差異曲線斜率遞減,即無差異曲線是凸向原點的。

無差異曲線凸向原點的彎曲程度完全取決於兩種商品替代性的大小,即取決於邊際替代率的遞減速度。如果兩種商品替代性強,邊際替代率遞減慢,無差異曲線的彎曲程度就小;反之,無差異曲線彎曲程度就大。極端地,如果兩種商品是完全替代的,邊際替代率不變,無差異曲線就是一條直線;如果兩種商品根本不能替代,而是完全互補的,邊際替代率為零,無差異曲線就是向原點成 90°凸出的折線。

第三,無差異曲線之間不能相交。同一條無差異曲線反應一種消費偏好和效用評價,不同的無差異曲線則代表不同的消費偏好和效用評價。如果兩條無差異曲線相交,相交點就必然同時處在兩條無差異曲線上,因而就應提供不同的滿足或效用。但是,不同的滿足要由不同的商品組合系列提供,而同一系列的商品組合只能提供相同的滿足,這與無差異曲線本身的定義相矛盾。因此,任意兩條無差異曲線不能相交。

二、消費約束線

無差異曲線分析只反應了人們在不考慮消費預算和商品價格時的偏好和滿足,但實際上人們必須對此有所考慮。因此,研究消費者抉擇還必須研究消費的約束條件。

1. 消費約束線的定義

人們的現實消費抉擇總要受消費預算和商品價格的約束,消費者只能在消費預算和商品價格允許的範圍內選擇商品組合——因為消費者的貨幣資源是稀缺的,而商品又不能免費享用。如果消費者要選購兩種商品,在消費預算和商品價格既定的條件下,他充分使用其購買預算所能夠購買的兩種商品的最大組合點的軌跡,就是消費約束線。

假設兩種商品為 x 商品和 y 商品,相應的商品價格分別為 P_x 和 P_y,購買量相應用 q_x 和 q_y 表示。如果消費預算為 I,則消費約束線的方程可寫為:

$$I = P_x \cdot q_x + P_y \cdot q_y \quad \text{或:} \quad q_y = -\frac{P_x}{P_y} \cdot q_x + \frac{1}{P_y} I$$

這是一個直線方程。如果用縱軸表示 q_y,橫軸表示 q_x,消費約束線就是一條以 $-\frac{P_x}{P_y}$ 為斜率,以 $\frac{I}{P_y}$ 為縱截距的直線。很明顯,消費約束線向右下方傾斜,斜率為負。它反應了既定約束條件下兩種商品的替代關係。圖 3-3 表示杰倫計劃用 $10 來購買可樂(其價格為每瓶 $2)和麵包(其價格為每個 $1)的消費約束線。

消費約束線具有重要的經濟意義。在圖 3-3 中,消費約束線以外的點(如 D 點),是杰倫在現在的商品價格和消費預算條件下不能購買到的商品組合,它們反應了消費者貨幣資源的稀缺性。消費約束線以內的點(如 C 點),是杰克在現有條件下能夠購買的商品組合,但存在貨幣剩餘,因此它們反應了消費者貨幣資源的閒置。消費約束線上的

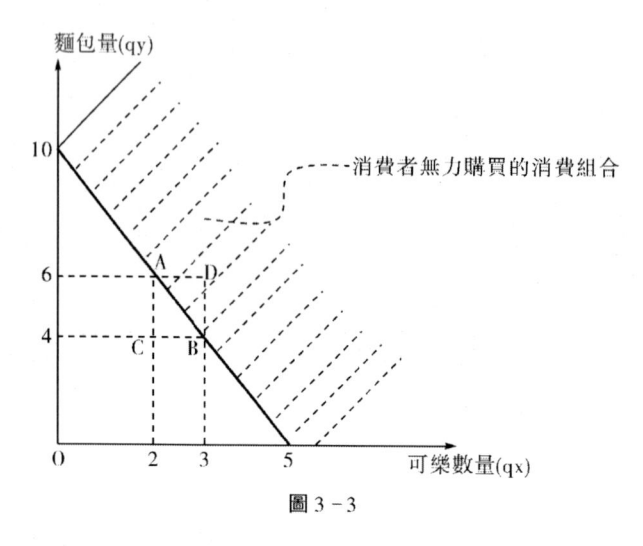

點（如 A、B 點），都是消費者剛好用完消費預算能夠購買的商品組合，它們反應了消費者貨幣資源的充分利用。

2. 消費約束線的運動

消費約束線表明既定的消費預算和商品價格。如果人們的消費預算或商品價格改變，則必然導致消費約束線的運動。

平移是消費約束線的一種運動。如果兩種商品的相對價格不變，而消費者的預算收入增加，則消費約束線會向右上方平移；反之，如果消費者的預算收入減少，消費約束線就會向左下方平移。在消費者預算不變的條件下，如果兩種商品的價格同比例上升，其價格比 P_x/P_y 不變，而消費者購買力下降，消費約束線就會向左下方平移；反之，如果兩種商品價格同比例下降，雖然不會改變兩種商品價格比，但會引起消費者的購買力上升，使得消費約束線向右上方平移。如圖 3－4 所示，消費約束線向左下方平移表示為由 I_0 運動到 I_1，而由 I_0 運動到 I_2 則為消費約束線向右上方平移。

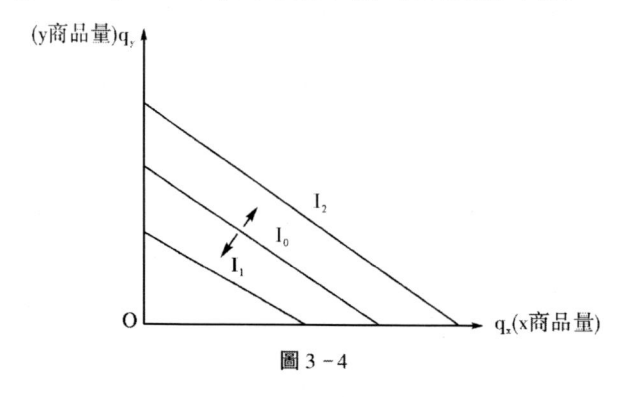

圖 3－4

消費約束線的平移，既可能由預算收入變化引起，也可能由價格變化引起，但消費約束線的平移，實際上是由於預算收入變化和價格變化造成消費者實際購買力變化而引

起的。因此，消費約束線向右上方平行移動，意味著實際收入增加；反之，則說明實際收入減少。

旋轉是消費約束線的另一種運動。消費約束線旋轉是在收入不變的條件下，由於兩種商品價格 P_x 和 P_y 比例的變化，也就是兩種商品的相對價格發生變化，造成消費約束線的斜率 P_x/P_y 改變而引起的。

如果只有一種商品價格（比如 P_x）發生變化，而另一種商品價格（比如 P_y）不變，消費約束線就會以它的上端點為軸心旋轉。當 P_y 不變而 P_x 提高時，斜率增大，消費約束線順時針旋轉，如圖 3－5 中由 I_0 運動到 I_1；當 P_y 不變而 P_x 降低時，消費約束線逆時針旋轉，如圖 3－5 中由 I_0 運動到 I_2。

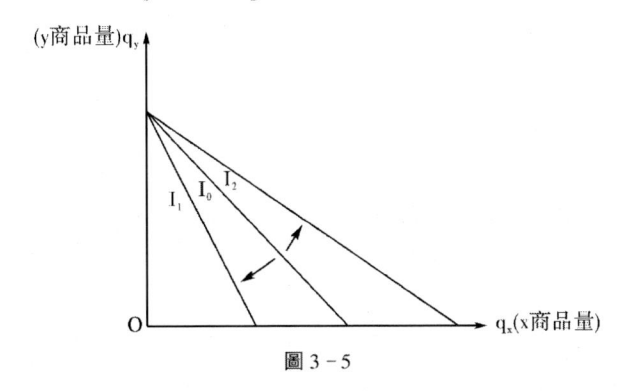

圖 3－5

如果 x 商品和 y 商品價格都發生了變化，而且變化比例不一致，消費約束線也要產生旋轉，只不過旋轉的軸心不再在消費約束線的端點上。比如，P_y 下降而 P_x 上升，消費約束線就會發生圖 3－6 中由 I_0 向 I_1 的順時針旋轉；反之，P_y 上升而 P_x 下降，消費約束線則將發生圖 3－6 中由 I_0 向 I_2 的逆時針旋轉。

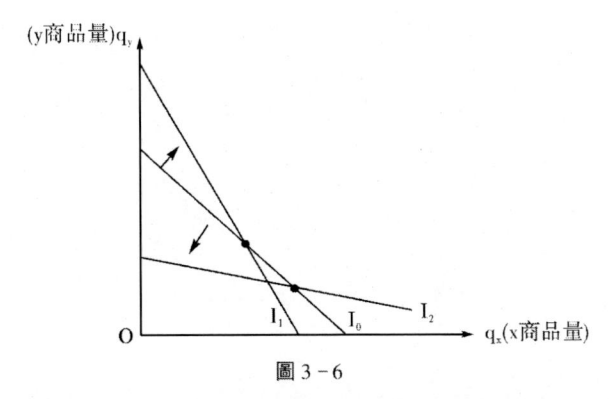

圖 3－6

第三節　消費者均衡和個人需求

一、消費者均衡

消費者均衡就是消費者在一定的預算收入和商品價格條件下的效用最大化狀態。很明顯，消費者均衡既包含消費偏好或消費意願，即效用最大化；又包含消費約束，即預算收入和商品價格。在序數效用論中，消費者的主觀偏好是用無差異曲線表示的，而消費者的客觀限制又是用消費約束線表示的。因此，研究消費者均衡的實現，就應該而且可以把無差異曲線和消費約束線結合起來運用。

按照序數效用論的說法，在消費約束線既定時，它可能同多條無差異曲線相交，但只能而且一定能與一條無差異曲線相切。消費約束線與無差異曲線相交或相切，表示既定收入可以買到這些交點或切點上的商品組合；反之，如果消費約束線與無差異曲線既不相交也不相切，說明既定收入買不起這些無差異曲線上的商品組合。消費約束線與無差異曲線相交點上的商品組合不是預算約束下滿足水準最高的商品組合，只有消費約束線與無差異曲線切點上的商品組合，才是預算限制條件下使消費者獲得最大滿足的商品組合。為此，序數效用論把預算約束線與無差異曲線的切點稱為消費者均衡點。消費者均衡點表示消費者選擇的商品組合，既在消費約束線上，同時又在一條盡可能高的無差異曲線上，如圖3－7所示。

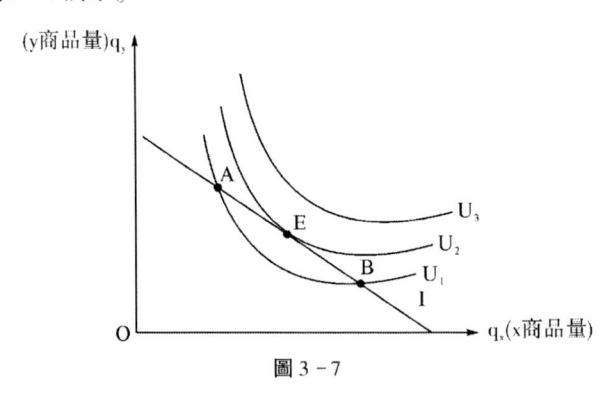

圖3－7

在圖3－7中，I是消費約束線，它反應了既定的預算收入和商品價格。U_1、U_2、U_3是三條位置越來越高的無差異曲線。I與U_1相交於A、B兩點，這說明消費者的既定預算可以買到U_1上的A、B兩組合，但這樣的購買不能給消費者帶來最大效用，因為U_1線低於U_2線，即U_1的效用水準低於U_2。理性的消費者不會做出這樣的抉擇。雖然U_3線位置高於U_2線，U_3比U_2能為消費者提供更大的效用，但因消費約束線的限制，消費者不可能選擇U_3上的商品組合。只有I線與U_2線的切點E上的商品組合，才是理性的消費者應該選擇的能獲得最大效用的商品組合，因為此時不存在既在消費約束線I上，同時又處於比U_2線位置更高的無差異曲線上的其他商品組合。因此，E點就是消

費者均衡點。當富有理性的消費者經過反覆的掂量、比較、搜尋和選擇，找到了使他遺憾最小而滿足最大的商品組合後，只要購買預算、商品價格和消費偏好不發生變化，消費者就不會改變這一狀態。在這種狀態下，消費者的貨幣資源在兩種商品上的配置比例是最優的，從而兩種商品的組合也是最佳的，實現了最優的消費效率。這時就處於消費者均衡狀態。

消費約束線與無差異曲線的切點是消費者均衡點，兩條曲線在切點上的斜率一定相等。由於消費約束線的斜率是兩種商品價格之比，而無差異曲線斜率是兩種商品的邊際替代率，它等於兩種商品的邊際效用之比。所以消費者均衡的條件可寫成：

$$\frac{P_x}{P_y} = \frac{MU_x}{MU_y} 或 \frac{MU_x}{P_x} = \frac{MU_y}{P_y}$$

上式表明：在商品價格既定時，消費者把一定的預算收入全部用來購買 x 和 y 兩種商品，只要兩種商品的價格比正好等於它們的邊際效用之比，消費者就能獲得最大效用。或者說，只要消費者用於購買兩種商品的最後一個單位的貨幣的邊際效用相等，就實現了消費者均衡。

如果我們用貨幣 M 代替圖 3－7 中的 Y 商品，用 P_m 代替 P_y 且 $P_m = 1$，用 MU_m 代替 MU_y，並用 λ 代表貨幣的邊際效用，則上式可表述為：

$$\frac{MU_x}{P_x} = \frac{MU_m}{P_m} = \lambda$$

上式表明：當消費者面臨持有貨幣與購買商品的選擇時，他必須讓用在購買商品上的貨幣的邊際效用等於貨幣自身的邊際效用。

如果消費者不只是購買兩種商品，而是購買多種商品，消費者均衡的條件就可寫成：

$$\frac{MU_x}{P_x} = \frac{MU_y}{P_y} = \cdots = \frac{MU_n}{P_n} = \lambda$$

二、價格—消費曲線和個人需求曲線

價格是除消費者收入之外的又一個影響消費者均衡的因素。價格對消費者均衡的影響，經濟學上用價格—消費曲線和需求曲線來描述。

1. 價格—消費曲線

在消費偏好和預算收入既定的條件下，因商品價格的下降導致消費約束線的旋轉或平移，從而引起消費者均衡點的運動，這些均衡點的運動軌跡就是價格—消費曲線。它反應了價格變化對消費的影響。

為了簡化分析，我們假定消費預算 I 和 y 商品價格不變，只有 x 商品價格變化。隨 x 商品價格由 P_1、P_2、P_3 依次下降，消費約束線依次為 I_1、I_2 和 I_3。這三條消費約束線分別與無差異曲線 U_1、U_2、U_3 相切於 E_1、E_2 和 E_3。連接 E_1、E_2 和 E_3 的 PC 曲線就是價格—消費曲線，如圖 3－8 所示。

圖 3-8

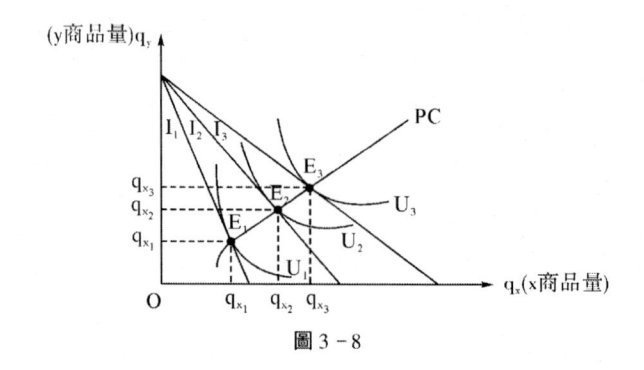

2. 個人需求曲線

在圖 3-8 中，PC 曲線表明：消費者的均衡購買量隨價格的下降而增加。事實上，這是就一般情況而言的。就不同類型的商品而言，價格對其購買量的影響是不同的，因此會有不同形狀的價格—消費曲線。無論是何種形狀的 PC 曲線，它都表明這樣一個事實，即：在價格已經變化的情況下，消費者只有沿著 PC 線調整自己的購買行為，才能實現理性的消費選擇。

正如由收入—消費曲線推導出恩格爾曲線一樣，由價格—消費曲線也可以推導出需求曲線。比如：在圖 3-8 中，當 x 商品價格為 P_1 時，x 商品的均衡購買量為 q_{x_1}；當 x 商品價格降為 P_2 時，x 商品的均衡購買量增加為 q_{x_2}；當 x 商品價格降到 P_3，x 商品的均衡購買量增加為 q_{x_3}。可見，x 商品的均衡購買量隨價格降低而增大。由圖 3-9 中的價格—消費曲線推導出 x 商品的需求曲線如圖 3-9 所示。

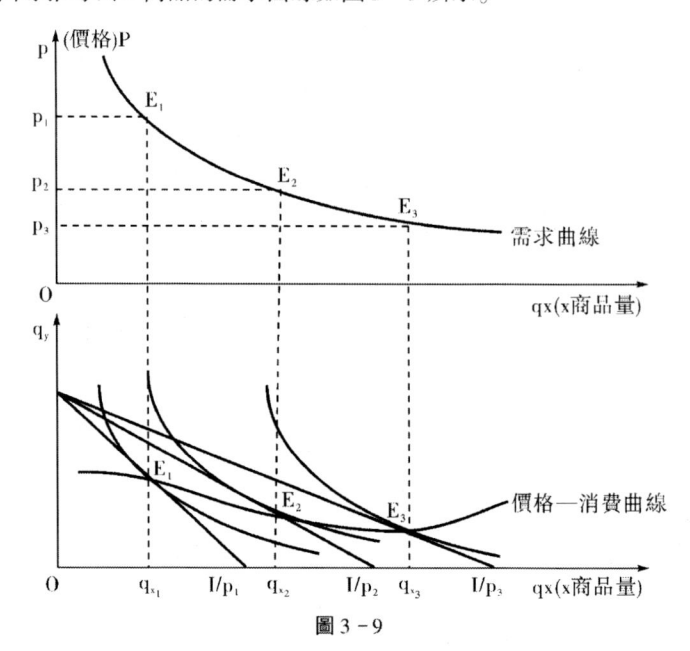

圖 3-9

圖3-9中的需求曲線只是一般的需求曲線。根據其他形狀的PC曲線，還可能推導出正相關的需求曲線。無論何種需求曲線，它反應的是商品的最佳購買量與商品價格的關係。所以，需求曲線上的每一點都應是消費者效用最大化的均衡點。

四、價格效應：收入效應和替代效應

需求曲線表明商品價格的變動將引起需求量的變動。序數效用論認為，商品價格變動所導致的需求量或正或負、或大或小的變化，就是價格效應。價格效應是由收入效應和替代效應構成的，如圖3-10所示。

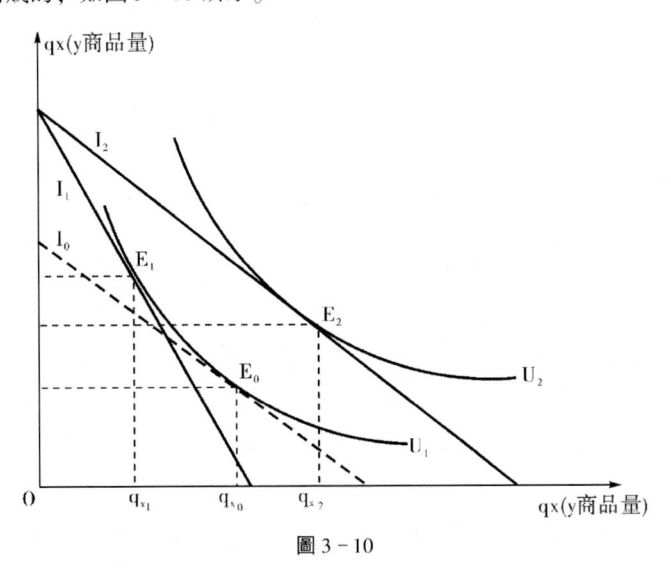

圖3-10

在圖3-10中，消費約束線I_1與U_1線切於E_1點。當x商品價格下降後消費約束線旋轉到I_2，I_2與U_2線切於E_2點。均衡點由E_1運動到E_2，x商品的均衡購買量由q_{x_1}增至q_{x_2}。$q_{x_2}-q_{x_1}$即為x商品價格變化而產生的價格效應。經濟學認為，價格效應是由兩個效應構成的：一個是收入效應，一個是替代效應。為了具體分析價格效應和收入效應，我們在圖中引一條平行於I_2且切於U_1的消費約束線I_0，I_0與U_1的切點為E_0，x商品購買量為q_{x_0}。I_0線表明了按照降低後的價格進行購買，為了實現原來的效用水準需要多少收入。這樣一來，由E_1點運動到E_2點所對應的價格效應$q_{x_2}-q_{x_1}$就分成兩部分：一部分為由E_1點運動到E_0點所對應的$q_{x_0}-q_{x_1}$，另一部分為由E_0點運動到E_2點所對應的$q_{x_2}-q_{x_0}$。

收入效應是指在名義收入不變的情況下，由於商品價格改變而導致的實際收入變化，從而引起的商品購買量的變化。在圖3-10中，收入效應就表示為兩條互相平行的消費約束線與無差異曲線切點間購買量之差即$q_{x_2}-q_{x_0}$。消費約束線的平移必然意味著實際收入的變化。收入效應可能為正，也可能為負。正常商品收入效應為正，而劣等商品收入效應為負。

替代效應是指在實際收入不變的條件下，由於商品相對價格發生變化，使得消費者

增加對價格相對下降的商品的購買量，以替代價格相對上漲的商品的購買量。在圖 3-10 中，替代效應則表示為兩條消費約束線與同一條無差異曲線相切點的購買量之差，即 $q_{x_0} - q_{x_1}$。在同一條無差異曲線上的點的運動，實際上反應的是商品間的替代關係。替代效應一般為負。

在現實經濟生活中，對不同的商品來說，價格變化所包含的收入效應和替代效應不僅有正負之分，而且還有大小之分。正是由於收入效應和替代效應的多樣化，構成了千差萬別的商品需求。以下主要介紹收入效應和替代效應的三種組合。

（1）正的收入效應和負的替代效應相結合。當商品價格下降時，收入效應和替代效應都會使購買量增加；反之，價格上漲，兩種效應都會使購買量減少。它表明商品需求量與價格成反方向變化。這類商品是符合需求規律的正常商品。如圖 3-10 所示。

（2）負的收入效應小於負的替代效應。價格下降而實際收入增加，由於負的收入效應會帶來購買量的減少，負的替代效應卻使購買量增加，而且收入效應的作用小於替代效應，所以總的購買量還是增加，需求量仍然與價格成反方向變化。如圖 3-11 所示。這類商品是劣等商品。

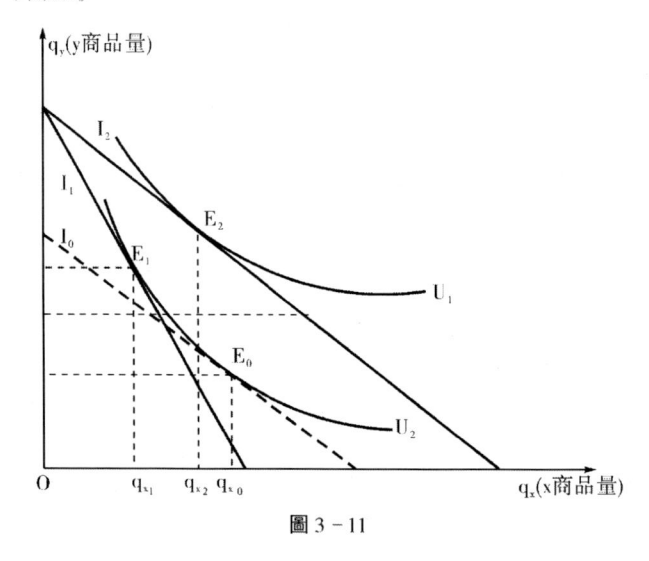

圖 3-11

（3）負的收入效應大於負的替代效應。價格下降而實際收入增加，對該商品的購買量減少。如圖 3-12 所示。雖然負的替代效應會使購買量增加，但替代效應的作用小於收入效應，結果總的購買量還是減少了，需求量與價格成正方向變化。這類商品是吉芬商品。吉芬商品一定是劣等商品，但劣等商品不一定是吉芬商品。

圖 3－12

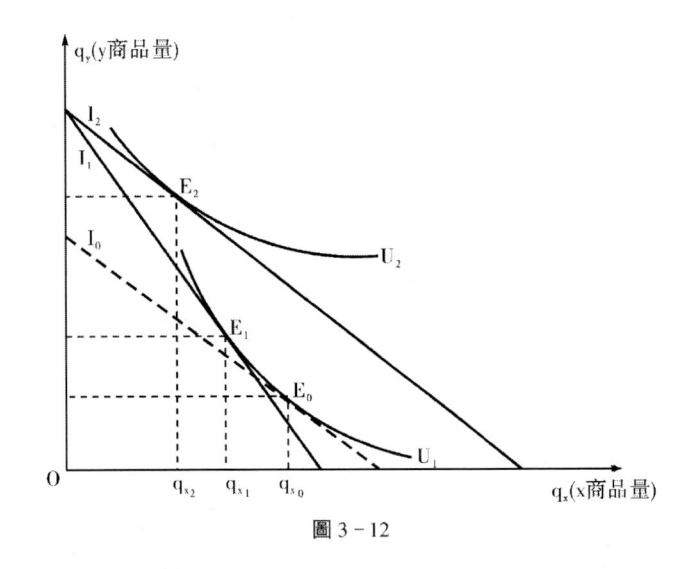

第四節　企業和政府行為與消費選擇

在消費者行為分析中，由於通常假設偏好不變，也就是無差異曲線不變，因而構建約束約束線特別重要。從上面的說明中，我們可以總結出消費者均衡分析的基本步驟為：第一，找出只購買橫軸說代表的商品或者服務的量，也就是找出橫截距；第二，找出只購買縱軸說代表的商品或者服務的購買量，也就是求出縱截距；第三，連接縱橫截距點。第四，如果涉及預算線的運動，關鍵是要搞清楚究竟是收入變化引起的運動，還是相對價格變化引起的運動。第五，比較各種均衡的變化，尤其是消費者效用水準的變化。

一、關於手機通信不同資費下的選擇

某個大學生，每月父母給 900 元錢，他計劃花在手機通信之外的其他消費上。如果其他商品價格為 1 元，而中國移動提供了 A、B 兩種資費標準，如表 3－2 所示。

手機資費類型	月固定費用（元）	每分鐘價格（元）
1	300	0.1
2	0	0.2

顯然，對於資費標準 1 而言，這個大學生每月使用手機的時間最多為 6,000 分鐘，而消費其他商品的量最多不超過 600 單位，因為只要他選擇資費標準 1，即使打手機的時間為 0，他也得支付 300 元的固定費，從而可用於其他商品購買的錢只有 600 元了。所以，圖 3－13 中 CD 為資費標準 1 的預算線。

(價格)P

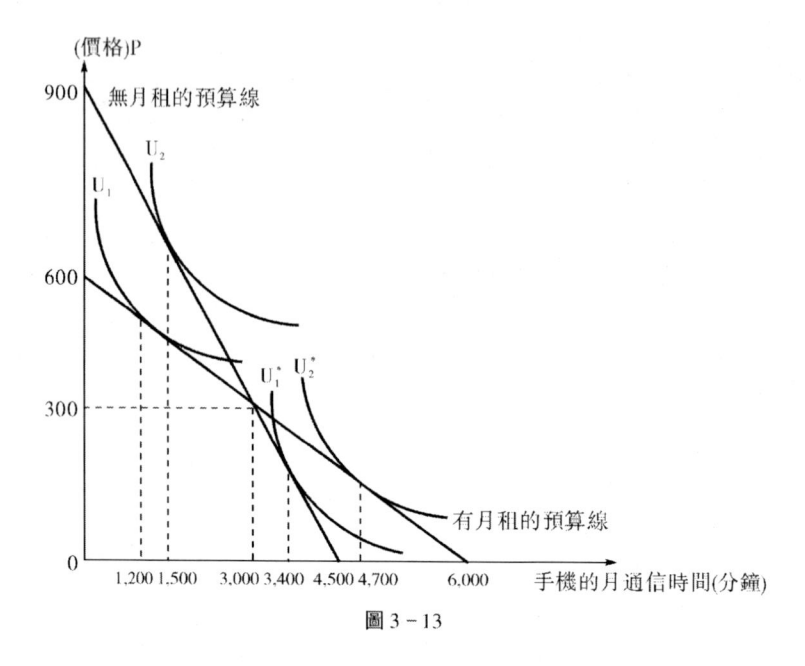

900 　無月租的預算線

U_2

600

U_1

U_1^* U_2^*

300

有月租的預算線

0　　1,200 1,500　3,000 3,400　4,500 4,700　6,000　手機的月通信時間(分鐘)

圖 3-13

同樣的道理，對於資費標準 2 而言，這個大學生每月使用手機的時間最多為 4,500 分鐘，而消費其他商品的量最多不超過 900 單位。所以，圖 3-13 中 AB 為資費標準 2 的預算線。

比較兩種資費標準下的預算線 AB 和 CD，我們發現：在使用手機時間少於 3,000 分鐘時，資費標準 2 比資費標準 1 讓大學生有更大的購買力，因為三角形 ACE 中的組合是資費標準 2 所買不起的。如果使用手機時間多於 3,000 分鐘時，資費標準 1 比資費標準 2 讓大學生有更大的購買力，因為三角形 BDE 中的組合是資費標準 1 所買不起的。

進一步，我們發現，在使用手機時間少於 3,000 分鐘時，採用資費標準 2 比資費標準 1 讓大學生獲得更大的效用，因為 U_a 大於 U_c。如果使用手機時間多於 3,000 分鐘時，採用資費標準 1 比資費標準 2 讓大學生有更大的效用，因為 U_d 大於 U_b。這就是我們常常看到的，使用電話多的人選擇有固定費用的資費標準，而用時少的人選擇無固定費用的資費標準。

二、不同類型的稅收和補貼對消費選擇的影響

某個家庭現有收入為 100 元，用來購買 X 和 Y 兩種商品，X 的單價為 2 元，Y 的單價為 1 元。如果政府徵稅：①對該家庭徵收 30 元的所得稅，②對 X 商品徵收每單位 3 元的消費稅。

如圖 3-14，顯然，徵稅前，這個家庭的預算線為 AB，因為 100 元錢最多能買 50 單位的 X 商品，最多能買 100 單位的 Y 商品。

如果徵收所得稅 30，就會使家庭的可支配收入減少 30，從而家庭的預算支出減少為 70。在這種情況下，這個家庭 X 商品最多能買 35 單位，Y 商品最多能買 70 單位。因而，CD 為徵收所得稅後的預算線。預算線由 AB 運動到 CD，是因為收入減少，所以預算線

向左平移。

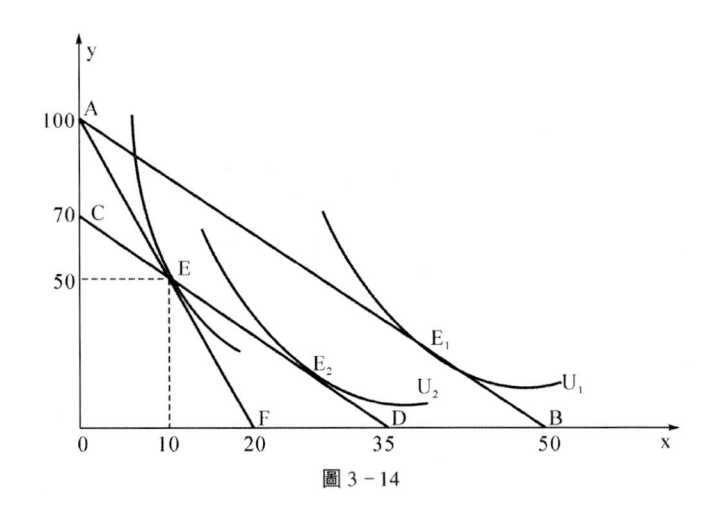

圖 3-14

如果僅僅對每單位 X 商品徵收 3 元的稅，這相當於把 X 商品的價格從 2 元提高到了 5 元。在這種情形下，這個家庭可以購買的 X 商品最多為 20 單位，而 Y 商品最多為 100 單位。所以，AF 為徵收消費稅後的預算線。預算線由 AB 運動到 AF，是因為 X 商品價格提高了，所以預算線以 A 點為軸點向左旋轉。

為了便於比較，如果這個家庭繳納消費稅也為 30 元，那麼其均衡購買量為 E_3，獲得的效用為 U_3。圖中顯示，政府的徵稅直接降低了消費者的效用水準，因為這個家庭在稅前得到的效用為 U_1，大於隨後的 U_2 和 U_3。不僅如此，在政府徵稅 30 元的情況下，徵收所得稅對消費者更好一些，因為徵收所得稅僅僅使消費者的效用由 U_1 減少到 U_2，而徵收消費稅卻讓消費者的效用由 U_1 減少到 U_3 了。

三、政府三種住房支持政策的影響

如果某個家庭的可支配收入為 40,000 元，計劃用來購買兩種商品：一種是住房，一種是除了住房之外的其他商品。假設其他商品單價為 800 元，住房市場價格為每平方米 2,000 元。如果政府準備對這個家庭實行住房支持，具體的住房支持方案有三種。

方案一：允許這個家庭以每平方米 1,000 元的優惠價格購房；

方案二：直接向這個家庭發放 40,000 元現金；

方案三：直接為這個家庭免費提供 20 平方米的住房。

在圖 3-15 中，如果政府以優惠價格 1,000 元提供支持，這個家庭的預算線 AD。因為其他商品價格沒變，僅僅是住房價格降為每平方米 1,000 元，所以僅僅住房的最大可能購買量變為 40 平方米。預算線由 AB 運動到 AD，實際上就是租房價格降低了，導致預算線以縱軸截距點為軸點向內旋轉了。

如果政府直接發放貨幣補貼 40,000 元，相當於使這個家庭的可支配收入增加到了 80,000 元了。在此條件下，家庭最多可購買的住房面積增加為 40 平方米，而其他商品最多為 100 單位。因此，貨幣補貼下的預算線為 CD。預算線由 AB 運動到 CD，實際上就

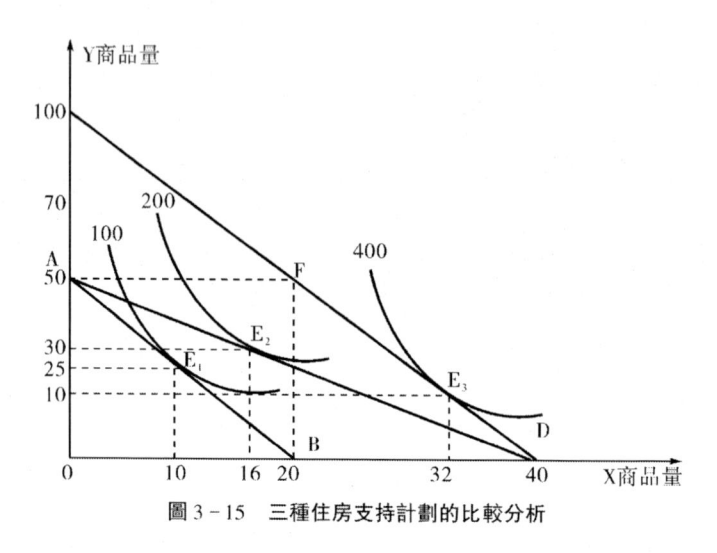

68 / 西方經濟學原理

圖 3－15　三種住房支持計劃的比較分析

是收入增加了，導致預算線向外平移了。

如果政府直接為這個家庭免費提供 20 平方米的住房，預算線會是怎樣的呢？如圖 3－16 所示；情況要稍微複雜一點。在此情況下，這個家庭的預算線為 AFD。容易理解，這個家庭最多可以擁有的住房面積為 40 平方米，而最多可以消費的其他商品為 50 單位。但是，當這個家庭擁有 20 平方米以內（含 20 平方米）的住房時，他說能夠消費的其他商品可以是 50 單位。比如，只要這個家庭願意，他擁有 1 平方米住房時，最多可以購買 50 單位其他商品；他擁有 2 平方米住房時，他也可以最多購買 50 平方米的住房；以此類推，他擁有 20 平方米住房時，他可以購買的其他商品還是 50 單位。當然，如果這個家庭要擁有大於 20 平方米的住房，他能夠購買的其他商品就要減少了，因為他必須花一部分自己的錢去買住房了。

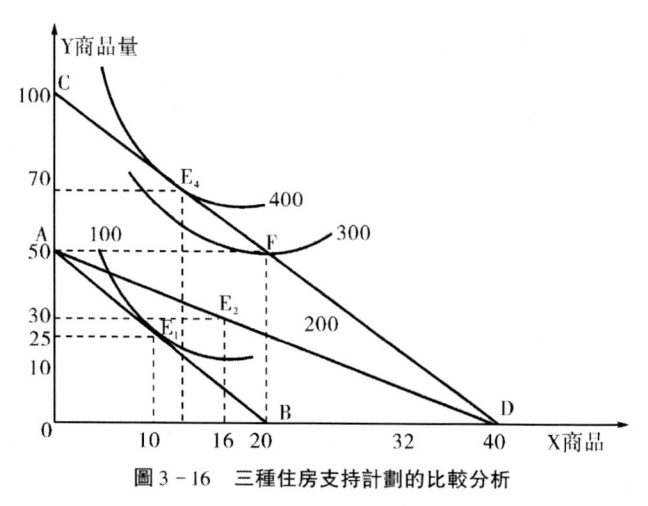

圖 3－16　三種住房支持計劃的比較分析

進一步比較發現，政府的住房支持確實讓受助家庭的效用水準提高了。但是，在政

府三種支持的市場價值都為 40,000 元的條件下，受助家庭通過自由選擇從三種方案中的可能收益是不同的。整體上講，價格優惠的支持對受助家庭來說是增加效用最小的，僅僅增加效用 100 單位。就貨幣補貼方案與實物分配方案而言，如果住房擁有量超過 20 平方米，兩種方案一樣，都使受助家庭效用增加到 300 單位。如果這個家庭的住房擁有量小於 20 平方米，那麼對家庭進行貨幣補貼是最好的；受助家庭的效用會增加到 400 單位，而實物分配只能增加效用到 300 單位。

因此，如果從受助家庭的效用增加這個角度來看，政府應該採用貨幣補貼的形式來支持，因為政府並不瞭解受助家庭的實際偏好，因而通過給錢讓受助家庭自我選擇有助於最大幅度地提高效用水準。

第五節 不確定條件下的個人選擇

在前面幾節的論述中，我們一直假定價格、收入以及其他一些變量是可以確切知道的。但現實生活中，由於意外因素的存在，人們在進行許多選擇時是面臨不確定性的。不確定性是指可能出現一種以上的情況，但我們並不能確切地知道會是哪一種狀態出現。在經濟學界，概率和期望值是人們用來說明不確定性或者風險的最基礎的概念。

一、風險的描述——概率、期望值和期望效用

1. 風險與不確定性

當一個決策的後果並非確定獲知時，經理就會面對一個決策問題，或是在風險條件下，或是在不確定條件下。若一個決策是在風險下做出的，則意味著決策者可以列出一個決策的所有可能後果，以及與之相關的後果出現的可能性。

這裡是一個風險下決策的例子。小王受聘於一家實行佣金制的銷售公司，他的收入取決於他的銷售業績，業績好時月收入為 2,000 元，業績平平時月收入為 1,000 元，而且根據歷史和市場資料顯示，業績好的可能性為 60%，而業績一般的可能性占 40%。

與風險不同，不確定性意味著決策者不能列出全部可能後果，或者不能確定各種後果出現的可能性。在不確定情況下，決策者只知道不同可選決策方案及其可能的自然狀態，自然狀態是可影響最終決策後果或決策報酬但不為決策者所控制的未來事件或情況。儘管在風險和不確定下均不存在完全信息，但是風險下的信息畢竟多於不確定的情況。比如：對於小王來說，是否值得花費 50 萬元研製開發一種治療高血壓的新藥，就是一個不確定決策的例子，此研發費的收益取決於政府的新健康方案是否對新藥品的價格加以限制。在這個問題中，小王面臨的兩種自然狀態為：①政府加以價格限制，或者②政府不加以價格限制。儘管小王知道不同自然狀態下的報酬是多少，但卻不知道對製藥公司加以價格限制的概率有多大。類似這樣的情況，決策就是在不確定條件下做出的。

為了簡化分析，本節忽略風險條件與不確定條件之間的重要區別，或者說主要研究在風險條件下的個人決策。

2. 概率和期望值

消費者在進行消費或投資時，怎樣把風險考慮進去呢？首先我們必須能夠將風險量化，以便在不同的選擇之間進行比較。量化風險的指標很多，概率、期望值、方差、離差、標準差等等都可以在一定程度上反應風險的大小，而且每一種指標都有自己的優缺點。但是，概率和期望值是最為常用的，也是最為基礎的風險測量指標。概率就是某種選擇所面臨的各種可能性的大小。每一種後果都有大於 0 而小於 1 的概率，所以概率是 0~1 之間的某個數。如果某種後果必然出現，其概率就為 1；如果某種後果肯定不會出現，它的概率就為 0；介於二者之間的後果出現的概率介於 0~1 之間。對於特定的選擇來說，各種後果的概率之和等於 1。為各種後果確定概率的過程有時涉及相當複雜的分析，這種分析基於決策者在相同情況下豐富的經驗或其他數據，以這種方式確定的概率被稱為客觀概率。反之，當決策者對某特定決策情況有較少經驗或無相關歷史數據時，分配於各種後果的概率就是通過主觀方式獲得的，稱為主觀概率。主觀概率主要基於預感、「直覺」和個人經驗，而非科學的數據。

從一般意義上說，把存在風險事件的所有可能性結果按其發生的概率進行加權平均，即得到期望值。期望值衡量一個總體趨勢，即平均結果。如果用 E 表示期望值，P_r 表示概率，則有 $E(x) = \sum_{i=1}^{n} P_{ri} \cdot X_i$。比如：上例中的小王的月收入的期望值或者說期望收入 $E(I) = 0.6 \times 2,000 + 0.4 \times 1,000 = 1,600$（元）。

3. 期望效用和期望值的效用

由於本節主要分析個人在風險條件下的選擇，而且經濟學假定個人是理性經濟人，正如在沒有風險的情況下是追求效用最大化的，當面臨風險的時候就以實現期望效用最大化為目標。那麼，什麼是期望效用呢？正如期望值衡量一個總體趨勢或者平均結果一樣，期望效用也是用來衡量個人的平均效用的。消費者的期望效用就是消費者在風險條件下可能得到的各種結果的效用的加權平均數。如果 p 和 1－p 分別為消費者可能的收入 I_1 和 I_2 發生的概率，消費者的效用函數為 $U = U(I)$，那麼該消費者的期望效用表示為：

$EU[p; I_1, I_2] = p \times U(I_1) + (1-p) \times U(I_2)$

例如：李四的效用 U 取決於他的收入水準 I，效用函數 $U(I) = I^2$，他獲得的月收入可能為 1 萬元，也可能為 0 元，前者的概率為 50%，後者的概率也為 50%。那麼，此人的期望效用為：

$EU(I) = 0.5 \times (1^2) + 0.5 \times (0^2) = 0.5$

與期望效用相關的另一個重要概念是期望值的效用。顧名思義，期望值的效用是某個特定的期望值給消費者所帶來的效用水準。一般地，期望值的效用可以表示為：

$U[E(I)] = U[p \times I_1 + (1-p) \times I_2]$

對於上例中的李四來說，他的期望收入 $E(I) = 0.5 \times 1 + 0.5 \times 0 = 0.5$。在收入為 0.5 的時候，李四的期望值的效用就為：

$U[E(I)] = 0.5^2 = 0.25$

顯然，期望效用不同於期望值的效用。除了計算上的差異外，一個明顯的區別是：期望效用反應的只是效用的總體趨勢和平均結果，它並不必然代表消費者實際獲得的效

用水準，而期望值的效用是一個特定收入水準消費者所得到的效用，甚至可以說是一個確定收入下的效用，所以期望值的效用可以通過計算特定收入值所對應的效用函數值來得到。簡單地說，期望效用是存在風險的條件下某個收入的效用，而期望值的效用是不存在風險的條件下某個收入的效用。關於二者的區別及其理解，我們在後面的分析中還要多次提到，因為這一點非常重要。

二、消費者對待風險的態度

在現實生活中，我們可以看到兩種完全相反的現象：有些人為了減少未來收入和財富的風險而到保險公司投保，另一些人卻為了增加生活中的風險而進行賭博，保險公司與跑馬場的生意一樣興旺。有些人願意選擇固定薪水制的工作，而另外一些人卻喜歡選擇佣金制的工作。顯然，人們承擔風險的意願是不同的，有些人是風險規避型的，有些人是風險愛好型的，還有些人則是風險中性的。那麼，如何確定一個人對待風險的態度，或者說如何區分一個消費者究竟是風險喜好的、風險規避的，還是風險中性的呢？根據前面的介紹，我們可以從期望效用與期望值的效用的相對大小、效用函數的類型或者凸凹性、邊際效用的變化趨勢以及風險溢價來說明。

1. 從期望效用和期望值的效用的相對大小來辨別人們對待風險的態度

為了簡化分析，我們假定有甲、乙、丙三個消費者，他們每個人都面臨著得到 I_1 = 1 萬元或者 I_2 = 0 萬元這兩種可能的收入，而且這兩種結果出現的概率均為 50%。同時，假設甲、乙、丙三人的效用函數分別為 $U(I) = I^{\frac{1}{2}}$、$U(I) = I$ 和 $U(I) = I^2$。根據上述假定可以計算得到表 3 - 3。

表 3 - 3

效用\收入	I_1 = 0	I_2 = 1	期望收入 E (I)	期望效用 EU〔p ; I_1, I_2〕	期望值的效用 U〔E (I)〕
甲	0	1	0.5	0.5	0.707
乙	0	1	0.5	0.5	0.5
丙	0	1	0.5	0.5	0.25

從表 3 - 4 中可以看出，在消費者甲看來，對於同樣的（期望）收入水準 0.5，期望效用 (0.5) 小於期望值的效用 (0.707)，這說明他對不確定收入的偏好弱於對確定收入的偏好，因而甲消費者是一個風險規避者。對於消費者乙來說，對於同樣的（期望）收入水準 0.5，期望效用等於期望值的效用，都為 0.5，這說明他對不確定收入和確定收入的偏好是一樣的，因而乙消費者是一個風險中性者。在消費者丙看來，對於同樣的（期望）收入水準 0.5，期望效用 (0.5) 大於期望值的效用 (0.25)，這說明他對不確定收入的偏好強於對確定收入的偏好，因而丙消費者是一個風險偏好者。一般地，在某一收入水準，消費者的期望效用小於期望值的效用，他就是風險規避者；消費者的期望效用大於期望值的效用，他就是風險偏好者；消費者的期望效用等於期望值的效用，他就是風險中性者。

2. 從效用函數的凸凹性看人們對待風險的態度

效用函數的凸凹性可以用效用曲線表示出來。與上述甲、乙、丙三人的效用函數對應的效用曲線如圖3-17。

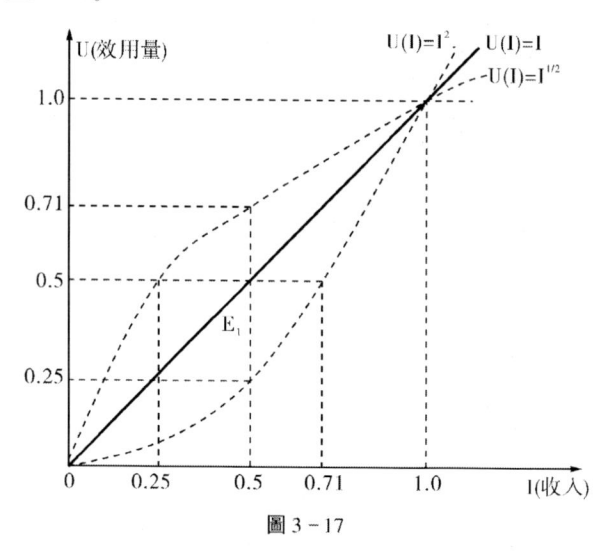

圖 3-17

從圖中看，儘管甲、乙、丙三人的效用函數都是嚴格單調遞增的，但是他們的圖形還是存在明顯的差異。甲的曲線 $U=I^2$ 位於它的每一點切線的上方，同時又總在其弦的下方，其圖形是向上彎曲的，也就是向下凸的曲線，這說明甲的邊際效用隨著收入的增加而遞增；丙的曲線 $U=I^{1/2}$ 則位於它的每一點切線的下方，同時又總在其弦的上方，其圖形是向下彎曲的，也就是向上凸的曲線，這說明丙的邊際效用隨著收入增加而遞減；而乙的曲線 $U=I$ 與它的每一點的切線重合，當然也與它的弦完全重合，而且它還可以看成是甲、丙曲線的弦，這說明隨著收入的增加乙的邊際效用不變。

根據分析，每個消費者期望值的效用就是效用曲線上與期望收入對應的效用值，而期望效用就是在效用函數曲線的弦上與期望收入所對應的效用值。因此，如果消費者具有向下凸的效用曲線，比如 U（丙），我們可以說他是喜好風險的，因為在每一個收入水準上，期望效用都大於期望值的效用。比如：在收入 I＝0.25 時，他的期望效用為 0.25，比他的期望值的效用 0.063 要大；在收入 I＝0.5 時，他的期望效用為 0.5，大於他的期望值的效用 0.25。

如果消費者具有向上凸的效用曲線，比如 U（甲），我們可以說他是厭惡風險的，因為在每一個收入水準上，期望效用都小於期望值的效用。比如：在收入 I＝0.25 時，他的期望效用為 0.25，比他的期望值的效用 0.5 要小；在收入 I＝0.5 時，他的期望效用為 0.5；小於他的期望值的效用 0.707。

同樣的道理，如果消費者具有線性的效用曲線，比如 U（乙），我們可以說他是風險中性的，因為在每一個收入水準上，其期望效用都等於期望值的效用。比如：在收入 I＝0.25 時，他的期望效用和期望值的效用都為 0.25；在收入 I＝0.5 時，他的期望效用和期望值的效用都為 0.5；在收入 I＝0.75 時，其期望效用和期望值的效用都為 0.75。

3. 從風險金的正負來辨別人們對待風險的態度

風險金，又稱為風險溢價，就是為了獲得相同的效用水準，消費者的風險性收入與確定性收入之間的差額。在風險—效用圖中，消費者的風險性收入是弦上與某一個效用水準對應的收入水準，而消費者的確定性收入是效用曲線上與某一個效用水準對應的收入水準。

比如：在丙消費者看來，0.25 的風險性收入和 0.5 的確定性收入都能夠帶來 0.25 的效用水準，風險收入 0.25 與確定收入 0.5 之差 -0.25 就是丙的風險金。風險喜好者的風險金為負，它可以看成是喜好風險者為冒險所付出的代價，具有風險升水的性質。

又比如：在甲消費者看來，0.5 的風險性收入和 0.25 的確定性收入都能夠帶來 0.5 的效用水準，風險收入 0.5 與確定收入 0.25 之差 +0.25 就是甲的風險金。風險厭惡者的風險金為正，這意味著要使厭惡風險者採取有風險的行為，他要求為冒險而得到的補償，具有風險貼水的性質。

再比如：在乙消費者看來，0.25 的風險性收入和 0.25 的確定性收入都能夠帶來 0.25 的效用水準，0.5 的風險性收入和 0.5 的確定性收入都能夠帶來 0.5 的效用水準，0.75 的風險性收入和 0.75 的確定性收入都能夠帶來 0.75 的效用水準，風險收入與確定收入之差始終為 0。零風險金說明風險中性者既不願為冒險付出代價，也不想得到冒險補償。

三、風險的防範

儘管人們對待風險的態度不同，但多數人是厭惡風險的，否則人們的安全需要就不會產生和存在了。對於風險厭惡者來說，面對風險選擇時，往往要對風險進行防範。通常情況下，人們防範風險的方法有三種：決策分散化、購買保險和收集信息。

1. 決策分散化

通俗地講，決策分散化就是「不要把雞蛋全部放在一個籃子裡」。只有向多個方向努力，或者把投資投向多種項目或資產，方可化解或消除風險，達到防範風險的目的。下面通過代理商的商品銷售事例來說明決策分散化的具體意義和好處。

假如你是一個委託代理商，可選擇銷售空調或暖氣，但你不知道明年夏天是否特別熱，也不知道明年冬天是否特別冷，你應如何選擇呢？是選擇代理銷售空調，還是選擇代理銷售暖氣，還是兩者兼顧？答案是採取決策分散化，把精力投向兩者兼顧的方向，既銷售一部分空調，同時又銷售一部分暖氣，甚至同時銷售其他產品。

假定你估計明年氣溫高的可能性為50%，氣溫低的可能性也為50%。若只選擇銷售空調，那麼如遇明年氣溫高，夏天特別炎熱，則可得到 30 萬元的銷售淨收入；如遇明年氣溫低，夏天不太熱，則只能得到 12 萬元的淨收入。若只選擇銷售暖氣，那麼如遇明年氣溫高，冬季不太寒冷，則只能得到 12 萬元的銷售淨收入；如遇明年氣溫低，冬季氣候特別寒冷，則可得到 30 萬元的淨收入。表 3-5 列出了這種情況。

表 3-5

	明年氣溫高	明年氣溫低
概率	50%	50%
暖氣銷售淨收入	12 萬元	30 萬元
空調銷售淨收入	30 萬元	12 萬元

計算預期收益可見，不論是只銷售空調，還是只銷售取暖設備，預期收益都是 21 萬元，但這個淨收入是不確定的，你的最終淨收入可能是 30 萬元，也可能只有 12 萬元。因此，不論只銷售空調設備，還是只銷售取暖設備，都是帶有風險的。

但是，你若採取分散決策，把一半精力放在銷售空調設備上，另一半精力放在銷售取暖設備上，則不論明年天冷天熱，你的銷售淨收入都為 21 萬元，於是原來的風險淨收入 21 萬元變成了無風險的 21 萬元淨收入。可見，分散決策完全消除了不確定性，消除了風險。

2. 購買保險

風險厭惡者為了避免風險，甘願放棄一筆收入而購買保險，以求取得穩定的收益。這裡討論兩個問題：一是保險費的確定，二是最優保險量的確定。

由於保險公司為人們提供保險並不是想從個別人身上賺錢，也就是說，保險公司向個人銷售保險，其預期收入為零。用 $π$ 表示保險價格，即個人購買 1 元保險所必須交納的保險費（顯然，$0 < π < 1$），用 p 表示意外事件發生的概率。如果某人購買了 1 元保險，那麼當意外事件發生時，他將從保險公司得到 1 元的損失賠償。因此，保險公司銷售 1 元保險的預期收入為：$(1-p)π + p(π-1)$。這表示：如果不發生意外事件，保險公司的收入就為 $π$；如果發生意外事件，保險公司的收入為 $π-1$（因為要向被保險人支付 1 元賠償）。既然保險公司並不是想從個別人身上賺錢，於是保險公司的預期收入 $(1-p)π + p(π-1)$ 為零。由此可知，$π = p$，即保險費率（保險價格）就等於意外事件發生的概率。

假定某消費者現有財產 W 元，而且他是一個風險厭惡者。如果發生意外事件，他將損失 L 元財產，那麼該消費者願意購買多少保險呢？根據前面學習的等量邊際決策原理，我們不難理解：最優的保險購買量 Q 應當是使意外事件發生時財富的邊際效用與意外事件沒有發生時財富的邊際效用相等。換句話說，保險的最優購買量等於意外事件發生時消費者的損失額。按照最優購買量購買保險，保險成本是 $πQ$，它等於 pL，即保險成本等於消費者的預期損失。當消費者按照預期損失付出了保險成本以後，即付出了 pL 元的保險費後，不論意外事件是否發生，他都不會再蒙受損失，他的財富就變成了 $W - pL$ 元的穩定財富。購買保險所保證的這筆穩定的財富 $W - pL$，實際上就等於沒有買保險的情況下消費者的預期財富收入。這是因為沒有買保險時，消費者的預期財富收入為 $(1-p)W + p(W-L) = W - pL$。

比如：某家庭財產價值 5 萬元，該家庭面臨 10% 的可能性被盜，發生盜竊後會損失 1 萬元，因此預期損失 1 千元（0.1 萬元），預期財產價值 4.9 萬元（$0.9 \times 5 + 0.1 \times 4$）。如果該家庭花 1 千元購買家庭財產保險，那麼 4.9 萬元的財產就得到了保證，這個受保

證的價值等於不參加保險時的預期財產價值。如果不買家庭財產保險，那麼就會冒遭受 1 萬元財產損失的風險。表3-4列出了買和不買保險兩種情況下，該家庭的財產價值變化情況。

表3-4

	發生盜竊（p=10%）	不發生盜竊（1-p=90%）	預期財產
不買保險	4.0 萬元	5.0 萬元	4.9 萬元
買保險	4.9 萬元	4.9 萬元	4.9 萬元

可見，買保險不但沒有改變財產的預期價值，而且還削平了兩種不同結果的差異。這一現象的出現，正是高預期效用所產生的效應。為什麼呢？我們知道，不論是發生盜竊還是安然無恙，該家庭的效用函數不變，而且效用函數是嚴格向上凸的。如果不買保險，那麼蒙受損失後該家庭的財產邊際效用大於不受損失時的財產邊際效用（因為邊際效用遞減），因此把財產從不受損失的高價值處向受損失的低價值處轉移一點，方可使預期效用水準得到提高。這樣的財產轉移，正是購買保險這一行為所要完成的使命。

3. 收集信息

當存在風險時，消費者是基於有限信息進行決策的。如果他能夠收集到更多信息，就一定能夠進行更好的預計，風險也可以降低。獲取信息可以改變選擇結果的概率分佈，從而減少主觀不確定性，就是說，消費者獲取的信息越多，他越能做出更好的預測，從而減少風險。從這個意義上說，信息是有價值的商品，使用信息應當為信息所有者支付費用，信息的價值也就來自於信息所減少的風險。那麼信息的價值如何確定呢？或者說，一個風險規避者願意支付多少信息費用來收集信息以規避風險呢？為了簡化分析，我們在這兒主要研究完全信息的價值。完全信息的價值是指一種選擇結果在完全信息下的期望價值與不完全信息下的期望價值之差。下面，我們以例子來說明信息的價值。

某商店經理需要決定到底訂購多少件秋季服裝。如果訂購100套，每套定價180元；如果訂購50套，每套訂價200元。每套服裝的售價為300元，售不出去可以退還，但只能返還訂購價的一半。假若沒有更多的信息，該商店經理只能相信售出量為100套的概率是0.5，售出量為50套的概率也是0.5。表3-5給出了兩種情況下商店的利潤情況。

表3-5

	銷售50套	銷售100套	期望利潤
訂購50套	5,000元	5,000元	5,000元
訂購100套	1,500元	12,000元	6,750元

在信息不完全的情況下，如果該商店經理是一個風險中立者（或風險愛好者），那麼他會選擇訂購100套，他的利潤可能是12,000元（300×100-180×100），也可能是1,500元（50×300-50×180+50×90-50×180）。但是，如果他是風險厭惡者，就可能會選擇訂購50套，因為這樣他可以確保5,000元（50×300-50×200）的利潤。

在完全信息的情況下，不論銷售量是50套，還是100套，商店經理都能正確地做出訂購件數的選擇。如果銷售量是50套，他（她）就訂購50套，得到5,000元利潤；如果銷售量為100套，他（她）就訂購100套，獲得12,000元利潤。由於銷售50套和銷售100套的概率都是0.5，因此完全信息情況下商店的預期利潤為8,500元（0.5×50×100+0.5×100×120）。

按照不完全信息下的最高預期利潤計算，訂購100套時，完全信息的價值為8,500-6,750=1,750元。因此，為了得到對銷售量的準確預測，值得付出1,750元的代價。即使預測並不完美，也值得對這樣的能夠提供更好的來年預測的市場行銷研究進行投資。

第四章　廠商的生產和成本理論

本章重點及難點

(1) 什麼是生產、生產函數？
(2) 什麼是會計成本、經濟成本、明顯成本和隱含成本？
(3) 如何理解邊際報酬遞減規律？
(4) 總產量、平均產量和邊際產量的關係是怎樣的？廠商的經濟投入區間在哪裡？
(5) 廠商最優配置要素的原則。
(6) 什麼是規模經濟和規模損失？形成規模經濟和規模損失的原因各有哪些？
(7) 短期平均成本、短期平均變動成本與短期邊際成本的關係。
(8) 短期平均成本與長期平均成本的關係。
(9) 長期平均成本與規模報酬變動的關係。

需求和供給是決定價格的兩個方面。在第三章，我們分析了消費者資源配置的行為原則，從而揭示了需求是受消費者行為決定的。本章和下一章要研究生產者的行為，即生產者的資源配置和定價行為，從而揭示供給是如何決定的。從這個意義上講，生產者行為分析也是第二章的繼續和發展。

生產和成本理論，主要是研究理性的生產者如何做出要素投入和要素組合的選擇，以實現資源的合理配置和最低成本的生產。

第一節　生產要素和生產成本

研究生產者行為就得首先理解有關生產者行為的基本知識。本節主要側重於對生產、生產者、生產要素和生產成本等基本概念的闡釋，基本的分析將在以後逐步展開。

一、生產者和生產要素

在經濟學中，生產者又稱為廠商，它是生產行為的決策者，它決定生產什麼、生產多少以及如何生產。與居民戶一樣，廠商也是一個決策單位。它可以是個人企業、合夥企業和公司企業。公司企業又可分為獨資公司、有限責任公司、股份有限公司和兩合公司等。換言之，大公司的董事長、合資企業的經理、獨資的小雜貨店老板，以至於菜市場的菜販、地攤的小販，都是生產者。儘管廠商形式多樣，但經濟學通常假定它們都是信息充分、精於計算、富有理性的「經濟人」，其目的是獲得最大化的利潤。

生產者是生產行為的核心，而生產要素則是生產的基礎，廠商進行任何生產都必須投入生產要素。在經濟學上，生產要素又稱投入要素，它是指廠商在生產中使用的一切

經濟資源。勞動、資本、土地和企業家才能都可能成為生產中不可或缺的投入要素。在這些投入要素中,有些生產要素,廠商較難在一定生產時期內改變其投入量,比如廠房、設備以及關鍵性的管理和技術人員等。經濟學把這部分在一定時期內難於調整其投入量的要素稱為固定要素。固定要素決定企業的生產潛力和生產規模。與固定要素不同,還有部分生產要素,廠商在一定生產時期內很容易改變它們的投入數量,比如一般的原材料和普通工人。這部分生產要素被稱為變動要素。變動要素只決定廠商在既定生產規模下的某個確定產量水準。固定要素與變動要素的劃分是相對的,它們因時期長短、行業性質和生產技術的差異而不同。

二、生產和生產函數

生產是指廠商為了獲得利益,把各種各樣的生產要素組合起來,以提供產品或勞務的活動。從純技術意義上講,生產就是投入轉化為產出的過程。

投入轉化為產出總是在一定時期內進行的,為了簡化分析,經濟學把生產區分為短期生產和長期生產來討論。

如果廠商只需通過調整生產中部分投入要素來改變產量,這種生產就是短期生產。在短期生產中,廠商既面臨技術約束,又面臨固定要素的限制,它只能通過改變變動要素量,從而改變各種要素間的組合比例來調整產量。同時,由於技術和固定要素的限制,廠商無法對其生產規模進行調整,所以短期生產也可以看成是廠商在生產規模既定條件下的生產。

與短期生產不同,長期生產是指廠商通過調整生產中所有投入要素的量來影響產量的生產。顯然,在長期生產中,除了技術不變之外,廠商沒有固定要素,一切生產要素都是可以隨時調整的。由於廠商能夠對生產要素進行充分調整,它就可以增加生產潛力,擴大生產規模。從這個意義上講,長期生產是廠商在規模變動條件下的生產。

生產就是一種投入產出關係,經濟學用生產函數來描繪這種關係。生產函數是指在一定技術條件下,某個廠商所投入的各種生產要素的組合比例與獲得的產量之間的關係。如果以 q 代表廠商的生產產量,F_1,F_2,…,F_n 代表生產中所使用的各種生產要素,則生產函數一般表達式為:

$q = f(F_1, F_2, \cdots, F_n)$

為了簡化分析,生產理論通常假定生產中只有勞動 L 和資本 K 兩種生產要素,故生產函數可以簡化為:

$q = f(L, K)$

例如:在 20 世紀 30 年代初,由數學家柯布和經濟學家道格拉斯根據美國製造業 1899—1922 年雇傭勞動指數、固定資本指數和生產指數的統計資料得到的一個經驗型生產函數,即柯布—道格拉斯生產函數,它被表達為:

$Q = A \cdot L^\alpha K^{1-\alpha}$

式中 A、α 都是常數。根據他們的測算,A = 1.01,α = 0.75。故上式也可寫為:

$Q = 1.01 L^{0.75} K^{0.25}$

很顯然,這是一個線性齊次生產函數。它表明:在資本投入不變時,勞動投入增加 1%能使產量增長 0.75%;而在勞動投入不變時,資本投入增加 1%,能使產量增長

0.25%；如勞動和資本同時都增加1%，產量就會增長1%。

三、成本和成本函數

注重理性選擇的經濟學家與關心財務報告的會計人員，對於企業生產成本的看法是不盡相同的。會計人員關心會計成本，經濟學家看重經濟成本。

企業在生產經營時所發生的各項支出，一般都要在會計帳目上反應出來，因而被稱為會計成本。會計成本是對企業貨幣支出的歷史記錄，也可以叫做歷史成本。會計成本往往只能說明過去，不能說明將來，而且也不能完全反應企業經營的實際代價。因此，只注重會計成本，不利於企業的科學決策，甚至會擾亂經營決策，因而必須考察經濟成本。

經濟成本是經濟學意義上的成本，一般是指企業經營時所發生的明顯成本和隱含成本。明顯成本通常是由明確的契約關係所規定的廠商必須進行現實支付的成本。明顯成本是廠商已付款和契約債務的總和，它通常有廠房設備的折舊，購買原材料、燃料和動力的費用，支付給雇員的薪金和工資，還有廣告費、保險費、稅金及貸款利息等等。顯然，明顯成本就是會計成本。隱含成本是不由契約關係規定而需要補償的廠商自有生產要素的開支。隱含成本也可看成是廠商使用自有生產要素所喪失的機會價值，它主要包括企業主運用自有資金及其他實物資產經營企業所喪失的利息和租金收入，以及企業主親自從事經營活動所喪失的工薪收入。由於廠商自有生產要素的稀缺性和多用途性，廠商的隱含成本一般是大於零的，因此經濟成本總是大於會計成本。

會計成本也好，經濟成本也罷，成本總可以看成是廠商生產中所使用生產要素的價格總額。在要素價格一定的條件下，成本取決於投入要素量。廠商的要素投入量是由廠商的計劃產量決定的，所以成本依存於一定的產出水準。在經濟學上，把成本對產量的依存關係稱為成本函數。如果以C代表成本，q代表產量，則成本函數可寫成：

$C = f(q)$

成本函數描繪生產要素貨幣量對產量的依存關係，生產函數反應生產中產量對要素實物量的依存關係。顯然，成本函數與生產函數分析的都是生產中的投入—產出關係，只不過各自研究的角度不同而已。成本函數是由生產函數決定的，與生產函數互為對偶函數。

第二節　一種變動投入要素的生產

在分析要素投入與產量之間的關係時，我們是從最簡單的只有一種變動投入要素的生產函數開始的。研究一種變動投入要素的生產，就是要研究在其他要素不變時，某一種生產要素的增加對產量的影響，以及這種變動生產要素應投入多少為宜。具體地講，我們假設資本量K固定，分析勞動量L的變化對產量的影響，以及勞動量L投入多少才合理。這時的生產函數可以寫成：

$q = f(L)$

利用上述函數分析勞動量L對產量的影響，也就是要分析總產量、平均產量和邊際

產量是如何隨勞動 L 變化的。

總產量（TP）是已投入的變動要素所帶來的產品總量。在生產函數中用 Q 來表示。

平均產量（AP）是指單位可變投入生產的總產量。平均產量表示為總產量與變動投入要素之比，即：

$$AP = \frac{TP}{L} \quad 或 \quad AP = \frac{q}{L}$$

邊際產量（MP）是增加單位可變要素所增加的產量。邊際產量可表示為總產量增量（ΔTP 或 ΔQ）與變動要素增量（ΔL）之比，即：

$$MP = \frac{\Delta TP}{\Delta L} \quad 或 \quad MP = \frac{\Delta q}{\Delta L} \quad 或 \quad MP = \frac{dq}{dL}$$

一、邊際報酬遞減規律

1. 邊際報酬遞減規律的內容

簡單地講，邊際報酬遞減規律是指在生產技術和其他要素的數量保持不變的條件下，如果等額地連續增加一種變動要素，產出的增加額一開始可能會上升，但超過一定點後，等量增加該種變動要素所帶來的產出增加額就會下降，甚至變為負數。例如：在表 4-1 中，在資本 K 固定為 10 個單位的條件下，等額增加勞動投入 L_1 個單位。在勞動投入量為 3 個單位及以前，邊際產量（MP）是遞增的；當勞動投入超過 3 個單位，勞動的邊際產量開始遞減；當勞動投入大於 8 個單位，邊際產量就變為負的了。邊際產量這種從遞增必然趨向遞減的規律就是邊際報酬遞減規律。

表 4-1

勞動量（L）	1	2	3	4	5	6	7	8	9
資本量（K）	10	10	10	10	10	10	10	10	10
總產量（TP）	50	150	300	400	480	540	580	580	550
平均產量（AP）	50	75	100	100	96	90	83	76	61
邊際產量（MP）	50	100	150	100	80	60	40	0	-30
要素比例 $\left(\frac{L}{K}\right)$	$\frac{1}{10}$	$\frac{2}{10}$	$\frac{3}{10}$	$\frac{4}{10}$	$\frac{5}{10}$	$\frac{6}{10}$	$\frac{7}{10}$	$\frac{8}{10}$	$\frac{9}{10}$

需要特別指出的是：第一，邊際報酬遞減規律是建立在經驗總結的基礎上的，而不是從物理學或生物學規律中推導出來的；第二，這一規律適用於至少有一種投入要素固定不變的生產，而不適用於所有要素都能夠調整的情況；第三，邊際報酬遞減規律是以生產技術嚴格不變為假定的，它不能預測在技術進步條件下增加單位變動要素會使產量發生什麼樣的變化；第四，這一規律所揭示的是變動比例的生產。因為只有這樣，才能通過改變變動要素而改變變動要素與固定要素的比例。

2. 邊際報酬遞減的原因

邊際產出的遞減變動趨勢，根源在於變動投入要素的效率變化。如表 4-1 所示，在存在固定投入的條件下，最初由於可變投入相對不足，變動要素與固定投入比例很不

合理，固定要素得不到充分利用，從而限制了可變要素的生產效率，只能獲得低產出率。隨著可變要素的增加，可變要素與固定要素的比例趨於合理，固定要素的利用越來越充分，可變要素的生產效率也隨之提高。但是，在固定投入得到充分利用之後，繼續擴大可變投入量，單位變動要素只能利用越來越少的固定要素。固定要素的不足和變動要素的過多，使得資源配置比例越來越不合理，可變要素不能得到有效運用，於是生產效率降低。這樣，投入增量所帶來的產出增量或邊際產量將隨變動投入量增加而先遞增，達到一定點後遞減，甚至成為負值。

邊際收益遞減規律也適用於多種可變投入要素的生產。只要在生產過程中至少存在一種固定要素，連續追加可變投入要素，遲早會出現報酬遞減的現象。

若用縱軸表示邊際產量，橫軸代表勞動量，而且邊際產量和勞動量都是連續變化的，那麼邊際報酬遞減的趨勢可以用圖4-1中先上升後下降的MP曲線來描述。

二、總產量、平均產量和邊際產量的關係

總產量、平均產量和邊際產量的關係在表4-1中已經表明了。我們這裡主要從幾何圖形來分析其關係。在幾何的意義上，邊際產量是總產量曲線的切線斜率，而平均產量則是總產量曲線的射線斜率。因此，根據邊際收益遞減規律和圖4-1中的MP曲線，我們能夠推導出圖4-1中的總產量曲線（TP）和平均產量曲線（AP），如圖4-1。

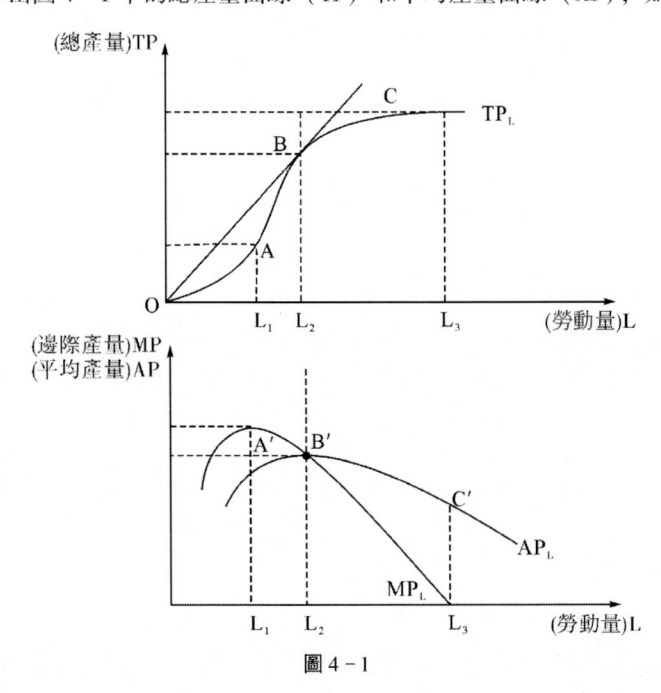

圖4-1

1. 總產量與邊際產量

邊際產量遞增，總產量必然增大，而且以遞增的速率遞增，因而總產量曲線斜率增大，趨於陡峭；反之，邊際產量遞減但大於零時，總產量必然增大，但是以遞減的速率

遞增，總產量曲線斜率減小，趨於平緩；如果邊際產量遞減且小於零，則總產量必然降低。

當邊際產量從遞增區間轉向遞減區間，如圖 4-1 中投入 L_1 個單位勞動時，邊際產量最大，在邊際產量曲線上形成一個拐點。當邊際產量由正值區間轉向負值區間，即邊際產量為零時，總產量最大。在圖 4-1 中，當勞動投入為 L_3 個單位時，邊際產量為零，總產量在由遞增向遞減轉折中達到最大。

2. 平均產量與邊際產量

只要邊際產量大於平均產量，如圖 4-1 中勞動投入小於 L_2 個單位時，平均產量必然遞增；反之，當勞動投入大於 L_2 個單位時，邊際產量小於平均產量，平均產量必定下降。在平均產量從遞增轉為遞減的轉折點上，邊際產量等於平均產量，平均產量最大。在圖 4-1 中，當勞動投入為 L_2 個單位時，平均產量最大，且與邊際產量相交。

上述總產量、平均產量和邊際產量的關係適用於一切存在固定投入的生產。

第三節　兩種變動投入要素的生產

兩種變動投入要素的生產，仍然反應了要素的各種組合與從這些要素組合中能夠得到的最大產量的關係。用生產函數表示為：

$Q = f(L, K)$

研究兩種可變投入要素按不同比例變動的生產函數，就是要研究廠商如何變動要素配置，實現資源的最佳組合。經濟學在進行這種研究時採用了無差異曲線分析方法，以等產量曲線和等成本曲線為分析工具。

一、等產量曲線

在存在兩種可變投入的生產函數中，產量是依存於兩種可變要素的組合的。兩種可變要素的組合是多種多樣的，各種組合生產的產量也是多種多樣的，但就產量而言，各種組合之間要麼提供相同的產量，要麼提供不同的產量。在生產理論中，這些組合之間的關係是用等產量曲線來描述的。

1. 等產量曲線的定義

假定在兩種要素的各種組合中存在這樣一些組合，儘管它們之間兩種要素的組合比例不相同，但它們都能生產相同的產量。等產量曲線就是那些能夠帶來相同產量的兩種可變投入要素的各種數量組合點的軌跡。

一條等產量曲線代表一定的產量水準，不同的產量水準就必然需要用不同的等產量曲線來代表。兩種可變要素的多種組合可能存在多種產量水準，所以要用多條等產量曲線來表示各種組合之間的關係。

圖 4-2 顯示了某廠商使用勞動和資本這兩種變動要素進行生產的等產量曲線。在曲線 q_1 上的勞動和資本的各種數量組合都能提供 500 個單位的產量。比如：該廠商用 2 個單位的勞動和 2 個單位資本組合能夠提供 q_1 水準的產量；它用 4 個單位勞動和 1 個單位資本組合也能提供 q_1 水準的產量。如果兩種要素的更多數量組合總能帶來更大的產

量,則等產量曲線 q_2 代表的產量水準應高於 q_1。因此,距離原點越遠的等產量曲線代表的產量水準越高。

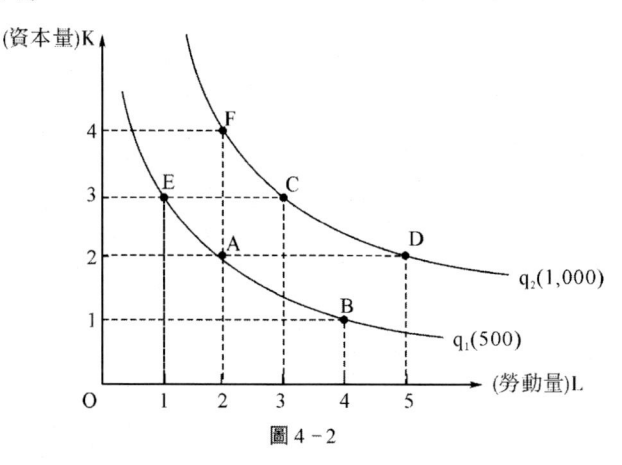

圖 4-2

圖 4-2 中只是顯示了該廠商兩種產量水準的等產量曲線。事實上,圖中應有無數條等產量曲線,它們平行鋪滿了整個正象限。但是為了簡化分析,我們通常只畫其中的幾條曲線。應該指出的是,等產量曲線雖然也可看成是生產理論中的無差異曲線,因為兩者都是採用的無差異分析方法,但它又不同於消費理論中的無差異曲線。效用無差異曲線之間只能顯示效用的高低順序,而不能說明高低的數值。而等產量曲線 q_2 和 q_1 除了說明 q_2 較 q_1 產量高之外,還能表明 q_2 比 q_1 高多少,比如圖 4-2 中 q_2 比 q_1 高 500 個單位。

2. 等產量曲線的特徵

從等產量曲線的走勢、形狀以及相互關係看,等產量曲線具有以下三大特徵:

第一,等產量曲線向右下方傾斜。在同一等產量曲線上要素組合的改變,只能以要素之間數量的此消彼長、一增一減的方式進行,要素之間存在一定的替代關係。如果要素組合改變的方式是在一種要素不變的條件下增加或減少另一種要素量,或者是同時增加和同時減少兩種可變要素,那麼改變前後的產量必然會發生改變,要素組合一定在不同的兩條等產量曲線上。例如:在圖 4-2 中,A 組合與 D 組合都有 2 個單位的資本,但 D 組合中的勞動量比 A 組合多 3 個單位。無論是從 A 組合調整到 D 組合,還是從 D 組合調整到 A 組合,這種不是此消彼長的調整都是不同等產量曲線間的組合改變。所以,等產量曲線一定是負相關的曲線。

第二,等產量曲線向原點凸出。等產量曲線向右下方傾斜,說明了等產量曲線上勞動和資本兩種可變要素存在替代關係。比如曲線 q_1 上由 A 組合改變為 B 組合,實際上是廠商用 2 個單位的勞動量的增加來替代 1 個單位資本的減少,以保證總投入水準不變。在經濟學上,為了保持等產量水準,生產者增加單位勞動量時所必須減少的資本數量,就是勞動對資本的邊際技術替代率。邊際技術替代率就是等產量曲線的斜率,通常用減少的資本量(ΔK)與增加的勞動量(ΔL)之比來表示。由於在同一等產量曲線上的任意兩個要素組合帶來相同的產量,而且要素組合的改變方式是一增一減的,因此,增加

ΔL 所能增加的產量就一定等於必須減少的 ΔK 所減少的產量。因此有：

$$\frac{\Delta K}{\Delta L} = \frac{MP_L}{MP_K}$$

根據邊際收益遞減規律，隨著勞動量的增加，勞動的邊際產量（MP_L）必然遞減；相反，因勞動增加而必須減少的資本，其邊際產量（MP_K）卻會相應提高。因此，勞動要素的邊際產量與資本要素的邊際產量之比必然遞減，從而邊際技術替代率遞減，從而無差異曲線斜率遞減。根據相關數學原理，斜率遞減的曲線一定凸向原點。

等產量曲線凸向原點的彎曲程度，完全取決於兩種要素的替代性的大小，即取決於邊際技術替代率遞減的速度。如果兩種可變要素替代性強，邊際技術替代率遞減緩慢，等產量曲線的彎曲程度就小；反之，等產量曲線彎曲程度就大。極端地，如果兩種要素是完全替代的，邊際技術替代率不變，等產量曲線就是一條直線；如果兩種商品根本不能替代，而是完全互補的，邊際技術替代率為零，等產量曲線就是向原點成 90° 凸出的折線。

第三，等產量曲線之間不能相交。如果兩條等產量曲線是相交的，交點的要素組合就同時在兩條等產量曲線上，就能提供兩種不同的產量水準。這與一種確定的要素組合只能提供一種產量是相矛盾的。因此，任意兩條等產量曲線是不能相交的。

二、等成本曲線

正如消費者的購買抉擇要受消費預算和商品價格制約一樣，廠商的投入抉擇也要受到成本支出和要素價格的約束。生產者的生產約束用等成本曲線來描述。

1. 等成本曲線的定義

勞動和資本都是稀缺資源，都具有價格。廠商要獲得生產一定產量所需的資源或要素，就必須支付相應的價格。在企業成本和要素價格既定的條件下，如果廠商把它的成本預算全部用來購買兩種要素，這兩種要素的最大數量組合的軌跡就稱為等成本曲線。

如果兩種要素分別為勞動 L 和資本 K，它們的價格分別為 P_L 和 P_K，廠商的成本預算為 C。根據等成本曲線的定義，等成本曲線的方程可寫成：

$$C = P_L \cdot L + P_K \cdot K \quad \text{或} \quad K = -\frac{P_L}{P_K} \cdot L + \frac{1}{P_K} \cdot C$$

這是一條直線方程。如果用縱軸代表資本量 K，橫軸代表勞動量 L，等成本曲線就是一條斜率為 $-\frac{P_L}{P_K}$、縱截距為 $\frac{C}{P_K}$ 的直線。顯然，等成本曲線向右下方傾斜，斜率為負。它反應了在既定成本下兩種要素的替代關係。圖 4-3 表示了廠商計劃用 12 來購買勞動和資本的等成本曲線。其中單位勞動價格為 2，單位資本價格為 3。

等成本曲線把勞動和資本的組合分成兩部分。曲線以外的要素組合是廠商用既定預算支出不能購買的要素組合，這反應了資源的稀缺性。曲線內和曲線上的要素組合都是廠商在既定約束下能夠購買的要素組合，但購買曲線內的要素組合就會存在資源閒置。只有購買曲線上的要素組合才達到了資源的充分利用。

圖 4-3

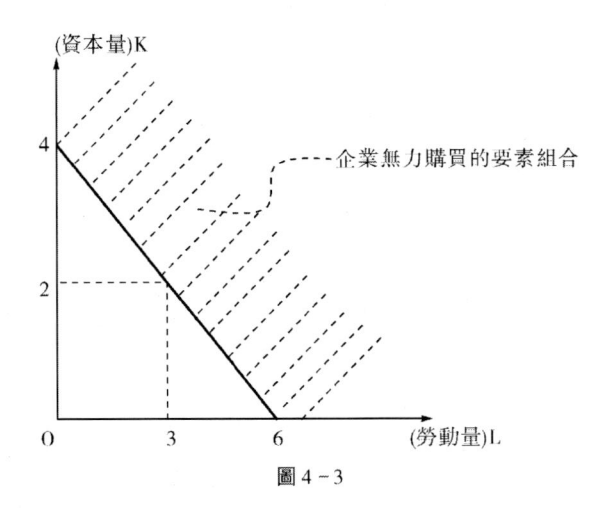

2. 等成本曲線的運動

如果成本預算和要素價格既定，等成本曲線就是一定的。如果廠商改變成本預算或者要素價格變化，等成本曲線就要發生移動：或者平移，或者旋轉。

在要素價格不變時，等成本曲線將隨預算成本支出的增加向遠離原點的方向平移，隨預算成本支出的減少向原點平移。

在成本支出一定時，如果兩種要素價格同比例增加或減少，等成本曲線也將平行移動。但如果兩要素價格發生非同比例變化，等成本曲線則會發生旋轉。

三、生產要素的最優組合

正如消費者要達到消費者均衡一樣，廠商為了實現利潤最大化目標，也要力求實現生產者均衡。生產者均衡就是生產要素的最優組合狀態。

生產要素的最優組合，是指廠商在既定的生產技術和要素價格條件下，以既定的成本生產最大化的產量，或生產既定產量而耗費的成本最小。簡單地講，生產要素的最優組合就是特定約束條件下生產要素的最小成本組合或最大產量組合。

廠商要如何配置資源才能實現生產要素的最優組合呢？經濟學是利用等產量曲線和等成本曲線這兩個工具來進行分析的。等產量曲線表明了產量對要素組合的依存關係，而等成本曲線則表明了成本對要素組合的依存關係。把等產量曲線與等成本曲線結合起來，就能建立要素組合、產量以及成本三者間的關係。

圖 4-4 中顯示了既定成本條件下的最大產量組合。在圖中，q_1、q_2 和 q_3 分別代表不同的產量水準，而且有 $q_1 < q_2 < q_3$。在確定的要素價格和成本預算條件下的等成本曲線為 C。在圖中，等成本曲線與等產量曲線 q_2 切於 E_0 點，與 q_1 相交於 E_1 和 E_2 點。切點和交點表示以既定的成本 C 能夠購買到的生產 q_2 和 q_1 的要素組合。很明顯，只有切點所對應的要素組合才能在既定的成本條件下實現最大的產量水準，因為表示更高產出水準的等產量曲線（比如 q_3）是既定成本支出無法生產的，而能夠生產的其他產量水準（比如 q_1）則低於切點 E_0 所在的產量水準 q_2。等產量曲線與等成本曲線切點所對應

的要素組合，比如（L_0，K_0），是既定成本條件下的最佳要素組合。

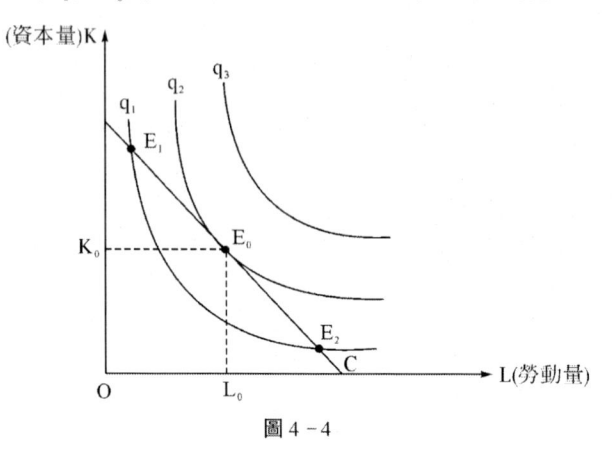

圖 4-5

以既定成本獲得最大的產量，也就是以最小的成本生產確定的產量。因此，分析最大產量組合的方法同樣適用於最小成本分析。在圖 4-5 中，C_1、C_2 和 C_3 分別代表在既定價格下的不同成本支出，而且有 $C_1 < C_2 < C_3$。曲線 q 表示既定的等產量曲線，它分別與 C_2 切於 E_0 點，與 C_3 交於 E_1 和 E_2 點。E_0、E_1 和 E_2 表明了 C_2 和 C_3 的成本支出都能達到 q 所代表的產量水準。從圖中可以看出，只有等產量曲線 q 與等成本曲線 C_2 的切點（L_0，K_0）的要素組合才是最低成本組合，因為低於 C_2 的成本支出達不到既定的產量 q，而高於 C_2 的成本支出則意味著廠商要為產量 q 付出比 C_2 更多的成本。

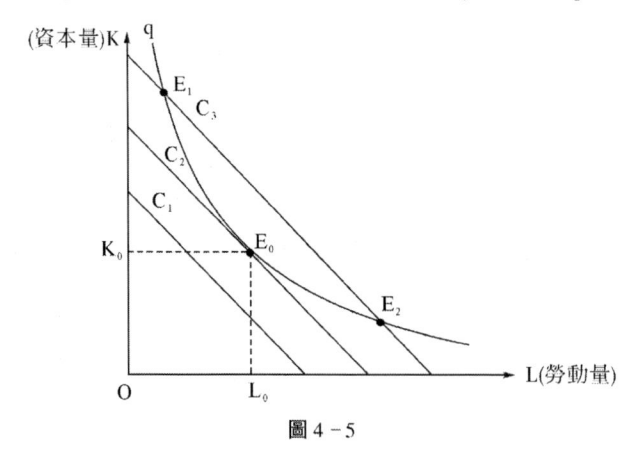

圖 4-5

上述分析表明：要素的最佳組合必定是等產量曲線與等成本曲線切點的組合，因而切點就是生產要素的最佳組合點。由於切點處兩條相切曲線的斜率相等，所以最佳要素組合原則就是等產量曲線與等成本曲線斜率相等。可以表達為：

$$\frac{MP_L}{MP_K} = \frac{P_L}{P_K} \quad 或 \quad \frac{MP_L}{P_L} = \frac{MP_K}{P_K}$$

上式表明：要實現生產要素的最優組合，必須使兩種生產要素的邊際產量之比與它

們的市場價格之比相等，或者使使用在兩種要素上的最後一單位的貨幣的邊際產量相等。

在存在固定投入條件下，如果廠商投入多種可變要素 x，y，…，n，那麼其最優組合條件為：

$$\frac{MP_x}{P_x} = \frac{MP_y}{P_y} = \cdots = \frac{MP_n}{P_n}$$

即是說，只要每種要素的邊際產量與價格之比都相等，就能實現多種要素的最優配置。

生產要素的最優組合是通過廠商對要素購買比例的反覆調整而實現的。如果購買勞動的貨幣邊際產量大於購買資本的貨幣邊際產量，廠商將會增加勞動的購買，同時減少資本的購買。隨勞動投入的增加和資本投入的減少，勞動的邊際產量下降，資本的邊際產量提高，直到兩種投入的邊際產量與價格之比剛好相等為止。此時，廠商不再調整要素組合，要素組合達到最佳。

第四節　固定要素比例的長期生產

廠商的生產有短期的可變比例的生產和長期的固定比例的生產。在第二節和第三節中，我們已經分析了存在固定要素的條件下廠商的要素配置。在這裡，我們要分析沒有固定要素的情況下，廠商的所有投入要素都能增加時的生產。為了簡化分析，我們假定廠商的所有投入要素可劃分為勞動和資本，而且勞動和資本按既定比例增加，這樣，我們要分析的就簡化成了兩種可變投入要素的固定比例生產。

一、規模擴張和規模報酬

在存在固定要素的條件下，廠商的生產調整是在既定生產規模下的短期產量調整。如果沒有固定要素，廠商按相同比例改變一切投入要素，廠商的生產調整就是變動規模下的長期產量調整。在經濟學上，廠商按相同比例擴大一切要素投入以擴大產量就是規模擴張。如果勞動和資本代表廠商的一切生產要素，那麼規模擴張就是廠商按相同比例增加勞動和資本這兩種投入以擴大其產出水準的過程。實際上，規模擴張也就是廠商的長期固定比例生產擴張，用生產函數表示為：

q = f (L, K)

1. 產量變動與規模擴張

一般而言，規模擴張一定會帶來產量的增加。經濟學把產量增長與規模擴張的關係稱為規模收益或規模報酬。規模收益有規模收益遞增、遞減和不變三種情況。

規模收益遞增，是指隨規模擴張，產量增加的比例大於規模或要素的增加比例，從而單位產品的成本遞減的現象。例如廠商的所有投入要素都增加兩倍，結果廠商的產量增加了兩倍以上。

規模收益遞減，是指隨規模擴張，產量的增長比例小於規模或要素的增加比例，從而單位產品成本遞增的現象。例如廠商的所有投入要素都增加兩倍，而廠商產量的增加卻小於兩倍。

規模收益不變，是指隨規模擴張，產量的增長比例與要素或規模的增長比例相同，從而單位產品成本基本不變的現象。例如廠商的所有投入要素都增加了兩倍，由此帶來的產量也增加兩倍。

假定有生產函數：

q＝f（L, K）

若K和L同時增加λ倍，則意味著生產規模有λ倍的擴張。假如在此過程中q也相應增加λⁿ倍，則經濟規模擴張，生產函數成為：

λⁿq＝λf（L, K）

在這個生產函數中，如果n＞1，則意味著規模收益遞增；如果n＜1，則意味著規模收益遞減；如果n＝1，就是規模收益不變。柯布—道格拉斯生產函數就是規模收益不變的生產。

規模收益與規模擴張的關係還可用固定比例的產量擴張線進行分析。圖4-6、圖4-7、圖4-8分別表示了規模收益遞增、不變和遞減這三種情形。從圖中可以看出，從原點出發的任意一條射線，例如OE，它與三條等產量曲線分別相交於E_1、E_2、E_3點。E_1、E_2、E_3點對應的要素組合，代表三種生產規模。

在圖4-6中，當生產規模由E_1增大1倍為E_2，產量就由100增大到250，增加1.5倍；當生產規模由E_2增大為E_3時，雖然生產規模只增大了0.5倍，但產量卻由250增加到500，增長了1倍。這說明產量增長快於規模擴張，是規模收益遞增。

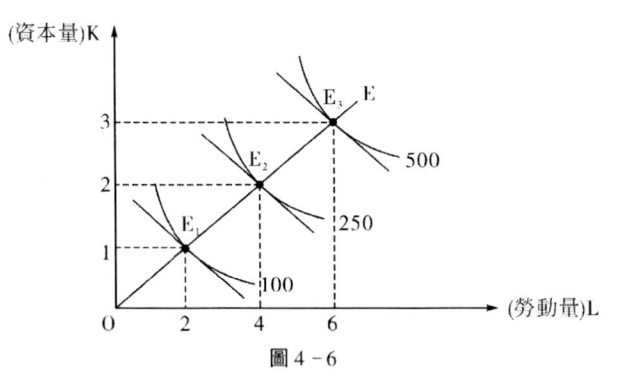

圖4-6

在圖4-7中，當生產規模由E_1到E_2增大了1倍時，結果產量由100到200也只增長了1倍；當生產規模由E_2到E_3增加0.5倍時，而產量也由200增加到300，只增長了0.5倍。很明顯，它表達了規模收益不變的情況。

在圖4-8中，由E_1到E_2生產規模增大了1倍，產量卻由100增加到150，只增長了0.5倍；由E_2到E_3生產規模擴大了0.5倍，但產量由150到200，只增長了1/3倍。這說明，隨生產規模擴大，產量也在增加，但產量增長慢於規模擴大。所以這是一種規模收益遞減的情況。

圖 4−7

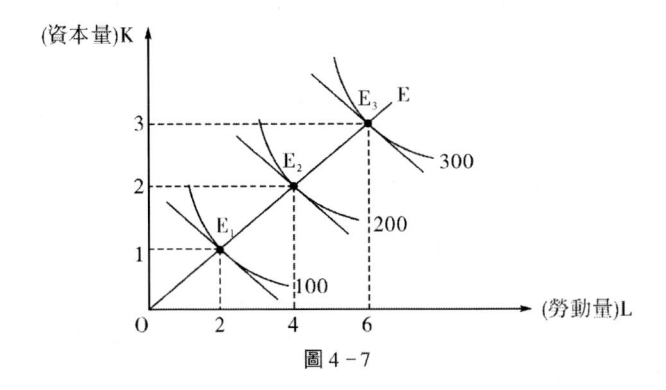

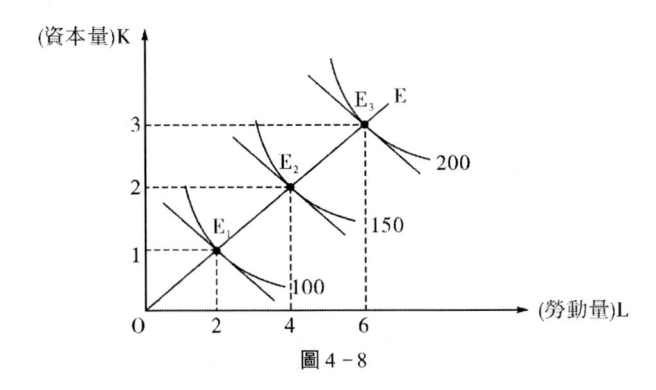

圖 4−8

2. 規模收益的變動規律

在技術水準不變的條件下，當所有的生產要素按同樣的比例增加，即當生產規模擴張時，最初它會使產量的增加大於生產規模的擴大；但在規模擴大超過一定限度時，則產量的增加將小於生產規模的擴大，甚至使產量絕對減少。產量變化與規模擴張的這種一般依存關係就是規模收益的變動規律。

值得指出的是：第一，規模收益的上述變動趨勢是以生產技術嚴格不變為條件的，它不適合技術進步條件下的規模收益變化；第二，此規律描述的是長期廠商的固定比例生產的情形，不同於邊際收益遞減規律描述的短期廠商的變動比例生產；第三，此規律揭示了規模收益隨規模擴張而變動，依次經過規模收益遞增、規模收益不變和規模收益遞減三個階段。

在規模收益遞增的情況下，單位產品成本下降，這意味著規模擴張導致要素節約，因此，規模收益遞增又稱為規模經濟。大規模生產之所以帶來節約或經濟，主要是因為：第一，隨廠商規模擴張，它就可以充分採用在較小規模時無法得到的設備和無法採用的技術；第二，規模擴張往往帶來單位生產投資額的下降；第三，規模擴張可以促進企業範圍內勞動分工和專業化生產；第四，廠商規模擴張使它面臨更加穩定的客戶行為，企業存貨的增加可以小於規模擴張。

在規模收益遞減情況下，由於規模擴大而單位成本上升，這意味著規模擴張帶來要素的浪費，所以規模收益遞減又稱為規模不經濟。當廠商規模過大時，規模擴張會造成

規模不經濟，這是因為大企業的管理層次增加會降低管理效率；一方面，大企業的管理協調比小企業更困難，從而導致管理費用增加；另一方面，在大企業中個人的努力程度、工作實績與勞動報酬之間的聯繫不如小企業中那樣直接而明顯，所以大企業比小企業缺乏效率。

從理論上講，規模收益不變只是由規模收益遞增轉向規模收益遞減中的一個過渡點。但在第二次世界大戰後，隨著生產設備的規格、品種的多樣化、完備化以及租賃業和部分工作日的發展，小規模生產仍可較充分地利用先進的技術設備；交通運輸業和國際互聯網的發展，使得標準化和專業化的小規模生產仍可獲得較高的生產效率；特別是小規模生產有比大規模生產高的管理效率。所以，在一個較廣泛的生產規模區間，要素生產率是基本不變的，表現為不變的規模收益。

二、最優規模與規模擴張

規模擴張一定會帶來產量增加，但成本也會隨之發生由遞減到遞增的變化，因而廠商的規模不能過大，但也不能過小，要有適度的規模。適度規模，又稱為最優規模，就是兩種生產要素的增加從而生產規模的擴張，正好使規模收益遞增到最大點。

適度規模的大小對不同行業的廠商是不同的。它主要受兩方面因素的影響：一是廠商所處行業的技術特點。一般來說，投資需要量大、所用設備複雜而先進，廠商的適度規模也就大。比如冶金、機械、汽車、造船、化工等重工業廠商，適度規模就很大。相反，投資需要少、所用設備簡單，廠商適度規模也就小。比如服裝、服務等行業的廠商，生產規模小些更有利。二是廠商產品的市場條件。一般而言，市場需求量大，而且標準化程度高的產品的廠商適度規模也應該大；相反，市場需求小，而且標準化程度低的產品的廠商，適度規模也就小。

第五節　廠商的短期成本和長期成本

在前面的生產函數分析中，我們已經揭示了廠商要素的經濟投入區間、資源合理配置的原則以及適度規模的確定。本節要從成本函數的角度，分析不同生產時期內廠商成本的變動規律和相互關係，從而揭示廠商的成本決策。

一、短期成本函數

在短期內，固定要素的存在，使得廠商只能在既定規模下進行短期產量調整，從而廠商的生產成本變化直接依存於短期產量的變化。短期成本函數，就是用來反應短期內廠商的生產成本對產量的依存關係的函數。廠商在短期內既有固定要素，又存在變動要素，所以，廠商的短期成本可分為短期總成本、短期平均成本和短期邊際成本。

1. 短期總成本

由於短期中存在固定要素和變動要素，所以短期總成本包括短期總固定成本和短期總變動成本。

短期總固定成本（SFC）是指廠商為固定要素所支付的價格，如地租、利息、折舊、

高級管理人員的薪金、一般的財產稅、廣告費、保險費以及預期正常利潤等。由於短期內固定要素不變，所以短期固定總成本也就是短期內不因廠商產量調整而改變的成本。如果用橫軸代表產量 q，縱軸代表總成本 C，在圖4-9中，短期總固定成本線是一條以既定支付數量為端點，平行於產量軸的水準直線。它表明當產量為零時廠商也必須支付一個確定的數量；而在規模允許的範圍內，無論產量如何調整，它都將保持原有的支付水準不變。

短期總變動成本（SVC）是廠商為可變要素支付的價格，如購買原材料、燃料的支出，普通工人的工資支出，產品銷售稅等。由於可變要素在短期產量調整中要發生變化，所以短期總變動成本要隨產量的變化而變化。當產量為零時，不存在變動成本；隨著產量的增加，廠商要相應地增加可變要素，變動成本也隨之增加。圖4-9中，短期總變動成本曲線（SVC）起於原點並向右上方延伸。

短期總成本（STC）是廠商在短期內為一切投入要素所支付的價格，因此短期總成本是短期總固定成本和短期總變動成本之和，即 STC = SVC + SFC。由於短期總固定成本不隨產量變化，所以短期總成本的變動完全取決於短期總變動成本的變化。在任一產量水準上，只要知道了短期總變動成本，再加上固定不變的短期總固定成本就可以得到該產量水準上的短期總成本。在圖4-9中，短期總成本曲線（STC）是一條與短期總變動成本曲線斜率一致的、起於短期總固定成本曲線端點並向右上方延伸的曲線。短期總成本曲線與短期總變動成本曲線的垂直距離始終等於固定成本。

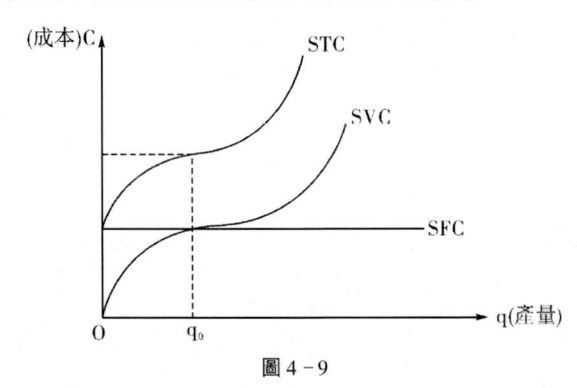

圖 4-9

2. 短期平均成本

與短期總固定成本和總變動成本相對應，短期平均成本包括短期平均固定成本和短期平均變動成本。

短期平均固定成本（SAFC），又稱為分攤成本，是指廠商為單位產量所支付的固定投入要素的價格，通常用短期總固定成本與產量之比來表示，即：

SAFC = SFC/q

由於短期總固定成本是不隨產量變動的常量，所以短期平均固定成本曲線是一條向右下方傾斜並趨近於橫軸的曲線。如圖4-10中的 SAFC 曲線。

短期平均變動成本（SAVC）是廠商為生產單位產量而支付的變動要素的價格，通常表示為短期總變動成本與產量之比。又因短期總變動成本等於變動投入要素量與變動

圖 4-10

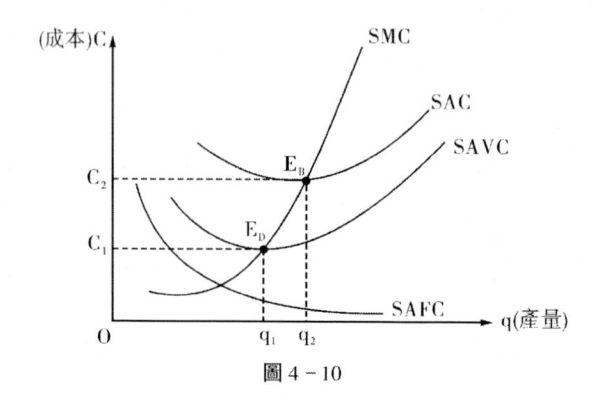

要素價格的乘積，所以短期平均變動成本可表示為：

$$\text{SAVC} = \frac{\text{SVC}}{q} = \frac{L}{q} \cdot P_L = \frac{1}{\text{AP}} \cdot P_L$$

在變動要素價格 P_L 不變的假定下，短期平均變動成本直接依存於平均產量（AP）的變動。根據邊際收益遞減規律，平均產量先遞增，在達到最大後遞減。所以短期平均變動成本就是先遞減，在達到最小後遞增。短期平均變動成本曲線（SAVC）是一條如圖 4-10 所示的 U 形曲線。

短期平均總成本（SAC）是廠商為單位產量生產所支付的全部要素的價格。由於它是短期平均固定成本和平均變動成本之和，故 SAC = SAFC + SAVC，所以短期平均總成本的變動就由短期平均固定成本的變化和短期平均變動成本的變化來共同決定。在短期平均變動成本遞減階段，短期平均總成本是遞減的短期平均變動成本和遞減的平均固定成本之和，所以它以比短期平均變動成本更快的速率遞減；在短期平均變動成本遞增階段，如果減少的短期平均固定成本大於增加的短期平均變動成本，則短期平均總成本會繼續減少；如果增加的短期平均變動成本大於減少的短期平均固定成本，短期平均總成本就會隨之遞增。因此，短期平均總成本也是先遞減、後遞增地變化的，但晚於短期平均變化成本的變化。

在圖 4-10 中，短期平均總成本曲線也是 U 形曲線，位於短期平均變動成本曲線上方，其最低點在短期平均變動成本曲線最低點的右上方，它與短期平均變動成本曲線的垂直距離始終等於短期平均固定成本，並隨短期平均固定成本趨於零而無限接近短期平均變動成本曲線。

3. 短期邊際成本

短期邊際成本（SMC）是指廠商因增加單位產品生產而增加的總成本。由於短期總固定成本不變，短期總成本的變動只是短期總變動成本的變化，所以短期邊際成本也就是廠商為增加單位產品生產而增加的總變動成本。所以有：

$$\text{SMC} = \frac{\Delta \text{VC}}{\Delta q}$$

如果將變動成本看做是可變投入量（L）與要素價格的乘積，則：

$$\text{SMC} = \frac{\Delta L}{\Delta q} \cdot P_L = \frac{1}{\text{MP}} \cdot P_L$$

很明顯，在要素價格不變時，短期邊際成本依存於邊際產量變動。由於邊際收益遞減規律，邊際產量先遞增，在達到一定點後遞減。相應地，短期邊際成本先遞減，在達到一定點後遞增。如圖 4-10 中，短期邊際成本曲線是一條 U 形曲線。

如前所述，短期邊際成本決定於邊際產量，短期平均變動成本取決於平均產量。平均產量增長時，邊際產量大於平均產量；平均產量遞減時，邊際產量小於平均產量；平均產量最大時，邊際產量等於平均產量。因此，當短期邊際成本小於短期平均變動成本時，短期平均變動成本遞減；反之，當短期邊際成本大於短期平均變動成本時，短期平均變動成本遞增；當短期平均變動成本等於短期邊際成本時，短期平均變動成本保持不變。關於短期平均變動成本與短期邊際成本的結論同樣適用於短期平均總成本與短期邊際成本。如圖 4-10 所示，短期邊際成本曲線分別交於短期平均變動成本曲線和短期平均總成本曲線的最低點 E_D 和 E_B。因而，獲得最低平均總成本產量的條件是短期平均成本等於短期邊際成本（即 SAC = SMC）；獲得最低平均變動成本產量的條件是短期平均變動成本等於短期邊際成本（即 SAVC = SMC）。實際上，這裡所講的最低成本條件，也就是在生產理論中講的最佳要素組合條件，因為單位投入能獲得最大產出，也就意味著單位產品所花費的成本最小。如圖 4-10 所示。

二、長期成本函數

長期成本函數是用來反應廠商的長期成本對產量或規模的依存關係的函數。正如短期成本的變動受邊際收益遞減規律支配一樣，長期成本函數也是受規模收益變動規律支配的。長期廠商沒有固定要素，所以長期成本就只有長期總成本、長期邊際成本和長期平均成本。

1. 長期總成本（LTC）

長期總成本是指長期中生產一定產量所需的成本總額。當產量為零時，長期總成本為零。根據規模收益變動的規律，隨著產量增加，長期總成本增加的速率將逐漸減慢，成本增加比例小於產量增加比例，長期總成本曲線將趨於平緩，這是規模經濟的原因。最後，由於規模收益遞減，隨著產量增加，長期總成本增加的速率加快，成本增加比例又大於產量增長比例，長期總成本曲線又變得較陡峭。如圖 4-11 所示。

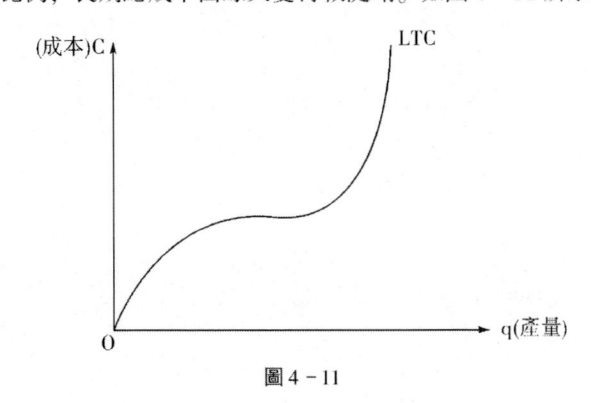

圖 4-11

事實上，長期總成本曲線還可以從企業的固定比例生產的產量擴張線直接推導出來，因為產量擴張線上的每一點都代表廠商在全部生產要素的數量都可以變化的條件下，生產某一特定產量時成本最低的要素組合。

2. 長期平均成本（LAC）

長期平均成本是長期中廠商生產單位產品所支付的成本。長期平均成本的變動直接反應了規模收益的變化。在要素價格既定的條件下，規模收益的變動趨勢就可以表示為長期平均成本的變動趨勢。在小規模生產基礎上進行規模擴張，存在規模經濟，此時長期平均成本隨規模擴張而不斷下降；當生產達到一定規模後繼續擴張，則出現規模收益遞減，這時長期平均成本隨規模擴張而不斷上升。因此，長期平均成本曲線 LAC 是一條如圖 4-12 所示的先向下然後往上傾斜的 U 形曲線。

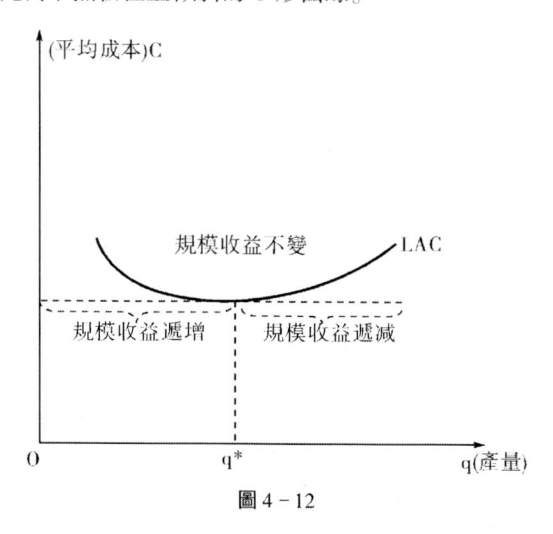

圖 4-12

長期平均成本的 U 形走勢與短期平均成本一樣，但長期平均成本曲線的上升或下降都比較平坦。這說明長期平均成本的增減都比較緩慢，這是由於在長期中全部生產要素都可以隨時調整，從規模收益遞增到規模收益遞減有一個較長的規模收益不變階段。而在短期中，平均產量不變的階段很短。

3. 長期邊際成本（LMC）

長期邊際成本是在長期中廠商增加單位產量所增加的總成本。

根據規模收益的變動趨勢，或者根據長期總成本曲線可以得出：長期邊際成本是隨產量的增加先下降後上升的。因此，長期邊際成本曲線也是一條 U 形曲線，只不過比短期邊際成本曲線要平緩得多，如圖 4-13 中的 LMC 曲線。

與短期邊際成本曲線一樣，長期邊際成本曲線交於長期平均成本曲線的最低點 A，如圖 4-13 所示。即是說，如果長期平均成本下降，長期邊際成本小於長期平均成本；如果長期平均成本上升，長期邊際成本就大於長期平均成本；如果長期邊際成本等於長期平均成本，長期平均成本達到最低。廠商以最低的長期平均成本進行生產，廠商的生產規模就達到最優，以最優規模生產的產量 q_e 就是最優規模產量。顯然，廠商實現最優規模產量的基本條件是 LAC = LMC。

圖 4－13

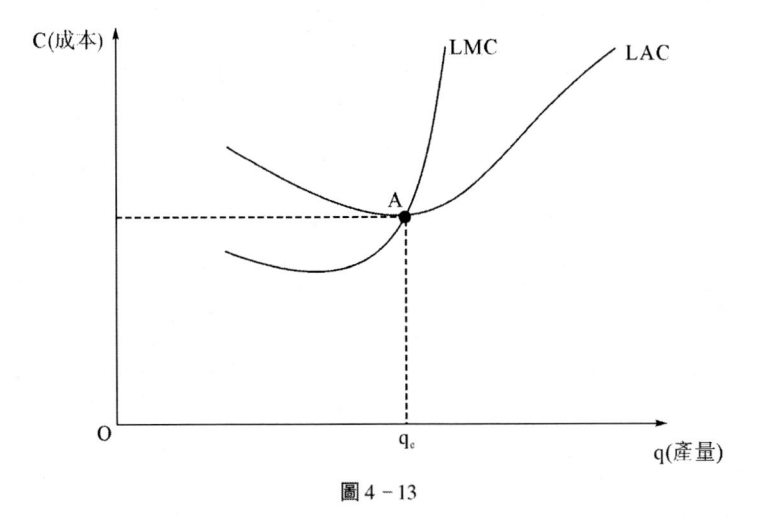

第五章　市場結構和廠商均衡理論

本章重點及難點

(1) 什麼是會計利潤、正常利潤和經濟利潤？
(2) 為什麼說邊際成本等於邊際收益就實現了利潤最大化？
(3) 什麼是完全競爭、完全壟斷、壟斷競爭和寡頭壟斷？
(4) 四種類型的博弈與對應的博弈均衡。
(5) 完全競爭廠商的短期供給曲線是如何推導出來的？
(6) 完全競爭市場的長期均衡是怎樣實現的？
(7) 完全壟斷廠商的收益與需求的關係。
(8) 壟斷的形成原因有哪些？壟斷的損失是什麼？
(9) 什麼是產品差別？形成產品差別的主要方式有哪些？
(10) 比較古諾均衡、壟斷均衡和競爭均衡的異同。
(11) 折彎的需求曲線與價格黏性。
(12) 卡特爾模型。

　　我們在第四章中分析了商品價格既定條件下廠商的投入—產出關係，揭示了廠商最大產量或最低成本的生產行為。本章則要在商品價格變動的條件下研究廠商的成本—收益關係，以揭示廠商的利潤最大化行為。因此，本章是第四章的深入和發展。
　　在第二章中我們分析了市場供求均衡決定價格的一般原理，但沒有研究各類市場結構中廠商和居民戶的供求行為是如何決定價格的。廠商均衡理論，就是要分析廠商如何根據所面臨的市場需求確定產量和價格，以實現利潤最大化，故廠商均衡理論又被稱為市場理論或市場定價理論。因此，廠商均衡理論又是第二章的繼續和深入。

第一節　市場結構和利潤最大化

　　各類不同的廠商所面臨的市場是不同的：一個小農場面臨著無數小農場的競爭，而一個大汽車製造廠則只面臨著幾個汽車製造廠的競爭。面對不同的市場，廠商的定價是不盡相同的，因此在分析廠商的具體定價行為之前，我們要先研究市場結構的類型和利潤最大化原則。

一、市場結構的基本類型

　　市場結構主要是指影響廠商行為的市場組合和構成特點。經濟學家通常根據進入市場的廠商數目和規模、產品差別程度以及進出市場的難易程度等標準，把市場結構區分

為完全競爭市場、完全壟斷市場、壟斷競爭市場和寡頭壟斷市場。後兩種市場結構統稱為不完全競爭市場。在本節我們只概述各市場結構的主要特徵，詳盡的分析在後幾節進行。

1. 完全競爭市場的特徵

完全競爭市場是一種競爭不受任何阻礙、干擾和控制的市場結構：既沒有國家或政府的干預，也沒有廠商的集體勾結行動對市場機制作用的阻礙。在完全競爭的市場中，企業既多又小，就像物質結構中的原子一樣，所以，完全競爭市場又稱為「原子式市場」。

完全競爭市場具有幾個主要的特徵：

第一，大量的買者和賣者。進入完全競爭市場的廠商的數目眾多，以至於單個廠商的規模甚小，無力通過自己的買賣活動影響市場價格。因此它們都只能是既定價格的接受者，而不是價格的制定者。

第二，產品同質。在完全競爭市場上，任何一個廠商的產品在買者看來都是相同的，任何一個廠商都不能因自己的商品具有特色而提高價格。因此，買者購買哪家的產品完全是隨機的。

第三，進出自由。除時間限制之外，完全競爭市場意味著不存在任何法律的、社會的或資金的障礙來阻止新的企業進出該行業，生產要素可以隨著需求的變化而在不同行業之間自由流動。

第四，信息充分。在完全競爭市場中，生產者和消費者被假定為對有關的市場信息具有完全的知識，以至於他們能夠做出完全理性的經濟抉擇。

完全具備上述條件或特徵的市場才是完全競爭市場。在現實中，真正意義上的完全競爭市場是不存在的，但農產品市場被認為接近於完全競爭市場。

2. 完全壟斷市場的特徵

完全壟斷市場又稱為獨占市場，它是指整個行業的市場完全處於受一家企業控制的狀態。簡單地講，就是所謂「獨家出售」。它是與完全競爭市場相反的市場結構。

完全壟斷市場也具有幾大特徵：

第一，廠商就是行業。完全壟斷市場只有一個廠商，它提供整個行業的產品，一個企業就構成整個行業。

第二，產品異質。完全壟斷廠商所提供的產品，沒有十分相近的替代品，其需求替代彈性為零。因此，壟斷廠商不受任何競爭者的威脅，任何其他企業都不能進入這一行業。

第三，獨自決定價格。完全壟斷廠商不是價格的接受者，而是價格的制定者，它可以利用各種手段決定價格，達到壟斷的目的。

第四，實行差別價格。完全壟斷廠商可以根據市場銷售條件實行歧視價格，減小消費者剩餘，以獲得最大的壟斷超額利潤。

完全壟斷市場是一種極端的市場，在現實生活中，與此比較接近的是公用事業。

3. 壟斷競爭市場的特徵

壟斷競爭市場是一種既有壟斷又有競爭，處於完全壟斷和完全競爭之間的一種市場結構。它更接近於完全競爭市場。

壟斷競爭市場的特徵是：

第一，產品之間存在差別。產品差別是指同類產品或勞務，在產品或服務的質量、商標、牌號、款式、包裝以及銷售地點等方面存在差異。這些差別可能實際存在，也可能只是消費者的主觀感受，但它們都可能影響消費者的選擇。產品差別既使廠商獲得一定的壟斷力，又產生廠商間競爭。

第二，非價格競爭。由於廠商獲得壟斷力主要依賴於消費者偏好，非價格競爭就成為壟斷競爭的基本形式。非價格競爭主要包括產品變異和廣告宣傳。產品變異也稱質量競爭，它是廠商為迎合消費者心理，在產品工藝、裝潢、款式和服務質量等方面進行的改進。廣告宣傳則是致力於引起消費者對特定產品的注意和瞭解，以影響消費抉擇，如廣告、有獎銷售等。

第三，廠商較多。壟斷競爭市場包含了大量的小規模企業，彼此間競爭激烈。產品易於替代，企業進出較為容易。

壟斷競爭市場是現實中大量存在的市場，最典型的壟斷競爭行業是輕工業部門。

4. 寡頭壟斷市場的特徵

寡頭壟斷市場是既包含壟斷因素和競爭因素，但更接近於完全壟斷的一種市場結構。

寡頭壟斷市場的特徵有：

第一，企業極少。市場上只有一個以上的少數幾個廠商，每個廠商在市場上都佔有舉足輕重的地位，對於產品價格具有相當的影響力。

第二，相互依存。任何一個企業進行決策時，都必須考慮競爭者可能的反應。它們既不是價格的制定者，也不是價格的接受者，而是價格的尋求者，因而寡頭廠商的行為具有不確定性。

第三，進出不易。因為在規模、資金、市場、原料、專利、信譽等方面，其他企業難以與原有企業匹敵，尤其是某些行業有明顯的規模經濟性，存在許多進入障礙。而且由於原有企業相互依存、休戚相關，不僅其他企業難以進入，本行業企業也難以退出。

寡頭壟斷市場在現實經濟中佔有十分重要的地位。鋼鐵、石油、汽車、造船、航空等行業就是典型的寡頭壟斷市場。比如美國汽車業就是被通用汽車公司、福特汽車公司和克萊斯勒汽車公司三家控制著的。

二、利潤最大化

儘管各廠商處於不同的市場結構中，但經濟學假定廠商的生產目標是追求利潤最大化。利潤是收益與成本之差。在第四章中已經研究了成本，這裡必須先研究收益。

1. 總收益、平均收益和邊際收益

收益是指廠商銷售產品得到的收入。在市場價格不變時，收益主要取決於產量，因而收益是產量的函數，即 $R = f(q)$。經濟學主要研究總收益、平均收益和邊際收益。

總收益（TR）是廠商出售一定數量產品得到的價格總額。它可以表示為產品價格與產品數量的乘積，即：

$TR = P \cdot q$

平均收益（AR）是廠商平均每個單位產品所得到的貨幣額。平均收益始終等於產

品價格，它通常用總收益與總產量之比來表示，即：

$$AR = \frac{TR}{q} = P$$

邊際收益（MR）是廠商增加單位產品的銷售所增加的總收益，即總收益增量與產出增量之比，即：

$$MR = \frac{\Delta TR}{\Delta q} \quad 或 \quad MR = \frac{dTR}{dq}$$

廠商的收益決定於市場對其產品的需求。一般地，如果廠商所面臨的市場需求為 $q = a - b \cdot P$，那麼其反需求函數就為 $P = \frac{a}{b} - \frac{1}{b}q$。因為總收益是價格與產量的乘積，所以有：

$$TR = P \cdot q = (\frac{a}{b} - \frac{1}{b}q) = \frac{a}{b}q - \frac{1}{b}q^2$$

$$AR = TR/q = \frac{a}{b} - \frac{1}{b}q$$

$$MR = dTR/dq = \frac{a}{b}q - \frac{2}{b}q$$

由於在不同的市場結構中，廠商的需求及廠商的收益有不同的特點和變動趨勢，決定了廠商決策行為的差異。

2. 利潤和利潤最大化原則

利潤是收益減去成本的差額。在經濟學上，利潤是廠商決定進退的指標，只要有利可圖，廠商就會繼續經營，沒有願做賠本生意的。但是，利潤在會計學和經濟學中的意義是有差別的。成本有會計成本與經濟成本之別，利潤也有會計利潤與經濟利潤之分。

會計利潤是收益與會計成本或明顯成本之差，經濟利潤為收益減去經濟成本的餘額。顯然，會計利潤與經濟利潤之別在於隱含成本，即經濟利潤＝會計利潤－隱含成本。隱含成本是會計利潤的重要組成部分，經濟利潤則不包括隱含成本，它通常是小於會計利潤的。正因為這樣，當會計師說某企業賺了錢時，經濟學家可能說：並非如此，也許該企業實際上是虧損的。

在經濟學上，經濟利潤也被看成會計利潤與正常利潤之差。在經濟學家看來，儘管廠商無需對自有生產要素的耗費進行現實的貨幣支付，即無需對隱含成本進行貨幣補償，但隱含成本卻反應了生產要素的真實耗費。賺取相當於隱含成本的那部分會計利潤，是廠商從事經營活動要求獲得的最低報酬，是它正常經營的基本條件，故會計利潤中相當於隱含成本的那部分利潤就稱為正常利潤。因此，經濟利潤＝會計利潤－正常利潤。從這個意義上講，經濟利潤是廠商獲得超過正常利潤的那部分利潤，它實質上是超額利潤。

經濟學假定廠商的經營目標只有一個：利潤最大化。在經濟學上，利潤最大化是特指經濟利潤最大化。在一定的生產技術和市場需求約束下，廠商要實現利潤最大或者虧損最小，必須遵循邊際成本等於邊際收益的原則，即：

MC = MR

理解利潤極大化原則的最簡單思路，就是思考 MC≠MR 的情況下，利潤還可以通過

調整產量而增加。如果邊際收益大於邊際成本，意味著廠商每多生產一單位產品所增加的收益大於廠商生產這一單位產品所增加的成本。這時，對該廠商來說，還有潛在的利潤沒有得到，廠商增加生產還能增加利潤。因此，MR＞MC時，廠商沒有達到利潤最大化。

如果邊際收益小於邊際成本，這表明廠商每多生產一單位產品所增加的收益小於廠商生產這一單位產品所增加的成本。這對該廠商來說，增加這一單位產品生產是虧損的，廠商減少生產可以減少虧損。因此，MR＜MC時，廠商也沒達到利潤最大化。

無論是邊際收益大於邊際成本，還是邊際收益小於邊際成本，廠商都要調整其產量，說明廠商在這兩種情況下都沒有達到最大化利潤。只有在邊際收益等於邊際成本時，廠商才不會調整其產量，表明此時廠商實現了利潤最大化。

邊際成本等於邊際收益的原則是處於任何市場結構中以利潤最大化為目標的廠商產量決定行為的共同原則。

第二節　完全競爭廠商的產出決策

研究完全競爭市場上的廠商均衡，就是要研究完全競爭廠商為了實現利潤最大化的產量決定。為此，必須首先研究完全競爭廠商的需求和收益。

一、完全競爭廠商的收益

處於完全競爭市場上的廠商就是完全競爭廠商。完全競爭廠商的收益取決於它所面臨的整個市場或行業的需求和供給條件。

完全競爭的市場需求是指某種商品購買總量對市場價格的依存關係，它是由某市場上的所有消費者需求加總得到的。市場需求取決於消費者行為，一般來說，它表示為一條向右下方傾斜的曲線。而完全競爭的市場供給是指商品銷售總量對市場價格的依存關係，由行業內所有廠商的供給加總得到。市場供給取決於廠商行為，一般來說，它表示為一條向右上方傾斜的曲線。完全競爭的市場需求和市場供給達到均衡決定了均衡價格為P_0，如圖5－1所示。

與完全競爭的市場需求不同，完全競爭廠商面臨的需求是指該廠商的產量或銷售量與市場價格的關係。圖5－2是完全競爭市場上單個廠商所面臨的需求曲線，它是一條以既定市場價格P_0為高度且平行於數量軸的直線d。也就是說，完全競爭廠商所面臨的需求是一條價格為P_0的完全彈性的需求曲線。這是因為：在完全競爭市場上，由於廠商數目多且規模小，單個廠商的產量調整無力影響市場供給和市場價格；同樣，因買者眾多且規模極小，單個居民戶的購買調整也無力影響市場需求和市場價格；同時，由於產品的同質性，各廠商之間的產品可以完全互相替代，如果單個廠商試圖提高價格，擁有充分信息的居民戶就會轉而購買其他廠商的產品，該廠商就會喪失掉其全部市場份額；此外，由於廠商的產品賣價是市場均衡價格，規模甚小的單個廠商可以按此價格銷售其全部產量，廠商也沒有必要降低價格銷售；規模極小的單個居民戶也能按此價格購買其所需的全部商品，消費者也沒有必要高價購買。因此，完全競爭廠商只是既定市場

價格的接受者，而不是市場價格的制定者，它只能在既定價格水準上調整產量。

由於其平均收益恒等於產品價格，所以在價格固定不變的條件下，平均收益也不隨產量變動，平均收益曲線 AR 是與廠商面臨的需求曲線重合的水準直線。而在價格固定的條件下，廠商增加單位產品銷售所增加的收益等於不變的產品價格或平均收益，所以廠商的邊際收益曲線 MR 是與 d 曲線和 AR 曲線重合的水準線。如圖 5-2 所示，以既定價格為高度的水準線，既是廠商面臨的需求曲線，又是平均收益曲線和邊際收益曲線，即 P = AR = MR。

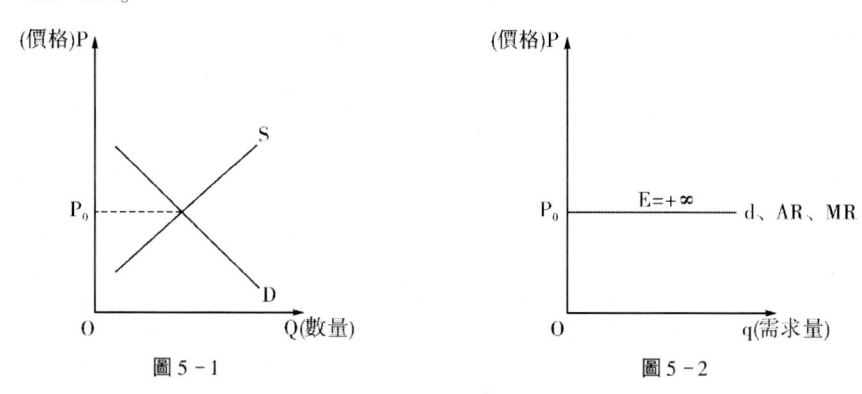

圖 5-1

圖 5-2

值得指出的是，在各類市場上，平均收益與其市場價格都是相等的。但只有在完全競爭市場上的廠商，其平均收益、邊際收益與價格才相等，所以 P = AR = MR 是完全競爭廠商的收益特徵。

二、完全競爭廠商的短期均衡

完全競爭廠商是既定價格的接受者，它的均衡只是產量均衡。為了實現利潤最大化的生產，廠商將根據 MR = MC 或者 P = MC 的原則來決定均衡產量。

1. 完全競爭廠商的短期均衡

完全競爭市場是一個資源自由流動的市場。在短期內，現存企業可能改變供給量，但是行業中並不會有新企業進入，也沒有現存企業的退出，行業供給不變。因此，研究廠商的短期均衡就是要在行業供給和成本條件不變時，廠商根據 MR = MC 原則確定產量，以實現利潤最大化或虧損最小化的狀態。

假定 AC、MC 和 AVC 表示廠商既定的成本條件。在既定的成本條件下，其產量取決於不同收益水準或市場價格水準。由於在短期內市場供給不變，所以短期收益水準或市場價格的變化是由市場需求變化引起的。下面分別以圖5-3、圖 5-4、圖 5-5 和圖 5-6 說明在不同市場價格下完全競爭廠商的短期產量決策。

（1）假定在某一市場需求下市場均衡價格為 P_A，完全競爭廠商面臨圖5-3中的需求曲線 d_A，它也是廠商在價格 P_A 下的平均收益曲線 AR_A 和邊際收益曲線 MR_A。這條線位於平均成本曲線 AC 的最低點的上方，並與邊際成本曲線 MC 交於 E_A 點。根據 MR = MC 原則，廠商將把產量確定在 q_A 的水準上。在 q_A 的產量水準，廠商的平均收益和平均成本分別由它對應的 AR_A 曲線和 AC 曲線決定為 P_A 和 AC_A。由於 $P_A > AC_A$，

$TR > TC$，廠商將在盈利條件下達到其產量均衡。總收益 $TR = P \cdot q$，在圖中為矩形面積 $P_A O q_A E_A$；而總成本 $TC = AC \cdot q$，為圖中矩形面積 $AC_A O q_A F_A$。TR 與 TC 之差的陰影部分面積為廠商得到的經濟利潤。

(2) 假如市場需求下降，市場均衡價格由 P_A 降為 P_B，如圖 5-4 所示。廠商面臨的需求曲線為 d_B，它切於平均成本曲線 AC 的最低點 E_B。由 MR = MC 原則，廠商將把產量調整到 q_B 水準。在產量為 q_B 時，它在 E_B 點同時對應於平均收益曲線 AR_B 和平均成本曲線 AC_B，故有 $AR_B = AC_B$，$TR = TC$。在 P_B 的價格水準上，廠商既沒有獲得經濟利潤，也沒有虧損，廠商只能得到包含在成本之中的正常利潤。平均成本的最低點，即 MC = AC 的點稱為收支平衡點。

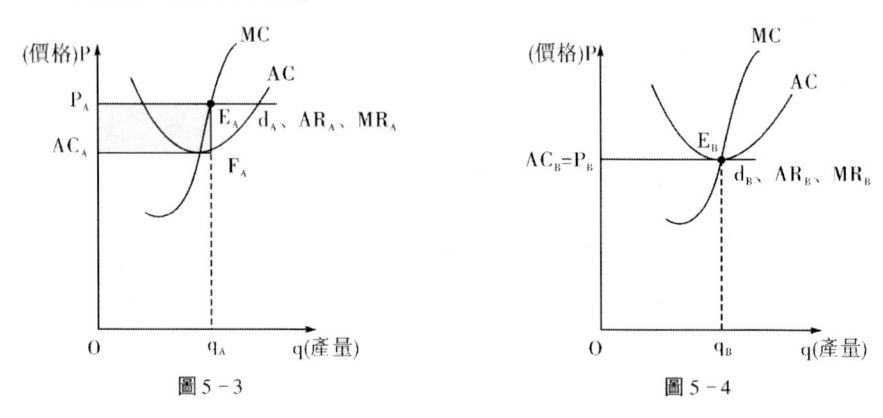

圖 5-3　　　　　　　　　　圖 5-4

(3) 如果市場需求繼續減少，均衡價格下降為 P_C，如圖 5-5 所示。廠商面臨的需求曲線 d_C 位於其平均成本曲線 AC 的下方，但卻高於平均變動成本曲線 AVC 的最低點的上方。根據 MR = MC 原則，廠商將把產量調整到 q_C，這時廠商的平均收益為 P_C，而平均成本為 AC_C。由於 $AC_C > P_C$，故有 $TC > TR$，廠商面臨虧損，其虧損額在圖 5-5 中為矩形陰影的面積。但是，為生產 q_C 的產量，廠商所支付的可變成本為 AVC_C，$AVC_C < P_C$，即 $TVC > TR$，它意味著廠商如在 q_C 產量水準上進行生產，則其收益補償其全部變動成本之後，尚能補償其部分固定成本。

(4) 如果市場需求減少，使市場價格下跌到 P_D，如圖 5-6 所示，廠商面臨的需求曲線 q_D 切於平均變動成本曲線 AVC 的最低點。廠商根據 MR = MC 原則將產量調整到 q_D，廠商的平均收益 P_D 等於平均成本 AC_D，廠商處於虧損狀態。由於 $P_D = AVC_D$，故 $TR = TVC$，它意味著廠商如繼續生產，其收益僅能補償變動成本，固定成本將全部損失。圖中陰影面積為廠商虧損額。當然，如廠商此時不生產，其損失額也為全部固定成本額。

圖 5-5

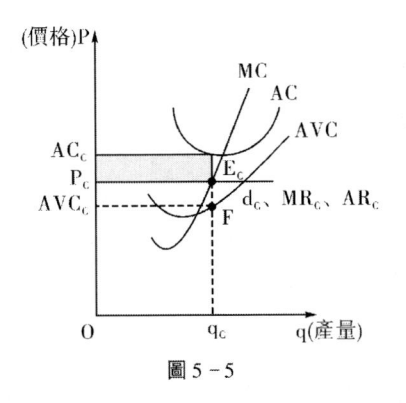

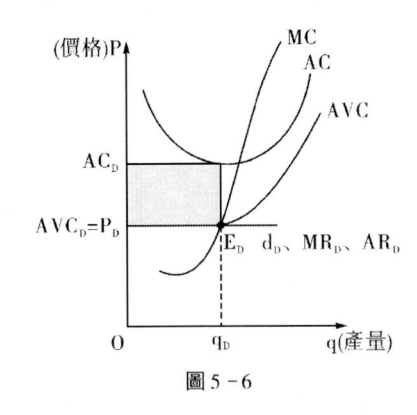

圖 5-6

(5) 如果市場價格低於最低平均變動成本，廠商繼續生產不僅要損失全部固定成本額，還要損失部分變動成本，所以廠商會停止生產。平均變動成本的最低點，即 MC = AVC 點是廠商是否繼續生產的關鍵之點，被稱為停止生產點。顯然，競爭廠商退出該市場或行業的條件是 P = AVC 或 MC = AVC。

綜上所述，在市場供給和成本條件一定時，完全競爭廠商將根據所面臨的需求的變化，按照 MR = MC 原則確定產量。它可能在停止生產點以上的任何價格水準上達到短期均衡，儘管它可能是盈利條件下的均衡，也可能是收支相抵時的均衡，甚至是虧損條件下的均衡。廠商達到短期均衡的條件是 P = SMC。

2. 完全競爭廠商的短期供給曲線

廠商的短期均衡是停止生產點之上的均衡。在停止生產點之上的任何價格水準，沿 MC 曲線都可獲得完全競爭廠商的一個確定的短期均衡產量。如圖 5-7 所示，當價格為 P_0、P_1 和 P_2 時，根據 MR = MC 原則，MC 曲線所對應的產量 q_0、q_1 和 q_2 都是完全競爭廠商的短期均衡產量。所以，停止生產點之上的 MC 曲線，表達了短期內廠商提供的產量對價格的依存關係，成為完全競爭廠商的短期供給曲線 S。因此，供給曲線上的每一點都可以是廠商最大化利潤或最小化虧損的均衡點。

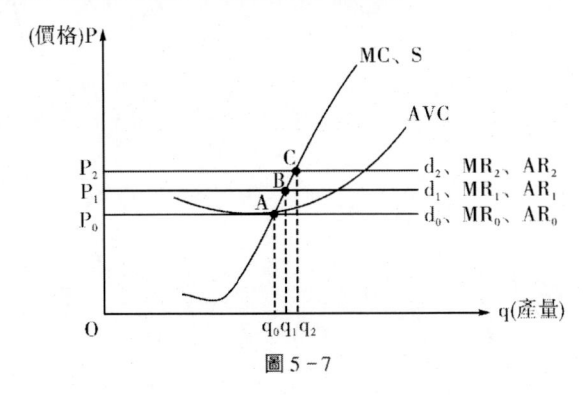

圖 5-7

三、完全競爭廠商的長期均衡

在長期，廠商能夠調整生產規模，行業內也可能出現新廠商的進入和原廠商的退出，因而行業供給會發生變化。研究完全競爭廠商的長期均衡就是要研究在行業供給和成本條件變動的情況下，廠商如何進行產量決策，以實現利潤最大化。

1. 完全競爭廠商長期均衡的形成過程

在短期調整中，廠商只能在既定的生產規模基礎上，在市場需求的短期波動中通過調整可變投入要素進行有限的調整，獲得短期的利潤或蒙受短期的虧損。但如果在某一市場需求下行業內普遍存在盈利或虧損，就會導致相應的行業供給調整：原廠商將調整生產規模甚至退出行業，新廠商則可能進入行業，從而改變行業供給和市場價格；這種行業供給調整反過來又會改變該行業廠商的盈利水準，進一步導致行業供給和市場價格的變動；經過行業供給的反覆調整，最終將導致廠商的長期均衡。

在圖 5-8 中，LAC 和 LMC 表示某一特定行業的長期成本條件，q_0 為該行業的最優規模產量。以 SAC_1、SAC_0 和 SAC_2 分別表示三個不同規模的廠商的短期成本條件，其中成本為 SAC_0 的廠商處於最優規模。

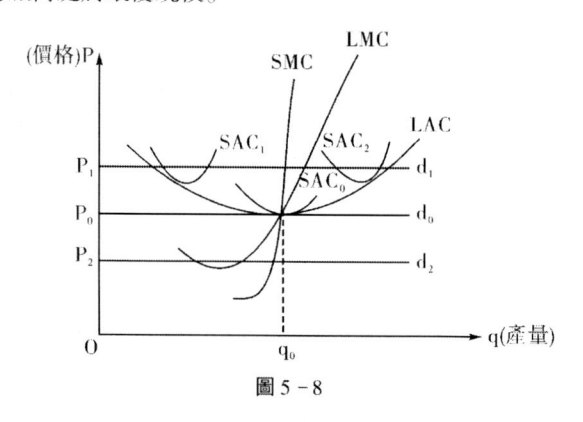

圖 5-8

從圖 5-8 中可以看到，由於市場價格 P_1 高於 SAC_0、SAC_1 和 SAC_2 的最低點，即使不以最優規模生產的廠商也能在這個行業內獲得經濟利潤。在信息充分和資源充分流動的完全競爭市場中，經濟利潤刺激現有廠商擴大生產規模和新廠商進入該行業，從而擴大了行業供給。在市場需求不變的條件下，行業供給擴大必將導致市場價格下跌，比如由 P_1 降到 P_2。

在市場價格 P_2 的條件下，由於 P_2 低於以最優規模生產的廠商的短期平均成本曲線 SAC_0 的最低點，因而包括最優規模廠商在內的所有廠商都面臨虧損。虧損迫使現有廠商向最優規模調整，降低成本，甚至部分低效率廠商將退出行業，從而減少行業供給。在市場需求不變的條件下，行業供給減少必將使市場價格上升。

只要存在經濟利潤，廠商的長期調整就會使價格趨於降低，經濟利潤逐漸減少；只要存在虧損，廠商的長期調整就將使價格趨於上升，虧損又逐漸減少。廠商在不同盈虧下所進行的長期調整，使行業供給和市場價格反覆波動，導致生產規模趨於最優，市場價格在 P_0 水準達到均衡。此時，廠商只能獲得正常利潤，既沒有經濟利潤，也沒有虧

損。此時，廠商不會繼續調整其生產規模，也不會有廠商退出或進入行業，廠商達到了長期均衡。

在均衡狀態下，廠商面臨的需求曲線同時切於長期成本曲線和短期平均成本曲線的最低點。因此廠商長期均衡的條件為：

P = SMC = LMC = SAC = LAC

2. 完全競爭廠商長期均衡的最優性質

經濟學認為，完全競爭廠商的長期均衡具有明顯的效率優勢。

第一，實現了資源的合理配置。在長期均衡中，P = SMC = LMC，即價格等於邊際成本。這表明以價格反應的邊際效用與邊際成本反應的耗費資源價值是一致的，即用該產品生產的最後單位資源價值等於消費者在該產品上得到的邊際效用，實現了資源在該行業的最優配置。由於價格等於平均收益和邊際收益，所以有 AR = MR = MC。這意味著廠商實現了利潤最大化，從而使廠商的數目及行業的供給處於穩定狀態，並與市場的需求相吻合。因此，長期均衡實現了該部門資源的最優配置。

第二，保證了生產有效率進行。在長期均衡中，SAC = LAC = SMC = LMC，即長期平均成本、長期邊際成本、短期平均成本和短期邊際成本相等。這表明在長期競爭中只有生產效率最高、成本最低的廠商才能在競爭中生存，行業內各廠商均在最優規模下進行生產，充分利用了社會分配給它們的資源。

第三，實現了消費者最大化滿足。在長期均衡中，由於 P = SAC = LAC，意味著長期廠商僅能獲得正常利潤而沒有經濟利潤。消費者得到按最低平均成本支付的價格，這個價格是消費者長期可能支付的最低價格，從而使消費者剩餘達到最大值。

誠然，完全競爭市場是不現實的，但是完全競爭廠商的長期均衡的最優性質，提供了一個基本分析模型，為我們分析其他廠商提供了理論基礎。

第三節　完全壟斷廠商的決策

完全壟斷市場是由一個廠商構成的市場結構，這個廠商就是完全壟斷廠商。完全壟斷廠商的壟斷力可能源於自然資源或規模的限制，可能源於立法和行政的限制，還可能源於投入要素的限制，甚至還可能源於信息不完全和廠商採取的市場策略的限制。正是這些限制形成了阻止其他廠商進入行業的壁壘。

研究完全壟斷廠商的均衡，就是要研究完全壟斷廠商的價格決定和產量決定。為此，必須先分析完全壟斷廠商的收益。

一、完全壟斷廠商的收益

與完全競爭廠商的收益一樣，完全壟斷廠商的收益也取決於它自身所面臨的需求曲線。由於完全壟斷廠商本身就構成完全壟斷市場，所以完全壟斷廠商面臨的需求就是完全壟斷市場的需求。同完全競爭市場的市場需求一樣，完全壟斷廠商所面臨的需求是一條向右下方傾斜的需求曲線。它表明了完全壟斷廠商可以作為價格制定者，在高價少銷或低價多銷之間進行選擇。圖 5-9 中曲線 d 就是壟斷廠商面臨的需求曲線。

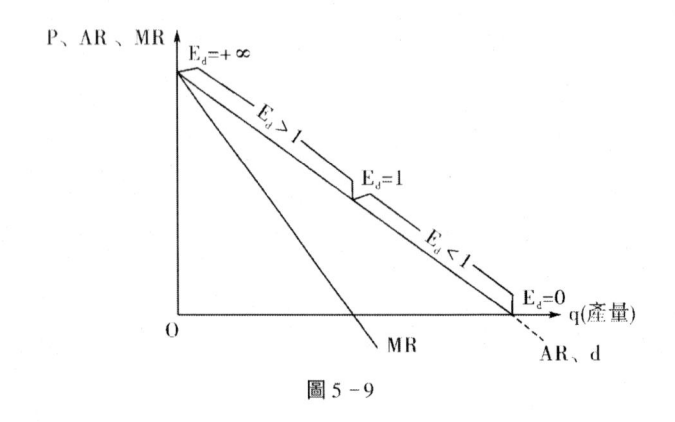

在任何市場結構中，價格都恒等於平均收益，所以平均收益曲線就與需求曲線重合。圖 5-9 中需求曲線 d 同時也是完全壟斷廠商的平均收益曲線。

完全壟斷廠商的邊際收益 MR 就是完全壟斷廠商增加單位商品生產或銷售所增加的總收益，表現為總收益曲線的切線斜率。總收益的變化又取決於需求曲線的需求彈性。所以，完全壟斷廠商的邊際收益曲線可以根據需求彈性和總收益推導出來。

在一條既定的需求曲線上，隨著價格的下降和產量的增加，需求價格點彈性由充足轉向缺乏。在圖 5-9 中，曲線 d 的中點彈性為 1，中點以上的那段需求曲線是富於彈性的，而中點以下的那段需求曲線卻是缺乏彈性的。根據總收益與需求彈性的關係可知：如需求富於彈性，則降低價格和增加產量會使總收益增加；如需求單位彈性，則改變價格和產量都無法改變總收益；如果需求缺乏彈性，那麼降低價格和增加產量反而會使總收益減少。

根據邊際收益與總收益的關係可知：總收益遞增時，邊際收益為正值；總收益遞減時，邊際收益為負值；總收益不變或最大時，邊際收益為零。

通過上面的分析，我們在圖 5-9 中可以確定廠商的邊際收益 MR 的位置。邊際收益曲線位於需求曲線（平均收益曲線）的下方並向右下方傾斜。在需求彈性為無窮時，邊際收益等於平均收益，即價格；在需求彈性為 1 時，總收益達到最大，邊際收益為零，即對應於需求曲線上需求彈性為 1 時，邊際收益曲線交於數量軸。

完全壟斷廠商的邊際收益也可以根據關係式 $MR = P(1 - \frac{1}{E_d})$ 直接推導出。如果廠商面臨的反需求函數為 $P = P(q)$，則可以有 $TR(q) = P(q) \cdot q$，從而 $MR(q) = dTR(q)/dq = P + q \cdot \frac{dp}{dq} = P(1 + \frac{dP}{dq} \cdot \frac{q}{p})$，即 $MR = P(1 - \frac{1}{E_d})$。顯然，當 $E_d > 1$ 時，$MR > 0$；當 $E_d = 1$ 時，$MR = 0$；當 $E_d < 1$ 時，$MR < 0$。這種關係與前面根據彈性和總收益得出的邊際收益的結論是一致的。

值得指出的是，完全壟斷廠商的平均收益和邊際收益的關係，對一切面臨向右下方傾斜的需求曲線的廠商都是適用的。實際上，這種平均收益和邊際收益的關係是由價格（平均收益）下降與邊際收益必然更快下降的一般關係決定的。

二、完全壟斷廠商的短期均衡

作為價格制定者，完全壟斷廠商可以在高價少銷和低價多銷之間進行選擇，自行決定其價格和產量。但是，完全壟斷廠商的決策必然受到既定的市場需求和成本條件的約束，同樣遵循利潤最大化原則。

1. 完全壟斷廠商的短期均衡

在生產規模既定的短期調整中，完全壟斷廠商因受市場需求的約束，它的短期均衡可能是獲得經濟利潤的均衡，也可能是僅獲得正常利潤的均衡，甚至還可能是虧損條件下的均衡。我們用圖 5-10、圖 5-11、圖 5-12 來說明完全壟斷廠商短期均衡的三種情況。

（1）在圖 5-10 中，假定廠商面臨的需求曲線為 d_0，相應地可以得到廠商的平均收益曲線 AR_0 和邊際收益曲線 MR_0。MR_0 與既定的邊際成本曲線 MC 交於 E_0 點。根據 MR = MC 原則，廠商將把產量水準選擇在 Q_0 上。這個產量分別在 N_0 和 F_0 對應於平均成本曲線和需求曲線。因而廠商的平均成本為 AC_0，價格為 P_0，由於 P_0（AR_0）＞ AC_0，完全壟斷廠商可獲得陰影面積的經濟利潤。

（2）如果需求由 d_0 下降到 d_1，如圖 5-11 中所示。d_1 切於平均成本曲線 AC，切點為 F_1，相應的邊際收益曲線 MR_1 與邊際成本曲線 MC 交於 E_1 點，則對應的廠商均衡產量為 q_1。而 q_1 在需求曲線和平均成本曲線的切點 F_1 對應於 AC_1 和 AR_1，廠商的平均成本等於平均收益（或價格），即 $AR_1 = P_1 = AC_1$。此時總收益等於總成本，即 TR = TC，廠商不能獲得經濟利潤，只能獲得正常利潤。

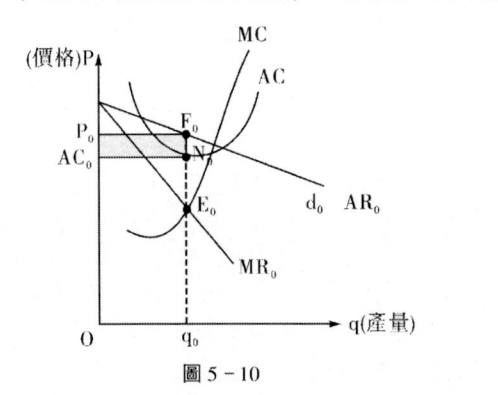

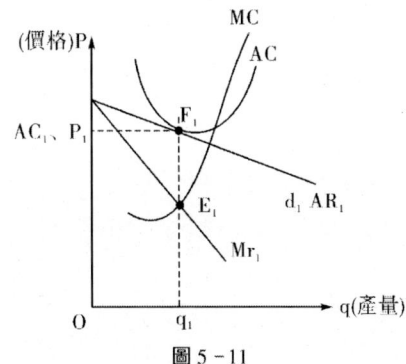

圖 5-10

圖 5-11

（3）如果需求水準繼續下降到 d_2，壟斷廠商就會面臨虧損。在圖 5-12 中，需求曲線 d_2 位於平均成本曲線 AC 下方，相應的邊際收益曲線 MR_2 與邊際成本曲線 MC 交於 E_2 點，廠商的均衡產量為 q_2。在 q_2 產量水準上，廠商的平均成本為 AC_2，價格為 P_2。由於 $AC_2 > AR_2$，TR < TC，廠商存在虧損。

在短期調整中，由於其他廠商不能進入，壟斷廠商將保持其經濟利潤。當其虧損時，廠商可能期待需求在長期調整中上升，以謀求長期利潤，故也可能達到其價格和產量均衡。短期均衡的條件是 MR = MC。所以，完全壟斷廠商的短期均衡可能是盈利的均

圖 5－12

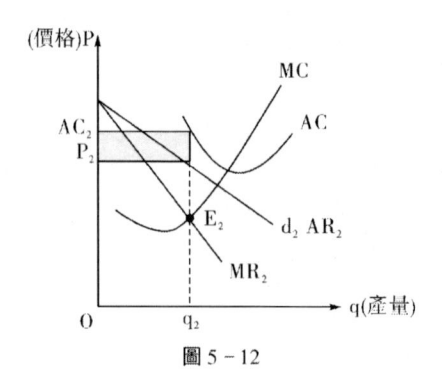

衡，也可能是虧損的均衡。

2. 完全壟斷廠商的產量與價格

在完全競爭市場上，廠商的停止生產點之上的 MC 曲線表達了確定的價格—產量組合關係，成為廠商的短期供給曲線。然而，在完全壟斷市場上，廠商的邊際收益曲線與需求曲線是相互分離的，均衡產量由 MC 和 MR 的交點決定，而價格卻決定於與之相分離的需求曲線。由於需求彈性和需求水準的不同，在不同的價格之下，廠商可能生產相同的產量；而在相同的價格之下，廠商也可能生產不同的產量。所以，完全壟斷廠商的價格與產量之間並不存在唯一的對應關係，因而不可能建立起完全壟斷廠商的供給曲線。進一步講，完全壟斷廠商的停止生產點之上的邊際成本曲線也不是其短期供給曲線。上述結論，對於任何一個需求曲線向右下方傾斜的廠商都是適用的。

在圖 5－13 中，當完全壟斷廠商面臨的市場需求為 d_e 時，其均衡價格為 P_e，均衡產量為 q_e。如果市場需求改變為 d'，邊際收益曲線為 MR'，在既定生產成本下，均衡產量仍為 q_e，但均衡價格為 P'。可見，在不同價格下，完全壟斷廠商可能生產相同的產量。相反，如果市場需求變為 d''，邊際收益曲線為 MR''，均衡價格仍為 P_e，但均衡產量卻變為 q''，這說明了在相同的價格水準下，完全壟斷廠商可能生產不同的產量。

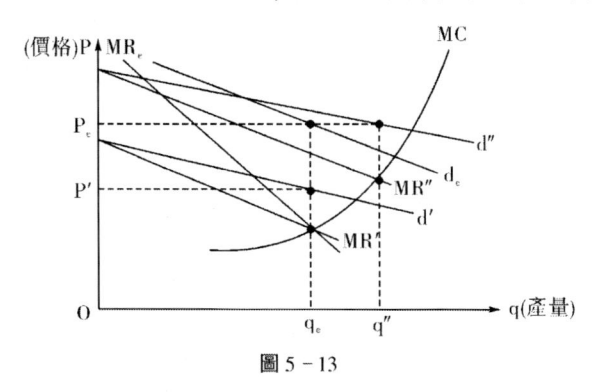

圖 5－13

三、完全壟斷廠商的長期均衡

分析完全壟斷廠商的長期均衡，主要分析長期均衡的形成和對長期均衡效率進行

評價。

1. 完全壟斷廠商長期均衡的形成

在短期調整中，完全壟斷廠商無法改變其生產規模或成本條件，所以如果市場需求太小，完全壟斷廠商短期可能不能獲得壟斷利潤，甚至要承擔虧損。但是在長期中，完全壟斷廠商將根據對其產品的長期需求進行規模調整，建立最適當的工廠規模來生產最適當的長期產量。完全壟斷廠商還可以以做廣告、提高服務質量等手段擴大產品需求，使需求曲線向右上方移動，當然，這樣也會增加產品的成本。如果完全壟斷廠商經過綜合考慮，發現即使採用優化規模和廣告促銷這些措施仍然不能獲得最低限度的壟斷利潤，就會退出行業。不過，一般而論，完全壟斷廠商總能通過控制產量而操縱價格，獲得經濟利潤，並可以憑藉其壟斷力將其長期保持下去。所以完全壟斷廠商將在至少能獲得最低限度壟斷利潤的條件下達到長期均衡。

圖 5-14 表明了完全壟斷廠商在需求既定時通過規模調整來實現長期均衡的情況。在圖 5-14 中，假定壟斷企業現有設備的短期平均成本曲線為 SAC_1，為了實現利潤最大化，該企業的產量是 q_1，銷售價格為 P_1。由於在 q_1 時，邊際收益大於長期邊際成本，因此這樣的均衡是短期均衡而不是長期均衡。在長期內，完全壟斷廠商將擴大其規模，使短期平均成本曲線為 SAC_2。從圖中可看到，與短期邊際成本曲線 SMC_2 和 MR 相交點對應的產量為 q_2，價格為 P_2，這時完全壟斷廠商達到了長期均衡。因為產量為 q_2 時，$MR = LMC = SMC_2$。所以，$MR = LMC = SMC$ 就是完全壟斷廠商長期均衡的條件。很明顯，完全壟斷廠商的長期均衡並未在最低長期平均成本上實現。

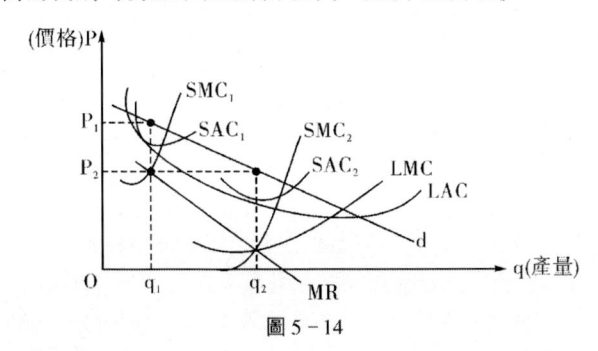

圖 5-14

2. 對完全壟斷廠商長期均衡的評價

評價完全壟斷廠商的長期均衡，是以完全競爭廠商長期均衡狀態為規範，通過比較完全競爭廠商和完全壟斷廠商長期均衡條件來進行的。

在圖 5-15 中，假定完全壟斷廠商和完全競爭廠商面臨相同的市場需求 d。因為完全競爭廠商有 $P = MR$，故需求曲線 D 上任一點的均衡價格也是完全壟斷廠商的邊際收益 MR_c。而完全壟斷廠商的邊際收益曲線 MR_m 位於需求曲線下方。為簡化分析，假定完全壟斷廠商和完全競爭廠商都有相同的成本函數，且邊際成本和平均成本相等而且不隨產量變動。從圖中可以看出，完全競爭廠商的長期均衡價格和產量分別為 P_c 和 q_c，而完全壟斷廠商的長期均衡價格和產量分別為 P_m 和 q_m，$P_c < P_m$，$q_c > q_m$。因此，完全壟斷廠商的長期均衡的效率和福利特徵是：

圖 5-15

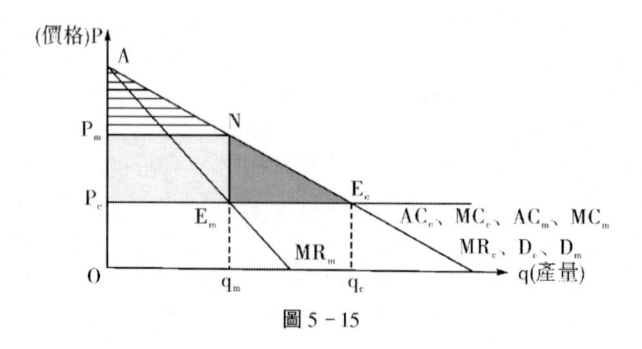

第一，資源沒有合理配置。在壟斷廠商的利潤最大化的產量水準 q_m 上，壟斷價格大於邊際成本，即 $P_m > M_C$。它意味著使用在該產品上的資源相對不足，不能滿足以價格表示出來的社會需要。

第二，資源沒有有效利用。在完全競爭市場上，廠商的長期均衡產量對應於長期平均成本和短期平均成本最低點，意味著生產是在最有效率下進行的。而完全壟斷廠商為了獲得利潤最大化，把產量限制在 q_m，而 $q_m < q_c$，必然使其生產脫離最優生產規模，即長期均衡時長期平均成本沒有處於最低點，喪失生產效率。

第三，消費者利益受損。在完全壟斷廠商的長期均衡上，由於均衡量限制在 q_m 上，使得長期均衡價格高於平均成本，即 $P_m > AC$。這部分多支付的價格成為完全壟斷廠商的壟斷利潤，在圖 5-15 中表示為塔洛克四邊形 $P_m P_c E_m N$ 的面積。由於壟斷價格，消費者除了損失矩形 $P_m P_c E_m N$ 面積的剩餘外，還損失了哈伯格三角形 $NE_m E_c$ 的剩餘，只剩下三角形 ANP_m 的剩餘或福利了。三角形 $NE_m E_c$ 的剩餘損失實際上是社會淨福利的損失。

第四，社會福利出現淨損失。壟斷不僅損害消費者福利，而且也使整個社會福利減少。從圖 5-15 來看，三角形 $NE_m E_c$ 的消費者剩餘的損失就是社會福利的一種淨損失。因為競爭條件下存在的這部分消費者剩餘（當然是社會福利的一部分），在壟斷條件下的廠商沒有獲得它，消費者也沒有得到它，社會上沒有任何人得到了它。從壟斷的結果看，似乎社會福利的淨損失僅僅為三角形 $NE_m E_c$，但是從壟斷的獲得和維持過程上看，壟斷的淨福利損失可能要比三角形 $NE_m E_c$ 大得多，它還要包括塔洛克四邊形一部分，或者全部，甚至可能更多一些。這是因為，為了獲得和維持壟斷地位，享受由壟斷帶來的高額利潤，廠商常常需要付出一定的成本或者代價，比如廠商向政府官員行賄，或者雇傭律師向政府官員遊說，或者選出代表影響法律的制定和修改，等等。由於廠商的這些支出並不是用於生產，沒有創造任何有益的社會財富，完全是一種非生產性的，在實質上與三角形 $NE_m E_c$ 沒有什麼區別，都是社會福利的淨損失。在經濟學中，把廠商通過生產性行為而獲得經濟利潤的活動，稱為「尋利」活動，而把廠商為獲得和維持壟斷利潤從事的非生產性活動稱為「尋租」活動。

因此，完全壟斷廠商是缺乏效率的，應通過立法或行政手段加以限制。當然，壟斷也有壟斷的優勢和好處，比如自然壟斷。

四、完全壟斷廠商的價格歧視

在完全競爭市場上，同一商品有完全相同的市場價格，也就是說，完全競爭廠商在價格上對任何消費者均是一視同仁的。但是由於完全壟斷廠商的特殊壟斷地位，使得它可以實行價格歧視。價格歧視又稱價格差別，是指完全壟斷廠商對成本基本相同的同種商品在不同的市場上以不同的價格出售。由於同種商品的成本基本相同，這種價格差別並不是因為產品本身成本存在差別，因而帶有歧視的性質。例如：供電部門根據不同時刻的需求確定不同的電價；醫生根據病人的富有程度收取不同費用；公交公司對公共汽車的盈利線路和虧損線路實行不同的價格；航空公司根據旅遊旺季和淡季實行不同的客運價格；出口商品實行出口價和內銷價等等，都可視為價格歧視。

1. 實行價格歧視的條件

實行價格歧視的目的是要獲得經濟利潤（或稱壟斷利潤）。要使價格歧視得以實行，一般須具備三個條件：

第一，市場存在不完善性。當市場存在競爭信息不通暢，或者由於種種原因被分隔時，壟斷者就可以利用這一點實行價格歧視。例如：美國圖書出版商通常使圖書在美國的銷售價高於在國外的銷售價，這是因為國外的圖書市場競爭更激烈，並且存在盜版複製問題。

第二，市場需求彈性不同。當購買者分別屬於對某種產品的需求價格彈性差別較大的不同市場，而且壟斷廠商又能以較小的成本把這些市場區分開來，壟斷廠商就可以對需求彈性小的市場實行高價格，以獲得壟斷利潤。

第三，市場之間的有效分割。它是指壟斷廠商能夠根據某些特徵把不同市場或同一市場的各部分有效地分開。比如公司可以根據國籍、膚色、語言的不同來區分中國人和外國人，對他們實行差別工資。市場有效分割的實質就是廠商能夠防止其他人從差別價格中套利。

很明顯，完全壟斷市場具備上述條件，所以完全壟斷廠商可以實行價格歧視。

2. 價格歧視的類型

在經濟學上，根據價格差別的程度不同而把價格歧視分為一級價格歧視、二級價格歧視和三級價格歧視三種類型。

一級價格歧視：它是指壟斷廠商對消費者購進每單位商品都按照消費者願意支付的最高價格（保留價格）來確定不同的售價。也就是說，壟斷廠商按不同的價格出售不同單位的商品量，而且這些價格可以因人而異。例如一個醫術高超的醫生對每個患者收取不同的費用就是這種情況。實行一級價格歧視，壟斷廠商必須確切知道各個消費者購買每單位商品時願意支付的價格。因此，它只有在壟斷廠商面臨少數消費者以及壟斷者機靈到足以發現消費者願意支付的價格時才可能實行。在一級價格差別中，由於壟斷廠商是按消費者願意支付的價格來確定售價的，所以它吞食了全部消費者剩餘，並把這些剩餘變成了壟斷利潤。值得注意的是，壟斷廠商實行一級價格歧視時，其產量水準會達到競爭廠商水準，經濟總福利也與競爭市場相同，不同的是經濟福利被壟斷商獨占。

二級價格歧視：它是壟斷廠商為所有消費者提供一個完全相同的價格目錄，讓消費者自己選擇不同的價格種類。儘管消費者支付不同的價格，但是消費者在同樣的價格種

類中支付的價格相同。實行二級價格歧視時，廠商不能鑑別消費者的類型或者鑑別的成本太高，但是它知道不同的消費者有不同的預留價格。航空公司是典型的使用二級價格歧視的例子。航空公司通常向所有旅客提供大量的同一航班的不同價格的機票，消費者選擇什麼價格的機票取決於許多現實的因素，比如機票在什麼時候交易，返程前在目的地停留多長時間等。數量折扣、優惠券和電力的階梯定價都是二級價格歧視的常見的例子。

三級價格歧視：壟斷廠商根據消費者的需求彈性的差異，有效地把消費者分成兩組或者多組，屬於同一組的消費者支付相同的價格，而不同組別的消費者支付不同的價格。與二級價格歧視不同的是，在三級價格歧視中，消費者是被廠商分成幾組的，特定消費者究竟屬於哪一組是由廠商來決定的。但是，在二級價格歧視中，是消費者自己選擇進入哪一組，也就是說特定消費者究竟屬於哪一組，完全取決於消費者自己的意願。三級價格歧視的實際例子很多。比如，大學生乘火車買半票，而其他人買全票，哪些人屬於買半票的，哪些人屬於買全票的，是由鐵路公司來決定的，並不由消費者自己選擇。

迪斯尼世界也實行三級價格歧視。世界各地的家庭都到迪斯尼世界旅遊，一旦一個家庭來到迪斯尼世界，他們就面臨四個主題公園的費用：魔法王國、科幻中心愛普考特、迪斯尼—米高梅影城和動物王國。家庭進入主題公園的需求是缺乏彈性的。因為他們已經在交通和住宿上花了上千美元，因此多數家庭不會讓幾百元的門票阻擋進入公園的腳步，因為門票僅僅是這些外國旅客整個旅行費用的一小部分。與此不同，多數當地的從奧蘭多或者弗洛裡達的其他地方來的家庭，很可能已經到過迪斯尼世界多次了，他們可能僅僅需要一天時間的旅程就到達主題公園。這樣的家庭進入主題公園的費用占了全部旅行費用的一大部分，因此對主題公園門票的需求彈性就大。認識到這些家庭的不同彈性，迪斯尼對福羅里達州居民定的門票價格遠低於其他旅客。為了保證佛羅里達州居民的門票不會轉賣給外地旅客，迪斯尼發給羅里達州居民帶照片的通行證，並且在他們進入時檢查。

第四節　不完全競爭廠商的決策

20世紀30年代以前，整個價格理論幾乎一直僅由完全競爭理論和完全壟斷理論所組成，因為經濟學家們認為這兩個理論模型已足夠他們分析任何類型的市場之用了。這方面的情況在20世紀30年代初發生了明顯的變化，經濟學家們開始重視進行更多的實際研究，把原來的模型發展成為能夠解決處於完全競爭和完全壟斷之間的情況的模型，由此產生了不完全競爭理論。不完全競爭理論包括壟斷競爭理論和寡頭理論。

一、壟斷競爭市場的廠商均衡

壟斷競爭理論是由哈佛大學的愛德華·張伯倫和英國經濟學家瓊·羅賓遜建立起來的，主要分析壟斷競爭廠商的價格和產量決定。

1. 壟斷競爭廠商的需求和收益

壟斷競爭廠商的收益直接取決於需求。由於壟斷競爭市場上差別產品和大量廠商的存在，使得廠商面臨彈性較大的向右下方傾斜的需求曲線。但與完全競爭廠商和完全壟斷競爭廠商的需求曲線不同，壟斷競爭廠商面臨兩條需求曲線：一條是理論上的需求曲線，一條是實際需求曲線。

由於提供差別產品的壟斷競爭廠商數目眾多，以至於每個廠商都期望自身改變價格的行為不為對手所注意，也不受到來自對手的任何報復措施的阻礙。因此，當某個廠商降低價格時，其他廠商並不相應地降低價格，使得該廠商面臨一條較為平緩的需求曲線。這條在其他廠商價格保持不變時，一個廠商改變自身產品價格引起的產品銷售量的改變所形成的需求曲線，就是壟斷競爭廠商的理論需求曲線。這條需求曲線是建立在其他廠商對相關廠商價格變化沒有對抗性反應的理論假定基礎之上的。如圖 5-16 所示，圖中的曲線 d 均是理論需求曲線。

除了理論需求曲線，還有一條實際需求曲線。事實上，壟斷競爭廠商具備較為充分的信息。為了在價格競爭中處於比較有利的地位，某一廠商降低價格必然引起其他廠商也相應地降價，從而使得率先降價的廠商並不能使銷售量增加得很大，並面臨一條彈性較小的需求曲線。在其他廠商價格會相應改變的情況下，一個廠商改變自身價格引起的產品銷售量改變所形成的需求曲線，就被稱為實際需求曲線。如圖 5-16 中曲線 D 所示。

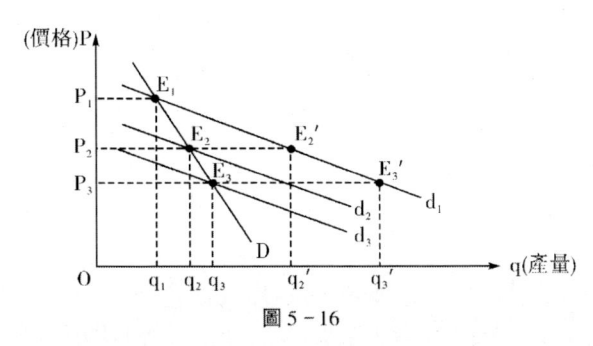

圖 5-16

在圖 5-16 中，當銷售價格為 P_1 時，該廠商的銷售量為 q_1。如果價格降為 P_2，在競爭者相應降價時，該廠商的銷售量只能增加到 q_2。同理，如果某廠商繼續降價至 P_3，實際銷售量不會增加到 q_3'，而是 q_3 的水準。很明顯，由於競爭者產品價格的下降，廠商的理論需求曲線由 d_1 向下移動到 d_2、d_3 的位置，從而廠商實際銷售量對價格的依存關係就由曲線 D 來描述。因此可以這樣說，廠商的實際需求曲線是由其理論需求曲線運動而形成的。在實際需求曲線上的每一點都有一條理論需求曲線與之相交，比如在 E_1、E_2 和 E_3 各點，分別有 d_1、d_2 和 d_3 與 D 相交。

根據需求曲線與收益曲線的關係，與完全壟斷廠商相同，對應於壟斷競爭廠商的每一條向右傾斜的需求曲線，我們都可以確定一條相應的位於需求曲線下方的邊際收益曲線。如圖 5-17 所示，圖中與需求曲線 d_1、d_2 和 d_3 對應的邊際收益曲線分別為 MR_1、MR_2 和 MR_3。

圖 5-17

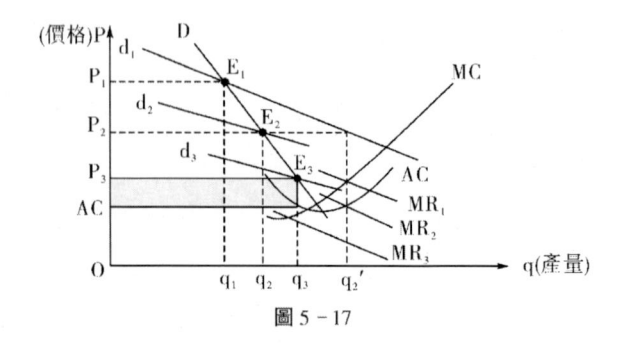

2. 壟斷競爭廠商的短期均衡

追求最大化利潤的壟斷競爭廠商，與完全壟斷廠商和完全競爭廠商一樣，也要按 MR = MC 原則來確定價格和產量。

在圖 5-17 中，以 MC、AC 和 D 表示壟斷競爭廠商的成本條件和實際需求曲線，在短期內它們是不變的。用 d_1 和 MR_1 分別表示它的初始需求曲線和邊際收益曲線。假設廠商的初始價格和產量分別為 P_1 和 q_1，在 q_1 產量上 $MR_1 > MC$，廠商未達到均衡，廠商還將通過降價來擴大產量。若按 MR = MC 原則，廠商應將價格降至 P_2，以獲取 q_2' 的產量。但該廠商降價引起競爭者相應降低價格，率先降價的廠商的理論需求曲線和邊際收益曲線可能下降到 d_2 和 MR_2，實際產量僅增至 q_2。由於此時 $MR_2 > MC$，廠商仍未達到均衡，廠商還將繼續降價。當廠商價格下降到 P_3，實際需求量沿曲線 D 運動至 q_3，需求曲線和邊際收益曲線分別運動至 d_3 和 MR_3 時，正好 $MR_3 = MC$，達到了壟斷競爭廠商的短期均衡。MR = MC 就成為了壟斷競爭廠商短期均衡的條件。

在短期內，壟斷競爭廠商的均衡可能獲得經濟利潤，或只能獲得正常利潤，甚至是虧損，這主要取決於它所面臨的需求曲線。在短期調整中，只要 MR = MC 所決定的產量和價格水準使得總收益大於變動成本，廠商就會繼續生產。因此，壟斷競爭廠商可能的短期均衡是平均收益大於平均變動成本的一切產量水準。

值得注意的是，當壟斷競爭廠商獲得經濟利潤時，比如圖 5-17 中的陰影部分面積，它就能在一個較長時期內保持經濟利潤。這是由於在既定的成本條件下，它的經濟利潤產生於產品差別。與之競爭的其他廠商的進入除了受時間限制外，還要受消費者的心理限制。它們需要較長的時間進行廣告宣傳和產品變異，才能改變消費者偏好。

3. 壟斷競爭廠商的長期均衡

壟斷競爭廠商的長期均衡，是在各壟斷競爭廠商之間的競爭和反覆調整中實現的。

如果某些廠商能獲得經濟利潤，在長期中，其他廠商就會與之爭奪市場，通過模仿、競相進行質量改造、擴大廣告宣傳等手段，打破這些廠商對差別產品的壟斷。一方面，新廠商積極進入該行業，使同類產品的供給增加，既定的市場需求將被更多的廠商分割，各廠商所占市場份額相對縮小，從而表現為個別廠商面臨的需求曲線向左下方移動；另一方面，各廠商間的競爭劇烈，將增加各廠商改進產品質量的費用和銷售成本（尤其是其中的廣告費用），這會使得平均成本曲線向右上方移動。需求曲線的下移和平均成本曲線上移，使得經濟利潤逐漸減少。

如果壟斷競爭廠商在短期內存在虧損，一些廠商就會在長期調整中減少或停止生產，商品供給減少，從而增大留下來的廠商的市場需求，廠商面臨的需求曲線向右上方移動；而且，隨著競爭的減弱，銷售成本隨之減少，成本曲線向左下方移動。需求曲線上移和成本曲線下移，這意味著部分廠商平均收益上升和平均成本下降，廠商的虧損就會逐漸減少。

上述由盈利和虧損所引起的長期調整，將會一直持續到需求曲線與平均成本曲線相切，而且切點所對應的產量正好等於按MR＝MC原則所確定的產量為止。這時，壟斷競爭廠商得到的僅為正常利潤，廠商達到長期均衡。如圖5－18所示，實際需求曲線 d 與平均成本曲線 AC 在長期競爭中切於 E 點，並在 E 點與理論的需求曲線 D 相交。MC 和 MR 交於 F 點，F 點對應於產量 q_e 和切點 E。在 E 點上，有 P_e = AR = AC，因此，TR = TC，廠商在獲得正常利潤的前提下達到長期均衡。壟斷競爭廠商長期均衡的條件是：MC = MR，AC = AR。

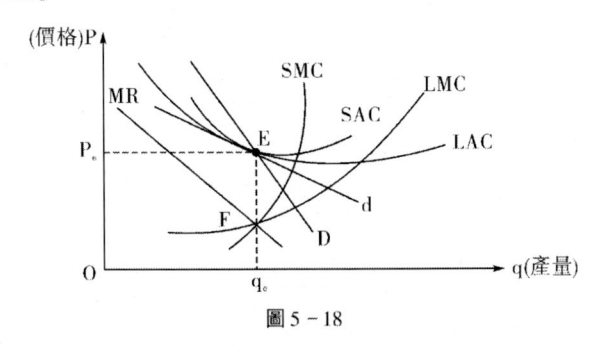

圖 5－18

4. 非價格競爭

在壟斷競爭市場上，廠商之間既存在價格競爭，也存在非價格競爭。就價格競爭而言，它雖然能使一部分廠商得到好處，但從長期看，價格競爭會導致產品價格持續下降，最終使廠商的利潤消失。因此，非價格競爭便成為壟斷競爭廠商普遍採取的另一種競爭方式。非價格競爭的形式多種多樣，但歸納起來說，主要有三類：產品競爭、信息競爭和銷售競爭。

產品競爭是指廠商在生產上利用技術、材料、設計和工藝的更新，使其生產的產品在品質、功能、外觀式樣、包裝裝潢等方面和競爭對手的同類產品形成差異，從而參與市場競爭的方法。運用這種方法，廠商通過自身產品的優異質量和突出個性來獲得消費者的承認，以達到佔有和擴大市場的目的。

指通過向市場發布信息，以影響現有的和潛在的客戶的購買選擇，使之有利於自身產品的銷售，以擴大其市場佔有率。它包括廣告宣傳、召開新聞發布會、舉辦和參加展覽會等。其中，信息競爭的最主要的方式是廣告宣傳。

這是廠商在經營過程中運用各種銷售方式和推銷手段參與市場競爭的方法。主要有：建立有效的銷售渠道和由各種渠道構成的銷售網絡；採用多種靈活的銷售方式；增設售後服務網點等。

壟斷競爭廠商進行非價格競爭，仍然是為了獲得最大的利潤。進行非價格競爭是需要花費成本的。例如：改進產品性能會增加生產成本，增設售後服務網點需要增加投

入,廣告宣傳的費用也是相當可觀的。壟斷競爭廠商進行非價格競爭所花費的總成本必須小於由此而得到的總收益,否則,廠商是不會進行非價格競爭的。邊際收益等於邊際成本的利潤最大化原則對於非價格競爭仍然是適用的。

經濟學家對於非價格競爭的評價是不盡相同的。有的經濟學家認為,非價格競爭作為廠商之間相互競爭的一種形式,強化了市場的競爭程度,並且,非價格競爭的一些具體做法,客觀上也適合消費者的某些需要。也有一部分經濟學家認為,非價格競爭增加了消費者對某些產品的依賴程度,從而使得廠商加強了對自己產品的壟斷程度。

二、寡頭壟斷市場的廠商均衡

寡頭壟斷市場的理論非常複雜。由於寡頭間的相互依存性和寡頭行為的不確定性,使得寡頭所面臨的市場條件也是不確定的。這種不確定性,使得理論分析面臨極大困難。迄今為止,經濟學家們尚未建立起被普遍接受的寡頭價格—產量決定模型。人們只能根據一些不同的假設對寡頭行為進行各自的解釋。寡頭壟斷的市場理論是依據企業行為的目標假定、勾結的程度以及它們對各自對手的相關反應的不同理解建立起來的,主要有相互勾結式的寡頭壟斷市場模型和非勾結式的寡頭壟斷市場模型。前者主要有卡特爾定價模型、價格領導模型和成本加成定價模型;後者主要有古諾模型、斯塔克伯格模型、張伯倫模型、埃奇沃思模型和斯威齊模型。下面擇要介紹其中六種。

1. 價格領導模型

價格領導制是指一個行業的價格通常由某一寡頭率先制定,其餘的寡頭追隨其後確定各自的價格。率先制定和調整價格的寡頭就是價格領導。在美國汽車行業中,通用汽車公司傳統上就是價格領導。作為價格領導的寡頭一般有三種:

(1) 支配型價格領導。領先確定價格的廠商是本行業中最大的、具有支配地位的廠商。它根據自己利潤最大化的原則確定產品價格及變動,其餘規模較小的寡頭則根據這種價格來確定自己的價格及產量。

(2) 效率型價格領導。領先確定價格的廠商是本行業中成本最低、效率最高的廠商。它對價格的確定也使得其他廠商不得不隨之變動。

(3) 信號型價格領導。信號型廠商不一定是該行業中規模最大或效率最高的企業,但它在管理或掌握信息方面可能有很強的判斷力。它能衡量行業面臨的需求壓力,估計其他廠商想調整的價格。一旦需求變化,信號型企業就第一個宣布調整價格,其他企業隨之改變自己的價格。

2. 成本加成定價模型

寡頭企業為了獲得滿意的利潤,故意採用尊重對方的市場份額及其銷售範圍的同一定價方式,即在估計平均企業成本的基礎上,加上平均成本的一個百分比作為利潤,從而確定價格。這就是成本加成定價法。如果 P 為價格,AC 為企業平均成本,η 為目標利潤率,則有:

$$P = AC \cdot (1 + \eta)$$

很明顯,採用成本加成法確定價格,關鍵在於估計平均成本和確定目標利潤率。平均成本的估算,通常是在預計全年會計帳目中固定成本和變動成本的基礎上,按企業的標準產量來計算的。由於寡頭廠商限制產量,標準產量一般只有生產能力的 2/3 或 3/4。目標利潤率是寡頭廠商願意接受並能實現的預期利潤率,它要參照全行業的利潤率來確

定，並根據市場需求狀況做適當調整。例如：某寡頭企業年變動成本為500萬元，年固定成本為250萬元，年生產能力為62.5件，標準產量為生產能力的80%。如企業目標利潤率為20%，則產品價格應定為18萬元。

在現實經濟生活中，寡頭廠商面臨著大量不確定因素，對未來的成本、需求和競爭對手的反應等信息都不可能知道得很確切，很難精確地計算邊際成本和邊際效益；而且，在市場引導下的企業也不一定追求最大化利潤，也許有一個滿意的利潤就行了。緣於此，成本加成定價法以其所需數據少、方法簡單易行而被廣泛應用。

採用成本加成法定價，可以避免各寡頭之間的價格競爭，使價格相對穩定，從而避免在降價競爭中眾敗俱傷。誠然，這種價格並不能實現理論分析中的最大化利潤。但是，如果行業長期處於正常發展狀態，平均成本變化不大，這種方法和目標利潤最大化的定價方法是一致的，實際價格趨近於理性決策價格。

3. 斯威齊定價模型

對於寡頭市場價格的經驗研究表明，這種市場的價格是剛性的或黏性的。對於寡頭壟斷市場中的價格剛性，斯威齊於1939年建立了一個著名的理論，對此進行瞭解釋。這個理論就是折彎的需求曲線模型。

斯威齊指出：如果寡頭企業降低其價格，可以肯定它的競爭對手也會降價來與之爭奪市場，結果率先降價的廠商並不能擴大它的需求，甚至會減少總收益。因此，寡頭廠商在降價時，面臨一條缺乏彈性的需求曲線。如果某寡頭企業由於成本增大而提高價格，其他寡頭則可能會維持既定價格，乘機爭奪市場份額，使它的總收益減少。這實際上意味著寡頭廠商在提高價格時，面臨著一條富於彈性的需求曲線。所以，需求曲線在既定的價格和產量所對應的點上被折彎。

在圖5-19中，假定某寡頭面臨既定的需求曲線AB'A'，並有相應的邊際收益曲線AE'E"A"。由MR = MC原則可知，當成本從MC_1降到MC_2或MC_3後，它似乎應降低價格，擴大產量，使其利潤達到最大化。但是由於寡頭廠商面臨的需求曲線在既定的價格水準P_0和產量水準q_0上被折彎為AB'A'，無論廠商怎樣改變價格，都會減少總收益。只有維持既定的價格，即價格粘住不變，才能實現利潤的最大化。

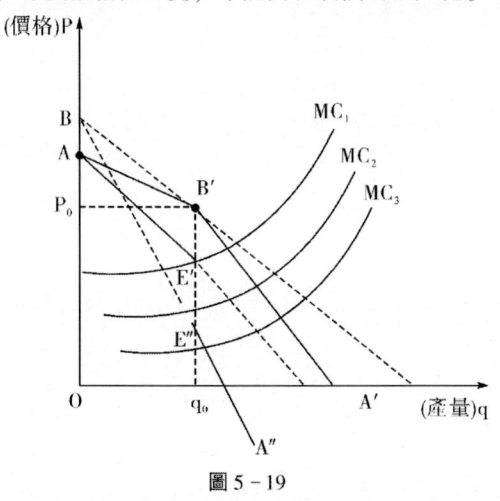

圖5-19

對應於折彎的需求曲線,邊際收益曲線在既定的產量水準 Q_0 上出現了一個垂直的缺口 E′E″。它表明:在既定的價格—產量水準上,只要成本變化範圍不超過 E′E″,那麼總有 MR = MC,既存的產量水準就是可能的最大化利潤的產量水準。

折彎的需求曲線說明了黏性價格存在的原因,但它並沒有說明需求曲線為什麼在這一點而不是在其他點被折彎,即價格為何要粘在 P_0 這個價格水準而不是其他價格水準。

4. 古諾雙寡頭模型

法國經濟學家古諾於 1938 年提出了古諾模型,古諾模型通常被作為寡頭理論分析的出發點。

古諾模型的假定條件如下:①市場上只有兩個廠商生產和銷售相同的產品。它們的邊際成本為常數。②這兩個廠商追求利潤最大化,並且不存在任何勾結行為。③這兩個廠商面臨的市場的需求曲線是線性的,它們都準確地瞭解市場需求曲線。④兩個廠商同時做出產量決策,兩個廠商都是在假定對方產量的情況下,各自確定能給自己帶來最大利潤的產量。

古諾模型的本質是各廠商將它的競爭者的產量水準當做固定的,然後決定自己生產多少。我們先來考慮廠商 A 的產量決策。

假定市場需求函數為:P = 120 − Q。式中,Q 是兩廠商的總產量(即 $Q = q_A + q_B$)。我們還假設兩廠商都有零邊際成本:$MC_1 = MC_2 = 0$。

如果廠商 A 認為廠商 B 什麼也不會生產,則廠商 A 的需求曲線就是市場需求曲線。按 MR = MC 的利潤最大化原則,廠商 A 的產量應為 60 單位。反過來,如果廠商 B 認為廠商 A 將生產 60 單位,則廠商 B 的最優產量就是 30 單位。進一步,在 B 生產 30 單位時,A 廠商應該生產 45 單位。依此類推。

歸納起來,給定廠商 B 的每一個產量 q_B,廠商 A 都會做出反應,確定能給自己帶來最大利潤的產量 q_A。廠商 A 的利潤最大化產量是它認為廠商 B 將生產的產量的減函數,這稱為廠商 A 的反應函數,用 $q_A(q_B)$ 表示。

我們可以對廠商 B 進行同樣的分析,得到廠商 B 的反應函數,用 $q_B(q_A)$ 表示。兩個廠商反應曲線的交點稱為古諾均衡。在這個均衡中,兩個廠商都正確地假定了它的競爭者將生產的產量,並相應地最大化了自己的利潤。

古諾均衡產量可以用數學推導得出。利用前面給出的兩個廠商面臨的市場需求曲線和兩個廠商的邊際成本條件可進行如下推導。

對廠商 A 來說:

$$TR_A = Pq_A = (120 - Q)q_A$$
$$= 120q_A - (q_A + q_B)q_A$$
$$= 120q_A - q_A \cdot q_B - q_A^2$$

$MR_A = 120 - q_B - 2q_A$

現在令 $MR_A = MC_A$,$MC_A = 0$ 即 $MR_A = 0$,我們得到:

廠商 A 的反應曲線:$q_A = 60 - \dfrac{1}{2}q_B$ \hfill (1)

同樣的推導也適用於廠商 B:

廠商 B 的反應曲線：$q_B = 60 - \frac{1}{2}q_B$ （2）

古諾均衡產量水準就是兩條反應曲線交點的 q_A 和 q_B 的值，即方程組(1)、(2) 的解。解之可得：$q_A = q_B = 40$。

5. 卡特爾模型

卡特爾是獨立企業之間簽訂的有關價格、產量以及瓜分銷售區域等事項的明確而正式的協議。最有名、最成功的卡特爾是石油輸出國組織（OPEC）。

卡特爾如何確定價格、產量以及分配銷售額？我們以兩個寡頭的卡特爾來分析。通過卡特爾協議，寡頭廠商合併為完全壟斷廠商，它的需求曲線就是行業的需求曲線，它的邊際成本曲線就是卡特爾成員企業的邊際成本曲線的水準相加。根據 MR = MC，卡特爾就能確定總體利潤最大化的產量和價格。

在圖 5 – 20 中，D 是卡特爾面臨的需求曲線，由 D 得到卡特爾的邊際收益曲線 MR_M。卡特爾的邊際成本曲線 MC_M 由 A、B 廠商邊際成本曲線加總得到。由 $MR_M = MC_M$ 得到卡特爾的均衡產量 Q_M 和均衡價格 P_M。

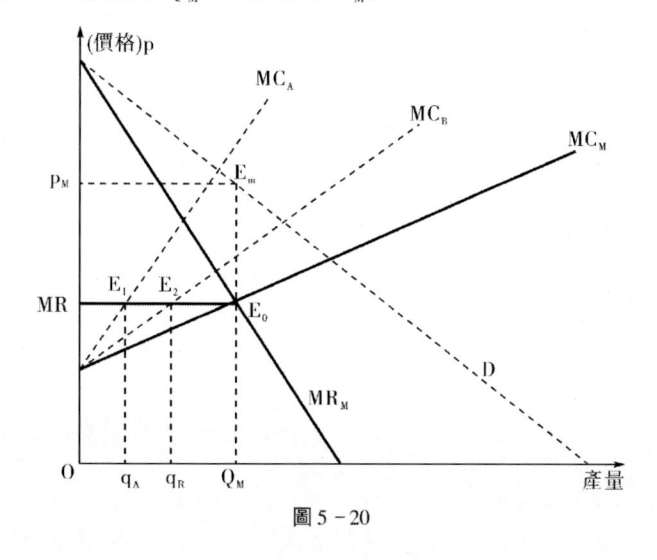

圖 5 – 20

卡特爾的產量和價格確定之後，將根據等邊際成本原則在廠商間分配銷售額，即在圖中所決定的利潤最大化的 MR_M 水準上，分別將產量按 q_A 和 q_B 分配給 A、B 廠商，使得 $MR_M = MC_A = MC_B$。顯然，廠商 A、B 生產量的總和為 Q_M，即 $Q_M = q_A + q_B$。由於各廠商成本不同，故在既定的 P_M 上，它們各自在均衡產量處的盈虧（可能是）是不同的。

當然，卡特爾通常並不按邊際成本分配產量，產量配額還決定於很多因素，比如廠商規模和地理位置等。同時，卡特爾可能是不穩定的，因為卡特爾內部每一個廠商都可能違背卡特爾的限產協議。

為了說明卡特爾的決策及其組織內部因為存在違背協議而導致其不穩定，我們回到古諾模型中所假設的那個例子中去。如果上述的兩個寡頭勾結起來組成卡特爾，追求集體的利潤極大化，那麼就構成一個完全壟斷者。在這種情況下，我們容易知道卡特爾的

邊際收益函數為 MR = 120 - 2Q。由於兩個寡頭的邊際成本都為零，所以卡特爾的邊際成本也為零。按照利潤極大化原則，卡特爾的最優產量為60，其中 A 和 B 兩個寡頭各自生產 30 的產量，並按照 60 的價格來銷售產品。也就是說，卡特爾協議規定這兩個廠商都生產 30 的產量，並以 60 的價格銷售。在此情況下，每個廠商可以獲益 30 × 60 = 1800，整個卡特爾總獲益 3600。

但是，A 和 B 兩個寡頭各自生產 30 的產量不是一個納什均衡，因為在給定 A 生產 30 的產量時，B 廠商的最優產量不是 30，而是 45 單位。同樣的道理，如果給定 A 生產 30 的產量時，B 廠商的最優產量不是 30，而是 45 單位。也就是說，卡特爾內部的每一個廠商都存在一種違背協議動機。

讓我們想一想，如果 A 和 B 其中有一個遵守協議，而另一個不遵守協議，那麼整個卡特爾就會生產 30 + 45 = 75 的產出，按照 120 - 75 = 45 的價格來銷售，那麼遵守協議的企業就獲得利益 30 × 45 = 1350，而違背協議的企業就可以獲益 45 × 45 = 2025。顯然，違背協議的企業會因此而增加利潤 2025 - 1800 = 225，而遵守協議的企業會因此而減少利潤 1800 - 1350 = 450。整個卡特爾的利潤會減少為 3375，比原來減少 225。

讓我們再想一想，由於每一個企業都知道這樣的事實：如果自己遵守協議，自己會在此合作中吃虧，因而沒有任何一個企業會遵守協議，所以 A 和 B 兩個企業都會違背協議，從而又會回到古諾競爭的情形中去。最終 A 和 B 各自生產 40 的產量，按照 40 的價格銷售，各自獲得 1600 的利潤，卡特爾解體。

6. 斯塔克伯格模型

在古諾模型中，我們假設兩個廠商是同時做出產量決策的。現在我們來看一下如果兩廠商之一能先決定產量會出現什麼情況。我們關注的問題是：現在各廠商將各生產多少？先行動者是不是有利？

仍然使用前面的例子，我們設兩廠商都有零邊際成本，且市場需求曲線由 P = 90 - Q 給出。式中，Q 是兩廠商的總產量（即 $Q = q_A + q_B$）。我們還設兩廠商都有零邊際成本：$MC_A = MC_B = 0$。假設廠商 A 先決定它的產量，然後是廠商 B 在看到廠商 A 的產量以後才做出它的產量決策。

讓我們從廠商 B 開始分析。由於它是在廠商 A 之後做出自己的產量決策，所以它將廠商 A 的產量看做是固定的。因此，廠商 B 的利潤最大化產量由它的古諾反應函數給出，這裡，在已知廠商 A 的產量的情況下，廠商 B 的利潤最大化產量為 $q_B = 60 - \frac{1}{2}q_1$。

廠商 A 又會怎樣呢？為了使利潤最大化，它選擇的 q_A 要使得它的邊際收益等於它的零邊際成本。廠商 A 的收益為：$R_A = Pq_A = 120q_A - q_A q_B - \frac{1}{2}q_A^2$。因為 R_A 不僅取決於 q_A，還要取決於 q_B，所以廠商 A 必須要預測廠商 B 會生產多少。但廠商 A 知道廠商 B 會根據反應函數來選擇。將 (1) 代入 (2)，我們可求得廠商 A 的收益為：

$$TR_A = 120q_A - q_A(60 - \frac{1}{2}q_A) - q_A^2 = 60q_A - \frac{1}{2}q_A^2$$

所以它的邊際收益為：

$$MR_A = 60 - q_A$$

令 $MR_A = 0$，得 $q_A = 60$。而根據廠商 B 的反應函數，我們求得 $q_B = 30$。廠商 A 生產廠商 B 的兩倍並且賺兩倍的利潤。首先行動給了廠商 A 一種利益，我們稱之為先行者利益。

古諾模型和斯塔克伯格模型是寡頭壟斷行為的不同代表。哪種模型更適宜一些，取決於不同的產業。對於一個由大致相似的廠商構成且沒有哪個廠商具有較強的經營優勢或領導地位的行業，古諾模型大概要更適用一些。對於有些由某個大廠商主導的行業，斯塔克伯格模型可能更符合實際。

三、對不完全競爭市場的評價

壟斷競爭市場和寡頭壟斷市場都是既存在競爭又包含壟斷在內的市場，它們具有完全競爭市場和完全壟斷市場的優缺點。

1. 資源配置效率

向右下方傾斜的需求曲線，使不完全競爭廠商的 MR 曲線始終低於需求曲線。在利潤最大化產量水準上，總存在 P > MC，因而資源配置是缺乏效率的。但與完全壟斷廠商相比，不完全競爭市場上資源具有一定的流動性，產品更易於被替代，因而需求曲線更富於彈性，價格也更接近於邊際成本，資源配置更趨於合理。

2. 生產技術效率

在壟斷競爭市場上，由於存在差別產品，生產者面臨向右下方傾斜的需求曲線，因而僅能獲得正常利潤的長期均衡廠商不能實現最低成本生產和最優規模生產。所以，壟斷競爭廠商常在有剩餘生產能力的情況下經營，效率自然比完全競爭低。但是另一方面，由於差別產品易於替代，需求彈性大，實際存在的閒置生產能力又比較小。同時，質量競爭迫使企業改進產品質量，降低生產成本，又有利於技術進步和產品改進。在寡頭市場上，通過價格管理限制產量，同樣不能實現最優規模的生產。但是由於競爭的威脅，寡頭竭力改進生產條件，降低成本。而且由於寡頭規模大，能獲得規模經濟效益，且資金雄厚，也具備科研開發能力。據說，在美國，20 世紀大部分科技組織和市場創新成果都產生於寡頭企業中。

3. 消費者利益

由於不完全競爭廠商並未實現最優規模的生產，因而其價格必然不是最低價格，即 P > AC。消費者支付的購買價格並非是最低的，而且包含了很多沒有實際意義的產品變異費用和銷售成本，消費者剩餘較完全競爭市場小。但是差別產品有助於滿足消費者多種慾望，而廣告宣傳增進了消費者對產品的瞭解和選擇，從而增大了消費者的滿足水準。當然，太多的廣告又會使消費者無所適從，成為廣告的「奴隸」，反而喪失了選擇自由。

第五節　完全信息博弈與廠商的決定

一、博弈構成要素和主要分類

除了寡頭市場之外，在前面幾節中，廠商的成本函數、收益函數和利潤函數，都只依賴他自己的選擇，而與其他人的選擇無關，因為其他經濟主體的行為都被包含在價格參數裡。同時，廠商進行決策時，既不需要考慮他人的選擇對自己的選擇的影響，也不需要考慮自己的選擇對他人的影響，面臨的似乎是一個非人格化的東西。實際上，各個經濟主體的選擇是相互影響的，某個廠商的最優選擇是其他經濟主體選擇的函數，廠商之間存在「策略依存性」，正如我們在寡頭市場所研究的一樣。

1. 博弈的構成要素

所謂博弈，是若干個人在「策略相互依存」情形下的一種相互作用狀態。博弈論就是研究決策主體的行為發生直接相互作用時候的決策以及這種決策的均衡問題的。換句話說，博弈論研究當某一經濟主體的決策既受到其他經濟主體決策的影響，而且該經濟主體的相應決策又反過來影響到其他經濟主體時的決策問題和均衡問題。

博弈論的構成要素包括：參與人、戰略（組合）、支付（函數）、信息、博弈均衡和結果。參與人指博弈論中的決策主體。博弈論認為，博弈的參與人都是理性的，其目的是通過選擇行動來最大化自己的支付（效用）水準。戰略（組合）是在給定信息情況下博弈參與人選擇行動的規則，它告訴參與人在什麼時候選擇什麼行動。支付即在一個特定的戰略組合下博弈參與者得到的效用，它是所有參與人戰略的函數，是每個參與人真正關心的東西。信息是參與人有關博弈的知識，特別是有關其他參與人的特徵和行動的知識。均衡是所有參與人的最優戰略或者行動的組合。結果是博弈參與人感興趣的要素的集合。

2. 一個經典的博弈——囚徒困境

為了進一步理解博弈的構成要素，我們從博弈論中最著名的「囚徒困境」說起。兩個合夥作案的犯罪嫌疑人A和B被抓住後，警方懷疑他們作了案，但並沒有找到他們作案的確切的證據，因而對這兩名犯罪嫌疑人犯罪事實的認定及相應的量刑取決於他們自己的供認。假定警方對兩名犯罪嫌疑人實行隔離審訊，這樣每個人都無法知道對方的具體行動，同時警方明確地分別告知這兩名嫌疑人，他們面臨著以下後果：如果犯罪嫌疑人都供認全部犯罪事實，那麼，兩人各判8年徒刑。如果某一犯罪嫌疑人供認其全部犯罪事實，而其同伙抵賴，則供認者坦白從寬，從輕判處1年徒刑；而不供認者抗拒從嚴，從重判處10年徒刑。如果兩個都不供認警方所不知道的犯罪事實，那麼根據已經掌握的證據，只能判處他們每人2年徒刑。

在這個博弈中，兩個犯罪嫌疑人A、B就是兩個博弈參與人，每個犯罪嫌疑人都有兩種可選擇的戰略：坦白與抵賴，從而有（坦白，坦白）、（抵賴，抵賴）、（坦白，抵賴）和（抵賴，坦白）四個戰略組合。每個犯罪嫌疑人所真正關心的被關押的時間的長短就是支付。A（或B）所瞭解的關於同伙的理性特徵、戰略空間和支付函數的知識就是信息。不論同伙選擇什麼戰略，每個犯罪嫌疑人的最優戰略是坦白，從而戰略組合

（坦白，坦白）就是博弈的均衡解，每人都被關押 8 年就是結果。以犯罪嫌疑人 A 為例。當犯罪嫌疑人 B 選擇坦白時，A 如果也坦白，則被判處 8 年徒刑；A 如果選擇抵賴，則被判處 10 年徒刑。因而 A 選擇坦白比選擇抵賴好。當犯罪嫌疑人 B 選擇抵賴時，A 如果選擇坦白，則將被判處 1 年徒刑。因而 A 選擇坦白還是比選擇抵賴好。因此 A 的最優戰略選擇是坦白，而對 B 來說也同樣如此。

如果每個犯罪嫌疑人都選擇抵賴，則每個人將被判處 2 年徒刑，這顯然比每個人被判處 8 年徒刑要好。但由於 A、B 兩人均從個人角度出發，他們不可能在（抵賴，抵賴）的基礎上達到均衡，這就是所謂的囚徒困境。囚徒困境反應了一個很深刻的問題，那就是個人理性與團體理性的衝突。

3. 博弈的分類

為了便於分析，人們可以從不同的角度對博弈進行不同的分類。極端地說，博弈的每一個構成要素都是博弈分類的依據，但是博弈的分類通常有以下幾種。

根據博弈的所有參與人之間能否達到一個有約束力的協議，可以將博弈分為合作博弈和非合作博弈。如果能達成協議，則是合作博弈，反之則是非合作博弈。例如前面的卡特爾模型可以看成是寡頭間的合作博弈，古諾模型就是一種非合作博弈。我們在本節主要研究非合作博弈。

在非合作博弈中，根據參與人行動的先後順序，可以將博弈分為靜態博弈和動態博弈。靜態博弈是指博弈中參與人同時行動，或者是雖非同時行動但後行動者不能觀察到先行動者的具體行動。動態博弈是指參與人的行動有先後順序，而且行動在後者可以觀察到先行動者的選擇，並據此做出相應的選擇。

根據參與人對其他參與人的瞭解程度，可以將博弈分為完全信息博弈和不完全信息博弈。完全信息博弈指每個參與人對所有其他參與人的特徵、戰略和支付函數都有準確瞭解的情況下進行的博弈。如果瞭解得不夠準確，或者不是對所有的參與人都有精確的瞭解，這種情況下進行的博弈就是不完全信息博弈。

將上述兩個角度的劃分結合起來，我們就得到四種不同類型的博弈，這就是：完全信息靜態博弈、完全信息動態博弈、不完全信息靜態博弈和不完全信息動態博弈。與這四種博弈相對應，博弈均衡分別為納什均衡、子博弈精煉納什均衡、貝葉斯納什均衡和精煉貝葉斯納什均衡。

二、完全信息靜態博弈與納什均衡

在非合作博弈中，如果每個參與人對彼此的特徵、戰略和支付函數都有準確的瞭解，並且參與人同時選擇行動（或者是雖非同時行動，但後行動者並不知道先行動者採取了什麼具體行動），那麼同時滿足這個條件的博弈就叫完全信息靜態博弈。

1. 博弈的基本形式——博弈矩陣

靜態博弈通常採用博弈矩陣的形式。博弈矩陣就是採用數學中矩陣的形式來直觀地表達一個博弈中的博弈方、策略或者策略組合、博弈得益或者支付等基本要素。

我們以一個靜態的市場進入博弈為例來說明。在某個市場上，現在已經有一個壟斷企業 A（稱為在位者），另一個企業 B（稱為進入者）虎視眈眈想進入該市場。在位者有阻止和默許兩種策略，而進入者有進入和不進入兩種策略。此博弈的得益矩陣如表

5-1。

表 5-1

		在位者 A	
		默許	阻止
進入者 B	進入	進入者獲益 40 在位者獲益 50	進入者獲益 -10 在位者獲益 0
	不進入	進入者獲益 0 在位者獲益 300	進入者獲益 0 在位者獲益 100

從市場靜態博弈矩陣可以看出：此博弈有 A、B 兩個博弈方，A 有默許和阻止兩種策略，B 有進入和不進入兩種策略；（進入，默許）策略組合中 A 得益為 50，B 得益 40；（不進入，默許）策略組合中 A 得益 300，B 得益 0；（進入，阻止）策略組合中 A 得益 0，B 得益 -10；（不進入，阻止）策略中 A 得益 300，而 B 得益 0。

2. 上策均衡或者最優策略均衡

研究廠商決策就是求解廠商的均衡產量和均衡價格，研究博弈的關鍵還是尋找博弈均衡，即求解最優策略組合以及相應的得益。一般來說，由於每個參與人的效用（或者支付）是博弈中所有參與人戰略的函數，因而每個參與人的最優戰略選擇依賴於所有其他參與人的戰略選擇。但在一些特殊的博弈中，一個參與人的最優戰略可能並不依賴於其他參與人的戰略選擇。換句話說，不論其他參與人選擇什麼戰略，他的最優戰略是唯一的，這樣的最優戰略被稱為上策，每個博弈方的上策構成的戰略組合就是上策均衡。我們已經研究過的競爭市場均衡和壟斷市場均衡都是上策均衡。在一個競爭市場上，個別廠商之間幾乎沒有相互影響力，儘管每一個廠商都面臨著大量的競爭者，但是誰都不必擔心它的對手，各個廠商都接受既定的市場價格，並按照價格等於邊際成本的原則來決定均衡產量，以期獲得最大利潤。同樣的，在一個壟斷市場上，因為只有一個廠商獨占整個市場，壟斷者也沒有可擔心的競爭者，所以它在一定的需求條件下按照邊際收益等於邊際成本的原則來決定自己的均衡產量，也決定相應的均衡價格，從而賺取最大的壟斷利潤。顯然，在競爭和壟斷市場均衡時，無論市場上的其他廠商如何改變價格和產量，每個廠商的均衡價格和均衡產量都是能夠為自己帶來極大化利潤的，從而每個廠商都沒有理由改變它們的價格和產量。在囚徒博弈中，（坦白，坦白）也是一個上策均衡，因為無論對方選擇坦白還是抵賴，坦白都是每一個嫌疑人的上策。

就上述市場進入博弈來說，（進入，默許）也是上策均衡。

3. 納什均衡

在博弈論中，與完全信息的靜態博弈對應的一般博弈均衡是納什均衡。具體地講，納什均衡是什麼意思呢？假設有幾個人參與博弈，在給定其他人策略的情況下，每個人選擇自己的最優策略，這種由所有參與者的最優策略構成的策略組合，就是納什均衡。也就是說，在給定別人策略的情況下，沒有任何單個參與人有積極性選擇其他策略，從而沒有任何人有積極性打破這種均衡，因為在這一均衡中，每個參與人都確信，在給定對手策略時，他選擇了最優策略以回應對手。當然，上策均衡一定是納什均衡，但納什均衡不一定是上策均衡。因此，競爭均衡、壟斷均衡、囚徒博弈均衡都是納什均衡。

在寡頭市場上，每個寡頭的產量、價格和利潤不僅受該寡頭行為的影響，而且還要受其他寡頭行為的影響。因此，每個寡頭的決策都是以其他寡頭的決策為條件的，都只能在給定其他寡頭的策略選擇的情況下，從自己可以選擇的策略中找出對自己最佳的策略。換句話說，在寡頭市場的均衡中，只要其他寡頭不改變價格和產量，每一個寡頭一般都會改變價格和產量。一旦其他寡頭的價格和產量改變了，那麼每個寡頭一般都將調整自己的產量和價格。在古諾模型、斯塔克伯格模型中的均衡就是典型的納什均衡。

在上述的市場進入博弈中，假設 A、B 兩個廠商同時決策，市場進入博弈就可以看成是一個完全信息的靜態博弈。那麼，A、B 廠商會如何選擇自己的策略，或者說什麼是它們的納什均衡呢？根據分析，上述市場進入博弈存在一個納什均衡，即（進入，默許），因為這種策略組合都是各自在給定對手策略的情況下的最佳策略組合，兩個博弈方都不會自動改變策略選擇。

對於在位者 A 來說，給定 B 廠商進入的情況下，A 如果默許將獲利 50，如果阻止則獲利為 0，因而 A 在此情形中的最佳策略是默許。同時，對於挑戰者 B 來說，給定 A 廠商默許的情況下，B 進入得益 40，不進入得益 0，因而 B 在此情形中肯定選擇進入。簡單地說，在 B 進入的情況下，A 只會選擇默許而不會選擇阻止。因此，（進入，默許）是一個納什均衡。

在 A 阻止的情況下，B 進入得益為 -10，不進入得益為 0，因而理性的 B 選擇不進入；在給定 B 不進入的情況下，A 選擇默許得益 300，而選擇阻止得益 200，A 當然應該選擇默許。因此，（進入，阻止）不是一個納什均衡。同樣的道理，（不進入，阻止）、（不進入，默許）都不是納什均衡。

值得指出的是，納什均衡是理解博弈的重要基礎，在理解完全信息的靜態博弈中尤其重要。在有些博弈中，納什均衡是唯一的，我們可以得到一個確定的博弈解，比如囚徒博弈就是只有一個納什均衡解。然而，有許多博弈存在多個納什均衡，這使得我們無法預知究竟哪一個納什均衡會實際發生。此外，在納什均衡中，參與人在選擇自己的最優策略時，把其他參與人的策略當做是給定的，不考慮自己的選擇對對手策略的影響，所以納什均衡可能是不合理的，只能在某些條件具備時才有效。這個假定在同時決策的情況下是成立的，因為此時所有參與人同時行動，無暇顧及對手的反應，但在選擇有先有後的情形下，不考慮參與者策略選擇的相互影響是不行的。納什均衡概念的這些缺陷要求進一步發展納什均衡。納什均衡概念的發展過程被稱為納什均衡的精煉過程，這在完全信息動態博弈的子博弈精煉納什均衡中首先體現出來。

三、完全信息動態博弈與子博弈精煉納什均衡

完全信息動態博弈與完全信息靜態博弈相同之處在於參與人對其他參與人的特徵、戰略和支付函數都有準確的知識，不同之處在於動態博弈中參與人的行動有先後順序，而且後行動的參與人在自己行動之前可以觀測到先行動者的行動，並選擇相應的戰略。

1. 博弈的擴展形式——博弈樹。

靜態博弈常用博弈的基本形式——得益矩陣來表示，但是動態博弈通常用博弈的擴展形式——博弈樹來表達。博弈樹就是用來直觀反應一個博弈的樹形結構。除了參與人或者參與人集合、參與人的得益函數、參與人行動的先後順序之外，博弈樹還包括結、

枝、信息集、策略空間和策略組合等幾個因素。

在博弈樹上，結包括決策結和終點結兩類，決策結是參與人採取行動的時點，終點結是博弈行動路徑的終點。枝是從一個決策結到它的直接後續結的連線，每一個枝代表參與人的一個行動選擇。信息集是每次行動時參與人瞭解的知識和信息，博弈樹上的所有決策結分割為不同的信息集，每一個信息集是決策結集合的一個子集，一個信息集可能包含多個決策結，也可能只包含一個決策結。只包含一個決策結的信息集為單結信息集，完美信息博弈中所有信息集都是單結的。儘管博弈矩陣也包括策略和策略空間，但是博弈樹中的策略和策略空間有所不同。博弈矩陣反應參與人有些什麼策略可以選擇，這些策略和策略空間一目了然，而且與環境無關。博弈樹反應參與人的相機行動規則，要給出每個策略的動態描述：誰在什麼時候行動、每次行動有些什麼策略可以選擇、每個參與人擁有些什麼信息或者知識。

為了理解博弈樹的構造，我們以一個動態的市場進入博弈為例來說明。在前面的市場進入博弈中，如果 A 廠商在理解了 B 廠商的選擇之後再選擇，他們兩者之間的博弈就是完全信息的動態博弈了。圖 5-21 就是這個市場進入博弈的博弈樹。

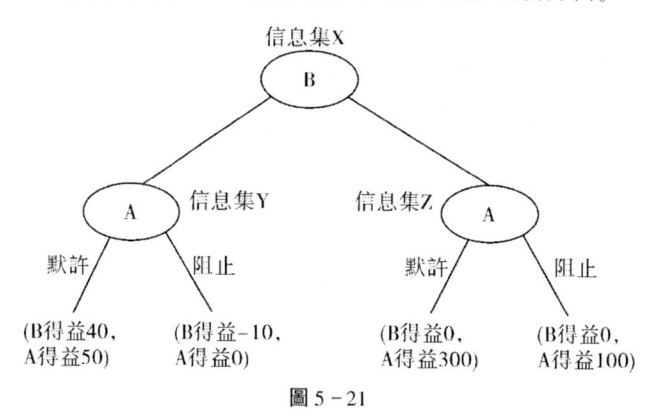

圖 5-21

在此博弈樹中，參與人集合由 A、B 廠商構成，有時還包括一個自然人 N。它有三個決策結和四個終點結，標註在每個終點結下的是參與人的得益向量，連接這七個節點的線段就是此博弈樹的枝。它還包括三個信息集，其中信息集 X 屬於 B，信息集 Y 和信息集 Z 都屬於 A。

在這個博弈樹中，B 廠商先決定進入還是不進入，A 在觀察瞭解 B 的選擇後再選擇默許或者阻止。因此，B 有兩個策略，即（進入，不進入），A 有四個策略，從左到右依次為（默許，默許）、（默許，阻止）、（阻止，默許）和（阻止，阻止）。由此，此博弈存在八個策略組合，即［進入，（默許，默許）］、［進入，（默許，阻止）］、［進入，（阻止，默許）］、［進入，（阻止，阻止）］、［不進入，（默許，默許）］、［不進入，（默許，阻止）］、［不進入，（阻止，默許）］和［不進入，（阻止，阻止）］。

2. 子博弈和子博弈精煉納什均衡

正如納什均衡是完全信息靜態博弈的均衡解，子博弈精煉納什均衡是完全信息動態博弈的均衡解。

簡單地說，子博弈是原博弈的一部分，是原動態博弈中滿足一定要求的局部所構成的次級博弈。子博弈本身可以作為一個獨立的博弈進行分析，任何博弈本身都被稱為自身的一個子博弈。在上述博弈中，除了屬於信息集 X 的原博弈本身這個子博弈（簡稱子博弈 X）外，還存在兩個子博弈：一個是博弈樹左邊屬於信息集 Y 的子博弈，它是 B 選擇進入之後在位廠商的單人博弈，簡稱為子博弈 Y；另一個是博弈樹右邊屬於信息集 Z 的子博弈，它是 B 選擇不進入之後在位廠商的單人博弈，簡稱為子博弈 Z。

如上所述，一個博弈可能有多個納什均衡，而且有些納什均衡只有在某些條件下才合理。為了確切地知道博弈的實際結果，有必要去掉那些不合理的納什均衡。把那些只在某些情況下合理而在其他情況下並不合理的策略剔除掉，從而保留在各種情況下都合理的策略的過程就是納什均衡的精煉。通過納什均衡的精煉而保留下來的納什均衡就是子博弈精煉納什均衡。一個策略組合，要成為子博弈精煉納什均衡，它必須既是原博弈的納什均衡，並且在原博弈的每個子博弈上也構成納什均衡。由於策略是參與人行動規則的完備描述，它要告訴參與人在一種可預見的情況下選擇什麼行動，因此，只有當一個策略在所有可能的情況下都是最優的時候，它才是一個合理的策略。

在上述市場進入的動態博弈中，哪些是納什均衡？哪些納什均衡是不合理的？哪個才是子博弈精煉納什均衡？因為一個參與人的納什均衡策略是在假定其他參與人的策略給定時的最優策略，或者說在每一個納什均衡中，博弈方的策略是在給定對方的策略的前提下自己的最優策略，據此，我們發現這個博弈有［進入，（默許，默許）］和［不進入，（阻止，阻止）］兩個納什均衡。前一個均衡策略的結果是（進入，默許），即 B 進入，A 默許；後一個均衡策略的結果是（不進入，阻止），也就是 B 不進入，A 阻止。但是，這兩個納什均衡並不都是子博弈精煉納什均衡。實際上，該博弈只有唯一的子博弈精煉納什均衡［進入，（默許，默許）］，均衡結果是：B 進入，A 默許，B 得益40，A 得益50。

首先考慮策略組合［不進入，（阻止，阻止）］。這個策略組合之所以構成一個納什均衡，是因為 A 威脅不論 B 選擇進入還是不進入，自己都將選擇阻止，同時 B 又相信了 A 的這個威脅，從而不進入是 B 的最優策略。類似地，給定 B 選擇不進入，（阻止，阻止）是 A 的最優策略。顯然，只有在 A 阻止進入的威脅是可信時，策略組合［不進入，（阻止，阻止）］才是一個合理的納什均衡。然而 A 的威脅實際上是不可信的，因為如果 B 真的選擇進入，A 的信息集是 Y，此時 A 選擇阻止得益 0，選擇默許得益 50，默許是 A 的最優選擇。B 知道 A 是理性的，B 將選擇進入，迫使 A 選擇默許，自己得益 40，而不是選擇不進入，自己得益 0。用博弈論的語言來說，納什均衡［不進入，（阻止，阻止）］是不可置信的，因為它依賴於 A 的一個不可置信的威脅策略（阻止，阻止）。事實上，如果給定 B 選擇進入，A 不會選擇阻止。另一方面，在子博弈 Y 中，A 的最優選擇是默許；在子博弈 Z 中，A 的最優選擇是阻止，納什均衡［不進入，（阻止，阻止）］中 A 的均衡策略（阻止，阻止）在子博弈 Z 上構成納什均衡，在子博弈 Y 上不構成納什均衡，所以［不進入，（阻止，阻止）］不是一個子博弈精煉納什均衡。

再來看納什均衡［進入，（默許，默許）］。這個策略組合之所以構成一個納什均衡，是因為 A 承諾不論 B 選擇進入還是不進入，自己都將選擇默許，同時 B 又相信了 A 的這個承諾，從而進入是 B 的最優策略。類似地，給定 B 選擇進入，（阻止，阻止）是 A 的

最優策略。顯然，只有在 A 默許進入的承諾是可信時，策略組合［進入，（默許，默許）］才是一個合理的納什均衡。很明顯，A 的承諾是真實可信的。如果 B 真的選擇進入，A 的信息集是 Y，此時 A 選擇阻止得益 0，選擇默許得益 50，默許是 A 的最優選擇。如果 B 真的不進入，A 的信息集是 Z，它選擇默許得益 300，選擇阻止得益 100。用博弈論的語言來說，納什均衡［進入，（默許，默許）］是可置信的，因為它依賴於 A 的一個可置信的承諾策略（默許，默許）。因此，策略組合［進入，（默許，默許）］是一個合理的納什均衡。另一方面，在原博弈 X 中，A 的最優選擇是默許；在子博弈 Y 中，A 的最優選擇也是默許；在子博弈 Z 中，A 的最優選擇還是默許。納什均衡［進入，（默許，默許）］中 A 的均衡策略（默許，默許）在 X、Y、Z 三個子博弈上都構成納什均衡，所以［進入，（默許，默許）］是一個子博弈精煉納什均衡。

3. 威脅、承諾和可信性

博弈中博弈方的策略是他們自己預先設定的。在動態博弈的各個階段，博弈方針對各種情況的相應行為選擇自己的計劃，這些策略實際上並沒有強制力，在實施過程中，只要符合博弈方自己的利益，他們完全可以改變計劃，這就是動態博弈中的「相機選擇」問題。相機選擇的存在，使得在博弈方的策略中，它所設定的各個階段、各種情況下會採取行動的「可信性」又有了疑問。也就是說，各個博弈方是真正始終按照自己所設定的策略來進行選擇，還是有可能臨時改變自己的策略選擇。

納什均衡分析在動態博弈中的失效，是與各個博弈方策略選擇行為的「可信性」問題聯繫在一起的。可信性問題，是指動態博弈中的首先行動的參與人是否相信後行動的參與人會採取對自己有利或者有害的行為。因此，可信性問題包括承諾的可行性問題和威脅的可行性問題。

後行為人採取對先行為人有利的策略，相當於一種承諾。承諾並不依賴於聲音的大小，有許多承諾並不說出來。有些承諾是可置信的，而有些承諾卻是不能相信的。如果後行為人遵守自己的承諾比違背自己的承諾更為有利，那麼這種承諾是可置信的；反之，如果後行為人違背自己的承諾比遵守自己的承諾更為有利，那麼這種承諾是不可置信的。在市場進入博弈中，A 廠商在 B 進入的情況下選擇默許，這個承諾就是可信的承諾。

後行為人採取對先行為人有害的策略，相當於一種威脅。威脅也不依賴聲音的高低，所謂不怒也能自威。有些威脅是可信的，而有些威脅是不可信的。如果後行為人實施自己的威脅比不實施自己的威脅得益還要大，這種威脅是可信的；反之，如果後行為人實施自己的威脅所得到的支付還小於不實施自己的威脅，那麼這種威脅就是不可信的。在上例的市場進入博弈中，當 B 廠商選擇了進入後，A 廠商選擇阻止，就是一種威脅，但是這種威脅是不可信的。

承諾和威脅的可信性取決於博弈方對得益的權衡比較。只要能夠改變某些策略結果的得益，博弈方就可以把不可信的承諾變成可信的承諾，把不可信的威脅變成可信的威脅，從而把包含了不可信承諾和不可信威脅的納什均衡去掉，找出子博弈精煉納什均衡，這就是實施可信性。可信性的實施，可以採取多種方法，簽訂合同、改變制度和規則、先發制人以及好的和壞的名聲都可能是有效的。但是，無論採取什麼措施，關鍵在於能否增加後行為人違背承諾的成本和守信的收益增加，以及能否增加後行為人實施威

脅的收益和不實施威脅的成本。

四、不完全信息靜態博弈與貝葉斯納什均衡

前面介紹的博弈都包括一個基本假設，即完全信息假設。按照這一假設，每個參與人對其他參與人的類型、戰略和支付函數都有準確的瞭解，其核心是對其他參與人的類型十分清楚。因為參與人的得益取決於參與人的策略選擇，參與人的策略選擇則取決於參與人的類型——博弈方自己清楚而他人無法完全瞭解的私人內部信息。但是，在許多情況下，參與人對其他博弈方的瞭解往往是不夠準確的，不僅不瞭解對手的真實類型，甚至連對手是哪種類型的概率分佈也不知道，因而需要在不確定條件下進行選擇，這就是不完全信息博弈問題。

1. 自然博弈方和海薩尼轉換

根據海薩尼的思路，研究不完全信息博弈需要引入一個虛擬參與人——自然。「自然」是指決定外生的隨機變量的概率分佈的機制。你可以把「自然」理解為上帝，也可以把它理解為菩薩……「自然」參與人不同於一般的非自然參與人，它在所有的後果之間都是無差異的。在博弈論中，自然的信息集總是假定為單結的，因為自然是隨機行動，它在一般參與人決策之後行動等價於它在參與人決策之前行動，但是參與人不能觀察到它的行動。因而，在不完全信息的博弈中，「自然」這個虛擬參與人的作用就是在每個實際博弈方的所有類型中隨機地選擇參與人類型，或者說隨機地決定各個博弈方類型的概率分佈。

在不完全信息博弈中，通過引入「自然」就可以實現「海薩尼轉換」。海薩尼轉換的具體方法是：①由一個虛擬的「自然」博弈方先安排或者選擇實際博弈方的類型；②自然讓每個實際博弈方知道自己的類型，但有些博弈方並不知道其他博弈方的類型；③由各個博弈方進行原來的靜態博弈。

顯然，海薩尼轉換的實質是把一個不確定條件下的選擇問題變成了風險條件下的選擇問題，或者說把一個不完全信息的靜態博弈變成了完全但不完美信息的動態博弈問題。通過海薩尼轉換，自然隨機地選擇了博弈方的類型或者決定博弈方類型的概率分佈，而且這種概率分佈成為了所有參與人的「共同知識」，但是每個博弈方仍然不能瞭解他人的實際類型，因而原來面臨的不確定性就變成了風險，博弈中的不完全信息就變成了完全但不完美的信息。當然，經過轉換的博弈是一個動態博弈，因為這個博弈共有兩個階段的選擇：第一階段為虛擬博弈方「自然」的選擇階段；第二階段是實際博弈方同時選擇階段。因為至少部分博弈方對「自然」在第一階段為其他博弈方選擇的類型不完全清楚，也就是對「自然」的選擇不完全清楚，因此這是一個不完美信息的動態博弈。

我們仍以市場進入博弈為例來說明。在市場進入的靜態博弈中，如果其他條件不變，只是 A 企業有高成本或低成本兩種類型，B 企業也知道 A 企業有這兩種成本函數，但是 B 企業對 A 企業的真實類型以及類型的概率分佈都不瞭解，B 企業就具有不完全信息。現在，假設 B 廠商知道了自然所決定的 A 廠商具有高成本的概率為 p，具有低成本的概率為 $1-p$，但是仍然不知道 A 實際會是高成本類型的還是低成本類型的，B 廠商的信息不完美。通過海薩尼轉換，靜態博弈變成了動態博弈，從而可以用圖 5–22 的博弈

樹表示這個博弈。

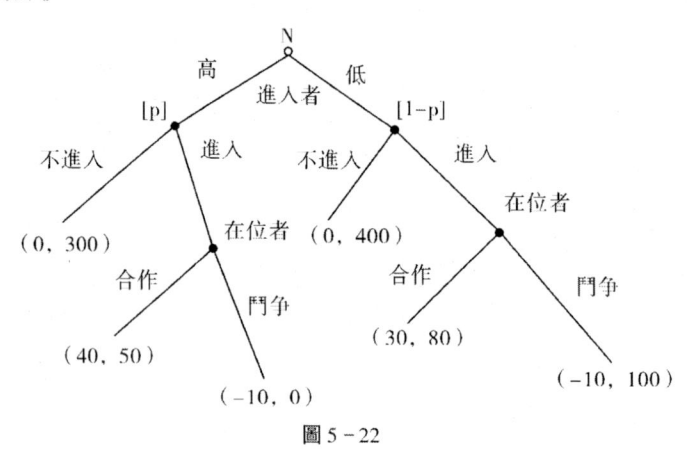

```
                          N
                    高  進入者  低
                [p]            [1-p]
            不進入  進入    不進入  進入
         (0, 300)    在位者  (0, 400)    在位者
                  合作  鬥爭          合作  鬥爭
              (40, 50) (-10, 0)   (30, 80) (-10, 100)
```
圖 5-22

從上圖可見，在沒有引入自然參與人之前，進入者 B 不知道在位者 A 的實際成本函數，也不瞭解其成本函數類型的分佈概率，因而 B 面臨的是在不確定性條件下的選擇。引入自然參與人之後，B 廠商知道了 A 廠商類型的分佈概率，只是不能夠確知 A 廠商真實的成本函數，因而是一個風險下的選擇問題。

2. 貝葉斯納什均衡

在海薩尼轉換的基礎上，海薩尼提出了貝葉斯均衡。在不完全信息的靜態博弈中，參與人同時行動，沒有機會觀察到他人的行動選擇。如果給定他人的策略選擇，每個人的最優選擇就依存於自己的類型。由於每個參與人僅知道其他參與人有關類型的分佈概率，而不知道其真實類型，因而他不可能知道其他參與人實際會選擇什麼戰略。但是，他能夠正確地預測到其他參與人的選擇與其各自類型之間的關係。因此，該參與人的最優策略就是在給定自己的類型，以及給定其他參與人的類型與其戰略選擇之間關係的條件下，使得自己的期望效用最大化。貝葉斯納什均衡就是一個類型依存的戰略組合：在給定自己的類型和其他參與人類型的分佈概率的條件下，這個戰略組合使得每個參與人的期望效用達到了最大化。

在上面市場進入的博弈中，A 企業為高成本的情況下會默許 B 進入市場，此時 B 進入的支付函數是 40。A 企業為低成本的情況下阻止 B 進入市場，此時 B 進入的支付函數是 -10。因此 B 選擇進入的期望利潤是 $40p + (-10)(1-p)$，選擇不進入的期望利潤是 0。通過計算可知：如果當 A 高成本的概率大於 20%，挑戰者 B 選擇進入的期望利潤大於選擇不進入的期望利潤。比如：當 p 為 50% 的情況下，B 選擇進入的期望利潤為 15（$40 \times 50\% - 10 \times 50\% = 15$），顯然大於不進入的期望利潤 0。此時，選擇進入是 B 的最優選擇。此時的貝葉斯納什均衡為：挑戰者 B 選擇進入，高成本 A 廠商選擇默許，而低成本 A 廠商選擇阻止。

五、不完全信息動態博弈與精煉貝葉斯納什均衡

同不完全信息的靜態博弈一樣，在不完全信息動態博弈中，博弈的參與人知道其他參與人可能有哪幾種類型依存戰略，但他並不知道其他參與人的真實類型，也不知道其

他參與人所屬類型的分佈概率。但是，它與不完全信息的靜態博弈有一個最大的不同，就是參與人行動有先後次序，且後行動者能觀察到先行動者的行動。

1. 先驗概率、後驗概率和貝葉斯法則

在不完全信息的博弈中，參與人對其他博弈方類型的概率分佈都有自己的主觀判斷，即有自己的信念，此時的主觀判斷概率叫先驗概率。

在動態博弈中，因為參與人的行動是類型依存的，每個參與人的行動都傳遞著有關自己類型的某種信息。先行動者的行動會在一定意義上傳遞它自己的類型特徵，後行動者能夠通過觀察先行動者的行動而獲得有關先行動者偏好、戰略空間等等方面的信息，並不斷地根據這些信息修正自己的先驗概率，從而對先行動者類型形成新的主觀判斷，即後驗概率。從這個意義上講，不完全信息的動態博弈過程，不僅是參與人選擇行動的過程，而且是參與人不斷修正信念的學習過程。

在博弈論中，先驗概率的修正過程，或者說後驗概率的形成過程，是按照貝葉斯法則來進行的。在概率統計學中，人們應用所觀察到的現象來修正先驗概率的一種標準方法，就是貝葉斯法則。按照貝葉斯法則，在給定一個人的某種選擇的條件下，此人屬於某個類型的後驗概率，等於人們認為他屬於該種類型的先驗概率，乘以該種類型的人做出這種選擇的概率，再除以這個人可能做出此種選擇的邊際概率。

為了理解這一點，讓我們再次考慮市場進入博弈的例子，將貝葉斯法則的分析思路量化表示。挑戰者 B 不知道原壟斷者 A 是屬於高阻擋成本類型還是低阻擋成本類型，但是 B 知道：如果 A 屬於高阻擋成本廠商，他阻止 B 進入的概率為 20%；如果 A 屬於低阻擋成本廠商，他阻止 B 進入的概率為 100%。

博弈開始時，B 認為 A 屬於高阻擋成本廠商的概率為 70%，因此 B 估計自己進入市場時受到的阻止概率為 0.44（0.7×0.2 + 0.3×1 = 0.44）。這個 0.44 是在 B 給定 A 所屬類型的先驗概率下，A 可能採取阻止行為的概率。

如果當 B 進入市場時，A 確實進行了阻擋，那麼使用貝葉斯法則，B 認為 A 屬於高阻擋成本廠商的概率變成 0.32。因為，A 屬於高成本企業的概率 = 0.7（A 屬於高成本企業的先驗概率）×0.2（高成本企業對新進入企業進行阻擋的概率）÷0.44 = 0.32。根據這一新的概率，B 估計自己進入市場時，受到 A 阻擋的概率為 0.744（0.32×0.2 + 0.68×1 = 0.744）。

如果 B 再一次進入市場，A 又進行了阻擋。使用貝葉斯法則，B 屬於高阻擋成本企業的概率為 0.086（0.32×0.2÷0.744 = 0.086）。

就這樣，根據 A 一次又一次的阻擋行為，B 對 A 所屬類型的判斷逐漸發生變化，越來越傾向於將 A 判斷為低成本阻擋企業了。

以上例子表明，在不完全信息動態博弈中，參與人所採取的行為具有傳遞信息的作用。儘管 A 企業有可能是高成本企業，但 A 企業連續進行的市場進入阻擋，給 B 企業以 A 企業是低阻擋成本企業的印象，從而使得 B 企業停止了進入市場的行動。應該指出的是，傳遞信息的行為是需要成本的。假如這種行為沒有成本，誰都可以效仿，那麼，這種行為就達不到傳遞信息的目的。只有在行為需要相當大的成本，因而別人不敢輕易效仿時，這種行為才能起到傳遞信息的作用。

傳遞信息所支付的成本是由信息的不完全性造成的，但不能因此就說不完全信息就

一定是壞事。研究表明，在重複次數有限的囚徒困境博弈中，不完全信息可以導致博弈雙方的合作。理由是：當信息不完全時，參與人為了獲得合作帶來的長期利益，不願過早暴露自己的本性。這就是說，在一種長期的關係中，一個人干好事還是干壞事，常常不取決於他的本性是好是壞，而在很大程度上取決於其他人在多大程度上認為他是好人。如果其他人不知道自己的真實面目，一個壞人也會為了掩蓋自己而在相當長的時期內做好事。

2. 精煉貝葉斯納什均衡

與不完全信息動態博弈相對應，博弈均衡解是精煉貝葉斯納什均衡，它是完全信息動態博弈的子博弈精煉納什均衡與不完全信息靜態博弈的貝葉斯納什均衡的結合。具體來說，精煉貝葉斯納什均衡是所有參與人戰略和信念的一種結合，這種結合需要滿足兩個基本條件：①在給定每一個參與者有關其他人類型的信念的條件下，該參與人的戰略選擇是最優的，也就是說給定有關其他參與人類型的信息，參與人戰略在每一個信息集開始的「後續博弈」上構成貝葉斯納什均衡。②每個參與人關於其他參與人所屬類型的信念，應使用貝葉斯法則從所觀察到的行為中不斷修正來獲得。

為了說明精煉貝葉斯納什均衡，讓我們再次分析市場進入博弈。假定現在市場上有一個壟斷企業（在位者）在生產，一個潛在的進入者在考慮是否進入。如果進入者進入，兩個企業進行古諾博弈，否則，在位者仍然是一個壟斷者。假定在位者有兩個可能的類型：高成本或低成本，進入者在博弈開始時只知道在位者是高成本的概率為 p，低成本的概率為 $1-p$。假定進入者只有一個類型：進入成本為 2。如果進入的話，生產成本函數與高成本的在位者的成本函數相同。在進入者決定是否進入之前，作為壟斷者的在位者要決定該時期的價格（或生產量），此處假定只有 4、5、6 三種可能的價格選擇。如果在位者是高成本的，對應三種價格選擇的利潤分別是 2、6 或 7；如果在位者是低成本，對應的利潤分別是 6、9 或 8。因此，高成本在位者的單階段最優壟斷價格是 6，低成本在位者的單階段最優壟斷價格是 5。如果進入者已經進入，在位者的成本函數變成共同知識。如果在位者是高成本，兩個企業的成本函數相同，對稱的古諾均衡產量下的價格為 5，每個企業的利潤是 3，扣除進入成本 2，進入者的淨利潤是 1；如果在位者是低成本，兩個企業的成本函數不同，非對稱古諾均衡產量下的價格是 4，在位者的利潤是 5，進入者的利潤是 1，扣除進入成本 2，進入者的淨利潤是 -1。如果進入者不進入，在位者仍然是一個壟斷者，不同價格選擇下的利潤水準與第一階段相同。這些數字使得在完全信息情況下，如果在位者是高成本，進入者選擇進入；如果在位者是低成本，進入者選擇不進入。顯然，博弈的第一階段是由「自然」選擇在位者的類型。進入者在第一階段的利潤為零。在博弈進入第二階段後，如果進入者已經進入，庫諾特均衡產量（和對應的價格）是每個企業的最優選擇；如果進入者沒有進入，單階段壟斷產量（和價格）是在位者的最優選擇。

儘管當博弈進入第二階段後，企業的行動選擇是一個簡單的靜態博弈決策問題，但第一階段的選擇要複雜得多。進入者是否進入依賴於它對在位者成本函數的判斷：給定在位者是高成本時進入的淨利潤為 1，低成本時進入的淨利潤是 -1，當且只當進入者認為在位者是高成本的概率大於 1/2 時，進入者才會選擇進入。但與靜態博弈不同的是，現在，在觀測到在位者第一階段的價格選擇後，進入者可以修正對在位者成本函數的先

驗概率，因為在位者的價格選擇可能包含著有關其成本函數的信息。比如說：無論在何種情況下，低成本的在位者不會選擇6（因為低成本的在位者不希望進入者認為自己是高成本），因此，如果進入者觀測到在位者選擇了6，它就可以推斷在位者一定是高成本，選擇進入是有利可圖的。預測到選擇6會招致進入者進入，即使高成本的在位者也可能不會選擇6，儘管6是單階段的最優壟斷價格。類似地，低成本的在位者也可能不會選擇5，如果5會招致進入者進入的話。這裡，問題的核心是在位者必須考慮價格選擇的信息效應：不同的價格如何影響進入者的後驗概率從而影響進入者的進入決策。一個非單階段最優價格會減少現期利潤，但如果它能阻止進入者進入，從而使在位者在第二階段得到壟斷利潤而不是古諾均衡利潤，而且如果壟斷利潤與古諾均衡利潤之間的差距足夠大，如果在位者有足夠的耐心，選擇一個非單階段最優價格就有可能是最優的。我們將看到，在均衡情況下，在位者究竟選擇什麼價格，不僅與其成本函數有關，而且與進入者的先驗概率有關；而不論先驗概率為多少，單階段最優壟斷價格不構成一個均衡。

顯然，在這個例子中，在位者有兩個潛在類型，進入者只有一個類型。因此，只有使進入者修正信念。如果 p（價格）是進入者在觀測到在位者的價格選擇後認為在位者是高成本的後驗概率，那麼不論先驗概率是多少，在第一階段，高成本在位者選擇單階段最優壟斷價格6和低成本在位者選擇單階段最優壟斷價格5不是一個精煉貝葉斯均衡。這是因為：如果在位者這樣選擇，進入者觀測到6就知道在位者是高成本，即 p (6) = 1；觀測到5就知道在位者是低成本，即 p (5) = 0。給定這個後驗信念後，當且只當它觀測到價格為6時，進入者將進入。但是，考慮高成本的在位者，如果它選擇6，第一階段得到7單位的壟斷利潤，第二階段得到3單位的寡頭利潤，總利潤為10單位。但是，如果它模仿低成本企業而選擇5，第一階段的利潤是6單位，第二階段的利潤是7單位，總利潤是13單位。因此，價格6不是高成本在位者的最優選擇，上述戰略不構成精煉貝葉斯均衡。

下面我們考慮兩種不同情況下的均衡，即 p < 1/2 和 p ≥ 1/2。如果 p < 1/2，在這種情況下，精煉貝葉斯均衡是：不論高成本還是低成本，在位者選擇價格5；當且只當它觀測到價格為6時，進入者將進入。給定進入者的後驗概率和戰略，如果高成本在位者選擇價格6，進入者進入，它第一階段利潤是7，第二階段利潤是3，總利潤是10；但是，如果它選擇價格5，進入者不進入，它第一階段的利潤是6，第二階段的利潤是7，總利潤是13。因此，犧牲第一階段的1單位利潤以換取第二階段的4單位利潤是合算的，價格5是最優的。類似地，給定進入者的後驗概率和戰略，低成本在位者選擇價格5時的總利潤是18（9+9），大於選擇任何其他價格時的利潤，因此，價格5也是低成本在位者的最優選擇。給定兩類在位者都選擇價格5，進入者不能從觀測到的價格中得到任何新的信息，進入的期望利潤為負，進入者的期望利潤是0，因此不進入是最優的選擇。進一步說，因為價格6是非均衡路徑，與假定的均衡戰略是相容的。上述均衡稱為混同均衡，因為兩類在位者選擇相同的價格。直觀地講，因為 p < 1/2，如果進入者不能從在位者的價格選擇中得到新的信息，它選擇不進入。因此，高成本的在位者可以通過選擇與低成本的在位者相同的價格來隱藏自己是高成本這個事實，低成本的在位者也沒有必要披露自己是低成本這個事實。

如果 $p \geq 1/2$，精煉貝葉斯均衡是：低成本的在位者選擇價格 4，高成本的在位者選擇價格 6；如果觀測到價格 4，進入者選擇不進入，如果觀測到價格 6 或價格 5，進入者選擇進入。首先考慮低成本在位者的戰略。給定進入者的後驗概率和戰略，如果低成本的在位者選擇價格 4，進入者不進入，它的第一階段利潤是 6，第二階段的利潤是 9，總利潤是 15；如果它選擇單階段壟斷價格 5，進入者進入，它的總利潤是 14（9＋5），因此，選擇價格 4 是最優的。再考慮高成本在位者的戰略。給定進入者的後驗概率和戰略，如果高成本在位者選擇價格是 7，總利潤是 9；如果它選擇單階段壟斷價格 6，進入者進入，它的總利潤是 10（7＋3），因此，選擇價格 6 是最優的。現在考慮進入者的後驗概率和戰略。給定在位者的戰略，進入者的最優戰略是：如果觀測到價格 6，選擇進入；如果觀測到價格 4，選擇不進入。上述均衡稱為子分離均衡，因為不同類型的在位者選擇不同的價格，特別地，低成本在位者選擇了非單階段最優價格 4，高成本的在位者選擇了單階段最優壟斷價格 6。直觀地講，因為如果低成本在位者選擇單階段壟斷價格 5，它將無法把自己與高成本的在位者分開，進入者將進入；但如果它選擇 4，高成本在位者不會模仿，進入者不進入，因此低成本的在位者寧願放棄 3 單位的現期利潤以換取 4 單位的下期利潤。高成本的在位者之所以不選擇價格 4，是因為它的成本太高，下階段的 4 單位利潤不足以彌補現期 5 單位的損失。注意，在這個均衡中，進入者的實際進入決策與完全信息下相同（即在位者是高成本時進入，低成本時不進入）。不完全信息帶來的唯一後果是，低成本的在位者損失 3 單位的利潤。

第六章　要素價格理論

本章重點及難點

（1）為什麼利潤最大化原則可以表述為邊際要素成本等於邊際收益產品？

（2）在競爭性要素市場和壟斷性要素市場中，廠商的要素量和價格各是如何決定的？

（3）什麼是經濟租、純租和準租？

（4）勞動供給的背彎曲線。

（5）什麼是工資差別？造成差別的因素有哪些？

（6）什麼是效率工資？為什麼會產生效率工資？

（7）利息與時間偏好的關係。

（8）什麼是正常利潤？為什麼經濟學把它看成是企業家才能的報酬？

（9）經濟利潤的主要來源有哪些？

微觀經濟學作為價格理論，不僅包括產品價格理論，還包括要素價格理論。因此，要素價格理論是整個微觀經濟學的重要部分。從第二章到第五章，我們所研究的是產品市場的價格決定問題。第二章說明均衡價格決定及變動的一般原理。第三章、第四章分別考察了決定產品需求和供給的消費者和廠商行為的原則。第五章把產品市場的需求和供給結合起來，通過收益—成本分析，揭示了在各類市場結構中產品價格的決定和變動的原則。本章則要分析生產要素的價格決定。

微觀經濟學是研究具有競爭性用途的經濟資源的合理配置的科學。在資源的合理配置中，社會必須對生產什麼、如何生產和為誰生產這三個基本經濟問題做出選擇。我們在前幾章已經研究了前兩個基本經濟問題，本章則是要解決為誰生產的問題，即生產出來的產品按什麼原則進行分配。由於經濟資源的稀缺性，任何人都不能免費得到商品和服務，必須支付相應的價格。在貨幣經濟社會中，產品只能通過市場，即根據「貨幣選票」的多少來決定。經濟學認為，居民戶是生產要素的提供者，而廠商是生產要素的購買者。居民戶的「貨幣選票」由它們各自的收入來決定，而收入來自於它們向生產者提供生產要素的報酬。假定要素的產權配置既定，因此居民戶的收入取決於它們所提供的生產要素的價格和數量。從這個意義上講，要素價格理論也就是市場收入分配理論。

第一節　廠商對生產要素的需求

在要素市場上，面對要素市場的供給和需求，廠商要做出兩方面的決策：一是購買多少生產要素，二是以什麼價格購買生產要素。如同產品市場一樣，追求最大化利潤的

廠商仍要根據邊際成本等於邊際收益的原則來進行決策。只不過在要素市場上，利潤最大化原則表述為邊際要素成本等於邊際收益產品。

一、邊際要素成本

邊際要素成本（MFC）是指廠商增加單位投入要素所引起的成本增加，即要素增量所引起的總成本增量。如果要素投入量用 F 表示，那麼邊際要素成本可表示為：

$$MFC = \frac{\Delta TC}{\Delta F}$$

要素成本是要素量與要素價格的乘積，要素成本的變化實際上就取決於要素量與要素價格的關係，從而取決於要素供給函數。因此，邊際要素成本就由要素供給函數決定。

在不同結構的要素市場上，生產要素的供給函數是不同的，從而廠商的邊際要素成本也有不同的變化。

在完全競爭性要素市場上，各要素所有者提供的生產要素是完全同質的，而且單個要素所有者改變要素供給不足以影響要素的市場供給，它們都不能制定價格，只能以既定的市場價格銷售全部生產要素。這就是說，完全競爭性要素市場上廠商面臨著一條以既定價格為高度的完全彈性的要素供給曲線 S_F。在要素供給完全彈性的情況下，廠商為它所購買的每一單位要素都支付相同的價格，廠商的邊際要素成本就等於要素價格，從而廠商的邊際要素成本曲線就與要素供給曲線重合，如圖 6-1 所示。

圖 6-1

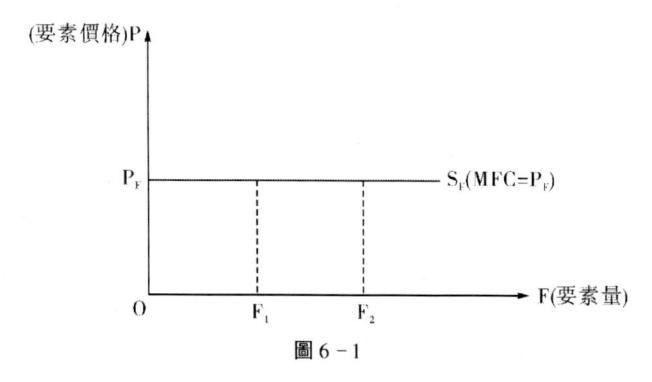

與完全競爭性要素市場不同，完全壟斷要素市場上的廠商面臨著一條向右上方傾斜的要素供給曲線。這就是說，要素價格越高，要素供給量越大；要素價格越低，要素供給量越小。正相關的供給曲線意味著廠商不僅要為所增加的最後單位要素支付更高的價格，而且還要為它所使用的其他要素單位支付更高的價格。因此，廠商的邊際要素成本總是大於要素價格，並隨要素投入的增加而遞增。這就是說，完全壟斷性要素市場上廠商的邊際要素成本曲線也是正相關的，但不同於要素供給曲線，而是位於要素供給曲線上方的比要素供給曲線更為陡峭的曲線，如圖 6-2 所示。

图 6-2

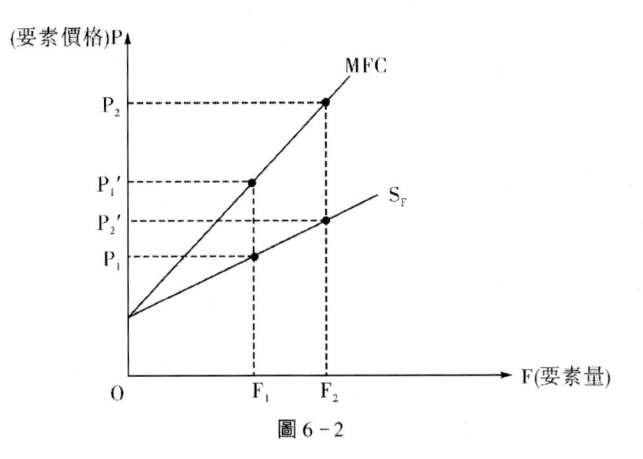

二、邊際收益產品

邊際收益產品（MRP），是指廠商增加單位要素投入所增加的收益，即廠商的要素增量帶來的收益增量，因而有：

$$MRP = \frac{\Delta TR}{\Delta F}$$

要素投入增量之所以會帶來總收益的變化，是由於它能增加總產量，而總產量的變動又會引起總收益的變動。要素投入增量帶來的總產量增量為邊際產量，總產量變動帶來的總收益變動就是邊際收益。因此，邊際收益產品實際上就取決於邊際產量和邊際收益，從而取決於生產函數和產品需求函數。據此，邊際收益產品還可以表示為：

$$MRP = MP \cdot MR$$

根據報酬遞減規律，邊際產量隨著變動投入要素的增加先會遞增，在達到一定點後必然遞減。但在廠商的要素經濟投入區間內，邊際產量是遞減的，因此在分析中僅考慮遞減的邊際產量。儘管邊際產量在任何市場結構中均是遞減的，但因不同產品市場上廠商的需求函數和邊際收益函數是不同的，故廠商的邊際收益產品在不同的市場上有不同的變化。

如果要素購買者是產品市場上的完全壟斷性廠商，它就面臨著一條向右下方傾斜的需求曲線，其邊際收益低於產品價格，並隨要素投入及產量的增加以比產品價格更快的速度下降。因此，完全壟斷性廠商的邊際收益產品是遞減的邊際產量與遞減的邊際收益的乘積，表示為一條從左上方向右下方傾斜的曲線。

如果要素購買者是產品市場上的完全競爭性廠商，其面臨的需求曲線是完全彈性的，它的邊際收益始終等於產品價格，而且並不隨投入和產量的變化而改變。因此，完全競爭性廠商的邊際收益產品就是遞減的邊際產量與不變的產品價格之積。為了便於區分，經濟學上把完全競爭性廠商的邊際收益產品又稱為邊際價值產品（VMP），VMP = MP · P。邊際價值產品也是一條向右下方傾斜的曲線。

在既定的產品需求下，由於完全壟斷廠商的邊際收益小於產品價格，即 MR < P，故有 MRP < VMP。在圖 6-3 中，MRP 是位於 VMP 曲線下方且更為陡峭的線段。它表明：

在任何要素投入水準下，完全壟斷性廠商的邊際收益產品都小於完全競爭性廠商的邊際價值產品。

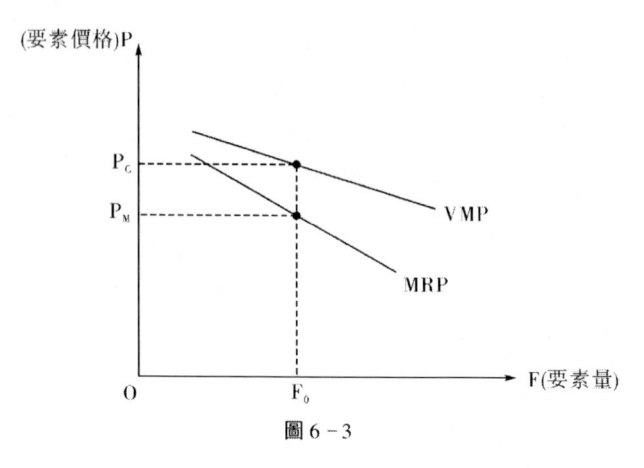

圖6-3

三、要素市場上廠商的決策原則

經濟學假定，無論在什麼市場結構中，廠商都是以追求最大化利潤為目標的，因此它的決策就要遵循利潤最大化原則。如前所述，要素市場上廠商要遵循的利潤最大化原則可表述為：邊際要素成本等於邊際收益產品。

為什麼邊際要素成本等於邊際收益產品就達到了利潤最大呢？我們很容易從其反面來理解和證明它：如果邊際要素成本大於邊際收益產品，意味著廠商增加單位要素所引起的總成本增量大於該單位要素所帶來的總收益增量，廠商可以通過減少要素投入量來減少虧損；如果邊際要素成本小於邊際收益產品，則意味著廠商增加單位投入要素所增加的總成本小於該單位投入要素所增加的總收益，廠商能夠通過繼續追加要素投入量而增加利潤。簡而言之，只要邊際要素成本不等於邊際收益產品，廠商都能通過調整要素投入量來增大利潤或減少虧損。一旦廠商的邊際要素成本等於邊際收益產品，廠商不再調整其要素投入水準，此時能夠得到的利潤已全部得到，可以避免的虧損也已全部避免，廠商就實現了利潤最大化均衡。

MFC = MRP 與 MC = MR 都是廠商實現最大化利潤的決策原則，只不過兩者考察的角度不同而已。我們知道，為了獲得最大化利潤，廠商需要進行投入抉擇和產出抉擇。如果廠商把投入作為選擇變量，將總成本、總收益和總利潤視為要素量的函數，那麼廠商就必須把要素量調整到一定水準，使得這一要素投入水準下的最後單位要素所增加的總成本，恰好等於增加該單位要素所增加的總收益，即 MFC = MRP；反之，如果廠商把產出作為選擇變量，將總成本、總收益和總利潤視為產品量的函數，那麼廠商就應該把產品量調整到一定水準，使得這一產量水準下的最後單位產品所引起的總成本的增加，恰好等於該最後單位產品所帶來的總收益的增加，即 MC = MR。因此，如果廠商將它的選擇變量由產出量轉向投入量時，也就是廠商由產出抉擇轉向投入抉擇時，廠商利潤最大化條件 MC = MR 就可以重新表述為MFC = MRP。

四、要素市場上的廠商均衡

要素市場與產品市場一樣，也存在完全競爭、壟斷競爭、寡頭壟斷和完全壟斷四種市場結構。廠商既是要素市場上的要素購買者，又是產品市場上的產品提供者。廠商的雙重身分和不同的市場結構，使得要素市場上的廠商均衡比產品市場更為複雜。為了簡化分析，我們只分析完全競爭性要素市場和完全壟斷性要素市場上的廠商均衡。

1. 完全競爭性要素市場上的廠商均衡

如前所述，在完全競爭性要素市場上，廠商的邊際要素成本恒等於要素價格，因此，完全競爭性要素市場上的廠商決策不過是單純的關於要素投入量的決定。

結合圖6-1和圖6-3，可得到圖6-4。從圖中可見，如果企業既是要素市場上的完全競爭性買者，又是產品市場上的完全競爭性賣者，廠商將在邊際要素成本與邊際價值產品相等時決定其均衡要素投入量為F_c。在F_c投入水準下，生產要素的均衡價格為P_c。

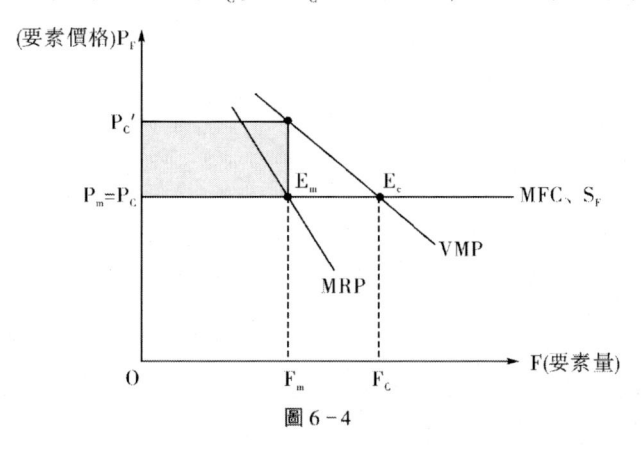

圖6-4

顯然，在完全競爭性要素市場上，如果要素價格改變，即是說MFC或S_F移動，那麼產品市場上的完全競爭性廠商會沿著VMP曲線調整要素需求量。因此，VMP實際上就是完全競爭性要素市場上廠商的要素需求曲線。

如果廠商是要素市場的完全競爭性買者，在產品市場上卻是完全壟斷性賣者，那麼廠商將在MFC線與MRP線的交點上達到均衡，其均衡要素量和要素價格分別為F_m和P_m。同理，MRP也就是此類廠商的要素需求曲線。

經濟學發現，當產品市場存在賣方壟斷時，要素所有者受到了「專賣剝削」。專賣剝削是指產品市場的完全壟斷廠商，按照低於邊際價值產品的邊際收益產品支付要素價格，要素所有者只能獲得較完全競爭性產品市場更少的要素收入而損失經濟福利。在圖6-4中，產品壟斷者通過限制產量把要素投入量限制在F_m。在這個要素投入水準上，完全競爭性廠商所支付的要素總價格$P_c' \cdot F_m$與完全壟斷廠商所支付的要素總價格$P_m \cdot F_m$之差為圖中陰影部分的面積。這個面積成為要素所有者在產品賣方壟斷條件下喪失的收入，它被轉化為壟斷利潤，要素所有者受到了專賣剝削。

2. 完全壟斷性要素市場上的廠商均衡

在完全壟斷性要素市場上，廠商的要素均衡仍然在其邊際要素成本等於邊際收益產

品時達到。

值得指出的是，如果要素市場是不完全競爭的，由於其 MFC 曲線和要素供給曲線是相互分離的，廠商的 VMP 曲線或 MRP 曲線均不能成為其要素需求曲線。

在圖 6-5 中，MFC 和 S_F 分別表示完全壟斷性要素市場上廠商的邊際要素成本和要素供給曲線。如果要素市場上的完全壟斷性買者，也同時是產品市場上的完全競爭性賣者，廠商的均衡要素投入量就由 MFC 與 VMP 的交點決定為 F_c，對應的要素價格由該要素水準上的要素供給決定為 P_c。反之，如果廠商既是要素壟斷者又是產品壟斷者，廠商的均衡要素量和要素價格分別為 F_m 和 P_m。

經濟學認為，買方壟斷要素市場存在「專買剝削」。如圖 6-5 所示，在完全壟斷性要素市場上，壟斷買方為 F_c 和 F_m 的要素投入支付的價格總是低於要素所帶來的邊際收益產品或邊際價值產品，即 $P_c < N_c$、$P_m < N_m$。故要素所有者沒有得到在完全競爭性要素市場上要素帶來的全部收益或價值，其損失部分轉化為專買廠商的壟斷利潤。

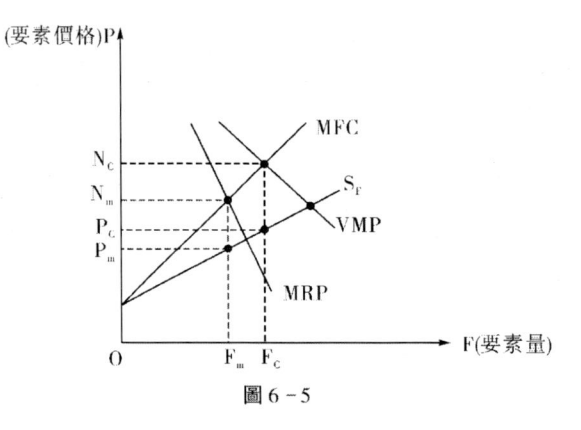

圖 6-5

顯然，如果廠商既是產品市場的壟斷銷售者，同時又是要素市場的壟斷購買者，廠商就會獲得專賣和專買的雙重剝削收入。在這種情況下，要素所有者獲得的價格，不僅低於邊際價值產品，而且也低於邊際收益產品。與完全競爭性廠商相比，產品壟斷者通過限制產量形成對資源合理配置的嚴重限制；而要素壟斷者通過限制要素價格和要素使用量，使資源配置進一步趨於不合理。因此，經濟學認為，壟斷是造成資源浪費和福利受損的重要原因。

第二節　個人時生產要素的供給

一、土地要素的供給

1. 土地供給量的決定

個人所擁有的土地資源是既定的，個人既可以把土地用於自己使用，也可以把土地用來出租給廠商。自用土地能夠給個人帶來效用，供給土地也能夠為個人帶來效用，只

不過是通過供給土地的收入來得到效用的。個人的土地供給量，就是個人選擇用多少土地來出租，實際上可以看成是個人把土地資源在自用土地和供給土地之間分配，也就是個人在自用土地和供給土地收入之間進行選擇，以實現效用極大化。

為了便於理解消費者的土地供給量的決定，我們結合上一章介紹的無差異曲線分析方法，用圖6-6的具體例子來說明。左圖中的橫軸代表自用土地量，縱軸代表出租土地的收入。因此，U_1、U_2和U_3為三條無差異曲線，同一條無差異曲線上每一個點均是代表消費者關於自用土地和土地供給收入之間的無差異組合，不同無差異曲線上的點有不同的偏好。土地的無差異曲線為平行於自用土地量軸的直線，而且這些無差異曲線並不與縱軸相交，而是交於自用土地量為H的垂線。究其原因主要在於：一方面，土地的自用量主要是為了人的基礎需要而產生的，其基礎使用量基本不變。也就是說，消費者的自用土地量是一個不變的常量H，小於這個固定量的自用土地不能夠滿足基礎需要，而超過這個固定量的自用土地也不會增加消費者的效用。另一方面，自用土地量只占全部土地的很小很小一部分，即使它會給消費者帶來效用，其總效用幾乎可以忽略不計，所以土地所有者的效用與自用土地量無關，僅僅取決於出租土地的量。

土地是有價格的，這個價格就是我們常說的地租。地租並不是土地要素在土地市場上的出售價格，僅僅是土地要素的出租價格，即廠商為獲得土地的使用權而支付的價格。如果某個廠商給予土地的租金率為r_1元，消費者把土地用於出租就能夠獲得r_1的收入，當然如果把全部土地留著自用就沒有任何收入了。因此，m_1線為消費者的預算線。從圖中看出，在這種偏好和預算條件下，個人把全部土地都出租出去，以獲得相應的收入，可以獲得最大效用。因此，個人土地提供量為H。

2. 土地的個人供給和市場供給

土地的個人供給是指在其他因素不變的條件下，個人的土地出租量與土地價格（地租）之間的關係。因此，個人的土地供給就是要說明土地供給量如何隨著土地租金率變化而變化的，也就是說明對應於每一個租金水準的土地供給量。

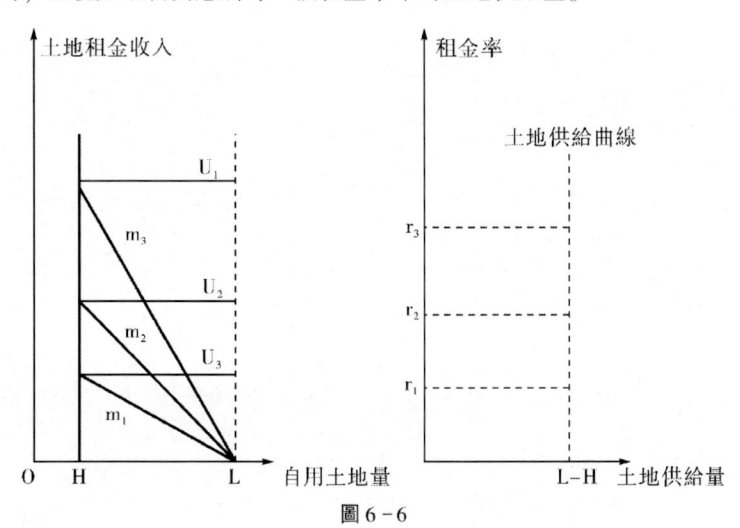

圖6-6

我們已經知道，在其他因素不變的時候，如果租金率為 r_1，土地供給量為 H。運用上面同樣的分析思路，我們可以找到租金率為 r_2、r_3 時的預算線分別為 m_2 線、m_3 線，與之對應的自用土地量全部都為 H。因此，我們有：如果其他因素不變，當租金率由 r_1 漲到 r_2、r_3，土地供給仍然為 L－H。據此，我們有圖 6－6 中右圖的以 L－H 量的垂直的個人土地供給曲線。垂直的個人土地供給曲線表明：土地供給量不隨土地價格而變化。

土地的市場供給是個人土地供給的總和，表現為個人土地供給曲線的水準加總。一般而言，土地的市場供給量不隨著土地租金的變化而變化，土地的市場供給曲線為垂直於土地數量軸的直線。

二、勞動要素的供給

1. 勞動供給量的決定

勞動的多少，通常以勞動時間來衡量。個人所擁有的全部時間資源是既定的，比如每一天只有 24 小時。對於這 24 小時的時間，除了維持生命所必需的睡眠時間（假設 8 小時）外，剩餘的時間 16 小時還得在工作和閒暇之間分配。把時間用於閒暇，消費者能夠從中直接獲得滿足，而把時間用於工作，則能夠從工作中間接獲得效用。個人的勞動供給量，就是個人選擇用多少時間來工作，實際上可以看成是個人把時間在閒暇和工作之間分配，也就是個人在閒暇和工作收入之間進行選擇，以實現效用極大化。

為了便於理解消費者對勞動供給量的決定，我們結合無差異曲線分析方法，用圖 6－7 的具體例子來說明。左圖中的橫軸代表閒暇時間 H，縱軸代表工作的收入 W。因此，其同一條無差異曲線上每一個點均是代表消費者關於閒暇和工作收入之間的無差異組合，不同無差異曲線上的點有不同的偏好。

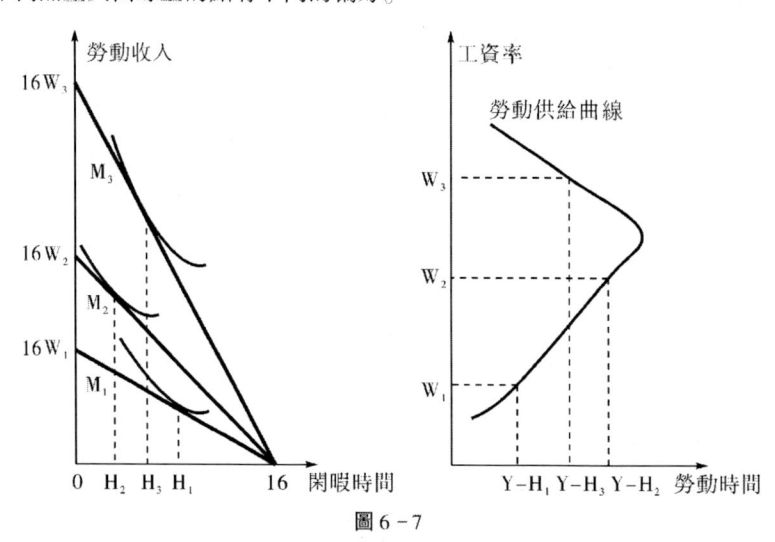

圖 6－7

勞動是有價格的，這個價格就是我們常說的工資。工資並不是勞動要素在勞動市場上的出售價格，僅僅是勞動要素的出租價格。如果某個廠商給予勞動的小時工資為 W_1

元，消費者把全部 16 小時用於工作能夠獲得 $16W_1$ 元的收入，當然如果閒暇 16 小時就沒有任何收入了。因此，M_1 線為消費者的預算線。從圖 6-8 中看出，在這種偏好和預算條件下，個人選擇 H_1 小時閒暇，所以勞動供給為 $16-H_1$ 小時。因為按照這種組合，剛好滿足利潤極大化的要素供給原則。

2. 勞動的個人供給和市場供給

勞動的個人供給是指在其他因素不變的條件下，個人的勞動供給量與勞動價格（工資）的關係。因此，個人的勞動供給就是要說明勞動供給量如何隨著勞動工資變化的變化而變化的，也就是說明對應於每一個工資水準的勞動供給量。

我們已經知道，在其他因素不變的時候，如果小時工資為 W_1 元，勞動供給量為 H_1 小時。運用上面同樣的分析思路，我們可以找到小時工資為 W_2 元、W_3 元時的預算線分別為 M_2 線、M_3 線，與之對應的閒暇時間為 $16-H_2$ 小時、$16-H_3$ 小時。因此，我們有：如果其他因素不變，當小時工資由 W_1 元漲到 W_2 元，勞動時間就由 $16-H_1$ 小時增加到 $16-H_2$ 小時，但是當小時工資由 W_2 元增加至 W_3 元，勞動的供給量反而從 $16-H_2$ 小時減少為 $16-H_3$ 小時。據此，我們有圖 6-7 中右圖的向後彎曲的個人勞動供給曲線。向後彎曲的個人勞動供給曲線表明：如果工資低於某一個臨界水準，勞動供給量隨著工資的提高而增加；當工資超過某一個臨界水準，勞動供給量隨著工資的提高而減少。

勞動的市場供給是個人勞動供給總和，表現為個人勞動供給曲線的水準加總。一般而言，勞動的市場供給量隨著勞動工資的上升而增加，勞動的市場供給曲線為正相關的，而不是向後彎曲的。主要原因在於：一方面，個人勞動供給開始向後彎曲的工資臨界水準是很高的，實際生活中很不容易達到，所以實際的個人勞動供給曲線主要還是正相關的；另一方面，即使個人勞動供給是向後彎曲的，但因每個人的臨界工資水準不相同，因而市場供給主要還是呈現出正相關的特點。

三、資本的個人供給與市場供給

1. 資本供給量的決定

我們已經知道，資本又稱為資本品，是指人們在生產過程中使用的人們過去所生產的物品，比如廠房、機器、辦公樓、計算機、鐵錘、汽車、洗衣機、建築物等。我們說個人是資本的所有者，不是說個人是這些資本品的所有者，這些資本主要是廠商擁有的，主要是說個人是形成這些資本品的貨幣資本的所有者。因為這些資本品是廠商投入貨幣資本生產出來的，而廠商的貨幣資本是主要通過儲蓄轉化投資形成的。儲蓄可以通過投資建廠直接轉化成資本，也可以通過購買金融資產等間接形成資本。因此，為了簡化理解，我們把資本量簡單地用儲蓄量來衡量。

個人擁有的全部貨幣資源是既定的，除了將一部分用於現在消費外，通常還將一部分收入儲蓄起來。個人將貨幣收入用於消費，可以從消費的商品和服務中獲得效用；個人將貨幣收入儲蓄起來，能夠從儲蓄收入中獲得效用。個人儲蓄實際上是現在將貨幣資本出租給廠商，並在未來從廠商那裡獲得一筆資本收入，這筆資本收入一部分就是個人出租的資本量，還有一部分就是儲蓄的時間價值利息。比如，如果在 2006 年的 1 月 1 日，個人的儲蓄量為 100 元，按照年利率 5%，到 2007 的 1 月 1 日可取出 105 元錢，即 $100 \times (1+5\%)$。

資本量的決定，就是個人將多少貨幣收入作為資本用於儲蓄，或者將多少貨幣收入作為資本出租，實際上是個人將貨幣收入在消費和儲蓄之間分配，也就是個人在消費和資本出租收入之間進行選擇，以實現最大效用。

為了便於理解消費者的資本供給量的決定，我們結合上一章介紹的無差異曲線分析方法，用圖6-8的具體例子來說明。左圖中的橫軸代表用於消費的收入量，縱軸代表資本出租的收入。因此，其同一條無差異曲線上每一個點均是代表消費者關於消費量和資本出租收入之間的無差異組合，不同無差異曲線上的點有不同的偏好。

如果個人的現期貨幣收入為 y 美元，某個廠商給予個人的資本出租價格即年利率為 r_1，個人的最大消費為 y 美元，個人資本出租一年的最大收入為 $y(1+r_1)$。因此，個人的預算線為 m_1。從圖中6-8看出，在這種偏好和預算條件下，個人選擇消費 c 元，儲蓄 y-c 元，獲得 $(y-c)(1+r_1)$ 元資本出租收入。因為此時剛好滿足利潤極大化的要素供給原則。

2. 資本的個人供給和市場供給

資本的個人供給是指在其他因素不變的條件下，個人的資本出租量與資本價格（利率）的關係。因此，個人的資本供給就是要說明資本供給量如何隨著資本利率變化而變化的，也就是說明對應於每一個工資水準的資本供給量。

我們已經知道，在其他因素不變的時候，如果年利率為 r_1 元，資本供給量為 y-c 元。運用上面同樣的分析思路，我們可以找到年利率為 r_2、r_3 時的預算線分別為 m_2 線、m_3 線，與之對應的消費量為 y-d 元、y-j 元。因此，我們有：如果其他因素不變，當年利率由 r_1 漲到 r_2，資本供給就由 y-c 元增加到 y-d 元，但是當年利率由 r_2 增加至 r_3 時，資本的供給量反而從 y-d 元減少到 y-j 元。據此，我們有圖6-8中右圖的向後彎曲的個人資本供給曲線。向後彎曲的個人資本供給曲線表明：如果利率低於某一個臨界水準，資本供給量隨著利率的提高而增加；當利率超過某一個臨界水準，資本供給量隨著利率的提高而減少。

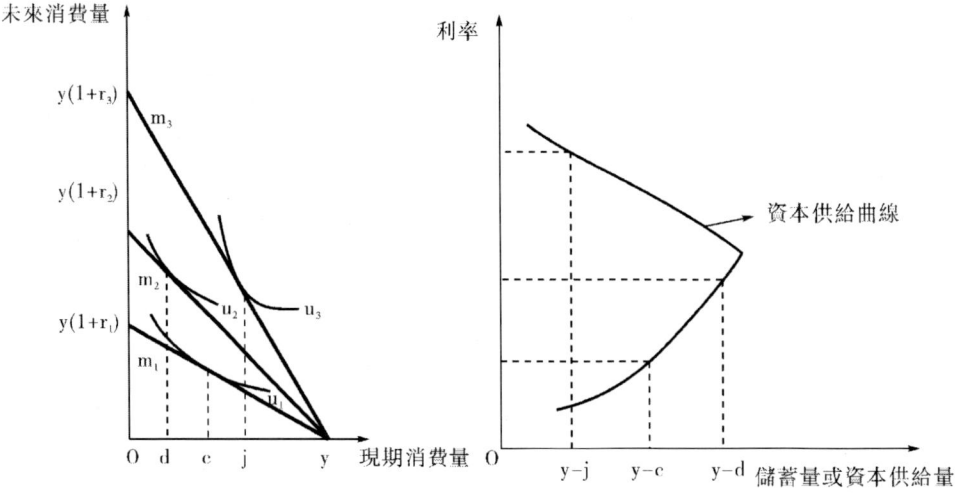

圖6-8

資本的市場供給是個人資本供給的總和，表現為個人資本供給曲線的水準加總。一般而言，資本的市場供給量隨著資本利率的上升而增加，資本的市場供給曲線為正相關的，而不是向後彎曲的。主要原因在於：實際經濟生活中，一方面，個人資本供給開始向後彎曲的利率臨界水準是很高的，很不容易達到，所以實際的個人資本供給曲線主要還是正相關的；另一方面，即使個人資本供給是向後彎曲的，但因每個人的臨界利率水準不相同，因而市場供給主要還是呈現出正相關的特點。

第三節　地租和工資的決定

一、地租理論

1. 地租的決定

作為土地租用的價格，地租不是土地最終所有權轉移的經濟體現，而是土地使用權暫時轉移的經濟體現。作為使用土地支付的價格，地租構成土地所有者的收入。根據價格理論的一般原理，地租是由土地的供給與需求共同決定的。

廠商對土地的需求是由土地的邊際收入產品決定的。根據報酬遞減規律，隨土地使用量的增加，土地所提供的收益會遞減。因此，土地的需求曲線是一條向右下方傾斜的曲線，它表示地租與土地使用量之間的反向變化關係。在前面我們已經分析過了土地的供給曲線為一條垂直於橫軸的直線，其供給彈性為零。

地租的決定與變化可以用圖6-9來說明。在圖6-9中，橫軸代表土地量，縱軸代表地租率，直線S代表土地自然量為N_0的土地供給曲線，D_0代表土地需求曲線。D_0曲線與S直線在E_0點相交，決定的均衡地租率為r_0，地租為矩形的面積$ON_0E_0r_0$。由於土地供給完全缺乏彈性，地租實際上就完全取決於土地需求。土地需求越高，地租就越高。隨著人口增加和經濟增長，會擴大對土地的需求，因而地租具有上升的趨勢。在圖6-9中，假定需求曲線從D_0擴大到D_1，會導致地租上升到r_1水準，地租則擴大為矩形$Or_1E_1N_0$的面積。顯然，土地所有者獲得的地租及其變化，並不取決於土地所有者支付的成本，也並非其耗費成本的必要補償，因為土地是大自然的恩賜，土地所有者對其的佔有是無償的。

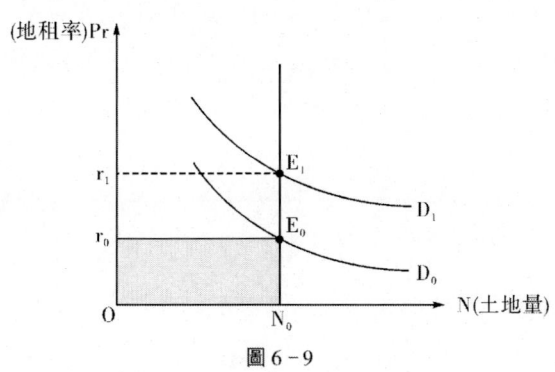

圖6-9

2. 轉移地租

土地的總供給量是固定的，但因土地用途的多樣性，一種特定用途上的土地供給量，可能因為其他用途的土地向其轉移而增加，也可能因為該土地向其他用途轉移而減少。例如：建築廠房的用地，既可以因生產小麥、穀物等農用耕地向它轉移而增加，也可能因還耕於農而減少。如果土地在不同用途上能夠相互替代，能夠充分流動，特定用途的土地供給就是有彈性的，可以隨地租的變動而變動。

在其他用途上的地租既定不變的條件下，如果某一特定用途的地租上升，土地所有者就會增加該用途的土地供給；反之，如果某一特定用途的地租下降，土地所有者就會減少該用途的土地供給。因此，某一特定用途的土地供給量與它在該用途上的地租成正比。特定用途的土地供給是一條正相關的供給曲線。

對某一特定用途土地的需求，仍然是一條負相關的需求曲線。特定用途的土地供給和需求共同決定該特定用途的土地均衡使用量和均衡地租，這個地租就稱為轉移地租，它是該特定用途上的土地供給價格與需求價格相等的地租。轉移地租是推進土地資源實現配置的內在機制。

3. 經濟租

經濟租是指廠商對某種生產要素的實際支付額超過該生產要素維持目前用途所需支付的最低價格的差額。廠商對某種要素的實際支付額，構成該要素所有者實際得到的要素報酬。某種要素維持目前用途所需支付的最低價格，就是該要素所有者希望獲得的最低報酬。因此，經濟租也可看成要素所有者實際獲得的報酬高於他們所希望獲得的最低報酬的差額。

前面揭示的地租就是經濟租的一種典型形式。圖 6-10 說明了更為一般的情況。在圖 6-13 中，要素供給曲線 S_F 與要素需求曲線 D_F 在 E_F 點達到均衡，要素均衡量為 F_0，均衡價格為 P_F。要素供給曲線 S_F 反應了在每個供給量上要素所有者所願意接受的最低價格。所以，雇傭 F_0 數量的生產要素，廠商至少要支付相當於 OAE_FF_0 面積的貨幣額。同時，在單位要素實際支付 P_F 價格條件下，雇傭要素 F_0 時，廠商的實際支付額是 $P_FOF_0E_F$ 的面積。因此，經濟租就是 P_FAE_F 陰影面積。

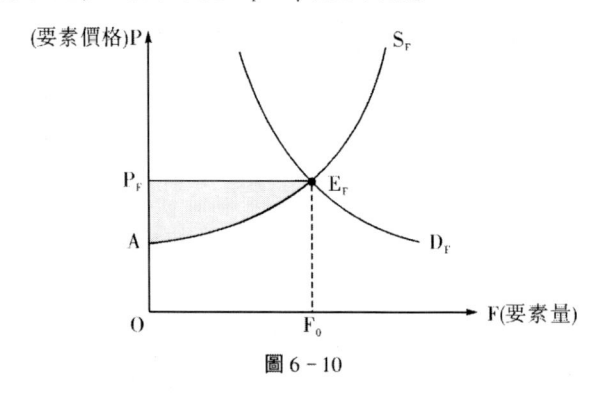

圖 6-10

從上圖很容易發現：某種生產要素的供給彈性越大，即供給曲線越平緩，經濟租就越小。如果要素供給是具無限彈性的，經濟租就不存在。比如：完全競爭性要素市场上

要素供給曲線 S_F 為水準線，就不存在經濟租；相反，如為某一固定供給的生產要素，其全部報酬都是經濟租，如地租。

如果一種生產要素在長期內完全缺乏彈性，其要素所有者由此而獲得的額外收入就是純租。這種租金收入能長期保持，並隨需求發生改變，是一種真正意義的租金。擁有不可替代的用途的土地所有者的地租收入就是一種典型的純租。靈氣四射的足球天才羅納爾多、天生一副好歌喉的帕瓦羅蒂，他們的供給是沒有彈性的，他們所獲得的高額收入也具有純租的性質。

如果一種生產要素在短期內完全缺乏彈性，它的所有者獲得的額外收入稱為準租。在長期中，隨著供給的增加，準租將會消失。比如：資本供給在短期內是固定不變的，資本利息就完全取決於資本需求，這時的資本利息就是一種資本準租。隨著時間的推移，資本供給會更富於彈性，這種利息將會消失。企業家的任何一項創新都能獲得正常利潤。但在完全競爭性市場上，一項創新只能為他帶來短期利潤，隨著他人的仿效，這部分利潤就會消失。所以企業家每項創新獲得的利潤都具有準租的性質。

二、工資理論

工資是勞動提供勞動服務的報酬，構成勞動者的收入。工資通常用工資率來表示，它反應勞動者單位勞動時間的貨幣工資水準。在本節中，主要分析完全競爭性勞動市場和完全壟斷性勞動市場的工資決定。

1. 完全競爭性勞動市場的工資決定

在完全競爭的勞動市場上，無論勞動的所有者，還是勞動的使用者，都不存在任何壟斷。因此，工資就完全由勞動的供給和需求決定。關於單個勞動的供給曲線，我們在上一節已經分析過了，是一條先有正斜率後有負斜率的背彎曲線，但是，就市場上的全體勞動者而言，勞動供給一般還是正相關的。如圖 6-11 中 S_L 所示。

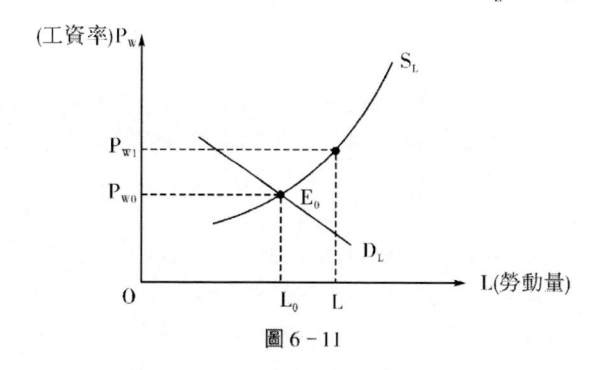

圖 6-11

勞動的需求來自廠商。在完全競爭的勞動市場上，勞動的需求取決於勞動的邊際價值產品。由於勞動的邊際生產力遞減，所以勞動的需求曲線是向右下方傾斜的曲線，如圖 6-11 中的 D_L 所示。在圖 6-11 中，背彎的勞動供給曲線 S_L 與向右下方傾斜的需求曲線 D_L 交於 E_0 點，其對應的均衡工資為 P_{W0}，均衡勞動量為 L_0。

2. 完全壟斷性勞動市場工資的決定

勞動要素的特殊性，使得勞動市場上存在不同程度的壟斷。這種壟斷不外乎三種情

況；一種是勞動要素的賣方壟斷，即勞動者組成工會，壟斷勞動的供給；一種是勞動要素的買方壟斷，即廠商對勞動購買的壟斷；一種是勞動市場上的雙邊壟斷。在這裡，我們主要分析勞動市場上的賣方壟斷對工資決定的影響。

勞動市場上的賣方壟斷主要源於工會的存在。在西方國家中，工會是完全獨立的維護工人權益的工人組織，它不受政黨和政府操縱。在工資決定中，工會代表工人與廠商談判後協商確定。由於工會控制了工會會員，力量相當強大，經濟學把它視為勞動供給的壟斷者。工會對勞動供給的壟斷，主要通過三種方式影響工資和就業。

(1) 限制勞動供給。在勞動需求不變的條件下，工會通過減少勞動供給可以提高工資。工會減少勞動供給的方法主要有：限制非工會會員受雇，迫使政府通過強制禁止使用童工、限制移民、減少工作時間的法律等。工會限制勞動供給對工資和就業的影響可用圖 6–12 來說明。

在圖中，勞動的供給曲線原來為 S_0，S_0 與勞動需求曲線 D 相交於 E_0 點，這決定了工資水準為 P_{W0}，就業水準為 L_0。工會限制勞動供給使勞動的供給減少，勞動供給曲線由 S_0 移到 S_1，S_1 與 D 相交於 E_1 點。E_1 點所對應的工資水準為 P_{W1}，就業水準為 L_1。由於 $P_{W1} > P_{W0}$、$L_1 < L_0$，所以工會減少勞動供給導致工資水準提高和就業減少。

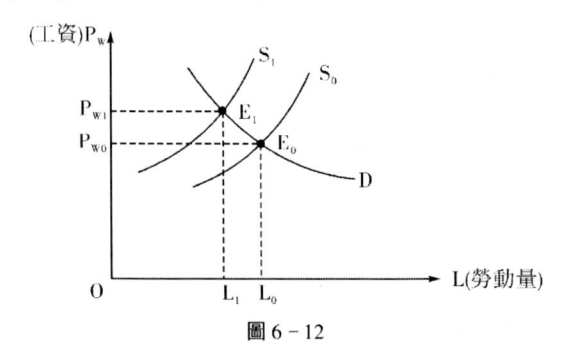

圖 6–12

(2) 增加勞動需求。在勞動供給不變的條件下，增加勞動需求可以提高工人工資水準。由於勞動要素需求是產品需求派生的，工會要求廠商增加對勞動的需求的主要途徑是增加市場對產品的需求。工會可以通過議會等活動來促使政府制定和實施擴大需求的政策，比如擴大出口、限制進口、實行保護貿易等。

工會利用其壟斷力量促使勞動需求增加，對工資和就業產生重要的影響。在圖 6–13 中，S 為勞動供給曲線，它與原來的勞動需求曲線 D_0 交於 E_0 點，決定了相應的工資水準為 P_{W0}，就業量為 L_0。由於工會壟斷促使勞動需求增加，勞動需求曲線變為 D_1，D_1 與 S 交於點 E_1，對應的工資水準為 P_{W1}，而就業量為 L_1。$P_{W1} > P_{W0}$、$L_1 > L_0$。可見，勞動需求的增加既能使工人獲得更高的工資，又能擴大勞動就業量。

(3) 最低工資法。工會的存在迫使政府通過立法規定最低工資，即使在勞動供給大於需求時也能把工資維持在一定的水準上。最低工資的規定對工資與就業的影響可用圖 6–14 來說明。

在圖 6–14 中，勞動的需求 D 與勞動供給 S 相交於 E_0，決定了市場工資水準為 P_{W0}，而就業的最低工資為 P_{W1}。很明顯，規定最低工資能使工資保持在較高水準上，但

図 6-13

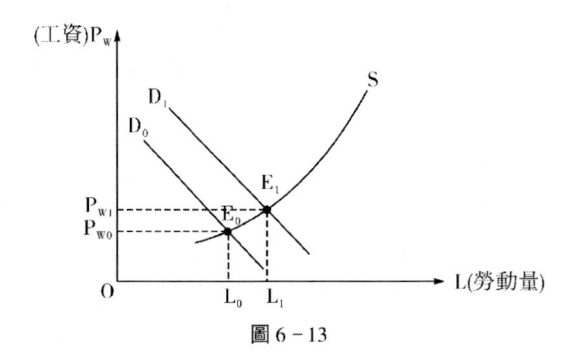

在 P_{W1} 時勞動需求量為 L_1，勞動供給量為 L_2，$L_2 > L_1$，意味著有可能產生失業問題。

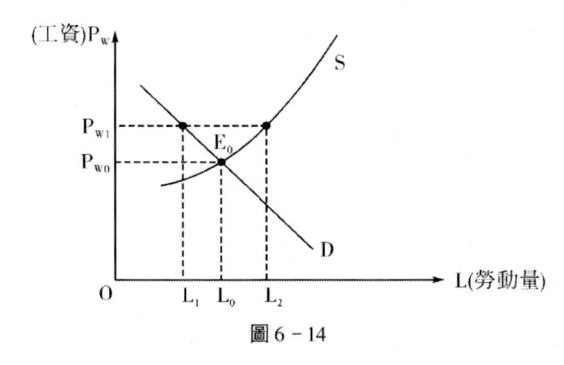

図 6-14

三、工資差別和工資激勵

無論是完全競爭性市場，還是完全壟斷性市場，都客觀存在兩方面的問題：一是各個工人之間的工資存在差別，即使在不存在工會壟斷的情況下也是如此；二是存在工人偷懶，從而需要恰當的約束和激勵。

1. 工資差別

所謂工資差別，是指具有相似的教育背景和工作經歷的各個工人之間的工資差異。經濟學認為，工資差別主要有補償性工資差別、效率性工資差別以及歧視性工資差別等。

工資差別可能與職業性質的差別有關。一份工作除了貨幣特徵外，還具有非貨幣特徵，其中包括工人享有的自主程度、工人承擔的風險以及工作的樂趣等。廠商會根據這些非貨幣特徵的誘人和不誘人之處調整工資，為一個工作的不合意的方面對工人進行補償。這種因職業性質不同而產生的、為補償工人承受的不合意所形成的工資差別，就是補償性工資差別。

工資差別還可能與個人間生產效率的差別有關。有些工人的生產率較其他人高得多，甚至在具有相同經歷和相同教育的人中也是如此。基於個人生產效率差別而形成的工資差別被稱為效率性工資差別。

除補償性和效率性工資差別外，還存在歧視性工資差別。歧視性工資差別，是指因

年齡歧視、種族歧視、性別歧視以及職業歧視所形成的工資差別。在具有類似教育背景、工作經歷和大致相同的生產率情況下，通常上年紀工人的工資低於中、青年工人，黑人的工資低於白人，女工的工資低於男工。近年來，上了年紀的工人、黑人和婦女在工資上的不利地位在逐漸好轉，人們關注的焦點已轉到歧視社會地位較低的階層，這個階層很少有機會得到收入更好的工作，造成歧視性的工資差別。

2. 工資激勵

除非機器出故障，它們總是按照人們所要求的那樣去工作。而工人畢竟不同於機器，在缺乏約束和激勵的情況下，工人的偷懶是普遍存在的。為了使工人充分有效地生產，而不是鬆鬆垮垮地工作，實行計件工資和效率工資是兩種重要的制度選擇。

計件工資制度是指工人按所生產的每件產品或所完成的每項生產任務取得報酬的支付制度。在計件工資制度中，具有更高生產率的工人獲得更高的報酬，生產效率更低的工人獲得的報酬更低。應該說，計件工資能提供促使工人努力工作的恰當激勵。然而，完全實行計件工資制度存在一些實際障礙：一是工人在計件工資制度中要承擔很大的風險。比如某個工人因病休假一週，那麼該工人在那一週就沒有收入。二是雇主不能確切地衡量工人所完成工作的數量和質量。通常情況下，即使生產的數量容易衡量，工作的質量也不好評價，工人只有追求數量的激勵而缺乏追求質量的激勵。正因為這個障礙，以計件工資作為主要收入形式的美國工人較少，完全以這種形式取得收入的工人數量則更少。

在完全競爭的勞動市場上，所有的工人都有同樣的生產率並得到同樣的工資，所有願意工作的人都會在等於他們邊際產出的工資水準上找到工作。即使他們被某個雇主解雇，也能夠在其他地方以相同的工資就業。此時，工人存在偷懶的刺激。為了得到員工的忠誠和高質量的工作並減少工人跳槽，廠商必須向工人支付比他們在其他地方所得報酬更高的工資。在這個工資水準上，由於偷懶而被解雇的工人就面臨工資降低的風險。如果工資的差別足夠大，工人就會被吸引到進行有效的工作上來。這種可以避免偷懶、刺激工人有效地生產的高工資就稱為效率工資。

第四節　利息和利潤理論

在第三節分析了土地和勞動價格的決定之後，本節要對資本和企業家才能這兩大生產要素進行分析。

如果說土地和勞動是最早使用的生產要素的話，那麼資本和企業家才能則是現代生產中最富有生命力和最稀缺的生產要素。現代廠商從商品經營邁向資本經營，從重視生產轉向重視管理，都昭示了資本和企業家才能要素的重要地位。資本和企業家才能作為投入生產過程中的生產要素，也有相應的價格，即利息和利潤。下面介紹有關利息和利潤的一些基本理論。

一、利息理論

利息是廠商使用資本所支付的價格，它構成資本所有者的收入。作為資本要素的價

格，利息不是指貨幣、股票、債券等金融資產的價格，而是指廠房、機器及其他生產工具等真實資本的價格。事實上，資本要素的價格有兩種形式：一種是資本所有者讓渡資本所有權的價格，即資本品的買賣價格；另一種是資本所有者讓渡資本使用權的價格，也就是資本品的租借價格。前一種價格通常稱為資本品價格，而後一種價格則習慣地稱為資本利息率。這裡主要分析資本利息率。

1. 資本利息

可以這樣說，利息是資本所有者要求支付的、而資本使用者又願意和能夠支付的資本要素價格。這裡就存在兩個經濟問題：一個是為什麼資本所有者要求對資本支付利息？二是資本使用者為什麼又願意和能夠為資本支付利息？對此，經濟學家用時間偏好和迂迴生產理論進行了闡釋。

(1) 時間偏好與資本利息。在經濟學上，廠房、機器及其他生產工具等資本品就是資本，它是已生產出來但未做消費之用而被作為生產要素投入的物質資料。實際上，資本是由資本所有者放棄現期消費而選擇未來消費形成的。因此，資本利息被認為是對要素所有者犧牲現期消費的一種經濟補償。

要素所有者延期消費為什麼要求得到利息補償呢？經濟學認為，人們具有一種時間偏好，即在未來消費與現期消費中，人們是偏好現期消費的，從而同一物品未來的效用總是低於現期的效用。究其原因主要有三：一是人們預期未來的物品稀缺性會減弱；二是人們認為人生短促，也許自己活不到享受未來物品的時候；三是人們不太重視未來的歡樂和痛苦，習慣於低估未來的需求、低估滿足未來需要的物品的效用。時間偏好的存在，決定了人們總是偏好現期消費的。一旦人們放棄現期消費而把它變成資本，就應該得到利息以作為補償。

(2) 迂迴生產與資本利息。利息是資本使用者支付給資本所有者的。資本使用者之所以願意並能夠支付利息，是因為資本淨生產力能夠提高使用者的經濟效率，生產出包含利息在內的更大收益。

經濟學認為，現代生產方式的基本特點就在於迂迴生產，即人們先生產機器設備和生產工具等資本品，然後再利用這些資本品去生產消費品。迂迴生產能夠提高生產效率，而且迂迴的過程越長，生產效率越高。比如：人們最初直接依靠人力和畜力栽種糧食，生產效率很低。現在，人們先發明了生產農用機械的機器設備，然後再使用這些設備去製造聯合收割機等農用機械，最後用這些農用機械去種植農作物，生產效率大大提高。迂迴生產的高效率，使得資本使用者獲得的收益，除了補償資本價值外，還能獲得一個額外的餘額。這個餘額與資本原值的比，就是資本淨生產力，又稱為資本淨生產率。因此，資本淨生產力是資本利息的源泉。

2. 均衡利率的決定

資本利息作為資本要素的價格，它是時間的函數，表示為單位資本的時間利息率，如年利率、月利率等。利息率取決於資本需求和資本供給。

資本供給來自於資本所有者犧牲的現期消費。因為期待未來獲得更多的收入和消費，人們將收入的一部分儲蓄起來，並以資本的形式提供給使用者。資本的供給曲線我們在前面已經分析過了，是一條向右上方傾斜的曲線，如圖6-18所示。

對資本的需求來自於廠商，追求利潤最大化的廠商根據資本淨生產率與利息率的相

對大小來決定資本需求的多少。只有當資本淨生產率大於利息率，廠商才會使用資本進行生產。資本淨生產率高於利息率越多，純利潤就越大，資本投資和需求也就越大。因此，在資本淨生產率一定時，利息率越高，資本需求量越小；利息率越低，資本需求量越大。資本需求隨資本利息反向變化，資本需求曲線是向右下方傾斜的線段，如圖6-15所示的曲線 D_K。

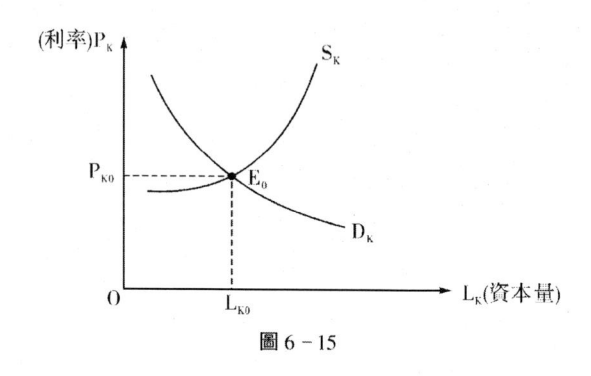

圖 6-15

結合資本供給和資本需求，就可以得到均衡利息率。如圖6-15中，資本供給 S_K 和資本需求 D_K 交於 E_0 點，E_0 點所對應的資本均衡量為 P_{K0}，資本均衡利息為 L_{K0}。很明顯，資本供給和資本需求的變化會導致資本利息率的變化。隨著經濟進入衰退，資本供給可能增加，而資本需求則會減少，利息率會降低；反之，在經濟繁榮時期，利息率相應提高。

二、利潤理論

千方百計地追逐利潤是廠商的本性。利潤之於企業，猶如血液之於生命。在第五章中我們已經知道，利潤有會計利潤、正常利潤和經濟利潤，會計利潤是正常利潤與經濟利潤之和。因此，在這裡著重分析正常利潤和經濟利潤的來源、性質及其決定。

1. 企業家才能與正常利潤

所謂正常利潤，是指廠商維持生產經營正常進行所必須得到的最低額外報酬。一般而言，要保證廠商繼續正常生產，至少企業的生產成本耗費要得到全部補償。因此，廠商獲得的收益除了補償明顯成本或會計成本之外，還要補償廠商的隱含成本。如果廠商的收益不能充分補償其隱含成本，理性的廠商就不會繼續正常生產，因而賺取相當於隱含成本數額的收益，就成了廠商維持正常生產的最低額外報酬。從這個意義上說，正常利潤就是廠商獲得的用來補償隱含成本的那部分收益。經濟學把這部分收益看做利潤，因為從日常習慣和會計核算來看，隱含成本並非真正意義上的成本，它也不需要進行現實的貨幣支付，與隱含成本相當的那部分收益計入會計利潤之中，從而具有利潤的性質。

在完全競爭市場中，廠商作為價格接受者可以自由進出市場，廠商之間的競爭會使市場價格降低到平均成本水準，每個廠商都只能獲得正常利潤。而在完全壟斷市場中，廠商是價格的制定者，其市場價格高於平均成本，它不僅得到正常利潤，還能獲得超過

正常利潤的經濟利潤。因此，正常利潤也可定義為完全競爭性廠商即使在長期也能得到的那部分利潤。

完全競爭性市場，實質上是一個競而不爭的市場。在這個市場上，沒有經營風險，沒有創新動力，也沒有壟斷因素。在這樣一個完全確定的靜態市場中，廠商得到的正常利潤不可能產生於風險、創新和壟斷，而是企業家才能的報酬。在經濟學看來，企業家才能是指廠商綜合組織和管理生產要素的能力，正常利潤就是由企業家才能的供給和需求決定的。實際上並不是每個人都具備企業家才能，只有那些有管理天賦和豐富管理經驗的、又受過良好教育的人才具備企業家才能。因此，企業家才能的生產成本很高，市場供給很小；而另一方面，企業家才能是合理配置各種生產要素的決定性因素，其市場需求很大。企業家才能的供求特點，決定了正常利潤水準較高。這就是廠商利潤和企業家收入遠遠高於一般勞動者工資的重要原因。

2. 風險決策與經濟利潤

經濟利潤是收益與經濟成本之差，是廠商獲得的超過正常利潤的那部分利潤。在利潤理論中，經濟學對於經濟利潤的來源和性質進行了大量的分析。一般認為，由於市場信息和競爭的不完全性，廠商的生產總是在存在風險、創新和壟斷的條件下進行的。因此，經濟利潤可能與廠商的風險決策能力、生產創新能力和市場壟斷力相關。

風險是指廠商決策所面臨的虧損可能性。任何決策總是面向未來的，而未來是不確定的，因而企業決策總存在風險。一般地，風險有可分散風險和不可分散風險兩種。可分散風險，也稱為非系統風險，它是指廠商能夠通過投資於許多項目，如持有許多公司股票或向保險公司投保而分散的風險。比如火災、失竊、工傷事故等風險。可分散風險並非真正意義上的風險，也不是經濟學上要分析的風險，經濟學著重要考慮的是不可分散風險。不可分散風險，又稱為系統風險，它主要是因市場活動的不確定性而可能帶來的損失。比如：廠商因存在破產的可能性而不能履約的違約風險，由於產品需求、要素供給以及競爭對手行為的不確定性可能帶來的損失等。上述風險的存在，沒有可能通過多樣化投資和投保來分散和消除。對於這類風險，像通用汽車公司和大陸伊利諾斯銀行這樣的大企業也無法完全避免。

風險的普遍存在，使得廠商生產經營某項目的期望收益與確定性收益不一致。一般而言，風險越高，期望收益和風險收益就越大；風險越低，期望收益和風險收益就越小。為了鼓勵廠商從事風險經營活動，就必須為它承擔這種風險提供一定的報酬，使成功的風險決策能獲得利潤收入。這個利潤收入實際上就是廠商獲得的風險收益。成功的風險決策能為廠商帶來利潤，但失誤的風險決策將給廠商造成虧損，因而風險收益具有強烈的不穩定性，它可能為正值，也可能為負值。

一般地說，理性的廠商都盡可能地規避風險，但許多具有風險的生產經營對居民戶、企業和社會都是相當有益的。因此，廠商獲得因承擔風險而產生的經濟利潤是合理的。

3. 企業創新與經濟利潤

創新是指廠商把新的發明引入經濟領域，對生產要素進行重新組合的活動。它包括開發和研究新產品、採用新的生產技術和生產方法、開拓新的產品市場、獲得生產要素的新來源以及運用新的企業組織形式等多方面的內容。

創新使一個廠商能夠獲得優於其他廠商的市場需求條件和成本條件，從而得到超過正常利潤的超額利潤。開發和研究一種新產品，既可以創造和滿足新的市場需求，還可以使廠商以一個滿意的價格銷售產品，從而增加收益和利潤。美國電報電話公司的研究機構貝爾實驗室對激光和晶體管的研究開發，使得該公司得到了遠遠高於一般利潤的超額利潤。採用新的生產方法和企業組織形式，可以大大提高生產效率和管理效率，明顯降低生產經營成本，廠商因此也能得到更多的利潤。比如：現代化生產中大量使用的模糊控制和機器人操作就是生產方法上的創新，而股份公司制則是企業組織形式上的創新。獲得一種原料的新來源，廠商不僅能夠克服生產中原料的限制而擴大產量，而且還能降低生產成本，從而獲得更高水準的利潤。開闢新的市場同樣可以通過擴大需求和提高價格而獲得超額利潤。

在完全競爭性市場，任何創新都會被他人模仿，因而一項創新只能為企業帶來短期利潤。隨著他人的仿效，這部分利潤就會消失。廠商只能在不斷的創新中才能獲得利潤收入。同時，廠商的創新並非都能創造超額利潤，只有那些符合市場需要的有效創新才能帶來創新收益。從這個意義上講，因創新而得到的那部分創新報酬也是不確定的，具有相當大的伸縮性。

創新是社會進步和發展的源泉和動力，廠商因創新而獲得經濟利潤是合理的，是社會對創新的必要獎勵。

4. 壟斷經營與經濟利潤

廠商獲得的經濟利潤，部分是風險補償，部分是創新獎勵，還有部分則是壟斷利潤。壟斷利潤是指因市場競爭的不完全性而產生的超額利潤，也就是由於壟斷而產生的超額利潤。

壟斷利潤來源於壟斷力。所謂壟斷力是指當廠商提高價格時，其顧客不會流失或銷售量不會減少的程度。實際上，壟斷力就是廠商控制市場價格的能力。壟斷力的形成原因主要有四個方面：一是源於行政或立法限制。比如在17世紀英國政府授予東印度公司與印度進行貿易的壟斷權、18世紀法國的鹽業壟斷廠商擁有對鹽的專賣權以及由政府認可的授予發明人的專利權。二是源於規模經濟和自然的限制。電力、天然氣、鐵路運輸和長途電話都是自然壟斷的典型例子。三是源於廠商採用諸如掠奪性定價、限制性定價和多餘生產能力示意等市場策略，從而阻止新廠商進入所形成的壟斷力。四是源於一些關鍵性投入要素的限制。比如特有的自然資源、技術秘密、產品配方甚至關鍵性的信息。

在壟斷市場上，廠商正是憑藉其壟斷力獲得壟斷利潤的。壟斷利潤可分為賣方壟斷利潤和買方壟斷利潤。賣方壟斷利潤是指廠商通過對某種產品出售權的壟斷，抬高商品賣價以損害消費者而取得的利潤。壟斷廠商的短期均衡和長期均衡、壟斷競爭廠商的短期均衡以及寡頭壟斷條件下的經濟利潤就是這種壟斷利潤。與此不同，買方壟斷利潤是指廠商通過對產品或要素購買權的壟斷，壓低收購價格以損害生產者利益而取得的利潤。在本章第一節分析的「專賣剝削」和「專買剝削」就是這種壟斷利潤。

壟斷利潤不是來自於風險決策和生產創新，也不是作為一種投入要素的企業家才能的報酬，而是來自於對產品消費者和要素所有者的「剝削」收入。因此，壟斷利潤的獲得是不合理的，社會應該對此進行積極限制和有效調節。

第五節　收入平等與分配政策

在本章的前三節分析了各種市場結構中要素價格和要素量的決定理論，這實際上就是市場分配理論。市場分配理論認為，要素量和要素價格取決於要素市場的供求均衡，並構成收入分配的基本來源。通過市場來分配收入有利於實現資源的合理配置和經濟效率，但在實現經濟平等和收入平等上存在一定困難。為此，本節將研究收入平等和分配政策。

一、洛侖茲曲線和基尼系數

在不同的歷史時期和不同的社會中，收入分配的不平等程度是存在差異的。經濟學家們常常用洛侖茲曲線和基尼系數來測量收入分配的不平等程度。

1. 洛侖茲曲線

在社會角度上，收入分配的平等或不平等程度，可以通過簡單考察一定比例的人口所占收入比例的大小來分析。比如：總人口中收入最低的 10% 的人口占總收入的百分比究竟是多少？收入最低的 20% 的人口占總收入的百分比是多少？收入最低的 30%、40%、50%……的人口占總收入的多大比例？如此等等。如果以人口的累積百分比和收入的累積百分比為兩個坐標軸，把一個特定時期內特定社會的人口累積比例與收入累積比例的對應關係點描繪在坐標平面上，就會勾畫出一條曲線，這條曲線就是洛侖茲曲線。簡而言之，洛侖茲曲線就是反應人口百分比與收入百分比關係的曲線。如圖 6-16 所示。

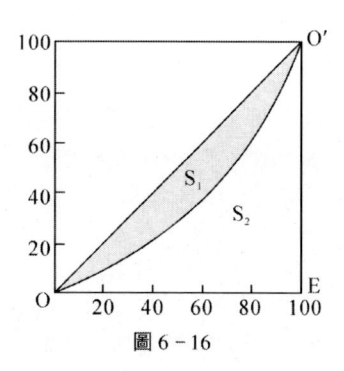

圖 6-16

在圖 6-19 中，直線 OO′ 為 45° 線，在 OO′ 線上的點到兩軸的垂直距離相等，即 20% 的人口佔有 20% 的收入、40% 的人口佔有 40% 的收入，如此等等。因此，直線 OO′ 表示了一定比例的人口就擁有與之相同比例的收入，表示了收入分配的絕對平等。與直線 OO′ 不同，折線 OEO′ 反應了收入分配的絕對不平等狀況。在這樣一種狀況下，其中 99% 的人都沒有收入，而 1% 的人擁有 100% 的收入。

實際上，任何國家在任何時期的收入平等程度必定介於絕對平等和絕對不平等之間，如圖 6-19 中的弧線 OO′ 所示。弧線 OO′ 代表了某一條洛侖茲曲線。很明顯，洛侖

茲曲線越靠近絕對平等線，反應收入分配的平等程度越高；洛侖茲曲線越靠近絕對不平等線，其代表的收入分配越不平等。經濟學家通常根據統計調查資料來描畫洛侖茲曲線，從而研究收入分配的平等程度。

2. 基尼系數

除了用圖形直觀地表示收入分配平等程度之外，基尼系數也是分析收入平等程度的重要工具。在圖6-19中，把實際的洛侖茲曲線與絕對平等線之間的面積，表示為S_1，把實際洛侖茲曲線與絕對不平等線之間的面積表示為S_2，則基尼系數的計算公式為：

$$基尼系數 = \frac{S_1}{S_1 + S_2}$$

顯然，當實際洛侖茲曲線與絕對平等線重合，即S_1為0時，基尼系數為0，這時收入分配絕對平等；當實際洛侖茲曲線與絕對不平等線重合，即S_2為0時，基尼系數為1，這時收入分配絕對不平等。實際基尼系數總是大於0小於1的。基尼系數越小收入分配越平等；基尼系數越大，收入分配越不平等。按照國際上通用的標準，基尼系數小於0.2，表示收入分配高度平均；介於0.2至0.3之間表示相對平均；介於0.3至0.4之間表示基本合理；0.4是收入貧富差距的警戒線；如果基尼系數介於0.4至0.5之間則表示收入差距較大；0.6以上視為高度不平均。

二、收入分配政策

市場經濟中收入分配的不平等，主要源於社會成員提供的生產要素的質和量的差異，以及由市場形成的各種要素報酬率的差異。因此，收入分配政策著眼於對決定收入分配的各種主要因素的調節。

1. 產品價格和收入決定均等化政策

（1）最低工資制。最低工資制即由政府立法規定勞動報酬的最低線。在因勞動力相對較多而使勞動力市場處於買方壟斷的情況下，最低工資制度的實施能夠有效地消除資本對勞動的「剝削」，而不會影響企業現有勞動的雇傭狀況，而且還有利於淘汰借助低工資生存的低效率企業，有利於資源配置的改善和整個經濟效率的提高。然而，最低工資制度的實施也可能使設定的最低工資率高於由完全競爭的市場所決定的要素報酬率，從而造成部分勞動者的失業。因此，必須相應地實施人力資本政策與社會保障政策。

（2）價格支持政策。價格支持政策是指政府將某些特定行業，特別是農業中的產品價格維持在由市場供求關係所決定的價格水準以上，以防止該產業產品價格的下降，維護該產業勞動者的收入水準。價格支持政策實際上是生產者和消費者在利益和價格方面的再分配，因而有利於收入分配的平等，同時也有利於維持這些重要的特定行業的生存，但其負面影響則在於：它可能會使這些行業放棄提高效率的努力，同時也可能導致資源流動受阻，妨礙產業結構的合理調整，影響資源的最優配置。

（3）價格補貼政策。價格補貼政策是指將生活必需品的價格維持在較低的價格水準上，以保證低收入者的生活。但為此就需要對這些產品的生產者提供一定的價格補貼，以彌補產品價格和生產成本之間的差額。這種補貼顯然也不利於資源的優化配置，因為這種資源向低邊際生產力用途的轉移不利於包括低收入者在內的全體社會成員收入水準的提高。

2. 收入再分配政策

收入再分配政策是指政府運用財政政策進行收入的再分配，以使國民收入從高收入階層向低收入階層轉移。其內容包括兩個方面：

（1）有利於低收入階層的政府支出政策。它包括向低收入者提供社會保險和社會福利以及向低收入階層提供政府救濟和帶福利性質的公共服務等，其核心則是建立完善的社會保障制度。其作用不僅在於能提高低收入階層在國民收入中的分配份額，促進收入分配的平等化，而且能夠在人們由於某種原因而無法靠自己的力量維持生計時，保障其最低生活水準；同時它通過向社會分散風險的辦法來避免或減輕因意外原因如疾病、失業、災害等導致的傷害。

（2）有利於低收入階層的稅收政策。與收入分配及再分配有關的稅種，包括個人所得稅、消費稅、財產稅和利潤稅等。其中與再分配有關的稅種主要是個人所得稅和消費稅。作為直接稅的個人所得稅具有累進性稅率結構以及對低收入者的免稅性質，因此被視為是最有效的收入再分配工具。因為一般高收入者才購買的奢侈品稅率相對較高，而低收入者購買的大眾化商品稅率則相對較低，甚至為零，因此消費稅也能在一定程度上減小社會成員的收入差距。但是個人所得稅和消費稅都實際上是或類似於是對勞動課稅，因此它無助於人們增加勞動的供給，這就可能對資源配置帶來一定影響，從而影響經濟的效率。

（3）收入源泉均等化政策。為了緩解收入分配的不平等，除了上述政策措施外，還必須對形成收入差距的初始因素進行政策調節。其內容主要包括兩項：一是勞動收入源泉的均等化，包括機會均等和權力均等。機會均等主要是指每個社會成員接受教育的機會均等化，以促進人力資本向能夠獲取較高收益的職業移動，從而緩解勞動收入的不平等。權力均等化是指消除各種非經濟的歧視因素，以達到各種收入機會的平等，它有利於緩解由於社會不公平所導致的收入不平等。二是收入源泉的均等化。如前所述，財產擁有的不平等是導致收入分配不平等的重要因素，而其根源在於財產的擁有具有無限性和繼承性。從收入源泉均等化的角度看，財產繼承制度給予繼承者與生俱來的財富支配權是有欠公正和不盡合理的。因此，實行累進性遺產稅制度，既可以實現調節收入分配的目的，又可以防止因遺產稅的徵收不合理而導致的儲蓄下降和勞動意願的低下。

第七章　帕累托效率與市場失靈

本章重點及難點

(1) 帕累托最優的含義和實現條件。
(2) 完全競爭能夠達到帕累托最優。
(3) 外部效應存在的原因。
(4) 科斯定理的基本內容。
(5) 為什麼私人部門不能提供充足的公共物品？
(6) 自然壟斷的成因和管理。
(7) 信息不對稱是如何導致逆向選擇和道德風險的？

　　以上各章分析了居民戶和廠商這些個別經濟單位的選擇行為和單個市場的價格決定。微觀經濟學不僅要分析個別經濟單位的決策行為和單個市場的運行機制，它還要研究個別經濟單位和單個市場間的依存關係，說明整個價格體系是如何把分散的抉擇行為有機地結合起來的。本章的目的是在一般均衡分析的基礎之上，概括性地介紹帕累托效率和市場失靈。

　　本章研究的內容，使經濟學由局部均衡分析擴展到一般均衡分析，由實證經濟分析擴展到規範經濟分析，由研究市場有效擴展到研究市場失靈，由市場決策擴展到公共決策。可以毫不誇張地說，本章是微觀經濟學的重要組成部分，而且是相當精彩有趣的部分。

第一節　一般均衡與帕累托效率

一、局部均衡和一般均衡

　　在市場經濟中，經濟學家關注的是個人與廠商之間相互作用的兩個市場：一個是廠商出售產品給個人的產品市場，比如食品市場、服裝市場和汽車市場；二是個人提供要素給廠商的要素市場。勞動市場、資本市場和土地市場就是其中的幾種。在產品市場的分析中，我們通過研究消費者購買行為，推導出單個消費者的需求，進而得出了產品的市場需求；同時，我們又通過研究廠商的生產行為，揭示了單個廠商的供給，進而又推導出了產品的市場供給；然後在產品市場均衡的條件下，分析了產品價格和數量的決定。在要素市場的分析中，我們通過對廠商的要素需求的考察，揭示了要素的市場需求；又通過對個人的要素供給的研究，解釋了要素的市場供給；在此基礎上進而說明了要素市場均衡時，要素價格和要素量的決定。

前面幾章分析的市場均衡，是單一產品市場和單一要素市場的均衡。這種單一市場均衡的實現，完全被視為由該種產品或要素的供給和需求決定。比如：可樂的價格在它的需求等於其供給時決定；奔馳車的價格在它的需求等於它的供給時決定；工資由勞動的需求與供給的均衡決定；利息由資本的需求與供給的均衡決定。在經濟學中，這種特定市場的均衡就是局部均衡。顯然，在我們分析某一個特定市場時，總是假定其他市場的情況不變，或者總是忽略其他市場的情況，認為該市場的價格唯一地取決於市場自身的供給和需求，而市場供求變化又唯一地決定於商品或要素自身價格的變化。這種分析方法被稱為局部均衡分析。例如：我們討論豬肉的供給和需求，以及由此而決定的均衡價格與數量及其變動時，則是假定其他市場，包括牛肉、蔬菜、成衣、勞動以至資本等市場的供需與價格都固定不變。這種假定可以簡化我們的分析，對於瞭解豬肉市場如何決定其價格及交易量，或者探討對豬肉限價或課稅等政策所產生的直接作用，是非常有幫助的。

通常情況下，這種局部均衡分析已足以使人理解市場行為了。然而，在實際上，各個市場之間並非相互隔絕的，沒有一個市場能在不影響其他市場的情況下做出自己的調整，也沒有一個市場能在不受其他市場影響的情況下做出自己的調整。在某些情況下，市場間的相互影響可能是很大的。例如豬肉市場，它與牛肉市場、羊肉市場、食品市場，甚至相似程度較小的汽車市場都有程度不同的相互聯繫和相互影響。因此，豬肉市場上價格和產量的變動不可能對其他市場沒有影響，亦即豬肉市場均衡的調整必然打破其他市場的均衡，而其他市場均衡的調整反過來又會影響豬肉市場均衡的形成。同樣，一種商品市場及其價格，與生產這種商品的生產要素市場及其價格之間，或者生產其他商品的生產要素市場及其價格之間，也存在某種程度的相互聯繫和相互影響。這種由相關市場的價格和數量的調整導致的某一市場的價格和數量的調整就是反饋效應。當各個市場經過調整、反饋、再調整、再反饋，最後全部達到均衡時，就是一般均衡。因此，在充分考慮不同市場和價格之間的相互影響的條件下，分析各個市場共同均衡的實現和變動，則稱之為一般均衡分析。

顯然，局部均衡分析與一般均衡分析存在差異。局部均衡分析重在研究單個市場的價格和產量決定；一般均衡分析則關注所有市場價格和產量的共同決定，尋求在勞動、資本和商品市場同時出清的條件下，工資、利率和價格決定問題的答案。相應地，局部均衡分析不探討反饋效應；而一般均衡分析明確地把反饋效應考慮在內，既易於說明市場體系中各組成部分之間的相互依存性，也為經濟擾動如何打破舊的均衡並在所有市場上導致新的均衡這一問題提供了分析框架。當一個市場上的市場條件變化對其他市場的價格影響很小時，則適用局部均衡分析；但是如果一個市場的市場條件變化會對其他市場價格產生重大影響時，則必須使用一般均衡分析。

二、簡單的一般均衡理論

經濟系統中存在的相互依存性通常使局部均衡分析過於簡單，但把所有的這些相互依存關係都加以分析又過於複雜。為此，我們可以通過簡化的市場關係來說明一般均衡理論。我們假定：社會上只存在 A、B 兩個經濟單位，而且它們既是消費者又是生產者；全社會只生產 X、Y 兩種產品，這兩種產品既是消費品也是資本品；同時，社會生產中

只有 L 和 K 這兩種要素可供使用。在這個簡單的市場體系中,怎麼才能實現一般均衡?經濟學是從交換的一般均衡、生產的一般均衡和產品組合的一般均衡來分析的。

1. 交換的一般均衡

交換的一般均衡是指經濟中生產的所有商品都以最有效的方式在個人之間進行分配,從而人們不能通過商品的進一步交換來獲益。具體來說,如果 X、Y 這兩種商品在 A、B 之間實現了最優分配,那麼商品在 A 和 B 之間就不存在任何有益的交換機會。對於怎麼才能實現交換的一般均衡,經濟學採用邊際替代率加以分析:只要各個消費者的邊際替代率相等,社會就達到了交換的一般均衡,實現了效用最大化。我們知道,邊際替代率反應了消費者在維持效用水準不變的條件下,為了多消費 1 單位 X 商品所願意放棄的 Y 商品的數量;換言之,也就是要使消費者減少 1 單位 X 商品的消費所必須補償給它的 Y 商品的數量。當消費者 A 的邊際替代率(假設為 3)超過消費者 B 的邊際替代率(假定為 1)時(圖 7-1 中 F 點所示),即是說,消費者 A 為了多享用 1 單位 X 商品所願意放棄的 Y 商品的量(即 3),超過使消費者 B 放棄 1 單位 X 商品所希望得到的 Y 商品的量(即 1)時,A 消費者以 2 單位 Y 商品向 B 消費者換取 1 單位 X 商品,那麼,消費者 A 節約了 1 單位 Y 商品,而消費者 B 多得了 1 單位 Y 商品,兩位消費者的滿足程度都比交易前提高了。因而,我們可以瞭解到,若產品在消費者之間的分配並未使每位消費者之間的邊際替代率都相等,那麼,必然存在著進一步的交易機會,使交易雙方都能得到好處。只有當各個消費者之間的邊際替代率相等,商品在消費者之間的任何重新分配都不能進一步提高社會的總效用水準,從而也就不存在進一步交換的可能時,就達到了交換的一般均衡。因此,任意兩個消費者在任意兩種商品之間的邊際替代率相等,就是實現交換的一般均衡的條件。

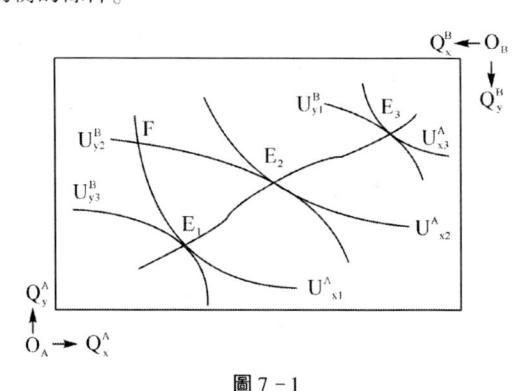

圖 7-1

2. 生產的一般均衡

生產的一般均衡是指經濟中一切資源都以最有效的方式在生產者之間進行配置,因而廠商之間不能通過資源的重新分配來獲得好處。在我們的簡單經濟體系中,就要求資源 L、K 在 A、B 兩個廠商之間合理分配,以至於它們無法通過資源的再配置來增加產量。現在的問題是:L 和 K 這兩種要素如何在 A、B 兩個廠商之間進行配置,才能實現生產的一般均衡?為此,經濟學採用了邊際技術替代率來說明:只要兩個廠商的邊際技術替代率相等,社會就達到了生產的一般均衡,實現了產量的最大化。我們知道,邊際

技術替代率描繪了生產者在保持產量水準不變的情況下，為了多使用 1 單位的 L 所願意減少的 K 的數量；換言之，也就是生產者減少 1 單位 L 使用所必須補上的 K 的數量。當 A 廠商的邊際技術替代率（比如說 3）超過 B 廠商的邊際技術替代率（比如說 1）時（圖 7-2 中 F 點所示），即是說，廠商 A 為了多使用 1 單位的 L 所願意減少的 K 的數量（即 3），超過廠商 B 放棄 1 單位 L 所須補上的 K 的數量（即 1）。在這種情況下，若廠商 A 以介於 3 和 1 之間的 K 的某一數量（比如說 2），與廠商 B 換取 1 單位 L，那麼 A 廠商節約了 1 單位的 K，B 廠商則多得了 1 單位的 K，兩個生產者的產量水準都將比交換前提高。因而，我們可以瞭解到，若要素在廠商之間的分配沒有使每一個廠商的邊際技術替代率相等，那麼必定存在著進一步交易的可能性，且使交易雙方都能提高產量。只有各個廠商之間的邊際技術替代率相等時，才不存在能夠進一步提高產量的交易機會，從而達到生產的一般均衡。因此，各個廠商在任意兩種要素之間具有相同的邊際技術替代率，就是實現生產的一般均衡的基本條件。

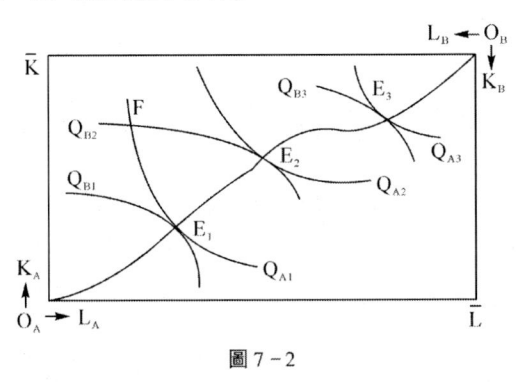

圖 7-2

3. 產品組合的一般均衡

由上面的分析可知，交換的一般均衡描述了既定的產品如何在各消費者之間進行合理分配，而生產的一般均衡則描述了既定的資源如何在不同的生產者之間進行分配。產品組合的一般均衡則是指在社會資源既定的條件下，生產者充分有效地使用這些資源來生產各種產品，同時消費者完全合理地消費所生產的這些產品。為此，經濟學採用了邊際替代率和邊際轉換率來進行分析：只要社會消費的邊際替代率等於社會生產的邊際轉換率，就實現了產品組合的一般均衡。我們知道，X 商品對 Y 商品的邊際替代率等於 X 商品的邊際效用與 Y 商品的邊際成本之比。如果邊際替代率為 3，而產品轉換率為 1，即是說，增加 1 單位 X 商品所增加的效用剛好等於減少 3 單位 Y 商品所減少的效用；換句話說，在消費者看來，1 單位 X 商品相當於 3 單位 Y 商品，而在生產者看來，1 單位 X 商品只相當於 1 單位 Y 商品。在這種情況下，由於增加 1 單位 X 商品所增加的效用（即 3Y）大於增加 1 單位 X 商品所增加的成本（即 1Y），因而從社會的角度來看，還應該通過資源的再配置，增加 X 商品的生產和減少 Y 商品的生產。也就是說，廠商可以調整資源在產品之間的配置，找到使用相同的投入水準而增加產出的方式，同時消費者也能相應地改善商品的消費組合。一旦消費的邊際替代率等於生產的邊際轉換率，那麼資源就不存在使得社會更加有利的配置方式。因此，要實現產品組合的一般均衡，就必須

使邊際替代率與產品轉換率相等。如圖 7-3 中 B 點所示。

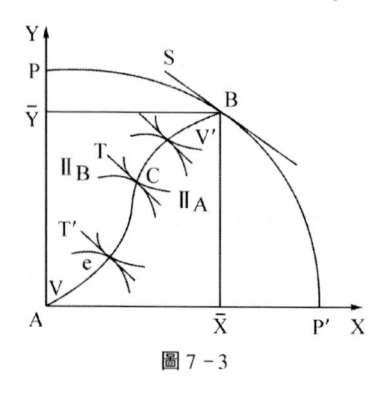

圖 7-3

三、帕累托最優與完全競爭

經濟學家不僅對描述市場均衡感興趣，而且對評價市場均衡感興趣。通常作為評判市場運行效果的標準不外乎經濟福利和經濟效率。儘管在效率和福利的評價標準上存在種種分歧，但實際上幾乎所有經濟學家都接受「帕累托標準」。

義大利經濟學家阿爾弗雷多・帕累托提出：當社會資源的配置已經達到這樣的程度，以至於社會無法在不使一部分人境況變差的條件下，通過資源的重新分配來改善另一部分人的境況，那麼，這時的資源配置就達到了一般均衡。在經濟學上，習慣地把這種資源配置狀態稱為帕累托最優或帕累托效率。當一個市場處於帕累托最優狀態時，意味著市場上不可能再有未被利用的、通過交易可以獲取好處的機會，也不再有未被利用的使用相同的投入增加產出的方式。換言之，具有帕累托效率時，使得自身境況變好的唯一途徑，是從他人那裡拿走資源，從而使得他人境況變壞。帕累托效率並不是說沒有任何方式可以改善某些人或某個人的境況——很顯然，資源可以從一部分人那裡轉移到另一部分人手中，從而使得到資源的那些人的境況改善。

帕累托最優是一種一般均衡狀態。因此，一個具有帕累托效率的經濟，它必須滿足於交換效率、生產效率和產品組合效率的基本條件。在經濟學家看來，完全競爭能防止權力的過度集中，有利於單個經濟活動主體的生產經營效率的提高，並避免消費者受到剝削，從而能夠實現資源配置的效率。在一個完全競爭的經濟社會中，在市場力量的作用下，前述帕累托效率的三個條件都能得到滿足。

在第三章中我們曾說明過，消費者在完全競爭條件下的購買選擇將使任意兩種商品間的邊際替代率等於它們之間的價格之比。由於完全競爭條件下的價格及價格比率對所有消費者都是相同的，因此，所有消費者對任意兩種商品間的邊際替代率也必然都是相同的。

在第四章中我們曾說明過，生產者在完全競爭條件下對每種生產要素使用量的選擇將使任意兩種要素間的邊際技術替代率等於它們之間的價格之比。由於完全競爭條件下的要素價格及價格之比對所有生產者都是相同的，因此所有生產者之間對任意兩種生產要素的邊際技術替代率也必然都相同。

在第五章中我們曾說明過，在完全競爭條件下價格就等於邊際成本，所以商品 X 的邊際成本與商品 Y 的邊際成本之比等於商品 X 的價格對商品 Y 的價格之比。聯繫到上面的結論，這意味著在完全競爭條件下，邊際產品轉換率等於商品 X 的價格與商品 Y 的價格之比。根據資源配置最優的第一個條件，在完全競爭條件下，商品 X 對商品 Y 的邊際替代率就等於二者價格的比率，由此可以得出結論：完全競爭條件下的產品的邊際轉換率等於任意兩種商品間的邊際替代率。

綜上所述，使資源得到最優配置的所有三個條件都在完全競爭條件下得到滿足。這也是經濟學家們熱衷於贊成完全競爭的主要原因之一。

在第五章和第六章中，我們曾說明了完全壟斷市場和不完全競爭市場的經濟效率不及完全競爭市場。在本節的前面，我們更進一步說明了完全競爭能夠合理配置資源，實現帕累托最優或最高的經濟效率。但是，通過市場機制的作用實現最優資源配置具有嚴格的理論假定，需要種種現實條件，而實際經濟生活是難以滿足這些假定和條件的。也就是說，單靠市場自發的作用是不能實現最佳經濟效率的，這種現象被經濟學稱為**市場失靈**或**市場失敗**。

一般而言，造成市場失靈的主要原因有四個：一是市場勢力導致的市場不完全競爭；二是信息不對稱；三是外部性的存在；四是公共物品的提供問題。在本章的後幾節中，我們將分別研究上述幾方面的市場失靈和應對之策。

第二節　自然壟斷與政府管理

本節要研究的是市場不完全導致的市場失靈。市場不完全指的是市場勢力導致的非完全競爭，包括完全壟斷、寡頭壟斷和壟斷競爭幾種情形。由於在前面的章節中對它們都進行過一般的分析，因此本節只選擇自然壟斷來對市場不完全造成的市場失靈進行典型分析。

一、自然壟斷的含義及成因

通過學習第五章，我們知道壟斷的成因是多方面的，但是，壟斷主要源於兩個方面：一是政府的管制和特許，比如對專利權保護而形成的壟斷；二是產業的技術或經濟特性，而自然壟斷就是其中的典型。

如果一個產業因規模經濟的存在，以至於廠商的長期平均成本在市場可容納的產量範圍內不斷下降，從而造成一個市場上只有一個廠商，這種壟斷就是自然壟斷。在實際經濟生活中，城市供水、供電、供氣和電話通常由一個廠商來生產經營，其壟斷就具有典型的自然壟斷性。

在圖 7-4 中，壟斷廠商面臨的市場需求曲線 D 在其長期平均成本曲線 LAC 下降的產量水準上與之相交。交點 E 對應的產量為 Q_e，價格為 P_e。在這種情況下，如果讓單一廠商來進行生產，更能充分發揮規模經濟在降低平均生產成本方面的好處，具有更高的生產效率；如果容許新廠商加入這個產業，競爭的結果也只會剩下一個廠商，形成獨占的局面。這是因為：試圖進入市場並生產少於 Q_e 的任意一個廠商將比自然壟斷廠商

具有更高的平均成本；而試圖進入市場並生產少於 Q_e 的任何一個廠商將會發現，它不能在能夠補償其平均成本的價格水準上銷售其全部產品。

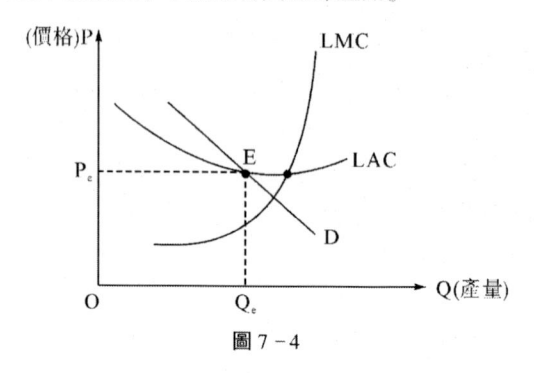

圖 7－4

　　顯然，自然壟斷產業的形成，並非政府行為的人為結果，而是規模經濟條件下市場競爭的自然結果。就以城市供水來說吧，為了滿足用戶的需要，自來水公司必須花巨資在市區鋪設管道，並從街道的主要供水管線再接到各個家庭的水龍頭上。因此，其主要成本是固定成本，包括管線的埋設和淨水設備等，而變動成本如人事費用等相對較少。當用戶越多時，每個用戶所分攤的固定成本越少。這樣一來，自來水公司的平均成本，並非呈一般常見的 U 形曲線，而是一條隨產量或規模擴大而不斷下降的曲線。在這種情況下，用戶越多，其平均成本越低，壟斷就是效率最高或成本最低的市場結構。換句話說，如果某地由兩家自來水公司提供自來水，則每一家公司所分得的用戶較少，用戶反而要支付比較高的價格。正因為如此，一個城市通常由一家自來水公司壟斷經營供水服務。

　　綜上所述，自然壟斷的產業是源於規模經濟的：一方面，具有顯著規模經濟性的行業，只有大規模生產才能節約成本，而大規模生產需要巨額的投資，這構成了企業進入的巨大壁壘；另一方面，規模經濟顯著的行業，其固定投資巨大，而且投資的沉澱性很強，一旦投資該行業，企業的退出將帶來投資的巨大損失，這個損失實際上也成為了企業退出該行業的巨大壁壘；此外，規模經濟顯著的行業，壟斷經營是成本最低和效率最高的，具有經濟合理性，自然壟斷因此而受到政府或法律的保護。

二、自然壟斷的效率與福利

　　自然壟斷廠商可以比其他可能進入市場的競爭對手以更低的成本生產產品，以更低的價格出售產品，因此，自然壟斷可以是有效率的。但壟斷造成資源配置效率損失並不因此而改變。自然壟斷廠商並不擔心其他廠商的進入和競爭，因此它不會像完全競爭性廠商那樣把產量確定在價格等於邊際成本之處，而是像完全壟斷性廠商那樣把產量確定在邊際收益等於邊際成本之處。

　　在圖 7－5 中，競爭性廠商的均衡產量和均衡價格分別為 Q_c 和 P_c，而自然壟斷廠商的均衡產量和價格則為 Q_m 和 P_m。很明顯，自然壟斷廠商限產抬價，使得其生產投入不足，不能以最優規模生產最優產量，其資源配置效率和生產技術效率都比不上完全競爭廠商。同時，由於 P_m 大於 LMC，從社會福利的觀點看，在 Q_mQ_c 的產量差距範圍內，

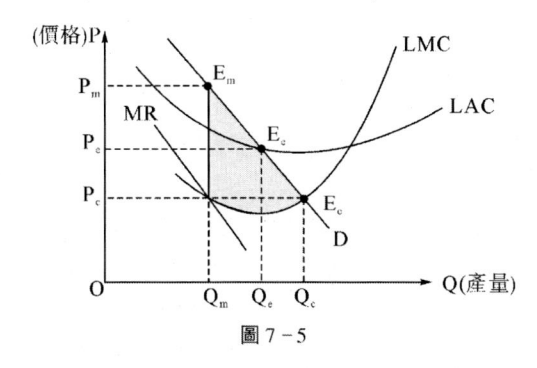

自然壟斷會造成圖中陰影部分面積大小的福利淨損失。

圖 7-5

依上述分析，自然壟斷產業在市場競爭之後只存在唯一的廠商。如果依照反壟斷法強行打破自然壟斷，社會反而要負擔較高的成本。但是，如果任由自然壟斷廠商完全自由經營，為了追求最大化利潤，廠商會限產抬價，造成經濟效率和社會福利的損失。在市場機制充分發揮作用的條件下，自然壟斷的產生和存在會損失效率和福利，因此，自然壟斷導致市場失靈。

三、自然壟斷產業的管理

自然壟斷造成市場失靈，就要求對自然壟斷產業進行管理。政府常用三種方法來解決自然壟斷造成的市場失靈。

1. 國有化

政府投資於自然壟斷產業或接管自然壟斷產業的所有權，這就是自然壟斷產業的國有化。不僅英國和法國等發達的市場經濟國家曾經對各自國家的電力公司、電話公司等公用事業部門實行過國有化，即使在今天，仍然有相當多的國家由政府經營自然壟斷產業。

將自然壟斷產業國有化，除了方便主管機構監督之外，若存在壟斷利潤，此利潤可由全民共享，至少在理論上是可以兼顧公平的。但是，政府經營自然壟斷產業也存在效率不高的問題。這是因為：被國有化的行業的經理們所管理的不是自己的資產，經營好壞成敗與自己沒有切身利害關係，委託—代理問題使其經營效率難與民營的相比；自然壟斷行業的國有化會使這些行業受制於一些政治壓力，負擔一些經營之外的政治任務，從而難於以經營的優劣論英雄，經營者易於找到經營不善的藉口，約束不力，效率不高；國有化的自然壟斷產業，壟斷利潤是政府的收入，虧損常常是由政府給予補貼，因此該行業缺乏降低成本和銳意創新的動力，管理鬆懈，表現出明顯的低效率。

2. 政府管制

自然壟斷產業國有化存在的問題，使得不少國家採取了讓私人企業經營自然壟斷產業，同時政府又對其實施必要的管制的措施。政府管制包括進入管制、技術管制和價格管制，主要採用許可證管理和價格管理兩種方式。

利用許可證管理，可以防止自然壟斷行業的過度競爭，保證人們享受符合一定的技術標準和質量要求的產品或服務。但是，許可證管理也存在一系列問題。例如：政府根

據什麼標準來確定許可證的發放對象，才能使經營許可證真正為有能力經營而又最願意經營的私人企業取得？在一定地區，經營許可證具有壟斷資源的性質，擁有者可以據此獲得壟斷租金。那些通過不正當手段在某一行業獲得壟斷地位或維持壟斷地位來保持壟斷租金的行為就是尋租。顯然，許可證發放很難避免尋租。

實行價格管理旨在限制自然壟斷廠商的壟斷高價，但政府定價面臨定價困境。從經濟效率和經濟福利最大化考慮，政府應要求廠商按邊際成本定價，即要求廠商把價格定在等於邊際成本的水準，比如圖7-5中的P_e。由於自然壟斷行業的平均成本是遞減的，邊際成本又低於平均成本，因此，當價格等於邊際成本時，價格是低於平均成本的，廠商會蒙受經營虧損。如果政府要讓自然壟斷廠商繼續生產，它就必須為抵補上述虧損而進行補貼。政府為補貼而增稅會明顯地導致其他經濟成本，同時，政府還會碰到確定補貼額這一難題。因此，政府在原則上力圖使自然壟斷行業的價格等於平均成本，從而保證廠商投資的正常利潤。在圖7-5中，這個價格就是P_e。按廠商的平均成本定價，雖然解決了廠商的虧損問題，但會導致圖中深色陰影面積大小的社會福利淨損失，同時，因廠商的生產成本能夠充分反應在市場價格中，無異於保護低效率、鼓勵浪費。

此外，無論是許可證管理，還是價格管理，管制機構都有可能偏離公眾利益：管制者常常被拖入被管制者的陣營，行賄和腐敗難以避免。

3. 鼓勵競爭

解決自然壟斷帶來的市場失靈，政府選擇的最後一種方式就是鼓勵競爭。我們知道，儘管自然壟斷產業排除了完全競爭的可能性，但它並沒有排除寡頭競爭和潛在競爭。

隨著技術的不斷進步和迅速擴散，自然壟斷產業的自然壟斷性不斷弱化，比如原為自然壟斷的長途電話服務不再是自然壟斷，現在已由幾家寡頭廠商提供這種服務了；航空服務和鐵路服務也已從自然壟斷走向寡頭壟斷了。

即使存在自然壟斷，潛在競爭即新競爭者進入的威脅也會使價格下降到管制機構所期望的平均成本水準。這是因為：如果壟斷者索取高於平均成本的價格，某一大廠商就會進入，並通過稍低一點的價格而占領整個市場；只要這一大廠商索要的價格大於平均成本，它就會面臨另一大廠商進入的潛在威脅。潛在競爭會使得壟斷者的壟斷利潤為零，只能獲得正常利潤。儘管潛在競爭在抑制壟斷勢力方面並不是很有效，但從20世紀80年代以來，許多政府傾向認為競爭總比管制更好。

第三節　逆向選擇和道德風險

在前面的章節裡，我們都假定消費者和生產者對於它們面臨的可供選擇的有關經濟變量擁有完全的信息，但事實與此相距甚遠：在幾乎所有的市場上，信息不完全或信息不對稱是相當普遍的。信息不對稱難以保證競爭效率的實現，存在明顯的市場失靈。

一、完全信息和信息不對稱

1. 信息與完全信息

完全信息假定意味著：居民戶和廠商知道在每一家商店出售的每一種商品及其賣價；

知道包括商品使用壽命在內的每種商品的全部特點。消費者不僅知道用一個蘋果能換多少個橘子，而且還知道他們願意交換多少個橘子；廠商知道最合適的生產技術，知道每一位求職者的生產效率、知道每一種可能的投入品的賣量和性能、知道自己的產品在市場上的賣價，而且不僅知道現在的價格，也知道在將來可能條件下的價格。總之，完全信息假定意味著居民戶和廠商對自己的偏好心知肚明，對可供自己選擇的機會集合一清二楚。

就經濟抉擇而言，完全信息主要可歸納為三方面的信息：一是價格信息，即產品、服務和要素的意願賣價、意願買價、市場價格、現期價格和預期價格；二是數量信息，比如產品或要素的生產供給量和消費需求量；三是質量信息，它包括產品或要素的性能、商標、包裝、款式、交貨條件、售後服務以及買方評價等內容。

因此，在經濟學中，信息主要是指人們對市場上的產品或要素，在價格、數量和質量三個方面的知識。

2. 信息不對稱的含義及其表現

無論在產品市場上，還是在要素市場上，總有某些參與方在價格、數量和質量上比其他人知道得更多，這就是市場的信息不對稱現象。

不對稱信息在許多市場大量存在：在產品市場上，廠商對於產品的質量比居民戶知道得多；在勞動市場上，勞動者對於其自身的能力或效率比招聘廠商瞭解得更多；在經理市場上，經理對於他自己的經營管理能力可能比股東們知道得更多；在保險市場上，保險公司對於投保人的身體狀況、安全意識和投保意圖無法準確掌握，因而保險公司相對於投保人而言處於信息劣勢；在資本市場上，證券管理部門和證券投資人對於籌資企業的資質狀況的瞭解相當有限，而籌資企業本身對此卻相當清楚……

經濟學家們重視信息不對稱，主要在於信息不對稱使得完全競爭不能實現，從而必然造成經濟效率的損失。這種效率損失主要體現在逆向選擇和道德風險上。

二、逆向選擇與經濟效率

1. 逆向選擇

在完全競爭性市場中，所有產品被假定為具有相同的質量，能以更低價格出售的產品意味著更低的生產成本和更高的效率。通過競爭，那些效率更高的企業獲得了市場和發展。因此，通過市場競爭不僅實現了優勝劣汰，還有利於資源的最優配置和社會福利的增進。

實際上，在質量信息不對稱的情況下，市場競爭會導致劣勝優汰，使得資源趨於流向低質量的產品或要素，這種逆淘汰現象就是逆向選擇。在通常情況下，逆向選擇發生在市場契約簽訂以前的市場搜尋過程中。

比如：在舊車市場上，儘管不同的賣者轉讓汽車的意圖不同，但這些汽車在它們的買主看來是有缺陷的。這種有缺陷的汽車被稱為次品。可以肯定，這些汽車的質量參差不齊，有的可能僅用了三個月，有的則可能接近報廢。在信息不對稱的情況下，因為買者難以準確分辨高質量的次品車和低質量的次品車，所以他們通常把所有的次品車都看做是中等質量的，並以此確定其願意支付的價格。在買主的意願價格上，那些持有高質量次品車的人會認為把車留著自用更合算，而那些低質量次品車的主人則急於將車脫手，導致進入舊車市場的汽車的平均質量在降低。次品車平均質量的降低會進一步降低

買者的意願價格,意願價格的降低,又會降低次品車的平均質量……如此循環下去。很明顯,在次品車的買主比賣主對其真實質量瞭解更少的情況下,價格降低導致和反應的是汽車質量降低。隨著質量下降→價格降低→質量下降的惡性循環,市場上能夠成交的多為低質量次品車,而且舊車的買主和賣主比完全信息情況下要少得多,使得舊車市場成為「稀薄」市場。

逆向選擇效應不僅存在於次品市場,在保險市場、資本市場、勞動市場上也存在。比如:在勞動市場上,由於招聘廠商無法按效率高低把雇員區別開來,它必須對所有的雇員都支付相當於平均效率的工資,而這會吸引更多的低效率的雇員,迫使工資下降,進一步增加低效率的工人,並進一步迫使工資降低,等等,直到勞動市場上所有的雇員都是低效率的人。

2. 市場信號

逆向選擇使得市場是稀薄的,也可能是不能出清的,甚至是不存在的,這會極大地影響效率與福利。逆向選擇效應如此嚴重,以至於人們不能袖手旁觀。在市場經濟中,賣方向買方有效地發出能傳遞產品或要素質量信息的信號是解決逆向選擇的基本方法。

保證書是產品質量的有效信號。比如:像汽車這樣的耐用品,許多廠商都在生產,但某些牌子的車更可靠。如果消費者不知道哪些牌子的車更可靠,較好牌子的車就不能以較高的價格出售。因此,產品質量較高的廠商就會願意而且能夠通過保證書讓買主意識到這一點。因為一項內容廣泛的保證書對低質量產品的廠商來說,要比高質量產品廠商的生產成本更高,結果,出於維護自身利益的考慮,低質量產品的生產者就不會提供內容廣泛的保證書。消費者就能因此而把保證書看做是高質量的信號,並為提供保證書的產品支付較高的價格。

教育是勞動市場的一個強信號。讓我們設想一家企業正在考慮雇傭一些新人,新的工人對他們能夠提供勞動的質量比廠商知道得要多。為此,潛在的雇員能不能向商家有效傳遞其生產效率的信息呢?或許就業面試時穿著體面能傳遞某些信息,但它對區別高生產率和低生產率的人並不起作用。與穿著體面不同,即使教育不能提供有益於工作的知識和技藝,也不能直接或間接提高人的生產率,教育仍然能夠成為生產效率的有用信號,因為生產率較高的人更容易得到高水準的教育。因此,雇員的效率易於通過教育(包括學歷、學位和平均成績)來向廠商發出質量信號,並由此獲得工資較高的工作。廠商把教育看做生產率的信號也是正確的。在現實世界中,許多廠商都要求一個未來的經理具有管理碩士學位,這不僅在於管理碩士學習過經濟學、金融知識和其他有用的科目,更在於完成管理碩士學習計劃需要智力、紀律和勤奮,而具有這些品質的人會有很高的效率。

價格也能顯示和傳遞質量信息。俗話說:便宜無好貨,好貨不便宜。消費者可以根據價格來對產品質量進行推斷。精明的商家知道消費者的這種想法,總是設法讓消費者相信它們的產品是優質的。廠商顯示其高質量產品的強信號就是讓自己產品的價格維持在一個較高的水準上,因為顧客的心理是高質量→高成本→高價格,故價格較高在一定意義上代表了質量較高。在信息不對稱的條件下,即使出現商品供給過剩,廠商也可能並不降低價格,原因就在於此。

除了保證書、教育、價格之外,標準化的產品和巨額的廣告投入等也能在一定意義上顯示質量信息。

三、敗德行為與資源配置

1. 代理、激勵和敗德行為

當一個人的福利取決於另一個人的行為時，委託—代理關係就存在了。代理關係廣泛存在於現行社會中：經理作為股東的代理人進行經營，教師作為學校的代理人從事教學，醫生作為醫院的代理人提供服務，投保人作為保險公司的代理人防範風險……在信息不對稱的條件下，委託人不能有效地監督代理人的行為，代理人可能不惜以犧牲委託人的利益為代價來追求其自身的利益，這就是委託—代理問題。比如：醫生可能根據個人偏好而不是醫院的目標來挑選病人，經理可能追求權力和額外津貼的最大化而不是企業利潤最大化。

代理問題實際上是個激勵問題。代理人並不承擔其行為的全部成本，甚至還能從其行動中獲得更大的收益，這就是激勵問題。在我們的經濟中，激勵問題比比皆是：如果個人有了全額醫療保險，他可能比不保險或賠償有限時更多地去看醫生；單個股東由於與其他股東分享收益，他可能比獨享收益時更不關心企業；經理不承擔破產風險，他可能更熱衷於風險投資……

激勵問題的核心是敗德行為。在信息不對稱條件下因缺乏正確的激勵，代理人可能產生有損於委託人經濟利益的行為，這種現象就是敗德行為。敗德行為主要發生在市場契約簽訂之後。

2. 敗德行為與經濟效率

如同逆向選擇一樣，敗德行為的存在也會降低經濟效率。我們以保險市場和經理市場為例來說明。

設想一家資產為 1,000 萬美元的倉庫老板和他的保險公司的決策。如果該老板實施了某項防火計劃，事故發生概率為 0.005，而沒有這項計劃，則事故概率上升為 0.01。瞭解這一點後，保險公司面臨兩難的境地。因為：倉庫老板在購買保險前會誠實地告訴公司有這項防火計劃，保險公司只能以 5 萬美元出售保險單（0.005×1,000 萬美元）。但是，在保險公司無法有效檢查倉庫老板是否真的實施了防火計劃的情況下，一旦購買了保險之後，倉庫老板就不再有實施該計劃的動力了，使得火災概率上升為 0.01，火災的預計損失將為 10 萬美元（0.01×1,000 萬美元）。一旦火災發生，倉庫老板的損失將得到完全補償，但保險公司將損失 5 萬美元。進一步講，如果保險公司知道敗德風險的存在，它可能把保險單售價由 5 萬美元至少提高到 10 萬美元，甚至可能關門大吉。顯然，在保險市場上，由於保險公司對投保人的質量信息不對稱，投保人在購買保險後損人利己的行為，使保險公司發現它的實際賠償會大於預計賠償，保險公司或者被迫提高保險費或者甚至乾脆拒絕出售保險。

敗德風險並不僅僅是保險公司的問題。它也改變了市場有效配置資源的能力。在現代企業中，大多數公司由經理階層控制。儘管每一位經理在就任演說中都會宣稱為公司的利益盡職盡責，但股東或董事會很難有效監督經理們的工作。經理們更為關心的可能不是公司利潤，而是公司較快的擴張、來自同僚的尊敬、控制公司的權力、額外的津貼和工作的長期保障等。很明顯，在經理市場的代理關係中，即使經理們的質量是高的，但信息不對稱導致的經理人員的損人利己的行為，也極有可能誤置資源。

3. 價格、合同和信譽

敗德風險問題是個激勵問題，對它的解決必須從解決激勵失當入手。市場、合同和信譽是三種主要的激勵方式。

在私有財產制度中，市場或價格本身就是一種很好的激勵。它鼓勵個人從事或不從事某些行為，鼓勵個人做正確的事情和做出正確的決策，且每個人都在其從事的活動中得到回報。當然，不對稱信息使價格的激勵不充分。

敗德風險多發生在契約簽訂之後，而且主要涉及契約中沒有或無法明確規定的代理人的行為。合同試圖通過規定在每種情況下雙方應做什麼來解決激勵問題。如果合同對雙方行為的規定全面而明確，道德風險就較小。但是，合同是不可能完善的，因為無論怎樣設計合同，也不可能考慮到所有的偶然情況。即使能做到這點，要寫下所有這些可能性，也要花費很長的時間，並且執行起來也是有成本的。所以，合同對於激勵問題只能提供一個不完全的解決辦法。

信譽不僅有助於解決逆向選擇，而且在提供激勵方面也起著極為重要的作用。因為信譽是廠商獲利的一大資本，保持信譽的激勵為廠商生產優質產品提供了激勵。通過優質產品的提供，廠商能夠獲得超過成本的信譽租金。通過信譽解決敗德風險問題，是經濟社會做出的有效選擇。但是，誠信問題不僅是道德問題，更是一個制度問題。只有建立起一個完善的制度體系，使得誠信者獲益、失信者受損，社會的信譽機制才算真正建立起來了。

第四節　外部效應與科斯定理

完全競爭性市場能夠實現資源最優配置的描述中隱含著這樣的假定：某種生產或消費行為，只會給生產者或消費者自身提供收益，也只會給生產者或消費者自身帶來成本，而且這種收益和成本能夠完全反應在市場價格之中。簡而言之，完全競爭性市場經濟效率的實現，是假定生產產品的成本和收益全部歸賣者，得到這種產品的收益和成本全部歸買者。這個假定與經濟現實相距太遠。事實上，未被市場交易包括在內的額外成本和額外收益普遍存在。這種外部效應的存在，使得資源無法達到合理配置，造成市場失靈。

一、外部效應的含義及類型

現代市場經濟是一張由許多居民戶和廠商編織的交易大網，任何生產和消費活動都是相互影響的。無論是居民戶還是廠商，它們在追逐自己利益最大化時，都可能或多或少地使其他居民戶或廠商享受額外的利益或承擔額外的成本，而且這種額外的收益或額外成本並不能直接反應在市場價格之中。在經濟學上，這種並不能直接反應在市場或價格中的額外成本或額外收益，被稱為外部效應。

外部效應可以由生產帶來，也可以由消費帶來；可能是額外收益，也可能是額外成本。據此，外部效應一般可分為四種類型：

1. 生產的外部經濟

當某一廠商的生產行為給其他經濟主體帶來額外收益時，這種外部效應稱為生產的外部經濟。例如：經過某企業培訓的員工可能跳槽到其他企業工作，新的雇傭者卻不必

向原廠商支付培訓費。又比如：一個行業的廠商增加產量會給其他具有供應關係的廠商帶來額外收益。

2. 消費的外部經濟

當某一居民戶的消費行為給其他經濟主體帶來額外收益時，這種外部效用稱為消費的外部經濟。例如：某人的住宅有美麗的花園和草坪，會給鄰居帶來「賞心悅目」的利益；某人教育有方使子女成為有責任感的公民，也會使鄉鄰獲益、社會獲益。

3. 生產的外部不經濟

廠商的生產行為直接或間接地造成他人的損害而又不給予相應的補償，這就是生產的外部不經濟。例如：企業生產產生的「三廢」破壞了生態環境，降低了居民生活質量，增大了其他廠商的生產成本，而製造污染的企業並不對受害者支付補償費用；此外，城市擁擠、噪音污染、失業和安全問題，都是生產外部不經濟的表現。

4. 消費的外部不經濟

居民戶的消費行為直接地給其他經濟主體帶來了非補償的額外成本，這就是消費的外部不經濟。比如：某人在公共場合吸菸會使他人的健康受損，而吸菸者並不對他所造成的傷害承擔經濟責任。又比如：某人對時髦服裝的消費會使其鄰居和同事顯得寒磣。

二、外部效應與效率和福利

外部效應是市場失靈的重要根源：外部效應的存在，使得私人成本不等於社會成本，私人收益不等於社會收益，從而造成資源不能最優配置。

在經濟學中，私人成本是能夠直接反應在價格中的成本，私人收益是能夠直接反應在價格中的收益。前幾章分析中所說的成本和收益都是私人成本和私人收益。與此不同，社會成本是指某一經濟活動造成的私人成本和外部成本的總和。顯然，正的外部效應使社會收益大於私人收益，負的外部效應導致社會成本大於私人成本。

在存在外部經濟的條件下，直接通過價格反應出來的私人收益要小於社會收益。由於行為人得不到其創造的全部好處，因此它的最優產出達不到社會福利最大的產量。與此相反，在存在外部不經濟的條件下，直接通過價格反應出來的私人成本要小於社會成本。由於行為人不必支付它所造成的全部成本，因此，它的最優產出會超過社會最佳產量。私人的最優產出低於或高於社會最優水準，都意味著資源未合理配置，存在社會福利的損失。如圖7-6和圖7-7所示。

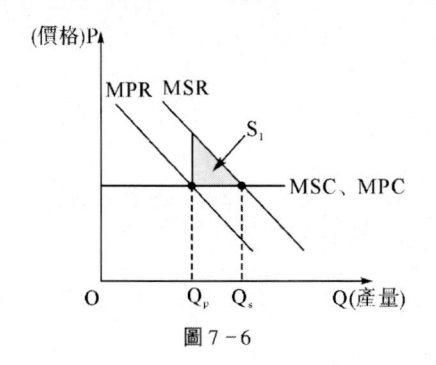

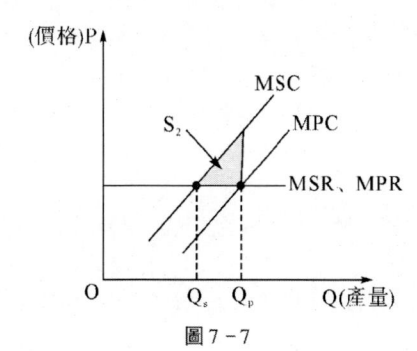

圖7-6

圖7-7

在圖中，MPC 和 MPR 分別為私人邊際成本和私人邊際收益，相應地，MSR 和 MSC 分別為社會邊際收益和社會邊際成本。在市場機制的作用下，私人按照 MPC = MPR 決定均衡產量為 Q_P。

如果只存在外部經濟（如圖 7-6 所示），社會邊際成本和私人邊際成本都為 MPC，而社會邊際收益 MSR 大於私人邊際收益 MPR，從而社會邊際成本等於社會邊際收益的均衡產量應為 Q_S。顯然，私人的最佳產量 Q_P 小於社會最優產量 Q_S。在其他條件不變的情況下，Q_P 與 Q_S 之間的產量差造成社會蒙受陰影面積 S_1 的福利損失。

如果只存在外部不經濟（如圖 7-7 所示），社會邊際收益和私人邊際收益都等於 MPR，而社會邊際成本 MSC 大於私人邊際成本 MPC，從而社會邊際成本等於社會邊際收益時的均衡產量為 Q_S。很明顯，私人的最優產量 Q_P 大於社會最佳產量 Q_S。在其他條件不變的情況下，Q_S 與 Q_P 之間的產量差異導致社會福利淨損失陰影面積 S_2 的數額。

三、外部效應的解決方法

就局部和個別的情況看，外部效應及其福利損失並不明顯，但就經濟總體而言，外部效應及其造成的福利損失是相當明顯的。因此，有必要採取相應的措施來減弱或消除外部效應。消除外部效應的基本思路是使外部效應內在化。一般而言，常用的方法有以下幾種。

1. 建立外部效應的交易市場

外部效應問題實質上是稀缺資源的使用問題，比如空氣和河流的污染不外乎是對潔淨的空氣和清澈的水流等稀缺資源的使用問題。外部效應的產生和存在是因為沒有為這些資源建立明確的產權，從而也就不可能為與外部效應相關的資源建立市場，使外部效應所涉及的各方基於各自的權利進行市場交易，並通過價格將外部效應內在化。只要雙方為搜尋相關信息、談判、簽約以及監督契約履行所支付的費用為零，不管這些資源的初始分配狀況如何，存在外部效應的雙方總會認識到與對方進行某種交易是有利的，於是雙方在市場機制的引導下都會把產量自動地調整到能夠實現資源最佳配置的水準。這就是著名的科斯定理。

簡單地說，按照科斯定理來解決外部效應，就是要通過明晰資源的產權，為外部效應所涉及的資源建立市場，將外部效應內在化，使私人成本等於社會成本、私人收益等於社會收益，從而實現資源的最佳配置。例如：如果受到污染的漁場有不受污染的權利，鄰近的紙廠若要繼續排放污水，就必須向漁場支付排放污水的價格，只要紙廠繼續排污所產生的收益大於漁場因污染而蒙受的損失，這種支付就是可行的。這樣，過去紙廠施加於漁場的外部成本就轉化為紙廠的私人成本。反之，如果紙廠有排放污水的權利，漁場要讓紙廠停止排放污水，就必須向紙廠支付價格，以補償紙廠因停止排污或是遷廠以及安裝淨水裝置等所蒙受的損失。只要漁場因不受污染所增加的收益大於停止污染給紙廠帶來的損失，這種支付也是可行的。價格由哪一方支付，完全取決於產權（排污權或純淨水流的使用權）的初始界定，但只要它們之間的交易是無成本的，哪一種支付方式都將實現資源的最佳配置。

科斯定理揭示了如何運用市場機制來處理外部效應造成的市場失靈。但是，科斯的處理方式的有效性是以產權的明確界定和零交易成本為前提的。在現實經濟中，有不少資源尤其是技術資源的不可分性和流動性，或者是由於涉及的人很多，如空氣和水流

等，法律通常不能明確界定產權；即使能夠明確界定產權，其產權界定費用也相當高，而且權利界定後的交易費用也很高，事實上也很難進行交易。因而，依據市場對其進行資源配置存在相當大的缺陷。

2. 徵稅和合併

解決外部效應，還可以採取強制的辦法，如禁止污染或強制污染製造者選擇較少產生污染的技術等。但這些方法應用範圍有限，而且往往實施成本過高，因而不能實現資源有效配置。但是，如能把外部性納入經濟主體的私人決策之中，則有助於解決外部效應問題，促進資源的有效配置。在這方面，政府政策介入的方式有兩種。

第一種方式是通過課稅或政府補貼，以縮小社會邊際成本和企業私人邊際成本以及社會收益和私人收益的差距，以達到克服外部性，實現資源優化配置的目的。

在存在外部不經濟的情況下，政府可以針對每個企業的生產量，徵收等於前述圖 7-7 中社會邊際曲線 MSC 與企業自身的邊際成本曲線 MPC 之間差額的稅收，即徵收與外部不經濟的成本量相等的稅收。這樣，可使企業的邊際成本提高至社會邊際成本 MSC 處，從而得到社會最佳產量 Q_S。相反，在存在外部經濟的情況下，政府可以通過提供補貼的方法以增加供給量。但以徵稅的方法來解決外部效應，其前提是政府必須掌握充分的信息，以設計適當的稅收結構，顯然這是難以做到的。因此通過政府政策介入也只能緩和而不可能完全解決外部性問題。

第二種方式是通過合併使外部性內部化。如一個企業存在外部不經濟，則將其與受其損害的企業合併。在這種情況下，由於該企業將支付受損企業的全部成本，包括由其外部性所導致的成本，因此，實際上該企業支付了它的全部社會邊際成本。在這種情況下，企業決策者自然會將圖 7-7 中的 SMC 作為其邊際成本曲線，並據此將產量定於社會最優產量 Q_S 上。此時，價格等於社會邊際成本，從而使社會資源配置達到最優。

第五節　公共物品與資源配置

嚴格地講，市場能夠合理配置的資源，主要是在私人物品的生產和使用上。實際上，在國防、外交和社會秩序等公共物品領域，市場不可能保證經濟效率的充分實現。本節將在對公共物品進行明確界定的基礎之上，主要分析公共物品導致的市場失靈以及相應的解決方式。

一、公共物品的含義及特性

在經濟學看來，物品大體上可分為私人物品和公共物品。一種物品究竟是否公共物品，關鍵在於該物品的使用是否非排他的和非競爭的。因此，要理解公共物品，就必須先分析非排他性和非競爭性。

1. 非排他性和非競爭性

通俗地講，非排他性是指任何人都可以無償享用，或者說不能夠阻止任何人隨意享用。對於市場上的大多數物品來說，是可以而且容易阻止人們無償或隨意享用的。對於這些物品，一個人能否享用，通常取決於他是否為此支付了費用，支付費用者可以享

用，不支付費用者不得享用。例如：一個人如果不出錢購買，就喝不到自選超市裡擺放著的可口可樂，也穿不成商場貨架上的「花花公子」T恤。但現實中的有些物品是無法實現排他性使用的，而有些物品雖然可以實現排他性使用，但為此花費的成本太高，得不償失。國防就是一種非排他性物品。一個國家的國防開支有賴於國民稅收，有的人納稅多，為此而支付的費用較高；有的人納稅少，為此而支付的費用較低，還有些人根本沒有納稅，也就根本沒有支付費用。但是，一個國家的軍隊一旦建立起來，並配備武器裝備，無論該國民是否為此支付了費用，都可以從軍隊所提供的保護中受益。同樣，控制蚊蠅、預防傳染病的工作也是如此。一個社區一旦進行了這項工作，該社區的所有居民都會從中受益，不論其是否為此付了費，都無法阻止他們從中獲得好處。

當使用某種物品的消費者人數增加時，不會影響原來的消費者對該物品的消費，或者說物品可以讓多人共享而不損及其中任何人的效用，這樣的物品就是非競爭性物品。嚴格地說，非競爭性就是指在一定的生產水準下，向一個新增消費者提供物品的邊際成本為零。市場中的絕大多數物品都是競爭性的。比如：一個人喝掉一聽可樂，另一個人就無法再喝這一聽可樂；要增加麵包的消費，就要增加麵包的生產，為此必須增加面粉、糖、勞動和設備的投入，生產的邊際成本是大於零的。但對某些物品而言，增加消費者的消費並不增加額外成本。比如：在交通並不擁擠的公路上，增加一輛汽車的行駛並不會影響其他汽車的行駛，也不需增加額外的投入。再比如：多一個人收看某一頻道的電視節目，這既不會影響其他人收看，也並不會使電視臺的開支增加。

2. 公共物品和私人物品

如果一種物品的使用是非排他性的和非競爭性的，這種物品就是公共物品。公共物品的經典例子就是國防。事實上，世界上最大的公共物品是知識。正如人們所知道的那樣，知識可以大家共享，甚至沒有國界的限制，而且知識是以零邊際成本向人們提供的。某些知識可以因專利保護而享有排他性，多數知識不能因專利保護而享有排他性，而且多數知識所產生的好處都是以外部利益為主的，不具有排他性。除了國防和知識之外，燈塔、蚊蠅控制、傳染病預防等也是常見的公共物品。

與公共物品不同，在經濟學上，具有排他性和競爭性的物品被稱為私人物品。我們在市場上購買的物品幾乎全是私人物品。麵包、可樂、汽車、住宅都是典型的私人物品。

除了典型意義的公共物品和私人物品外，還存在大量的中間情況，比如有些物品是排他的，但是非競爭性的。例如：在交通不擁擠的時候，在橋上通行是非競爭性的，因為橋上增加一輛車並不降低其他車的速度，也不會增加其他投入成本。但是橋的通行可以是排他的，因為路橋的管理部門可能只允許交了費的汽車通行。電視信號是另一個例子：一旦信號被播放，增加的使用者得到信號的邊際成本為零，而且並不會影響其他用戶的收視效果，因而該物品是非競爭性的。但是廣播信號能夠通過加密而變為排他的。

有些物品是非排他的，但是競爭性的。空氣是非排他的，但是如果一個廠商的廢氣排放降低了空氣質量和他人享用空氣的能力，空氣就可能是競爭性的。海洋或大湖是非排他的，但捕魚是競爭的，因為一個人捕魚越多，其他人可能捕到的魚就越少。

二、公共物品與資源配置

公共物品所具有的非排他性和非競爭性，使得僅依靠市場機制的調節，由私人部門

來生產公共物品的產量會低於與資源最優配置狀態相對應的水準。換句話說，公共物品會造成市場失靈，其原因在於公共物品是非排他的和非競爭的。

就非排他品而言，任何一個購買者都不能有效阻止其他人免費地享用該物品，人們不付費也能消費它。這種不為自己所獲利益承擔成本的行為稱為「搭便車」，搭便車行為使得私人廠商不可能有效地向公共物品消費者收取價格或費用，從而廠商的生產成本得不到充分補償。因此，在價格的引導下，私人企業很難或者不可能有效提供社會所需要的公共物品，甚至公共物品的供給會趨於零。同時，搭便車行為還大大弱化了人們對非排他物品的消費約束。我們知道，除了消費者收入之外，物品價格構成主要的消費約束。搭便車行為使得人們願意和實際支付的價格趨於零，從而通過價格表現出來的市場需求小於社會對非競爭品的實際需求，由此決定了非競爭品的產量低於最大福利產量。如圖7-8所示：S為公共物品的供給曲線，D代表社會對公共物品的實際需求線，D′代表因搭便車行為所表現出來的對公共物品的市場需求曲線。結果在低估公共物品需求的情況下，產量Q'_e小於社會福利最大化時的產量Q_e。

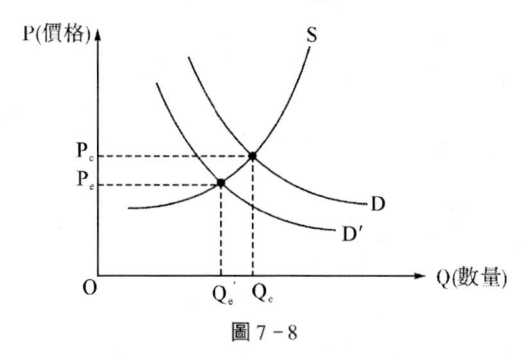

圖7-8

就非競爭性物品而言，這些物品可能是由私人部門生產的，如私人擁有的橋樑、游泳池以及一些必須付費才能通行的高速公路等。對於這些物品，雖然企業可以通過收費收回投入成本，但其資源配置效率可能較低。因為收費勢必抑制人們對這些物品的消費，從而導致它們利用不足。比如：就一座並不擁擠的橋來說，收費限制了不付費者通行，這會減少他們的滿足感，卻不能使其他任何人的滿足感增加。顯然，對非競爭品收費無助於帕累托效率的實現。

綜上分析可見，私人企業對非排他品收費是不可行的，對非競爭性物品收費是低效率的。因此，市場機制不可能有效調節公共物品的供給和需求，不能創造出帕累托最優狀態的公共物品數量。

三、公共物品的最優生產

搭便車行為的存在，使得由政府提供公共物品變得較為有利。因為政府能夠制定稅費標準，並通過強制徵稅間接地收取公共物品價格，以補償生產成本，保證公共物品的供給。公共物品必須由政府生產。現在的問題在於政府應如何確定公共物品的最優產量，才能實現資源的合理配置呢？

從理論上講，政府應根據邊際成本等於邊際收益原則來確定公共物品的生產量。換

句話說，公共物品的均衡產量是由公共物品市場特殊的供求關係決定的。

就需求方面看，公共物品的市場需求不同於私人物品。私人物品具有排他性，它的市場需求是各個消費者需求的水準加總。由於公共物品的非排他性，其市場需求是各個需求的垂直加總。在圖7-9中，私人產品的市場需求曲線D是兩個居民戶的需求曲線d_A和d_B的水準加總，即OQ = OC + OF。在圖7-10中，公共物品的市場需求D則是A、B兩個居民戶需求曲線d_A、d_B的垂直加總，即OT = OL + ON。

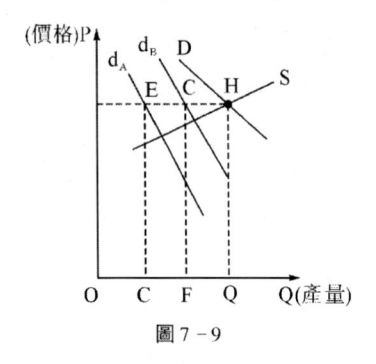

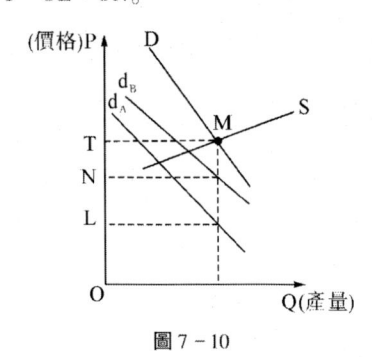

圖7-9

圖7-10

就供給方面看，公共物品由政府生產，其供給成本是稅收總額，因此政府的稅收和支出的決策方式決定著對物品的供給數量。在一些國家中，一般通過投票來決定，而個人的投票又是與他對公共物品的偏好密切相關的。一般而言，公共物品的市場供給仍然符合供給規律，如圖7-10中的正相關的供給曲線S。

公共產品的市場均衡，即S與D的交點，決定著公共物品的均衡數量和均衡價格（即均衡稅費），從而決定著社會資源向公共產品的最優配置。

四、公共資源和公地悲劇

1. 共有資源

同公共物品相類似，共有資源也是一種具有非排他性的物品。非排他性往往意味著外部性，只不過共有資源的外部性不同於公共物品的外部性。因為共有資源具有的是競爭性，而不是非競爭性。共有資源帶來的特殊問題，我們稱為「公地的悲劇」。下面我們以一個常見的例子來分析。

假設有這樣一個鄉村。村民在村裡的一塊草地上牧羊，這個草地為村民共同所有，任何村民均可在草地上免費並沒有限制地放牧，即這塊草地具有了所謂的「非排他性」。同時，如果一個村民在這塊草地上多放養一隻羊，那必然會影響到其他村民在這塊草地上養羊的數量和質量，則這塊草地具有了「競爭性」。因此這塊草地是一種典型的共有資源。由於這種非排他性和競爭性，每個村民所養的羊在共有的草地上吃草時，降低了其他村民的羊能得到的草的數量和質量，給其他村民帶來了一種負外部性。但是每個村民都會忽略這種負外部性，而只考慮自身的利益，盡量多養羊，結果羊的數量過多，土地和草場失去自我維持的能力，最終造成養羊的不可能，這就是所謂的「公地的悲劇」。更具體一點，我們假設養一隻羊花費的成本為c元，如果在這塊共有的草地上的羊的數量有s隻，其總的價值為f(s)，f(s)/s為每隻羊的平均收益。

首先我們討論一下多少是最優的養羊數量。很明顯，從整個村子的角度看，就是要實現 f(s) - cs 的最大化，即當養羊的邊際成本等於養羊的邊際收益，即 f'(s) = c 時，整個村子實現了利益最大，此時最優的養羊數量為 s*。接下來，我們看看每個村民是如何決策的。當一個村民決定多養一只羊時，此時，羊的總價值變為 f(s+1)，羊的數量變為 (s+1)，這頭羊帶給村民的收益為 f(s+1)/(s+1)，如果 f(s+1)/(s+1) > c，多養一只羊就是有利可圖的。換句話說，只要養羊的平均收益高於養羊的成本，對單一個村民來說，養羊就是劃算的，每個村民都會盡量養羊。只有當 f(s)/s = c 時，村民才不會養更多的羊，此時，羊的數量為 s'。由於每個村民在決定放牧的時候，只考慮了養羊帶給自身的收益，忽略了其行為對其他村民的負外部性，忽略了其行為的社會成本，最終使得公共草地上所放牧的羊多於社會所要求的最優量，即 s' > s*。圖7-11對此作了說明。最後造成的結果就是草地被過度放牧，植被被嚴重破壞，社會經濟環境不能有效持續發展。

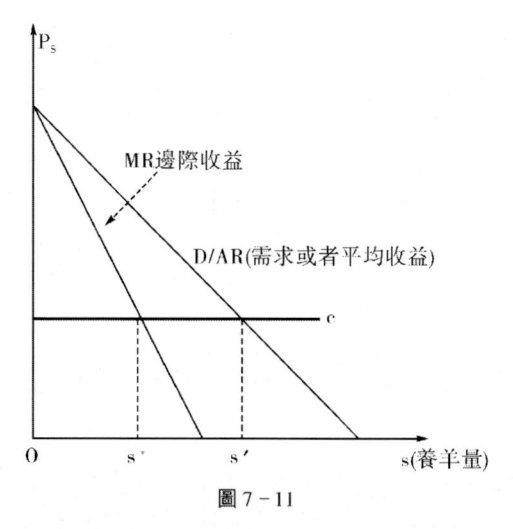

圖 7-11

2.「公地的悲劇」的解決思路

從上面的分析中我們可以看到，共有資源往往會被過度使用，產生「公地的悲劇」，這樣的例子在現代社會也屢見不鮮。比如清潔的空氣和水、海洋的魚類資源都是典型的共有資源。因此它們也存在著「公地的悲劇」的問題，空氣和水被過度污染，魚類被過度捕撈等。如何才能有效阻止這些問題呢？對外部性的分析中已給我們提供了相應的思路。

（1）政府的干預。比如政府通過立法或強制的手段使得村民養羊的數量不能越過社會最優的數量 s*。或者政府可以通過收稅的方式，提高養羊的成本，使得每個村民在自利的決策下，使養羊的數量達到 s*。

（2）明晰產權。由於共有資源具有非排他性，所以產生了外部性問題或「公地的悲劇」，究其原因，在於公地的產權是不清晰的，每個人都可以免費並不受限制地使用。解決這一問題的辦法就是重新界定產權，使產權明晰化。比如把共有的草地以某種方式

分發給每一村民，每個村民只能在自己的土地上養羊，於是草地就變為一種排他性、競爭性物品，即由共有資源變為了私人物品，於是私人的決策或者市場的方式就能有效地配置這樣一種資源，使羊的數量達到最優數量，「公地的悲劇」也就消失了。

第八章　國內總產出和價格指數

本章重點及難點

(1) 什麼是國內生產總值（GDP）？
(2) 國內生產總值的收入核算法和支出核算法。
(3) 什麼是個人可支配收入？它與 GDP 有何關係？
(4) 宏觀總需求（總支出）的主要內容。
(5) 什麼是消費價格指數（CPI）？
(6) 國內生產總值指標的福利缺陷。

　　宏觀經濟學又稱為現代收入決定理論或總量經濟學。它研究國民收入的決定及其變動，分析其相關經濟總量之間的依存關係。為此，我們首先就要瞭解國民收入和各相關經濟總量是多少，是如何計算出來的。同時，只有計算出一國在一定時期的國民產出和國民收入，才能掌握它的經濟發展和變化的實際情況。
　　本章先討論國內生產總值和國民收入之間的關係，然後再說明國內生產總值的三種核算方法，並指出國內生產總值指標的福利缺陷，最後再介紹有關總量分析的基本恒等式，以便建立宏觀分析模型。

第一節　國民產出和國民收入

　　國民經濟狀況要通過許多總量指標來反應，比如國內生產總值、國內生產淨值、國民生產總值、國民生產淨值、國民收入、個人收入和個人可支配收入等。現在，用來反應一個宏觀經濟狀況的主要指標是國內生產總值和國民收入。

一、國內生產總值與總產出

1. 國內總產值和國民生產總值
　　國內生產總值（GDP），是在一定時期內（一般為一年）國內生產出的最終產品和服務的市場價格總額。
　　計入 GDP 的產品必須是最終產品。最終產品是為了最終使用或消費，而不是為了轉售或為進一步加工製造而購買的商品和勞務。只計算最終產品是為了避免重複計算。在 GDP 中，計算了汽車的價格就不能再計入配套廠所生產的發動機、輪胎、座椅等的價格。對汽車而言，這些部件都叫中間產品。中間產品是各廠商參加最終產品生產過程的各個階段，為相互交換而生產的產品。中間產品的價格已經構成了最終產品價格的組成部分，它不能再計入 GDP，否則就會重複計算。

GDP必須是現期生產產品的價格，前期生產產品的價格不能計入GDP。比如往年的存貨、舊有的房地產、舊機器設備的買賣等價格不計入現期GDP。但是，為交換前期產品而提供的現期服務的價格則應計入GDP。

GDP是最終產品和服務的市場價格。最終產品和服務只有進入市場才有可能計算它的價格。但是，大量的最終產品和服務並不在市場出售，比如居民戶的自我服務、志願服務及政府官員、軍隊、警察的服務等等，這些服務的價格是很難估算的。在實際計算時，居民戶自我服務和志願服務的價格應刪去，不計入GDP；而警察、軍隊和官員的服務價格則以政府雇員的工資收入總額的形式計入GDP。

GDP和國民生產總值GNP不同。GDP是國內產出的總產值，是一個地理概念，因此它不包括在國外的本國居民獲取的收入。GNP是利用本國生產要素生產的最終產品的價格，是一個國民概念，它不包括外國人的生產要素在本國生產的總值。比如中國的工程技術人員在海外工作的收入應計入GNP；但外國人在中國工作也會掙取收入，這部分收入並不是本國要素所有者的收入，因此不能計入GNP，但應計入GDP。GNP與GDP的關係可表示為：

GNP = GDP + 本國國民的生產要素參與外國生產的報酬 − 外國國民生產要素參與本國生產的報酬 = GDP + 要素在國外所得淨額。

如果GNP > GDP，則本國公民在國外得到的收入就大於外國公民在本國得到的收入，要素在國外淨所得為正；如果GDP > GNP，則情況恰好相反；如GNP = GDP，則表示上述兩種收入相等，即要素在國外淨所得為零。

2. 國內生產淨值和國民生產淨值

國內生產總值和國民生產總值之所以被稱為總值，是因為它們包含折舊在內。折舊是建築物或機器設備等固定資產在生產過程中的損耗。引起折舊的原因有二：一是磨損和自然力的影響；二是固定資產陳舊過時。確定的折舊率要足以保持現有GDP的生產能力。一項資產的折舊率取決於它的原始購買價格、預期的使用壽命和估計的殘餘價值等多種因素。西方各國的折舊率一般在10% ~ 12%，以美國為例，1982年的資本折舊為$ 3,590億，大約為GDP的11.7%。

折舊代表資本設備在生產過程中的耗費，因而成為生產者所必須考慮的生產成本的重要部分，自然也要反應在商品和服務的市場價格之中。但是，這種資本設備的折舊終究是生產資源的損耗，是資本存量的減少。因此，只有從國內生產總值和國民生產總值中扣除折舊，才能真正體現生產出來的價值。

從國內生產總值中減去折舊，就得到國內生產淨值（NDP）；同理，從國民生產總值中扣掉折舊就得到國民生產淨值（NNP）。即GDP − 折舊 = NDP，GNP − 折舊 = NNP。從理論上看，NDP和NNP較GDP和GNP更為準確地反應了一國在一定時期內的產出水準。但是，由於折舊在實際工作中是由人為估計來確定的，缺乏科學的測算，因而在實際生活中總產值比淨產值更為常用。

二、國民產出與國民收入

1. 國民收入

國民收入（NI）是一國用於生產的各種要素（勞動、資本、土地以及企業家才能

所得的全部報酬，它來自一國經濟貨物和勞務的經常性生產。嚴格地講，國民收入與 GDP 存在相當複雜的關係，但主要的關係可表達為：

國民收入 = GDP - 折舊 - 間接稅或者 NI = NDP - 間接稅

折舊是產品成本的一個組成部分，也是產品售價的一個組成部分，它應包括在 GDP 中，但是卻不是國民收入的組成部分。因為國民收入是出賣生產要素的報酬，而折舊並不是廠商出賣任何要素的報酬。

如前所述，稅收是國內生產總值的一部分。按納稅方式，大體上可分為直接稅和間接稅兩種。直接稅是政府直接向要素報酬的受領者徵收的稅，其稅收負擔一般是不能轉嫁的，因而直接稅從要素報酬中直接扣除，它實際上是包含在要素報酬之中的。因此，國民收入中包括公司所得稅、個人所得稅、雇員支付的社會保險稅等直接稅。必須注意，遺產稅及饋贈稅和財產稅等直接稅，並非從要素報酬中直接扣除，所以它不包含在 GDP 中，也就不包括在國民收入中。

間接稅是對物品和勞務的生產交易活動徵收的稅，如營業稅、流轉稅、關稅、增值稅、銷售稅以及雇主支付的社會保險稅等。間接稅取自最終產品和勞務的形成過程，在收入形成之前即已作為成本的一部分被扣除，生產者或銷售者因而可能通過提高產品價格將間接稅向前轉嫁給消費者，或通過壓低要素價格向後轉嫁給要素所有者。當然，實際上能否轉嫁、轉嫁多少，取決於產品及要素的價格彈性和生產者的市場定價能力。通常認為間接稅具有累退性質。嚴格地講，累退稅是指稅率與納稅基礎成反向變化的稅，但它通常用來描繪納稅人的稅負在其收入中的相對份額。只要低收入者的稅負在其收入中所占比重大於高收入者的稅負在其收入中所占的比重，就被認為是累退的，因此，窮人和富人為同值產品繳納的等量稅具有累退性。顯然，GDP 是根據市場價格計算的，因而間接稅是包含在 GDP 中的。但是，間接稅是政府依據國家權力強制地、無償地徵收的，它不是生產要素的報酬，因而它不是國民收入的組成部分。

2. 個人收入和個人可支配收入

國民收入並不就是居民的個人收入 (PI)。國民收入是交納所得稅前公眾得到的總收入。國民收入通過對一些項目的增減才得到個人收入。

在國民收入中，應減去兩項不屬於個人收入的收入：一是社會保險稅。社會保險稅總額是企業支付的工資和工人得到的工資之間的差額，是由企業和個人負擔的社會保障稅。二是公司保留收益。國民收入中包括全部公司利潤，公司利潤的一部分通過所得稅上繳給政府，所餘的一部分作為股息支付。只有股息支付的部分才包括在個人收入之內。所以公司的利潤和股息之間的差額是公司保留收益，由公司未分配利潤和公司所得稅構成。這兩個項目都不能包括在個人所得之內。

在國民收入中還應再加上兩個項目：一是非商業利息。商業利息又叫淨利息，它是居民為企業提供生產性資本服務的要素報酬。這種利息是企業支付的利息。因為企業把這種借來的資金用於生產性的目的，創造了產品和服務，所以這種利息是作為國民收入的一部分來處理的。非商業利息是由政府和消費者借貸而支付的利息，這種利息不是生產性借貸，並不創造產品和服務，是屬於一種轉移支付形式。這種借貸所付的利息就不能包括在國民收入內。但是，非商業利息卻是公眾現期個人收入的實際組成部分，是個人所得的一項重要來源，所以應加進個人收入之中。二是對個人的轉移支付。這主要是

政府向個人的轉移支付，如各種社會安全保險賠償費、國家失業救濟金以及退伍軍人救濟金等。它也包括企業向個人的轉移支付，如勾銷欠帳。企業對慈善事業和教育事業的資助等，也是轉移支付的一種形式，也是個人收入的重要來源之一。所以，PI = NI - 社會保險稅 - 公司保留利益 + 非商業利息 + 對個人轉移交付。

個人收入中可支出的部分稱為個人可支配收入（DPI）。從個人收入 PI 中減去個人所得稅就得到個人可支配收入 DPI。DPI = PI - 所得稅。個人可支配收入是居民戶可用於消費或儲蓄的收入，其中絕大部分用於消費，剩下的部分作為儲蓄。因此，個人可支配收入 = 居民消費 + 居民儲蓄。個人可支配收入的多少暗示了消費品市場的大小，這是零售商和消費品製造商十分重視的經濟數據。

從上面說明的 GDP 與各種收入之間的關係可知，從 GDP 到 DPI，中間涉及的主要增減項目有折舊、間接稅、直接稅、公司留利和轉移支付，所以兩者之間存在重大區別。即使 GDP 為零，也可能存在一個確定的 DPI，因為 DPI 除來自當期的國民收入之外，還來自非商業利息和轉移支付，而這兩項並非一定是當期的產值。如果政府的稅負加重，增大的 GDP 也可以與縮小的 DPI 相結合；反之，若政府的稅負減輕，減少的 GDP 也可以與增大的 DPI 相結合。如果高度簡化，一般認為 DPI 與 GDP 主要相差兩項，一是政府稅收 T，二是政府轉移支付 TR，即 DPI = GDP - T + TR。

就宏觀經濟學研究的目的而言，國民收入的分配格局無關緊要，分析國民收入分配是微觀經濟學的研究內容。宏觀經濟學關心的是居民戶的實際可支配收入到底是多少，即 DPI 的計算問題，因為 DPI 是決定居民戶消費和儲蓄的基本因素，它對宏觀經濟分析至關重要。

表 8-1 總結了由 GDP 到 DPI 的計算步驟：

表 8-1　　　　　　　　　　GDP 和個人可支配收入　　　　　　　　單位：10 億美元

國內生產總值（GDP）		5,677.5
＋ 地處國外的要素淨所得	17.5	
國民生產總值（GNP）		5,694.9
－ 資本消耗（折舊）	626.1	
國民生產淨值（NNP）		5,068.8
－ 間接稅	524.6	
國民收入（NI）		4,544.2
－ 公司保留收益	346.3	
社會保障稅	528.8	
＋ 轉移支付	908.1	
非商業利息	251.1	
個人收入（PI）		4,828.3
－ 個人所得稅和非稅支付	618.7	
個人可支配收入（DPI）		4,209.6

第二節 國內生產總值的核算

為了說明的方便,我們先建立一個兩部門經濟的收入和支出的環流模型,引申出國民收入核算的基本恒等關係。假定經濟被簡化為只有居民戶和廠商兩個部門。居民戶是全部生產要素的所有者,也是最終產品和服務的唯一購買者。廠商是全部生產要素的購買者,也是最終產品和服務的唯一生產者。同時略去儲蓄、投資、折舊、政府收支、進出口。在上述假定下,就構成圖8-1所示的投入—產出和收入—支出關係。廠商所需要的生產要素——勞動、資本、土地和企業家才能來自居民戶,它向居民戶支付的要素服務的報酬構成經濟體的全部收入,也就是國民收入。因此,在這個經濟體中,廠商產出的全部價值就等於居民戶掙得的全部收入。

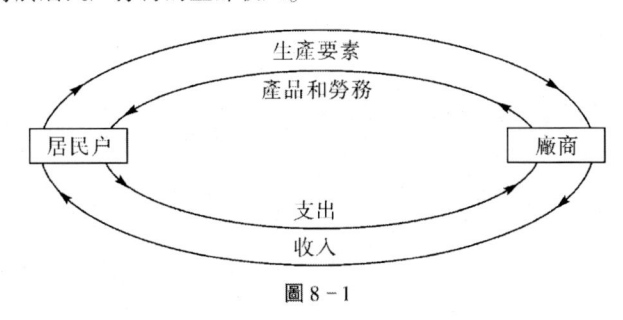

圖 8-1

如果不考慮廠商之間的相互交換,廠商生產的最終產品和服務都賣給居民戶,居民戶的全部收入都用於購買廠商的產出,居民戶的總收入就等於居民戶的總支出,也就是對廠商產出的總需求價格就等於產出的總價值即產出的總供給價格,所以從圖中很容易看出國民總產值、國民總收入和國民總支出之間具有恒等關係。這種恒等關係是建立國民收入核算體系的基礎,也是學習國民收入核算理論要掌握的基本關係。當然,實際的國民收入核算必須加上儲蓄、投資、折舊、政府的收支、進出口這些因素,還需要處理國民總產值、國民總收入和國民總支出之間更為複雜的關係。

一、支出法

要計算一定時期的 GDP,似乎可以先收集成千上萬種最終產品和服務的價格表,然後用其價格乘數量得出加總數。但要採用這種方法精確地匯總 GDP 事實上是不可能的。實際計算 GDP 是按出售的商品服務單位和出售時的購買價格來加總計算的。因為加總計算的是購買數量和實際的購買價格,所以叫做支出法。

任何時期,購買一國生產的產品和勞務的總支出即總需求都可以劃分為四個組成部分:①居民戶消費支出;②企業或居民戶的投資支出;③政府對產品和勞務的購買支出;④國外對本國產品和生產要素服務的購買支出。

消費需求是家庭購買消費品與消費性服務的支出。它包括除新住宅購置以外的為消費者的使用而購買的最終產品和勞務。消費者的購買支出通常分為耐用品、非耐用品和

服務三大類。一般說來，耐用品的需求變動較大，而服務的需求正逐年地超過對耐用品和非耐用品需求的增加速度。

政府購買支出是指中央政府和地方政府購買商品、勞務的支出，比如教育、國防安全支付、交通費用、政府雇員的薪金支付等。政府購買支出不同於政府財政支出，後者要包括政府轉移支付在內。比如美國聯邦政府預算支出總額為 6,500 億美元，這是政府的財政支出總額，而其中只有不到一半才是用於購買產品和勞務的政府購買支出。消費、投資和政府購買支出之間的差別，不在於它們所購買的產品和勞務的類型，而主要在於購買者的類別。同一輛汽車，為居民戶購買並用於消費計為消費，為企業購買用於生產計為投資，為政府購買用於公務則計入政府購買支出。

在經濟學中，投資是指資本品的形成過程，即社會資本存量的增加。其他的財產轉移形式，比如購買土地、證券或各種財產所有權，因並未增加實際資本存量，也並不增加產品和勞務的產出，所以不能視為投資。投資來源於增加和維持資本存量的需要。

新增資本存量包括新增的在生產過程中使用的廠房、機器、辦公設施和其他耐用生產品，也包括新建的住宅和新增的存貨。維持資本存量投資即替換投資又叫重置投資。所以，總投資＝新投資＋重置投資，新投資＝總投資－重置投資。一般地，投資可分為固定投資和存貨投資。固定投資又分為非住宅固定投資和住宅固定投資。非住宅固定投資是指用於企業建造物和設備方面的支出，住宅固定投資是指居民戶、企業和政府在新住房和公寓建築方面的支出。固定投資是相對於存貨投資的「短暫」特點而言的。與存貨投資相比，固定投資品將長期存在並使用。存貨投資是企業持有的存貨數量的變化。當年存貨投資＝當年年終存貨數量－上年年終存貨數量。當年存貨增加即存貨變動為正，表明當期生產超過了銷售；當年存貨變動為負，則表明當期的銷售超過了生產。

淨出口＝出口－進口。出口是本國向外國提供的產品和生產要素的服務。服務收入包括本國工人在國外掙得的工資薪金收入和本國向國外提供的資產服務所獲得的利潤和利息等要素收入。進口是外國向本國提供的產品和服務，服務收入也包括外籍工人和外國資產所獲得的要素收入。淨出口為正則引起外國向本國的淨支出，是 GDP 的一個組成部分；反之，淨出口為負，則是本國對外國的淨支出，應從 GDP 中扣除。

如果用 C 代表私人消費，I 代表私人投資，G 代表政府購買支出，NX 代表淨出口，那麼，GDP＝C＋I＋G＋NX。

表 8－2　　　　　　　　　　用支出法估計 GDP　　　　　　　　單位：10 億美元

國內生產總值（GDP）	3,675
國外要素淨所得	10.2
消費	2,342.3
耐用品	318.4
非耐用品	858.3
勞務	1,165.7
投資	637.3
固定投資	580.4
非住宅固定投資	426.0

表8-2(續)

住宅固定投資	154.4
存貨投資	56.8
政府購買	748.0
淨出口	-66.3
出口	363.7
進口	429.9

二、增值法

最終產品價值等於在生產它的各個階段新增價值即增加值之和。廠商的增加價值是它生產的產品價值減去它從另外的廠商那裡購入的投入要素的成本價值之差額。所以計算最終產品的價值，也可以計算各廠商的增值之和，廠商增值的總和構成了經濟體所產出的商品和服務的 GDP。

例如：表8-3假定最終產品只經過三個不同的生產階段，分屬於甲、乙、丙三個廠商，廠商之間相互交換中間產品。計算最終產品價值，顯然不能加總三個廠商產品的價值，否則就計入了它們之間相互購買的中間產品價值。各廠商產出商品的總值為 \$410，其中包含了相互購買的 \$230，這是重複計算的價值。而各廠商的增值之和即最終產品價值只有 \$180。因此最終產品價值等於全部購買總值減去各廠商相互交換的總值，即 \$410 - \$230 = \$180。

表8-3　　　　　　　　　　　最終產品和中間產品

		廠商甲	廠商乙	廠商丙	所有廠商
A	從其他廠商購入的中間產品	\$0	\$100	\$130	\$230 = 相互交換總值
B	生產要素購買	\$100	\$30	\$50	\$180 = 增加值
A+B	= 產值	\$100	\$130	\$180 = 最終產值	\$410 = 全部購買總值

儘管最終產品的價值等於生產它的各階段的增值之和，但實際計量一國的增值總額是按行業分類計算的。所以，一國的增值總額等於各行業增值總額之和，可以寫為 GDP = $\sum$ 最終產品價值 = $\sum$ 生產最終產品各階段增加值。

表8-4　　　　美國1983年用增值法按部門計算的 GDP　　　單位：10億美元

GDP（國內生產總值）	3,256.5
農業	72.7
採礦業	112.4
建築業	130.7
製造業	685.2
交通和公用事業	306.8

		表8-4(續)
批發和零售商業		536.2
金融、保險和不動產		542.5
勞務		477.5
政府		392.1
統計誤差		5

三、收入法

由於國民收入＝GDP－折舊－間接稅－企業轉移支付＋政府補貼，而國民收入原則上是等於要素的報酬的，因此我們就可以通過加總各生產要素的報酬得到國民收入，再通過相應的增減計算出 GDP。這就得到了估算國內生產總值的第三種方法——收入法。

在表 8－5 中，國民收入是要素收入之和。雇員的工資薪金收入和各種附加費用（其中有一部分要以各種形式交給政府、公司或工會）是生產最終產品和勞務所支付給工薪勞動者的報酬。企業主收入是指非公司的企業（合營企業、個體企業、農民等）的收入，其中既包括了他們自有資產的收入，也包括了他們投入的勞動收入。個人租金收入是指支付給各種形式的資產所有者個人的租金，包括租賃收入、專利權和版權收入等。自有房屋被視為給自己支付了房產租金。公司利潤劃分為三部分：公司所得稅、公司留利和股息。若公司利潤的一部分是來自公司存貨的減少或資本存量的減少，則應從利潤中扣除後才得到本期實際的利潤。淨利息是要素所有者提供資本服務的收入，它與類似於轉移支付的非商業利息是不同的。以上各項相加所得總額是一國私人部門要素的總收入即國民收入。而 GDP 中還包括政府部門所經營的政府企業的利潤（盈餘）、折舊和間接稅。計算 GDP，還應在 NI 之外加上當期政府對企業的補貼。如前所述，政府補貼或者使企業的產品價格下降，使 GDP 減少；或者使要素收入增加，使國民收入增加。後者的結果已計入國民收入總額之中。前者對 GDP 的減少影響也應在測算 GDP 時，作為一個負項出現。

表 8－5	從收入方面測算 GDP		單位：億美元
雇員報酬			10,363
工資與薪金	8.918		
附加額	1.445		
企業主收入			880
個人租金收入			233
公司利潤			1,281
納稅前利潤	1,569		
利潤稅欠債	647		
股利	358		
未分配利潤	564		
存貨估價調整	－141		
資本消耗調整	－147		
淨利息			884
NI（國民收入）			13,641

表8-5(續)

企業轉移支付	81
企業間接稅	1,505
減補貼減政府企業當期盈餘	8
統計誤差	55
NNP（國民生產淨值）	15,274
資本消耗提成與資本消耗調整	1,790
GNP（國民生產總值）	17,065
來自國外的要素淨所得	32
GDP（國內生產總值）	17,097

收入法核算 GDP 實質上就是加總家庭、廠商、政府各自的收入。家庭收入的最終用途是消費和儲蓄，廠商的收入是廠商的儲蓄，政府收入是稅收與轉移支付的差額即淨稅收。用 C 代表私人消費，S 代表私人儲蓄，TN 代表淨稅收，GDP = C + S + TN。

從生產方面計算 GDP 的支出法和增值法，與從收入方面計算的收入法，都是建立在收入—支出的循環流量恒等關係的基礎上，因而用三種方法所得的計算結果是相同的。

第三節　價格指數與經濟福利

一、實際 GDP 和價格指數

上面定義和計算的 GDP 是名義 GDP。名義 GDP 是以現行市場價格計量的既定時期國內總產品和服務的價格總和。名義 GDP 逐年變化的原因有二：一是實際產量的變化；二是市場價格的變化。實際 GDP 計量在相同的價格或貨幣值保持不變的條件下，不同時期所生產的全部產出的實際變化。

實際 GDP 的計算涉及價格水準的變化，因此有必要在這裡說明價格指數的問題。

價格指數是同一組產品和勞務在各年的價格同它在某一基期年的價格相除所得的比率。由於納入統計的產品和服務的範圍不同，價格指數又可分為國民生產總值求實指數、消費者價格指數、生產者價格指數、農民所得價格指數、農民所付價格指數等。

GDP 求實指數是給定時期的名義 GDP 與實際 GDP 的比率。它是現期的名義 GDP 與用某基期年的價格來計算現期的產品和服務總值相比較求得的。GDP 求實指數是衡量一國生產的所有產品勞務的價格水準變動的指標，它是計算通貨膨脹率的一種很有用的變量。例如：若以 1972 年的價格為基期價格，計算出 1984 年的實際 GDP，再用 1984 年的名義 GDP 除以它的實際 GDP，得 GDP 求實指數為 1.91，這就表明 1984 年的名義 GDP 高出實際 GDP 91%，或者說，在 1972—1984 年期間國內產出的產品服務的平均價格水準上升了 91%。但應當注意，GDP 並不包括進口商品價格，因此 GDP 求實指數也不計算進口商品價格。如果進口商品價格的衝擊力較小時，通貨膨脹率與 GDP 求實指數是大致相同的；但進口商品價格衝擊力較大時，如 1974 年的石油價格暴漲，GDP 求實指數就會大大低於通貨膨脹率。據測算，1973—1974 年的石油價格暴漲使美國的進口商品價格上漲 41%，從而使通貨膨脹率高出 GDP 求實指數 8.8% 以上。

消費者價格指數 CPI 是人們最熟悉也是使用最廣泛的衡量貨幣購買力的指標，它用來衡量典型的城市居民戶的生活費用變化。CPI 的形成步驟包括：第一步，確定納入 CPI 測算的商品與服務的籃子大小。第二步，計算預測期對該籃子的支付。第三步，計算基期對該籃子的支付。第四步，用第二步的結果除以第三步的結果。第五步，用 CPI－1 表達用消費物價指數反應的通常膨脹率。在美國，CPI 由勞工部勞工統計局（BLS）按月編製。納入統計範圍的大約 300 種商品或服務都是城市工資薪金收入者通常購買的。每隔 10 年左右，BLS 對美國居民戶購買習慣做一次調查，重新調整商品及服務的清單和各個項目的購買量。CPI 把現行價格按 1967 年平均價格的百分數來表示。按此計算，美國 1967 年的 CPI 為 100，1984 年上升為 311，17 年中價格上漲了兩倍多（見圖 8－2）。

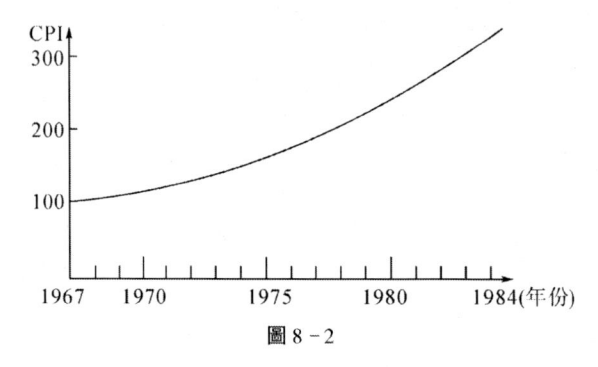

圖 8－2

CPI 和 GDP 求實指數存在著重要區別：①GDP 求實指數測量的商品及服務的數量要廣泛得多；②CPI 的各種商品及服務項目和各項的權重大小是固定的，而 GDP 計量的商品及服務項目和各項的數量則隨每年的產出而改變。比如新產品問世會增加項目，糧食增產會使它在 GDP 中所占的比重加大。相反，這些變化對 CPI 並不發生影響。③CPI 包括了進口商品價格的變動，而 GDP 求實指數只反應本國商品服務價格的變動。④CPI 包括住房費用，由這個渠道使利率變動對 CPI 發生重要影響。但 GDP 求實指數並不直接反應利率的變化。由於兩者存在上述種種差別，所以兩種指數對通貨膨脹的反應也存在較大的差別。

生產者價格指數 PPI 又叫批發物價指數。與 CPI 相類似，它也是測量一組給定商品的費用的。差別是：它包括的商品是生鐵、小麥、硫酸等等初級產品市場中有代表性的商品；測量的價格是批發價格，即在生產過程的各個階段廠商間的支付價格。因為製成品是由初級產品加工而成然後再進入零售市場的，所以批發價格指數的變動就預示著以後幾個月內消費者物價指數的變動。所以，PPI 被叫做敏感性物資指數。它被看成是一般價格水準變動或 CPI 變動的信號。它是決策者觀察商業循環的指示器。

表 8－6 是美國過去 32 年的 CPI、PPI 和 GDP 求實指數的資料。CPI、PPI 都以 1967 年的價格為基數，GDP 求實指數以 1972 年價格為基數。從表中可以看到，在整個時期，三種價格指數都是增加的，這說明無論在哪個指數所確定的商品範圍內，商品的平均價格水準都已經上升，但上升幅度卻又存在差別，它們之間的區別不是真假之分，而只是測量的商品範圍不同而已。它們各自從不同方面符合實際地反應著每年的通貨膨脹率，都有它的實用價值。GDP 求實指數測量的商品服務範圍最廣，CPI 更確切地反應了通貨

膨脹對城市居民生活費用的影響，PPI 則能更好地預測物價的變動方向。

表 8-6

	CPI （1967 年 = 100）	PPI （1967 年 = 100）	GDP 求實指數 （1972 年 = 100）
1950 年	72.1	81.8	53.6
1960 年	88.7	94.9	68.7
1967 年	100.0	100.0	79.1
1972 年	125.3	119.1	100.0
1980 年	246.8	268.8	178.6
1982 年	289.1	299.3	207.2
1982 年價格/1950 年價格	4.009	3.659	3.866
年平均價格上漲率	4.4%	4.1%	4.3%

二、人均實際 GDP 與經濟福利

人均實際 GDP 一般作為估量一國居民福利水準的基本尺度，人均實際 GDP 的增加意味著居民福利的改善。但是，由於 GDP 的計算方法還存在不可避免的各種缺陷，因此又不能只依據人均實際 GDP 的資料來說明一個經濟體的產出和福利。

首先，生產的外部負效應，如自然資源的過度使用和枯竭，將導致生態環境被破壞，生活質量下降，危及經濟的可持續發展。GDP 增長所支付的這些巨大成本並未從 GDP 總值中被扣除。

其次，政府提供的公共產品不進入市場，也找不到有效的方法正確地估算其價值。在西方，政府提供的公共產品是以變通的方法——用政府雇員的薪金收入按成本價格來計算的。這種估算方法顯然存在問題。比如：如果國防安全的外部環境得到了改善而將部分官員轉業從事民用品生產，假定支付給他們的工資不變，按工資成本計量其該國的 GDP 也就不變。但該國有用產品和服務的總量實際上卻增加了，GDP 就應增加。可見這種估量方法是有問題的。

再次，很多國家都存在大量的違法經濟、地下工廠，非法交易盛行，偷漏稅嚴重。據估計，在美國，這部分產值約占實際 GDP 的 25%；在義大利，約占 15%。這樣大量的非法經濟活動的產值並未計入 GDP。此外，也還存在大量的合法的非市場經濟活動，比如居民戶或個人的自我服務和志願援助行動等，這些活動創造的價值也未計入 GDP。

最後，人均實際 GDP 也未包括居民享受的閒暇價值。閒暇是福利的重要因素。若 GDP 不變而閒暇增加，居民福利增加；若居民寧願多休息少工作，願意以增加閒暇來替代 GDP 的減少，人們的境況就會因 GDP 的減少變得更好而不是變得更壞。可見 GDP 的減少不一定會有福利的減少。100 年前，西方各國一個工作周大約工作 60 小時，而現在已縮短為 40 小時，這正是經濟進步、居民福利水準增加的反應。所以，實際 GDP 還必須用因縮短工作時間而增加的閒暇價值來加以校正，才能真正反應居民的福利水準。

第四節　宏觀經濟基本恒等關係

一、簡單經濟的恒等關係

按照本章開頭採用的假定建立起來的高度簡化的宏觀經濟分析模型，得到了一個只包括企業部門和居民戶部門的兩部門流量環形圖。如前所述，在這個模型中，有恒等關係：國民總收入＝國內總產值＝國民總支出。在這個恒等關係的基礎上，建立了國民收入的核算體系。現在若以 Y 表示 GDP，C 和 I 分別表示消費支出和投資支出，就可以在產出和購買之間建立起第一個關鍵的恒等式：

$$Y \equiv C + I \tag{1}$$

上式似乎與實際情況相去甚遠。因為在實際上，如果有些產品不能賣掉，會使供給大於需求，總支出小於總產值；反之，又會出現求大於供，使總需求價格大於總供給價格。既然如此，為什麼又會有恒等關係存在？這是因為：在國民收入核算中，賣不掉的產品已作為存貨增量計入了投資項目；而以市場價格計算的名義 GDP 已包容了因總供給不足造成的價格上升部分，或因總供給過剩造成的價格下降部分。所以，Y 與 C＋I 之間就總有恒等關係存在。

由於未考慮折舊、政府收支和對外部門，也不考慮公司的存在而把廠商合併成為一個私人單位，所以 (1) 式中的 Y 就是一國所有的私人部門生產的產品和勞務的總值即國民收入。它同時也是個人可支配收入。個人可支配收入用於兩個用途：一是消費支出，二是儲蓄。因此有：

$$Y \equiv C + S \tag{2}$$

由 (1) 式和 (2) 式可得到：

$$C + I \equiv Y \equiv C + S \tag{3}$$

(3) 式左邊是私人部門支出的價格總額，即對消費品和投資品購買的總需求價格；右邊是國民總收入的用途，反應了目前消費與未來消費之間的選擇，反應了 GDP 在生產物品和消費物品之間的配置關係。這個恒等式強調了企業產出的產品勞務，一方面恒等於被購買的產品勞務；另一方面又恒等於居民戶出賣生產要素給企業而獲得的全部收入。因此居民戶獲得的收入 C＋S 也表示了企業生產的產品勞務的總供給價格、總成本價格，恒等於居民戶和企業對消費品的購買總支出 C＋I，即總需求價格。

對 (3) 式稍加變換則可得到投資與儲蓄之間的恒等關係：

$$I \equiv Y - C \equiv S \tag{4}$$

(4) 式對宏觀經濟分析具有重要意義。該式表明儲蓄不僅恒等於收入減消費，而且它和投資具有恒等關係。但必須注意：在國民收入核算中，這種恒等關係只是在各種限定條件下的一種邏輯推論，是會計平衡或定義性平衡，它與經濟運行的現實是不相符合的。還要說明的是，這裡所講的儲蓄等於投資，是指整個經濟而言，至於某個人、某個企業或某個部門，則完全可以通過借貸，使投資大於或小於儲蓄。事實上，只有在原始

的自然經濟條件下，投資一般才來自於生產者的儲蓄，比如農民購買耕牛和農具，得靠自己節衣縮食、勤儉節約才能實現。在發達商品經濟的條件下，生產者可以通過金融仲介從儲蓄者手中借錢進行投資，儲蓄行為和投資行為分屬不同的個人，由此就產生了計劃的投資往往不等於意願的儲蓄，不是多了就是少了的問題。意願儲蓄大於計劃投資使企業生產的產品過剩；計劃投資大於意願的儲蓄又使產品供不應求。前者是總供給大於總需求，後者是總需求大於總供給，都會使經濟失衡。對經濟失衡的分析和調節正是宏觀經濟學要解決的核心問題之一。

二、封閉經濟條件下的恒等關係

在私人部門簡化模型的基礎上再加進政府部門就構成一個封閉經濟。封閉經濟中不存在外貿部門。

先分析總產出和總支出的關係。設政府購買支出為 G，根據產出與購買之間的恒等原則，在總支出方面加入 G，則有：

$$Y \equiv C + I + G \tag{5}$$

(5) 式表明產出恒等於購買支出。當然這也是一種會計的帳面平衡。如果總支出不足，賣不掉的產品則作為存貨投資的增加來處理；若總支出大於總產值，名義總產值會上升到與總支出相等的水準——結果都能保持恒等關係。但是，這絕不意味著在實際的經濟運行中計劃的總供給等於計劃的總需求。

再從產量和私人部門的可支配收入之間的關係來看。以 Y_D 表示私人部門的可支配收入。Y_D 等於國民收入加轉移支付 TR 減稅收 T，則有：

$$Y_D = Y + TR - T \tag{6}$$

Y_D 用於消費和儲蓄，所以 (6) 式也可寫為：

$$Y_D = C + S \tag{7}$$

把 (6)、(7) 式結合起來又得：

$$C + S \equiv Y_D \equiv Y + TR - T \tag{8}$$

或：

$$C \equiv Y_D - S \equiv Y + TR - T - S \tag{9}$$

再用 (5) 式右邊的 Y 代入 (9) 式，重新整理後得：

$$S - I \equiv G + TR - T \tag{10}$$

(10) 式是以 (4) 式的基本恒等關係 I ≡ S 為基礎的。(10) 式中的 S - I 是意願儲蓄和計劃投資之間的差額。G + TR - T 是政府的預算赤字或盈餘。因此，(10) 式表明了私人部門和政府部門之間具有相互補償和借貸的重要關係。例如：當 S > I，私人部門的總需求不足時，可以通過政府以赤字增加支出來補償；反之，當 I > S，私人部門出現過度需求時，即可通過政府減少支出；若 S = I，要保持經濟均衡就必須使政府收支平衡。若政府要實現預算平衡，私人部門的意願儲蓄和計劃投資就必須相等。若一個部門出現結餘過多或支出過大時，它們可以通過相互借貸來彌補差額。例如私人部門儲蓄過多，它就可以把錢借給政府以彌補赤字，或借給企業以用於投資。

上面分別從總產值與總需求、總產值和總收入兩個方面分析了它們之間的基本恒等

關係。現在將兩方面結合起來，用公式（3）和公式（10）總結收入、產量和支出三者之間的基本恒等關係，得：

$$C + I + G \equiv Y \equiv C + S + (T - TR) \qquad (11)$$

（11）式的左邊是總需求，它恒等於國民總產值 Y；右邊是總收入，它也恒等於國民總產值 Y。總收入分為政府收入（T - TR）和私人可支配收入 Y_D，Y_D 又分為儲蓄和消費兩個部分。當然，這只是產量、收入、支出之間恒等關係的一種簡化了的表達方式。用支出法或增值法計算 GDP，或用收入法計算 GDP 都應遵循約定的複雜規則，都要增減許多複雜的收支項目，這些在前面已做了概括的說明。

三、開放經濟條件下的恒等關係

開放經濟是涉及國際貿易和國際金融的經濟。在這種經濟中，不僅有居民戶、廠商和政府這三大部門，還存在進出口部門。

開放經濟比封閉經濟增加了進出口，因此只要在封閉經濟的恒等關係中，再加上相應的進出口，就很容易得到開放經濟的恒等關係。

從總需求的角度看，在消費需求、投資需求、政府需求之外，又增加了國外需求。對本國來說，國外需求就是出口。因此有：

總需求 = 消費 + 投資 + 政府購買 + 出口

以 AD 代表總需求，X 代表出口，上式可以寫為：

$$AD = C + I + G + X \qquad (12)$$

從總供給角度看，在國內的供給之外，又增加了國外的供給。對本國而言，國外供給就是進口，所以：

總供給 = 消費 + 儲蓄 + 稅收 - 轉移支付 + 進口

以 AS 代表總供給，M 代表進口，則可以把上式寫成：

$$AS = C + S + (T - TR) + M \qquad (13)$$

顯然，在開放經濟中，總供給與總需求的恒等關係式為：

$$C + S + (T - TR) + M \equiv C + I + G + X \qquad (14)$$

上式也可以簡寫成：

$$C + S + (T - TR) \equiv C + I + G + (X - M) \qquad (15)$$

（15）式具有重要的意義：等式左端恰好是從收入角度核算的國內生產總值，而等式右端為從支出角度核算的國內生產總值。因此：

$$C + S + (T - TR) \equiv Y \equiv C + I + G + (X - M) \qquad (16)$$

以上分析的國民收入核算中的恒等關係是一種事後的、靜態的均衡關係。這種關係為分析國民收入的決定與變動提供了一個基本框架，成為國民收入決定理論的出發點。

第九章　簡單的國民收入決定理論

本章重點及難點

（1）凱恩斯宏觀消費函數理論的內容是什麼？
（2）如何認識凱恩斯的「節約悖論」？
（3）什麼是自發支出乘數？它受哪些因素影響？
（4）什麼是投資乘數？投資乘數的作用機制是怎麼樣的？
（5）什麼是平衡預算乘數原理？如何理解？
（6）財政政策的內在穩定器是什麼？為什麼政府還要採取主動的財政政策？
（7）怎樣運用財政政策來穩定經濟？

　　國民收入決定理論是宏觀經濟學的中心理論。一個國家的總產量和總就業的決定同時也是國民收入的決定，而且國民經濟的波動和增長也反應為國民收入的波動和增長。根據產量和價格決定的一般原理，國民收入水準和價格水準是由總供給和總需求的均衡來決定的。但在宏觀經濟學中，國民收入決定的分析主要採用短期分析。在短期，通常假定社會資源並未充分利用，因而總供給是有彈性的；而且短期價格呈現出明顯的黏性，從而總需求的變化只存在產量和就業效應，並不存在價格效應。因此，國民收入決定理論實際上是總需求決定國民收入的理論。

　　總需求決定國民收入的理論是通過經濟模型來表述的。這些模型主要包括簡單的收入決定模型、擴大的收入決定模型、一般的收入決定模型和開放經濟條件下的收入決定模型。本章介紹的簡單的國民收入決定模型用來分析在不考慮貨幣市場和要素市場的條件下，封閉經濟中的國民收入是如何由總需求或總支出決定的，又是怎樣隨總需求或總支出而變化的。所謂簡單，指僅僅從產品市場視角分析收入水準的決定及變化原理。

第一節　宏觀消費函數

　　凱恩斯主義的重要成果是確立了總收入、總產量和總就業水準取決於總需求的基本觀點。在封閉的經濟模型中，總需求等於消費需求、投資需求和政府購買之和。在總需求中，消費需求是相當穩定的。統計資料分析表明，消費支出約占總需求的2/3，它對產量和就業的決定具有最重要的意義。

一、影響消費支出的因素

　　消費受多種因素的影響。在凱恩斯的消費函數理論中，收入是決定消費的內生變量，其他因素是外生變量，主要包括利率水準、價格水準、收入分配、消費者的資產、

消費信貸、人口的統計特徵以及制度、風俗習慣等。

1. 收入水準

收入是決定消費的最主要因素，收入的變化決定著消費的變化。在其他因素不變的條件下，消費與居民可支配收入之間存在著正方向變化關係，即居民可支配收入增加，消費支出增加；可支配收入減少，消費支出減少。但根據凱恩斯「心理上的消費傾向」假定，收入增加所引起的消費增加不像收入的增加一樣多，所以邊際消費傾向是遞減的。

2. 利息率

傳統經濟學認為，在收入既定條件下，較高的利息率會使儲蓄增加、消費減少。實際上，利息率的變化可以引起消費的減少或增加：如果儲蓄的目的是為了延遲目前的消費而獲得更多將來的消費，高利率會引誘更多的儲蓄而減少目前的消費，儲蓄率與利率呈正比，這是利率的替代效應；反過來，較高利率又會增加個人將來的收入，從而增加現在的消費，減少現在的儲蓄，這是利率的收入效應。所以，利率對消費的影響取決於替代效應和收入效應的關係。

另一方面，當儲蓄者是為了在將來某一確定的時間累積一定量的財產而進行目標儲蓄時，利率越高，為實現確定目標所需的儲蓄額就越少，反之就越多。可見，利率對不同性質的儲蓄的影響是不確定的，從而對消費的影響也是不確定的。

3. 物價水準

物價水準會導致居民戶的消費傾向改變。名義工資上升小於物價水準上漲時，實際工資下降，消費傾向上升，但由於可支配收入的減少，消費支出的絕對值將減少；反之，名義工資超過物價的上升速度時，消費傾向減小，但消費支出的實際數額將增加；如果名義工資與物價指數成比例變動，消費傾向和支出額將不會改變。但是，當居民戶受「貨幣幻覺」的支配而對上述變化或單位貨幣價值漲跌失於覺察時，完全可能做出與上述結論相反的判斷。

消費支出還受價格預期的影響。如果消費者預期價格水準會上升，就會增加當前消費支出而減少未來消費的支出；反之，就會減少當前消費支出。

4. 收入與財富的分配狀況

凱恩斯認為，收入分配的均等化程度越高，社會的平均消費傾向就會越高。當代經濟學對此進行了修正，指出決定收入分配的各種因素的改變是緩慢的，而且，收入變動對居民戶的邊際消費傾向的影響很小，平均消費傾向隨收入水準的增加而減少的幅度也是很小的。再者，不同的收入假定理論，關於收入及其再分配對消費的影響的解釋也不相同。

家庭的財富水準影響消費水準已成為經濟學家的共識。一般情況是，家庭財富越多，消費水準越高，反之相反。財富對消費水準的這種影響主要通過以下機理作用：一是財富存量可以生成收入流量從而改變消費，二是財富影響家庭的消費信心。當然，家庭累積財富的過程又可能會降低家庭的消費水準。財富陷阱的存在將會使家庭的儲蓄率提高。財富陷阱是目標財富額與家庭實際財富存量之差。可見，財富陷阱越大，消費水準將越低，因為家庭將傾向於用增加的收入填平財富陷阱。

此外，居民戶擁有的金融資產（現金、即期存款、儲蓄存款、股票、債券）的多

少、消費信用條件、人口增長率、遞延需求、社會的半強制性儲蓄（如人壽保險、私人養老金計劃、房屋抵押貸款）等，也會在不同程度上影響居民戶的消費支出水準。

二、消費函數和消費曲線

收入是影響消費的最重要因素。在其他條件不變的情況下，消費隨收入的變動而同方向變動。消費與收入之間的這種關係就稱為消費函數。如果以 C 代表消費，Y_d 代表可支配收入，則消費函數可以表示為：

$$C = c(Y_d)$$

消費與收入之間的關係，可以用平均消費傾向和邊際消費傾向來說明。平均消費傾向是在任一收入水準上，消費在收入中所占的比率，用 APC 表示平均消費傾向，即：

$$APC = \frac{C}{Y_d}$$

邊際消費傾向是指增加的消費在增加的收入中所占的比例，或者說是在增加的一單位收入中用於消費部分所占的比率。用 MPC 表示邊際消費傾向，ΔC 表示消費增量，ΔY_d 表示可支配收入增量，MPC 就是：

$$MPC = \frac{\Delta C}{\Delta Y_d}$$

按照凱恩斯的基本心理假定，從長期看，消費的絕對量隨收入的增加而增大，因此消費是收入的遞增函數，但由於收入所引致的消費增量小於收入增量，故 0 < MPC < 1，邊際消費傾向將遞減。由於 MPC 遞減，APC 也會隨之遞減，但當收入為 0 時也必定存在著基本消費，且邊際消費傾向大於 0 而小於 1，所以平均消費傾向大於邊際消費傾向，即 APC > MPC。

假定收入和消費之間具有線性關係，線性消費函數就可以表示為：

$$C = C_a + b \cdot Y_d$$

上式中 C_a 表示收入為 0 時家庭的自主消費支出部分，它是獨立於收入變量而存在的，受非收入因素的影響；b 為邊際消費傾向即 MPC，是一個不變的常數；$b \cdot Y_d$ 是隨收入而變動的引致消費。根據消費函數可以得到平均消費傾向的一般方程：

$$APC = \frac{C}{Y_d} = \frac{Ca}{Y_d} + b$$

根據消費函數，可以畫出凱恩斯消費曲線，如圖 9－1 所示。圖 9－1 中的橫軸表示收入 Y，縱軸表示消費 C，坐標上的 45°線上的任意一

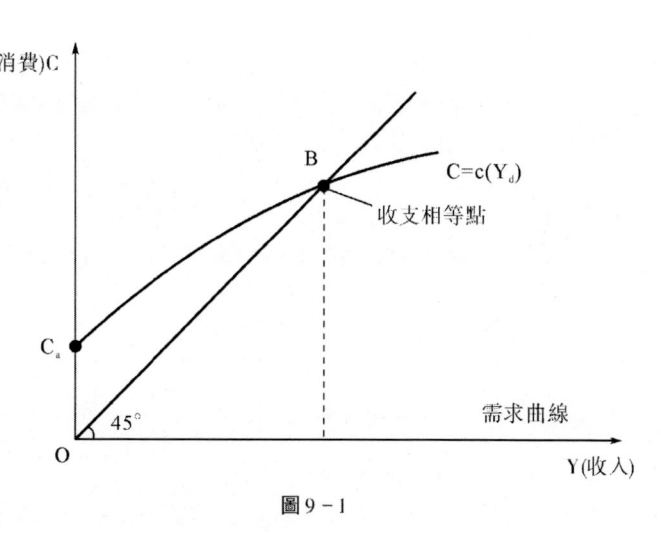

圖 9－1

點都是消費等於收入的點。消費曲線 $C = c(Y_d)$ 表示消費和收入間的函數關係。可以看出，當收入為 0 時，存在自主性消費支出 Ca，隨著收入增加，消費總支出上升，但由於 MPC 是遞減的，消費曲線將趨於平緩。

三、儲蓄函數和儲蓄曲線

收入中減去消費便是儲蓄。我們將居民戶儲蓄與收入之間的關係稱為儲蓄函數。儲蓄隨收入的增加而增大，因此儲蓄是收入的遞增函數。用 S 表示儲蓄，Y_d 表示收入，儲蓄函數為：

$S = s(Y_d)$

儲蓄與收入之間的關係，可以用平均儲蓄傾向 APS 和邊際儲蓄傾向 MPS 來說明。平均儲蓄傾向是任一收入水準上儲蓄在收入中所占的比率，即：

$APS = \dfrac{S}{Y_d}$

邊際儲蓄傾向是指儲蓄增量 ΔS 與收入增量 ΔY_d 之比，這是儲蓄函數的斜率：

$MPS = \dfrac{\Delta S}{\Delta Y_d}$

由於儲蓄增量只是收入增量的一部分，因此 MPS < 1。由於 MPC 遞減，所以 MPS 遞增，APS 也會隨之遞增，因而邊際儲蓄傾向會大於平均儲蓄傾向，即 MPS > APS。

如果儲蓄與收入之間存在線性關係，那麼就有：

$S = Y_d - C = Y_d - (Ca + bY_d) = -Ca + (1 - b)Y_d$

Ca 是自主性消費，也即是在收入為 0 時自主性儲蓄的減少，以 Sa 代表自主性儲蓄，那麼上式可變為：

$S = -Sa + (1 - b)Y_d$

上式中，$(1 - b)Y_d$ 是收入變動的引致儲蓄。儲蓄函數的經濟含義是儲蓄等於由收入變動導致的引致儲蓄減去自主消費。

圖 9-2 的橫軸表示收入 Y_d，縱軸 S 表示儲蓄，坐標平面上的 $S = s(Y_d)$ 表示儲蓄函數。儲蓄曲線與橫軸的交點 B 是儲蓄為 0 的點。B 點的左端表示有負的儲蓄，向右表示有正的儲蓄。曲線向右上方傾斜，斜率不斷增大，說明儲蓄隨收入的增加而以更大的幅度增加。

通過以上分析，儲蓄函數和消費函數的關係也就可以明了了：

由於 $Y_d = C + S$，所以 $1 = \dfrac{C}{Y_d} + \dfrac{S}{Y_d}$，即：

APC + APS = 1 或 APS - 1 = APC

由於 $\Delta Y_d = \Delta C + \Delta S$，所以 $1 = \dfrac{\Delta C}{\Delta Y_d} + \dfrac{\Delta S}{\Delta Y_d}$，即：

MPC + MPS = 1 或 MPS - 1 = MPC

可見，消費函數和儲蓄函數為互補函數。只要一個函數確立，另一個函數也就確立。或者說，只要消費曲線確立，儲蓄曲線也就確立。從圖形上看，C 和 S 之和永遠等於 45°線。消費曲線與 45°線的夾角必定等於儲蓄曲線與橫軸的夾角。收入和消費相等的

图 9-2

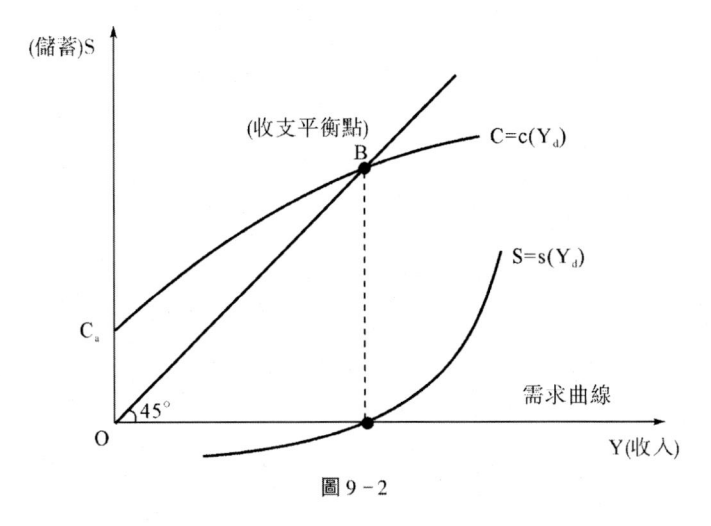

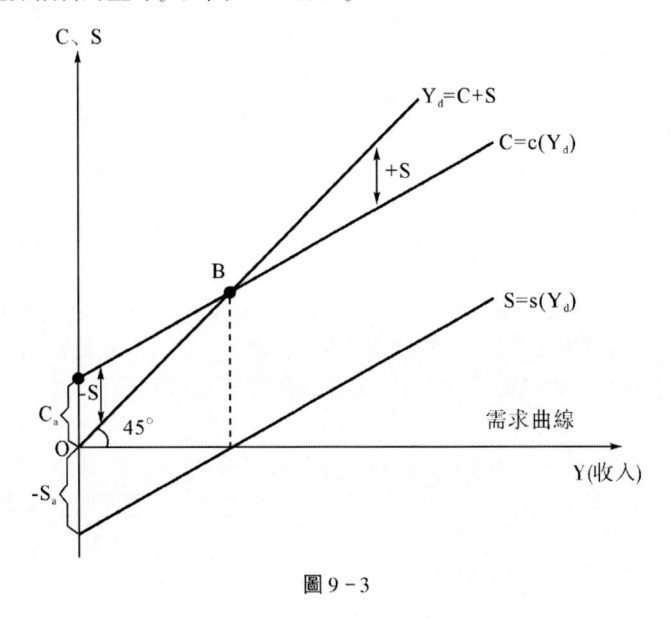

点，也就是储蓄为 0 的点。若消费函数是直线性的，MPC 和 MPS 是常数，消费曲线是一条以 Ca 为截距的向右上方倾斜的直线，那么，储蓄曲线也必定是一条以 Sa（-Ca）为截距并向右上方倾斜的直线。如图 9-3 所示。

图 9-3

四、消費理論的發展

凱恩斯宏觀消費函數的主要觀點是：消費支出取決於收入的絕對水準；邊際消費傾向 MPC 大於 0 但小於 1；平均消費傾向 APC 隨收入的增加而遞減。凱恩斯以後的經濟學家對其消費函數的結論進行了經驗驗證，結果表明：在短期，隨著收入的增加，APC 遞

減，但在各個不同短期，MPC 在漸次增大從而使短期消費曲線上移，所以 $C = Ca + b \cdot Y_d$ 只能視為短期消費函數；在長期，APC 具有穩定趨勢，所以，$C = b \cdot Y_d$ 可視為長期消費函數。為此，經濟學家力圖從理論上來解釋上述經驗結論。具有代表性的是三大收入假定。

1. 絕對收入假定

詹姆斯·托賓和阿瑟·斯密蒂斯進一步發展了凱恩斯的絕對收入假定。他們堅持個別消費者的支出水準取決於他的現期收入的絕對水準，認為消費者收入的增加，其總收入中用於消費的部分會下降，APC 會越來越小。他們再利用非收入因素的變動導致自主消費增加來解釋消費曲線的上移從而長期 APC 穩定的經驗結論。這些非收入因素主要有：①隨著生產的長期增長，人們累積的財富越來越多，居民戶的越來越富有會提高人們的消費傾向。②隨著經濟的發展，人口的城市化將提高消費傾向。③由於人均壽命的延長，老年人口增加，其消費支出的減少幅度慢於其收入下降幅度，從而推動了社會的消費傾向上移。④生活必需品範圍的擴大使自主性消費支出的水準增加，導致消費曲線上移。

2. 相對收入假定

不同階層與集團的收入互為相對收入；在同一階層或集團中，不同家庭的收入互為相對收入；同理，家庭在不同時期的收入互為相對收入。詹姆斯·杜森伯里認為人們的消費行為具有強烈的模仿和追求更高生活水準的傾向。他在 1949 年提出相對收入假說，認為居民戶的消費支出，取決於其相對收入水準，依存於居民戶在收入分配中的地位。個人消費相互影響的示範效應使個別家庭的消費支出水準要保持在相關家庭如同事、鄰居等的消費水準上。彼此推動的結果，使消費水準達到每個家庭可能達到的最高標準。在經濟蕭條時期，每個集團的絕對收入水準下降，但不會立即犧牲已經習慣的最高消費標準，雖然收入減少，對消費支出的壓縮卻很少，結果使 APC 提高。反之，在每個集團收入水準提高如經濟復甦時期，消費支出的增加卻較少，平均消費傾向就會下降。上述現象解釋了短期 APC 的下降趨勢。從長期看，每個集團的收入水準會隨收入增長而提高，雖然同等收入集團的地位不變，但由於示範效應，會引起新的最高消費標準，結果收入增加使最高消費標準呈比例增加，長期 APC 呈穩定趨勢。

3. 持久收入假定

米爾頓·弗里德曼在 1957 年發表的《消費函數理論》中提出持久收入假定，認為消費與收入的基本關係是持久消費取決於持久收入 Y_p，兩者之間有著恒定的比例關係，即 $C = b \cdot Y_p$。其基本觀點是：

（1）居民戶的消費水準不取決於現期收入而是由持久收入水準決定的，居民戶消費往往根據長期的穩定性收入來計劃安排，故：

$$C = b \cdot Y_p \text{ 或 } b = \frac{C}{Y_p}$$

C 為現期消費，Y_p 為持久性收入，b 是持久性的邊際消費傾向 MPC 或平均消費傾向 APC。它表明了持久的邊際消費傾向是 C 和 Y_p 之間的固定比率。

（2）儘管對一定時期的收入屬於永久性或暫時性的判別是困難的，但是人們總可以確認哪一部分收入具有穩定性，相對於該部分收入而言其他收入就具有暫時性，暫時性

收入則變為儲蓄。區別一筆收入是否具有持久性的簡單而又實際的辦法是將現期收入與過去收入比較，過去得到的收入在現期也得到了，可視為具有穩定性，但現期增加的收入是否具有穩定性要根據個人的估計而定。所以，持久收入近似地等於家庭各期收入的均值。

(3) 持久性消費是依存於持久性收入的消費。它是由持久性收入所決定的平均消費支出水準。$b = \dfrac{C}{Y_p}$ 稱為持久性消費傾向。這個比值的大小取決於非收入因素，如利息率及非人力財富與總財富（人力的和非人力的財富之和）之比、消費者偏好等多種因素，這些因素往往比較穩定，不會隨持久收入而變動，從而使消費傾向有長期不變的特徵。

(4) 由於長期 APC 不變，短期因暫時性收入變為儲蓄而使 APC 遞減，從而必然出現消費滯後，因此必然使現期總供給大於總需求，導致宏觀經濟失衡。解決途徑：一是增加投資，二是通過超前的持久性減稅以增加持久性收入，以推動持久性消費增加，擴大總需求，彌補消費滯後的總需求缺口。

第二節　均衡國民收入的決定

一、兩部門經濟中的均衡國民收入

在不存在政府和對外貿易部門的條件下，社會經濟就是由居民戶和廠商構成的兩部門經濟。在這個經濟中的國民收入決定可以運用兩種方法來分析：一是總收支均衡法，一是投資—儲蓄法。

1. 總收支決定均衡國民收入

在兩部門經濟中，總支出由消費支出和投資支出組成。消費支出由居民可支配收入決定。為了簡化分析，我們假定投資是不受國民收入、利率和價格影響的外生變量，即只有自發投資 I_a。所以，均衡國民收入 Y_e 由下列模型決定：

$$\begin{cases} C = c(Y_d) & （消費函數）\\ I = I_a & （投資函數）\\ Y = C + I & （收支均衡公式）\end{cases}$$

如圖 9-4 所示，以橫軸表示總收入，縱軸表示總支出，則在坐標平面內的 45°線上，總收入等於總支出，經濟處於均衡狀態，從而決定均衡國民收入 Y_e。在圖中，消費隨收入的增加而增加，而投資與收入無關，因而由消費加投資得到的總支出曲線 AE 與消費曲線平行。總支出曲線與 45°線的交點 E 決定了均衡的國民收入 Y_e。

若經濟最初的國民收入 Y_1 小於均衡國民收入 Y_e，則它所決定的消費支出 C_1 以及投資 I_a 之和大於總收入 Y_1。此時，經濟中對消費品和投資品的需求大於經濟中可供的商品數量，供給不足，產品脫銷，企業庫存減少，廠商就會增加產量，直到產量增加到與總支出相等。可見，只要實際收入小於均衡國民收入，從而總支出大於總收入，國民產出和國民收入就會趨於增大，向均衡國民產出和國民收入運動。反之，如果實際國民收入水準 Y_2 大於均衡國民收入 Y_e，那麼此時總支出小於總收入。由於社會對消費品和

圖 9-4

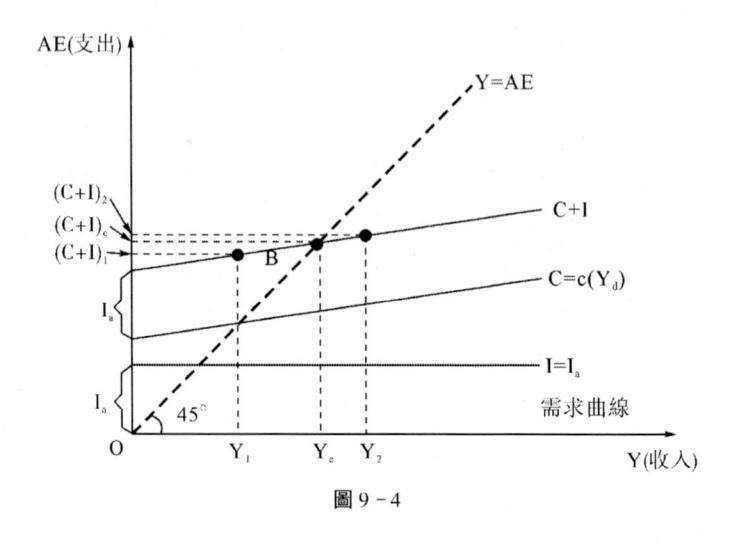

投資品的需求小於當前社會所能提供的產量，就會導致產品大量積壓，非意願存貨大幅上升。為了縮減產品積壓，廠商會減少產量，直至實際產量等於總支出。因此，只要實際收入大於均衡國民收入，從而總支出小於總收入，國民產出和國民收入就會趨於縮減，向均衡國民產出或國民收入運動。進一步講，只要實際國民收入等於均衡國民收入，總收入等於總支出，社會對消費品和投資品的需求等於它們的供給，廠商就不會再調整其生產規模和水準，從而保持一種相對穩定狀態，即國民經濟均衡。

從圖 9-4 中可見，消費和投資增加，經濟中總支出增大，從而均衡國民收入增加；反之，消費和投資減少，均衡國民收入下降。這十分清楚地說明了總支出或總需求決定國民收入。

以上總支出等於總收入決定均衡國民收入的過程可以由線性的消費函數得到進一步說明。假如消費函數由 $C = Ca + b \cdot Y_d$ 給出，那麼經濟均衡時有：

$$\begin{cases} C = c(Y_d) = Ca + b \cdot Y_d & （消費函數）\\ I = Ia & （投資函數）\\ Y = C + I & （總收支均衡公式）\end{cases}$$

上述模型中，由於兩部門經濟不存在稅收和轉移支付，因而 $Y_d = Y$。令均衡國民收入為 Y_e，從上述公式中可以得到均衡國民收入公式為：

$$Y_e = \frac{1}{1-b}(Ca + Ia)$$

2. 投資—儲蓄決定均衡國民收入

均衡國民收入決定還可以用投資—儲蓄均衡條件加以說明，而且得出的結論與總收支均衡條件完全相同。根據上一節的分析，儲蓄也是由可支配收入決定的。投資被假設為完全自發投資。因而，均衡國民收入可以由下列模型加以確定：

$$\begin{cases} S = s(Y_d) & （儲蓄函數）\\ I = Ia & （投資函數）\\ I = S & （投資—儲蓄均衡公式）\end{cases}$$

如圖9-5所示，以橫軸表示總收入，縱軸表示投資和儲蓄。儲蓄隨收入增加而增大，而投資與國民收入無關，是一條平行於橫軸的直線。對應於投資曲線和儲蓄曲線的交點 E 決定均衡國民收入 Y_e。

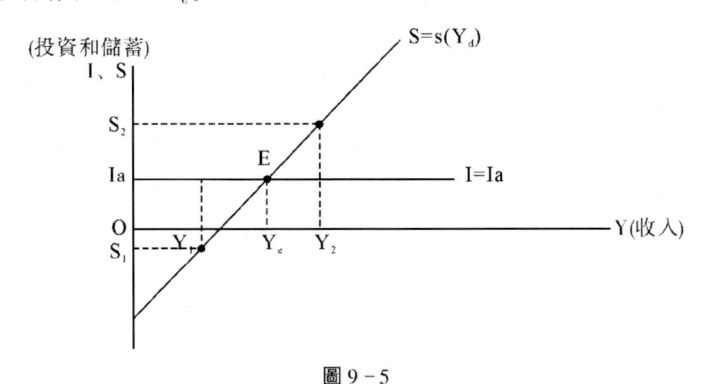

圖9-5

根據圖9-5分析，如果現在收入水準為 Y_1，它小於均衡收入 Y_e，則由 Y_1 所決定的儲蓄 S_1 小於投資 Ia，從而經濟中對投資品的需求大於經濟中投資品的供給，這會促使廠商增加生產，國民收入擴大。反之，如果現在收入水準為 Y_2，它大於均衡國民收入，則由 Y_2 所決定的儲蓄大於投資 Ia，這時經濟中存在投資品的非意願存貨增大，廠商會相應地減少生產，從而國民收入會減少。總之，只要投資不等於儲蓄，那麼就必然存在投資品的過剩或短缺，這一定會引起廠商的生產調整，從而促使實際國民收入趨於均衡。

同樣，如果把儲蓄函數表示為線性形式，即 $S = -Ca + (1-b)Y_d$，則經濟處於均衡時決定的國民收入可以由下面的模型得到：

$$\begin{cases} S = -Ca + (1-b)Y_d & \text{（儲蓄函數）} \\ I = Ia & \text{（投資函數）} \\ I = S & \text{（投資—儲蓄均衡公式）} \end{cases}$$

由上式得：

$$Y_e = \frac{1}{1-b}(Ca + Ia)$$

比較總收支均衡和投資—儲蓄均衡得到的均衡國民收入公式，它清楚地表明了這兩種方法獲得了完全相同的結論。這個結論就是：在兩部門經濟中，均衡國民收入取決於邊際消費傾向和自發支出（Ca + Ia）。在自發支出不變時，邊際消費傾向 b 越高，邊際儲蓄傾向（1-b）越低，均衡國民收入越大；反之，邊際消費傾向 b 越低，邊際儲蓄傾向（1-b）越高，均衡國民收入越小。在邊際消費傾向一定時，自發支出中的自發消費 Ca 和自發投資 Ia 越大，則均衡國民收入越大；如自發消費和自發投資越小，那麼均衡國民收入越小。

二、三部門經濟中的均衡國民收入

隨著社會經濟的發展，政府作為一個重要的經濟部門而存在，因此更為現實的經濟

體是由居民戶、廠商和政府組成的三部門經濟。運用兩部門經濟中均衡國民收入的分析方法，同樣可以說明三部門經濟中國民收入的決定。為了簡化分析，這裡主要採用總收支均衡法進行說明。

政府部門的存在，產生了政府購買、政府轉移支付和政府稅收三個收支項目。儘管這三個方面受很多因素的影響，其中包括國民收入對它們的影響，但在簡單的收入決定理論中，假定它們是不受國民收入水準的影響的，因而也是完全外生於國民收入的自發變量。政府收支的存在，還會對消費產生十分重要的影響。在兩部門經濟中，居民可支配收入是等於國民收入的，但在三部門經濟中，由於稅收 T 和轉移支付 TR 的存在，這會使得可支配收入與國民收入不一致，即 $Y_d = Y - T + TR$。由此，加入政府部門之後，線性消費函數就改變為 $C = Ca + b(Y - T + TR)$，而線性儲蓄函數就改變為 $S = -Ca + (1-b)(Y - T + TR)$。可見，加入政府部門，只要政府稅收收入大於政府轉移支付，即 T > TR，居民戶的消費函數和儲蓄函數就會相應下降；如果政府稅收小於政府轉移支付，即 T < TR，則居民戶的消費函數和儲蓄函數會相應上移。

在說明了政府收支對消費和儲蓄的影響之後，利用三部門經濟的均衡條件可以分析國民收入的決定。為了簡化分析，我們直接採用線性函數來理解。在三部門經濟中，均衡國民收入 Y_e 取決於下列條件：

$$\begin{cases} C = Ca + b(Y - T + TR) & （消費函數）\\ I = Ia & （投資函數）\\ G = Ga & （政府購買）\\ Y = C + I + G & （總收支均衡公式）\end{cases}$$

從上述模型中可得均衡國民收入：

$$Y_e = \frac{1}{1-b}(Ca + Ia + Ga - b \cdot T + b \cdot TR)$$

均衡國民收入公式表明：除了邊際消費傾向、自發消費 Ca 和自發投資 Ia 的大小要影響均衡國民收入外，政府自發支出越大，即政府購買 Ga 和轉移支付 TR 越大，國民收入就越大；而政府自發支出 Ga 和 TR 越小，均衡國民收入越小。與政府支出不同，政府稅收 T 越大，均衡國民收入越小；政府稅收 T 越小，則均衡國民收入越大。

第三節　乘數和乘數原理

從均衡國民收入決定的分析中，我們已經說明了影響均衡國民收入的基本因素。但是，這些因素會從什麼方向影響國民收入？會在多大程度上改變均衡國民收入？它們影響國民收入的經濟機制是怎樣的？對此，經濟學採用乘數原理來加以說明。

一、自發支出乘數

自發支出，也被稱為自主支出。在宏觀經濟學中，自發支出是指不受國民收入、利率和價格水準影響的支出。從三部門經濟的均衡國民收入計算式中可以看出，自發支出

A 由自發消費 Ca、自發投資 Ia、政府購買 Ga、轉移支付 TR 和政府稅收 T 組成，即 A = Ca + Ia + Ga + TR − T。在凱恩斯看來，自發支出的改變能帶來均衡國民收入成倍數的變化，其變化倍數的大小主要決定於邊際消費傾向的高低，這就是凱恩斯的乘數原理。

1. 乘數公式的推導

假定邊際消費傾向 b 不變，增加 100 億元的自主支出，首先會帶來 100 億元的收入增加。但增加的 100 億元收入又會使消費支出增加 $100 \cdot b$ 億元，從而使收入再增加 $100 \cdot b$ 億元。其後，$100 \cdot b$ 億元的收入，將再增加 $100 \cdot b^2$ 億元的消費支出，使收入再次增加 $100 \cdot b^2$ 億元。又會再增加 $100 \cdot b^3$ 億元的支出，增加 $100 \cdot b^3$ 億元的收入。收入的增加還會帶來消費支出增加 $100 \cdot b^4$ 億元，從而使國民收入增加 $100 \cdot b^4$ 億元……很顯然，雖然每次誘發增加的收入越來越少，但這個過程會一直延續下去。若一般地設自主變量的增量為 $\Delta \overline{A}$，則一筆自主變量的增量所增加的總需求 ΔA 從而增加的收入 ΔY 為：

$$\Delta A = \Delta \overline{A} + b\Delta \overline{A} + b^2 \Delta \overline{A} + b^3 \Delta \overline{A} + \cdots + b^n \Delta \overline{A} = \Delta \overline{A}(1 + b + b^2 + b^3 + \cdots + b^n) = \Delta Y$$

這是一種無窮級數。由於 $0 < b < 1$，無窮級數的連續項遞減，並最終趨於 0，故由上式可寫出：

$$\Delta A = \frac{1}{1-b} \Delta \overline{A} = \Delta Y$$

令 $\frac{1}{1-b} = K$，則有：

$$\Delta A = K\Delta \overline{A} = \Delta Y$$

$$K = \frac{\Delta Y}{\Delta \overline{A}} \text{或} \Delta Y = K\Delta \overline{A}$$

K 即是乘數。又因為 $(1 - b) = \text{MPS}$，乘數也可表示為邊際儲蓄傾向的倒數，即：

$$K = \frac{1}{\text{MPS}}$$

下面再用圖示的方法來說明乘數發生的過程。

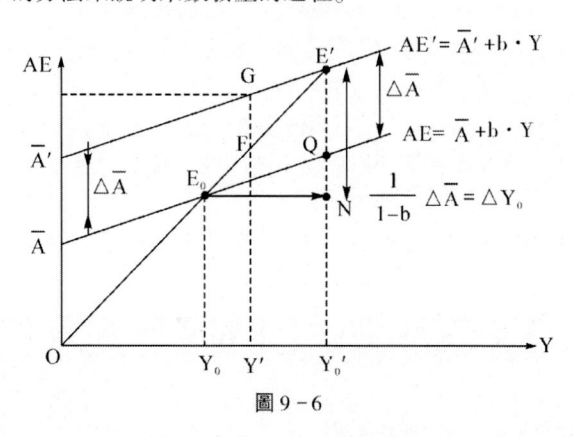

圖 9-6

在圖 9-6 中，總支出為 $AE = \overline{A} + b \cdot Y$，均衡國民收入水準為 Y_0。假定自主支出增加 $\Delta \overline{A}$，總支出曲線向上平移到 $AE' = \overline{A}' + b \cdot Y$，這表明，在任何收入水準上，總支出

的數量都增加 $\Delta\bar{A}$。

由於總支出增加了 $\Delta\bar{A}$，而企業原來的均衡產出 Y 不足以滿足增加的總支出，會減少存貨來彌補供給的不足。企業為保持正常的存貨水準，將增加 $\Delta\bar{A}$ 的產量，使產量水準增加到 Y′。但是這部分增加的收入又會按 b 的比例誘導出新的消費支出，使產量 Y′ 仍不能滿足繼續增加的總支出，其不足的數量為 GF。正常存貨減少又會使企業繼續擴大產量。這樣的過程會逐次進行下去。由於 0＜b＜1，雖然每次引致的消費會減少，但是最終會使引致的消費總額達到 QN，結果使引致的收入增加 Y′Y₀′。由此，由 $\Delta\bar{A}$ 的增加還引致出一個 QN 的支出，兩者之和為 E′N。前者使收入增加 Y₀Y′，後者使收入增加 Y′Y₀′，兩者之和為 Y₀Y₀′。所以增加的收入不只由 $\Delta\bar{A}$ 決定，而且還要由引致消費總額決定，而引致消費總額又由邊際消費傾向決定。

實際上，推導乘數還可以根據均衡國民收入的公式直接得到。由於：

$$Y_e = \frac{1}{1-b}(Ca + Ia + Ga + TR - T)$$

因此有：

$$\Delta Y_e = \frac{1}{1-b}(\Delta C + \Delta I + \Delta G + b\Delta TR - b\Delta T)$$

式中 ΔY_e 表示因自發支出改變所造成的國民收入變化，而 ΔC、ΔI、ΔG、ΔTR 和 ΔT 則分別表示自發消費、自發投資、政府購買、轉移支付和稅收的變化量。如果用 ΔA 表示全部自發支出的總變化，則有：

$$\Delta Y_e = \frac{1}{1-b}\Delta A \quad 或 \quad \frac{\Delta Y_e}{\Delta A} = \frac{1}{1-b}$$

2. 影響乘數的因素

從乘數公式可知，自發支出乘數的大小取決於邊際消費傾向或邊際儲蓄傾向的大小。在其他條件一定時，邊際消費傾向越高、邊際儲蓄傾向越低，則乘數效應越大；反之，則乘數效應越小。極端地，若邊際消費傾向為 0、邊際儲蓄傾向為 1，則乘數為 1，均衡收入的增加量等於自發支出的增加量。若邊際消費傾向為 1、邊際儲蓄傾向為 0，則均衡收入會無限增大。當然，邊際消費傾向一般是小於 1 大於 0 的。凱恩斯認為 b 似乎不超過 60%～70%，乘數大約在 2.5 左右徘徊，所以一筆自發支出的改變不會有收入過大或過小的倍數效應。值得注意的是，乘數效應的大小不只受邊際消費傾向或邊際儲蓄傾向的影響，還要受社會資源的利用程度、邊際投資傾向、邊際稅率和反應時滯的長短等多種因素制約。

在社會資源的不同利用水準上，自發支出的乘數效應是大不一樣的：如果存在大量閒置資源，國民產出水準較低，此時自發支出的增加會導致國民收入明顯地增加，乘數效應大；如果社會資源已被充分利用，此時增加自發支出，由於沒有可供使用的閒置資源，國民收入幾乎不能增加，乘數效應趨於零。因此，乘數作用要以存在閒置資源為前提條件。不具備這個條件，無論邊際消費傾向多高，國民收入都不會出現倍數變化。

「自發支出乘數等於邊際儲蓄傾向的倒數」的結論，只有在投資是獨立於國民收入的外生變量時才能成立。現代利潤理論認為，廠商的投資支出取決於廠商已實現的利潤水準，由於實現的利潤水準是隨國民收入水準同向變化的，因而利潤決定投資也就是收

入決定投資。根據投資的利潤理論，投資和收入的關係可以用線性投資函數來反應，即 $I = Ia + e \cdot Y$。式中，Ia 仍為自主投資，與收入變動無關，而 e 是邊際投資傾向，$e \cdot Y$ 就是隨收入變化而改變的引致投資。在存在引致投資的情況中，根據前面使用的均衡國民收入求解方法，自發支出乘數改變為：

$$\frac{\Delta Y_e}{\Delta A} = \frac{1}{1-b-e}$$

顯然，在有引致投資的情況下，e 是大於零的，從而乘數效應會進一步增強。即是說，邊際投資傾向大於零，自發支出增加會帶來國民收入更大倍數的增加，而自發支出減少也會造成國民收入更大幅度的下降。在經濟學上，一般把 $\frac{1}{1-b-e}$ 稱為超乘數。

如果我們取消政府購買、稅收和轉移支付是外生變量的假設，自發支出乘數就要改變。在實際經濟生活中，一國的稅收是要依存於國民收入的，這典型地體現在直接稅尤其是所得稅中，因此，稅收函數就是 $T = Ta + t \cdot Y$。上式中 Ta 為自主稅收，它不依存於國民收入，而邊際稅率 t 與國民收入 Y 的乘積 $t \cdot Y$ 就是引致稅收。遵循同樣的原理，自發支出乘數改變為：

$$\frac{\Delta Y_e}{\Delta A} = \frac{1}{1-b+b \cdot t} = \frac{1}{1-b(1-t)}$$

很明顯，邊際稅率的存在，使得自發支出乘數變小，乘數效應減弱。這種影響在財政政策中被稱為內在穩定器。

除了上述因素之外，乘數效應的大小還取決於經濟反應時期的長短。因為，一筆自發支出對國民收入的影響，是一個連鎖累積的過程，並非一蹴而就的事。因此，如果其他條件相同，經濟反應時期越長，乘數效應越大；經濟反應時期越短，乘數效應越小。

以上分析告訴我們，在實際生活中，自發支出乘數效應的大小不能簡單地根據邊際消費傾向來測算，還要考察邊際投資傾向、邊際稅率、資源利用程度、可供經濟反應的時期長短。如果考慮淨出口和貨幣市場，自發支出乘數還要受邊際進口傾向和利率彈性影響。

二、投資乘數和政府收支乘數

自發支出乘數從總體上反應了自發支出的總體變化對國民收入的影響程度。在實際生活中，我們還關心自發支出的各個構成部分對國民收入的影響大小，因此有必要說明投資乘數、政府購買乘數、稅收乘數、轉移支付乘數和平衡預算乘數。

1. 投資乘數和政府購買支出乘數

投資乘數是指在其他支出不變條件下，自發投資改變所引起的國民收入的倍數變化，通常用收入的改變量與相應的投資改變量之比值表示。如果用 ΔI 表示投資變化量，相應的國民收入改變量用 ΔY_I 表示，則根據 $\Delta Y_e = \frac{1}{1-b}(\Delta C + \Delta I + \Delta G + b\Delta TR - b\Delta T)$ 很容易得出：

$$\frac{\Delta Y_I}{\Delta I} = \frac{1}{1-b}$$

政府購買乘數是指在其他自發支出不變時，政府購買量改變 ΔG 所引起的國民收入變化 ΔY_G 的倍數。政府購買乘數的大小也常用 $\dfrac{\Delta Y_G}{\Delta G}$ 的比值來反應。據同樣的道理，可得：

$$\frac{\Delta Y_G}{\Delta G} = \frac{1}{1-b}$$

比較投資乘數和政府購買乘數可發現，改變投資和政府購買不僅對國民收入的影響方向相同，而且它們所產生的乘數效應的大小也完全相同。這從理論上說明了政府購買支出與私人投資支出對總支出、總收入、總產出和就業量具有同樣大的影響力，從而為政府運用購買支出政策來調節總需求和國民經濟提供了有力的依據。

2. 轉移支付乘數和稅收乘數

在經濟學上，把一定量轉移支付改變造成的國民收入成倍的變化稱為轉移支付乘數。相應地，一定數額的稅收變化導致國民收入的倍數變化被稱為稅收乘數。如果轉移支付和稅收的變化量分別用 ΔTR 和 ΔT 表示，相應的國民收入變量分別為 ΔY_R 和 ΔY_T。根據同樣的原理，轉移支付乘數和稅收乘數分別為：

$$\frac{\Delta Y_R}{\Delta TR} = \frac{b}{1-b}$$

$$\frac{\Delta Y_T}{\Delta T} = -\frac{b}{1-b}$$

顯然，轉移支付和稅收的改變從不同的方面影響國民收入。即是說，轉移支付增加，國民收入增加，而稅收增加會使得國民收入減少；反之，轉移支付下降，國民收入會減少，而稅收減少，國民收入卻會上升。從乘數效應大小看，轉移支付乘數等於稅收乘數，但它們都比投資乘數和政府購買乘數小，即：

$$\frac{b}{1-b} < \frac{1}{1-b}$$

其原因很明顯，因為邊際消費傾向 b 一般是小於 1 的。從實際生活看，這種乘數效應的差異關鍵在於轉移支付、稅收對國民收入的影響機制是不同於投資和政府購買的。投資乘數和政府購買乘數效應的變動機制是：增加單位投資或政府購買，經濟中將增加等量的總需求，從而使得消費品或投資品的供給增加相同的數額。產品或服務供給的增加使得經濟中的總收入增加相同的數額，收入的增加，又會導致居民戶增加消費，其數量為邊際消費傾向的倍數。消費需求的增加如同投資需求增加一樣，會引起經濟中的連鎖反應，直至經濟再次處於均衡。與上述乘數效應機制不同，稅收和轉移支付的乘數效應機制是：減少單位稅收或增加單位轉移支付，首先使得個人可支配收入增加等量數額，從而導致消費支出增加，其數額為邊際消費傾向的倍數；消費支出增加會引起國民經濟連鎖反應，直至經濟再次處於均衡。由此可見，轉移支付和稅收的變化並不首先直接影響總支出和總收入，而且首先直接影響可支配個人收入，所以乘數效應較小。

3. 平衡預算收支乘數

在宏觀經濟分析中，平衡預算收支乘數也十分重要。在分別說明了政府購買乘數和政府稅收乘數後，把兩者結合起來分析是很有意義的。在實際生活中，政府的購買和稅

收都同時在發生改變。如果政府購買支出等於政府稅收收入，國民收入是否發生變化？如果會變化，其變化的大小如何？受哪些收入影響呢？這些問題都可以用平衡預算收支乘數加以說明。

平衡預算收支乘數說明在政府預算收支既無赤字又無盈餘的條件下，政府購買和政府稅收同時以相等數量增加或減少時，所引起的國民收入的成倍變化。

在保持政府預算收支平衡條件下，假設政府購買增加 ΔG，政府稅收增加 ΔT 並且 $\Delta G = \Delta T$。根據政府購買乘數和稅收乘數公式可知，增加政府購買引起的國民收入增加量為 $\Delta Y_G = \frac{1}{1-b}\Delta G$，而增稅會使得國民收入改變量為 $\Delta Y_T = -\frac{b}{1-b}\Delta T$。因此，同時等量增加政府購買 ΔG 和稅收 ΔT，國民收入變動的淨效應為：

$$\Delta Y_G + \Delta Y_T = \frac{1}{1-b}\Delta G - \frac{b}{1-b}\Delta T = \Delta G \text{（或 }\Delta T\text{）}$$

即是說，在改變政府購買和稅收而又不改變預算收支平衡的條件下，國民收入會出現與政府購買或稅收相同數額的變化。這是由於政府購買乘數大於稅收乘數，當它們同時等量增加時，政府購買增加對國民收入的擴張效應大於稅收增加對國民收入的收縮效應，最後使得均衡收入增加。

上面的分析表明，在簡單的收入決定模型中，平衡預算收支條件下只存在單位乘數效應，因為平衡預算收支乘數為1。單位乘數效應說明：即使是不實行赤字預算，經濟也具有自發擴張趨勢。必須指出的是，平衡預算收支乘數為1僅在簡單模型中成立，如果加入邊際投資傾向和邊際稅率甚至邊際進口傾向，平衡預算收支乘數就可能小於1或大於1了。

第四節 宏觀財政政策

一、斟酌使用的財政政策

政府運用收支變動對宏觀經濟的調節措施稱為斟酌使用的財政政策。它與政府日常的或常規的財政收支變動不同，它是為實現經濟穩定所採取的特殊財政手段。斟酌使用的財政政策包括擴張性財政政策和緊縮性財政政策。

1. 擴張性財政政策

擴張性財政政策指政府為擴大總支出所實施的財政措施。當經濟面臨通貨緊縮缺口時，政府以擴張性財政政策，使總支出增加一個等同於缺口的數量，以彌補缺口，實現充分就業均衡。

政府的擴張性財政政策，既可通過減免稅收也可通過擴大政府支出實現。減免稅收可以擴大居民戶可支配收入和企業利潤，刺激消費和投資。增加轉移支付也有類似的效果。政府也可以通過擴大行政支出、軍事開支和興辦公共工程及福利設施，直接增加總支出。無論是私人部門還是公共部門的自發支出增加，都可通過乘數效應帶來收入和就業的倍數增長，從而克服衰退。至於採取哪一種具體措施，要取決於經濟、政治、社會

及軍事等多種因素。

2. 緊縮性財政政策

緊縮性財政政策指政府為抑制總支出所實施的財政措施。當經濟出現通貨膨脹缺口時，政府以緊縮性政策，使總支出減少一個等同於缺口的數量，以彌補缺口，實現經濟穩定。

緊縮性財政政策包括增稅、減少政府開支等措施。增稅或削減轉移支付可以降低居民戶可支配收入和企業利潤，從而抑制私人部門的消費和投資；而減少政府購買可直接減少總支出。總支出的下降，同樣可以通過乘數效應倍數地減少名義收入，抑制物價水準的上漲。

擴張性財政政策必然使政府支出大於收入，產生預算赤字；而緊縮性財政政策又會使政府收入大於支出，帶來預算盈餘。這樣的財政稱為功能財政。很顯然，功能財政的基本思想是：在一個功能存在缺口的經濟中，政府不能以平衡預算收支為目標來對待預算赤字和盈餘，而應從反經濟週期的需要來利用預算赤字和盈餘，否則就不能在總支出不足時避免衰退，也不能消除過度支出帶來的物價水準上漲。

二、公債理論

如果在經濟的週期性波動中衰退缺口對稱於膨脹缺口，財政赤字和財政盈餘則可以在經濟週期中相互抵消，實現週期性預算收支平衡。但事實上並不存在這種波動的對稱性。按凱恩斯理論，經濟通常存在通貨緊縮缺口，故擴張性政策更為經常，財政赤字因而不可避免，而且還有不斷累積增大的趨勢。為彌補赤字或籌集反衰退資金，政府勢必舉債。若不考慮向外國舉債，則政府只能向銀行和私人部門借債。

政府向銀行借債，以債券換取銀行支票，實際上等於政府通過銀行擴大貨幣供給，它對經濟的影響在下一章貨幣理論中分析。

政府向非銀行私人部門借債，等於收入從私人部門轉移到政府部門。因此，儘管從表面上看政府擴大了開支，但相應減少了私人部門支出，好像總支出並未變化；但在實際上，衰退期總支出不足，意味著私人部門擁有大量既不用於消費、也不用於投資的閒置收入，即儲蓄。它們或是保留在居民戶或企業手中，或是以存款形式滯留在銀行。政府為反衰退而舉的債務，只是來自這部分閒置資金，並未影響既定的消費和投資，故向私人部門舉債以擴大政府購買，也就能增加實際總支出。

公債不同於私人之間的債務，它是政府向公眾借債。西方經濟學家認為，政府是公眾的代表，公眾既是公債的債權人又是債務人，等於自己向自己借債。因此，從總體上講，事實上並不存在債務負擔。他們認為，即使政府債務非常龐大，只要經濟還在運行，生產還在繼續，政府就可通過徵稅甚至發行貨幣償還債務，也可以繼續借入新債。進一步講，不同於單個居民戶，政府活動具有理論上的無限連續性，無論誰當權，債務都不會消除。政府只要保證按時付息，公債券就是一種高信用資產，人們願意通過持有它而獲得確定的利息收入，因此政府在事實上也無須償還本金。

債務對後代的影響要視債務的性質而定。如果政府債務純粹是為反衰退以填補私人部門支出缺口，那麼債務意味著相應的資源從閒置狀態轉向充分利用，其利用的機會成本為零，不會給公眾帶來任何損失，也不會給後代帶來實際經濟負擔。而且，由於來自

債務的政府支出刺激了投資和生產，後代人會由於政府借債而繼承更多的實際物品和資本存量，擴大了經濟福利。但是，如果由債務支持的政府支出是用於戰爭或其他非經濟支出，不僅不能獲得更大的產出，而且會相應地減少消費品生產和資本形成，給後代帶來實際經濟負擔。作為一個整體，每一代人都既承受著公債的負擔，但也獲益於來自公債的政府支出。但是政府為公債所付利息最終來自稅收。如果納稅人和公債持有者相互分離，或納稅份額與由公債所獲利息份額不一致，部分收入就會從納稅人向債權人轉移，形成收入再分配效應。

三、財政政策的局限性

財政政策對總支出的調節是直接而劇烈的，若運用得當，可以獲得顯著的政策效應。但實際上存在大量因素限制其作用，這些限制因素主要有：

1. 政策時滯

一項政策從提出方案到產生效果，需要一定時間。首先，需要一定時間觀察分析經濟活動狀況，預測未來變化趨勢，以確認是否應當採取何種政策；其次，要確定一項政策，特別是稅收政策的變化，還要經過反覆論證，經過長時間的立法程序；最後，政策變量還需一定時間才能輸入經濟體和產生輸出效果。由於存在時間滯後，根據確定經濟形勢所實施的逆向調節政策會因形勢變化而失效，甚至會產生與預期相反的效果，加劇經濟波動。

2. 利益集團的阻撓

財政收支變動必然產生收入再分配效應，從而受到特定利益集團的阻撓。例如：增稅、減少轉移支付、壓縮公共福利開支等，會受到要求維持既定收入和福利水準的選民反對；減少政府購買，會受到有關企業集團的反對；即使政府增加公共福利及其他公共設施上的支出，也會被一些有關企業認為是政府與民爭利而遭到反對。各種利益集團或是直接向政府施加壓力，或是通過所謂「院外集團」影響立法機構從而阻撓財政政策的實施。

3. 預期的影響

對政府將要實施的政策，人們會根據自己對經濟形勢變化和對政府政策的預期，預先做出符合自己利益的行為調整，以抵消政策作用。在經濟面臨衰退壓力時，政府試圖通過減稅刺激私人部門支出，但如果居民戶預期物價水準將在衰退期下降，可能持幣待購；而廠商則會因預期收益流量下降而不願投資，故總支出並不必然因減稅而擴大。在面臨通貨膨脹壓力時，即使政府減少開支，也會由於居民戶預期物價上漲而超前購買、廠商預期收益擴大而增加投資從而降低政策效能。

4. 擠出效應

政府為反衰退而舉債，增加政府購買支出，即使不會直接擠占私人部門支出，但在名義貨幣供應量不變的條件下，也必然會使實際貨幣供給量減少而導致市場利率上漲，從而抑制本來就已不足的投資和消費。擴張性財政政策的這種作用被稱為政策的擠出效應。由於擠出效應，政府的擴張性財政政策至少會部分地由於私人部門支出下降而被抵消。

四、所得稅的內在穩定器功能

所得稅是對收入徵收的稅，它包括公司所得稅和個人所得稅。因公司收入最終也要

轉化為個人收入，故所得稅都可看做是對個人收入的扣除。

所得稅是來自於收入的稅，因而是收入的函數。若以 t 表示稅率（稅收在收入中的比例），則稅收可表示為：

T = t·Y

如果仍在兩部門支出基礎上引入所得稅，則徵稅後的總支出為：

$$AE = C + I$$
$$= Ca + b(Y - t·Y) + I$$
$$= Ca + I + b(1-t)Y$$

從上式可看到，徵收所得稅後，原邊際消費傾向 b 轉化為稅後邊際消費傾向 b(1-t)，它也是稅後總支出線的斜率。下面分別分析在稅率不變和稅率遞增條件下所得稅對收入和就業的影響。

1. 比例稅

如果稅負在收入中所占比例不隨收入變動，稱為比例稅。這時，稅率 t 是不隨收入變動的常量。由於 0 < t < 1，即稅負存在，但不會等於收入，則有 b(1-t) < b，稅後邊際支出傾向小於稅前邊際支出傾向。它意味著徵收比例所得稅後，每增加一單位收入用於支出的部分小於徵稅前的支出，從而降低支出乘數。

在平面圖上，稅後邊際支出傾向下降意味著總支出線有更小的斜率，如圖 9-7 所示，假定稅前總支出線為 AE_0，則徵收比例稅後總支出線為 AE_1，它們在任一點上的垂直距離都等於 t·Y。

2. 累進稅

如果稅率隨收入增加而遞增，即收入越高，稅負在收入中所占比重越大，則稱為累進稅。累進稅是各國通行的所得稅徵收方式。

若以 Δt 表示邊際稅率，即不同收入水準稅負在收入中的比例，並將其代替 AE = Ca + I + b(1-t)Y 中的 t，則徵累進稅後邊際支出傾向為 b(1-Δt)。由累進稅的性質決定，隨收入增加稅率不斷上升，0 < Δt < 1，$Δ_t → 1$，故 b(1-Δt) → 0。它意味著隨收入增加，單位收入中用於支出的部分遞減，最後甚至由於稅率趨於 1 而使消費支出增量趨於 0。相應地，支出乘數在累進稅制下隨收入增加而趨於消失。

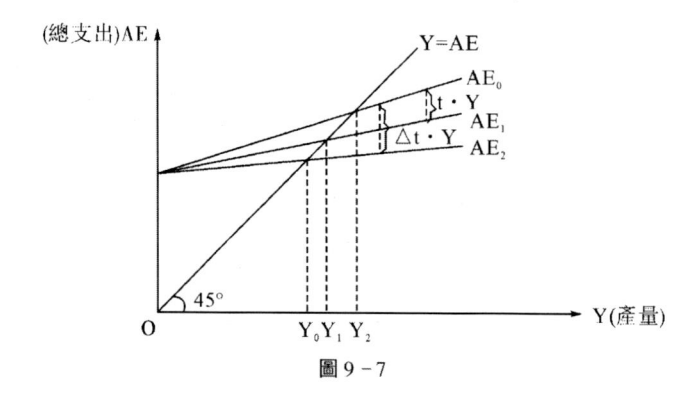

圖 9-7

在圖 9−7 中，以 AE_2 表示徵收累進稅時總支出線，其斜率隨收入增加不斷下降，最後趨於一條水準線。它與 AE_0 之間任一點的距離都等於 $\Delta t \cdot Y$。

通過上述分析可以看到，當收入隨總支出擴大而趨於通貨膨脹時，所得稅制度自動將更多的公眾收入轉化為政府稅收，抑制私人部門支出；並通過降低邊際消費傾向，降低自發支出的乘數效應，緩解經濟的過度擴張；反之，當收入隨支出下降時，又會自動擴大私人部門支出和支出的乘數效應，抑制支出下降和經濟的收縮。因此，當經濟從穩定狀態向非穩定狀態變動時，所得稅制度，特別是累進稅制度具有一種使經濟減緩波動的內在力量。這種財政制度本身的穩定功能，稱為內在穩定器。除所得稅制度外，失業救濟金、社會安全保障等福利性轉移支付，同樣也是重要的內在穩定器。

然而，當經濟從非穩定狀態向穩定回復時，上述穩定器又會成為趨於穩定的抑制力量，延緩經濟向穩定狀態的回復。財政制度的這種作用，稱為財政拖累。因此，內在穩定器是一把「雙刃劍」，它既可減緩經濟的波動，同時又限制了經濟從不穩定狀態趨向穩定。

內在穩定器可以減緩經濟波動，但它的作用十分有限。當經濟面臨較大波動時，政府必須借助積極的政策手段實施主動調節，以恢復均衡。

第十章 擴大的國民收入決定理論

本章重點及難點

(1) 資本的邊際效率及其決定因素有哪些？
(2) IS 曲線的推導過程。
(3) 貨幣乘數及其影響因素。
(4) 貨幣需求及其影響因素。
(5) 貨幣政策的三大工具。
(6) LM 曲線的推導過程。
(7) 利用 IS—LM 模型分析財政政策、貨幣政策的有效性。

在第九章的分析中，我們假定總供給即總生產函數為既定的，同時物價水準不變。這樣，均衡國民收入的大小取決於總需求水準。如果總需求函數既定，即消費函數、投資函數以及政府開支與稅收和淨出口為既定，則與任一既定的利息率相對應，產品市場的總供給等於總需求（或儲蓄等於投資）時的國民收入就相應地被決定。在貨幣市場上，如果貨幣需求函數既定，則對於任一給定的貨幣供應量，將有一個相應的貨幣供求均衡的均衡利息率。在現實生活中，產品市場和貨幣市場並不是彼此獨立、互不聯繫的。對兩個市場的孤立的研究，雖然證明了兩個市場各自的運行機制和均衡條件，但都沒有證明其相互影響和依存的關係，沒有說明兩個市場同時實現宏觀經濟均衡所必需的條件。本章將在上一章的分析基礎上，引進 IS 曲線和 LM 曲線這兩個分析工具，考察產品市場和貨幣市場在相互作用下同時達到均衡時的 IS—LM 模型，即擴大的收入決定模型。可以看出，所謂擴大，是將收入決定的視角從產品市場擴大到貨幣市場，研究宏觀經濟均衡的條件並分析均衡的改變，以及宏觀財政政策與貨幣政策的效果。

第一節 產品市場均衡與 IS 曲線

一、宏觀投資函數

在經濟學中，投資是指資本的形成過程，即社會實際資本存量的增加，不能增加社會實際資本存量的財產轉移形式不能視為投資。投資源於維持和增加資本存量的需求。新增資本存量的投資叫新增投資，維持資本存量的投資叫重置投資。所以，總投資＝新增投資＋重置投資。一般投資可分為兩大類：一是固定資本的形成，如機器、設備、廠房投資；二是企業存貨的增加，它是企業期末與期初比較的存貨的淨變動值。

如果用 I 表示總投資，J 表示淨投資，D 表示重置投資，K_{+1} 表示期末資本存量，K

表示期初資本存量，δ為折舊率。那麼就有：

I = J + D = （K$_{+1}$ - K） + δ · K

凱恩斯認為，資本家的投資決策主要取決於資本的邊際效率 MEC 和利息率兩者之間的關係，MEC 可以看成是資本家對投資的預期利潤率。通過 MEC 和現行市場利息率 r 比較，就可以知道資本的盈利能力：如果 MEC > r，投資就能進行；如果 MEC = r，此時的投資就處於最大利潤狀態，被稱為均衡的投資，此時的資本存量不再發生變動，叫做最大利潤的資本存量或所期望的資本存量；如果 MEC < r，投資則不可行。

按照馬歇爾的理論，儲蓄構成了資本的供給，投資構成了資本的需求，利息率是由資本的供給和需求共同決定的。對於單個廠商而言，利息率是給定的，廠商將把投資推進到這樣一點，即讓與投資量相應的資本的邊際生產力即利潤率恰好等於給定的利息率。凱恩斯首先使用了資本邊際效率概念，認為在資本邊際效率 MEC 既定時，投資是利率的函數，即 I = I（r）。凱恩斯以後的經濟學家進一步豐富了投資理論，其中一個重要的內容是建立了加速投資理論以及投資的利潤決定理論。

1. 資本邊際效率與投資的決定

資本邊際效率是指當資本品的供給價格等於該資本品各年預期收益的貼現值之和時的貼現率或折扣率。

用 R$_0$ 表示本金，r 表示利率，R$_n$ 表示在 n 年的本加息，利用複利計算公式可得到貼現公式：

$$R_0 = \frac{R_n}{(1+r)^n}$$

我們知道，資本品的供給價格是資本資產的成本，用 V 表示。資本品可使用多年，每年為資本家帶來的收益用 R$_1$，R$_2$，…，R$_n$ 表示。使各年預期收益的現值相加等於資本品的成本或供給價格，從而將資本預期收益折算為投資品成本現值的貼現率就是資本的邊際效率，故資本邊際效率也就是資本資產的預期利潤率。

用 V 表示資本品價格，又叫資本的重置成本，R$_1$，R$_2$，…，R$_n$ 表示各年預期收益，i 表示資本邊際效率 MEC，則：

$$V = \frac{R_1}{1+i} + \frac{R_2}{(1+i)^2} + \cdots + \frac{R_n}{(1+i)^n}$$

如果在已知資本的供給價格、資本未來的預期收益的條件下，求解貼現率，這個貼現率就是資本資產的預期利潤率。

例如：假設購置一部機器的價格為 42,702 元，有效使用期 5 年，殘值為 0。在 5 年中每年預期收益為 10,000 元，代入 MEC 公式：

$$42,702 \text{ 元} = \frac{10,000 \text{ 元}}{1+i} + \frac{10,000 \text{ 元}}{(1+i)^2} + \frac{10,000 \text{ 元}}{(1+i)^3} + \frac{10,000 \text{ 元}}{(1+i)^4} + \frac{10,000 \text{ 元}}{(1+i)^5}$$

經解得 i = 5.5% 即 MEC 為 5.5%。

MEC 的大小取決於資本品的重置成本價格和資本資產的各年預期收益。MEC 與前者是反向關係，與後者是正向關係，所以可以寫為 MEC = F（R/V）。

資本邊際效率具有遞減的趨勢。其原因在於：在短期內，生產資本品的生產投資固定，要增加資本品的產量，必然使資本品的生產成本遞增從而提高資本品的重置成本價

格；從長期看，生產資本的生產設備增加，資本品產量增加，資本品所生產的產品的市場供給增加，產品價格水準將下降，從而使投資收益不斷下降，MEC 呈遞減趨勢。凱恩斯認為資本邊際效率遞減的最重要原因還在於資本家對未來的信心不足，並且將 MEC 遞減為一條基本心理規律。

對於個別企業而言，總有多個可供選擇的投資項目，各個項目都可估算其資本邊際效率。到底哪個項目的投資可以進行，在各項目的 MEC 一定的條件下，就取決於市場利息率水準 r。只有在 MEC≥r 的條件下，項目才會投資。

在圖 10-1 中，設企業有四項可供選擇的投資機會：購買一臺機器的價格是 10,000 美元，MEC 為 10%；添置一輛卡車的價格為 5,000 美元，MEC 為 8%；擴建庫房需支出 15,000 美元，MEC 為 6%；裝置空調設備花費 10,000 美元，MEC 為 4%。如果市場利率 r 為 8%，那麼只有一、二項投資可能實現；如果 r 為 6%，一、二、三項投資可能實現；如果 r 為 4%，一至四項投資都可實現；如果 r 為 2%，只要大於或等於 2% 的 MEC 的投資項目均可實現；如果 r＞10%，則沒有一項投資可行。可見，廠商的投資需求與市場利率成反向變動關係。

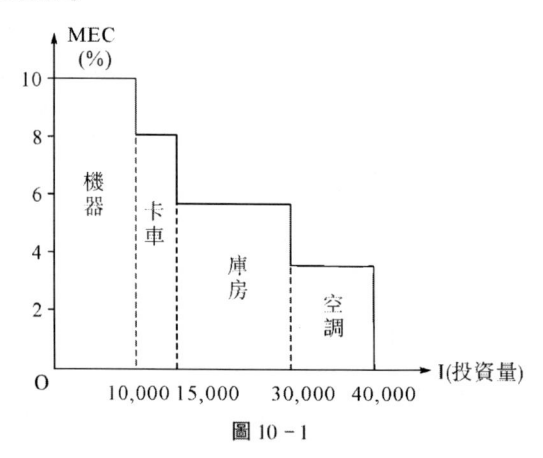

圖 10-1

個別企業的 MEC 線即圖 10-1 中的投資需求線是分階梯的，一個經濟體的投資總需求曲線是所有企業的 MEC 線按水準方向的加總。總和過程使個別廠商的 MEC 折線逐漸變成一條平滑的向右下方傾斜的曲線。它表明了總投資量與利率具有反向的關係，故 MEC 曲線的方程可以寫為：

$I = I(r) = I_a - d \cdot r$

式中，I_a 是自主性投資變量，d 是投資的利率彈性，反應單位利率變動對投資的影響。該方程表明，投資水準 I 是利率 r 的遞減函數，如圖 10-2 所示。

MEC 曲線並不能準確代表投資需求曲線。由於資本邊際效率與資本品重置價格成反向關係，如果資本品的供給在短期內缺乏彈性，隨著投資的增加，資本品價格上升，從而使資本邊際效率比預期更低。如圖 10-3 所示，若資本品價格上升使預期利潤率下降為 3%，實際投資支出將不會在 I_3 的水準而是在 I_2 的水準。投資邊際效率 MEI 就是指由於資本品價格上升而被降低了的資本邊際效率 MEC。MEI 總是在 MEC 的下方，故通

图 10-2

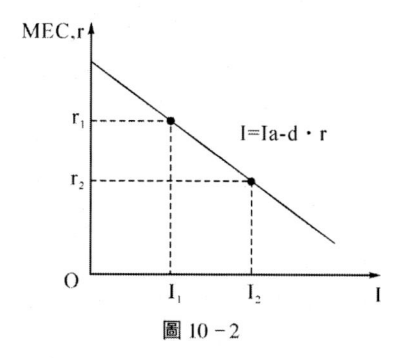

常只把 MEI 作為投資的需求曲線，把 $I = I(r)$ 視為 MEI 曲線的方程。

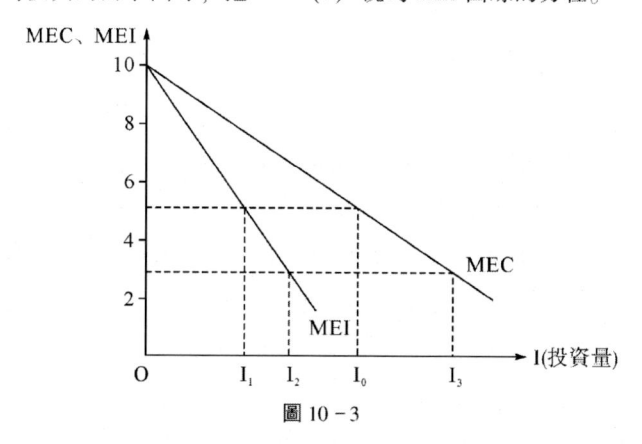

圖 10-3

2. 投資加速模型

加速原理說明了投資的變動取決於產量的變動，它們兩者是正向變化關係。產量或收入的變化會導致投資同方向變化，投資變化又會進一步導致產量或收入的變動，如此逐期進行下去，初始產量的變化就會導致投資的加速變動。

若以 K 表示資本，Y 表示產量。因為生產單位產量總需要一定的資本配合，所以有：

$$K = \omega \cdot Y \tag{1}$$

(1)式中，ω 表示資本—產量比或加速系數。如果 ω 既定，則上一年($t-1$)與今年(t)的資本存量和收入分別存在如下關係：

$$K_{t-1} = \omega \cdot Y_{t-1} \tag{2}$$

$$K_t = \omega \cdot Y_t \tag{3}$$

將上兩式比較，增加的資本存量是 $K_t - K_{t-1}$，即是增加的淨投資，以 I_t 表示，所以又有：

$$I_t = \omega(Y_t - Y_{t-1}) \tag{4}$$

(4)式表明，該期的淨投資等於該期產量的變動值乘以資本—產量比率。當然，淨投資可以為正、為負和為 0，這主要取決於 Y_t 是大於、小於還是等於 Y_{t-1}。總之，在 ω

既定的情況下，當期淨投資的變動取決於產量的變動。

因為總投資＝該期的淨投資＋該期的更新投資，所以只要在（4）式的兩端加上更新投資 D_t，就得到總投資的決定公式：

$$I_t + D_t = \omega(Y_t - Y_{t-1}) + D_t \tag{5}$$

$$I_{gt} = \omega(Y_t - Y_{t-1}) + D_t \tag{6}$$

I_{gt} 不能小於0，即總投資不能為負。因為即使淨投資為0，還有更新投資發生；如果淨投資為負，閒置的資本設備就會部分或全部地衝銷更新投資，使總投資小於更新投資或使總投資為0，但不可能出現總投資為負的情況——因為總投資為負就意味著銷毀部分完好的固定資本存量，這當然是不可能發生的。這說明，更新投資的大小不僅取決於折舊率，而且還取決於企業當年是否存在過剩的生產能力。如果設現期的過剩生產能力為 X_t，因為投資只有在利用了過剩生產能力之後才會發生，所以有：

$$I_{gt} = \omega(Y_t - Y_{t-1}) + D_t - X_t \tag{7}$$

很顯然，若過剩生產能力 X_t 大於或等於 $\omega(Y_t - Y_{t-1}) + D_t$，投資就不可能發生。只有在過剩生產能力小於淨投資與更新投資之和的條件下，總投資才可能發生。

這樣，在 ω 不變，已知產量變動、折舊和閒置生產能力的條件下，就可以根據（7）式求出任何時期的總投資支出水準。

上面我們分析了產量變動會通過 ω 使投資支出加速變動的基本關係，這個基本關係就稱為加速原理。

二、產品市場均衡與 IS 曲線

1. 產品市場均衡與 IS 方程

按照凱恩斯的理論，可以將整個國民經濟劃分為產品市場和貨幣市場兩個市場。在產品市場，總產量、總就業量決定於總需求，即決定於 C 和 I。因此，產品市場均衡的條件是：

消費函數：$C = C_a + b \cdot Y$

投資函數：$I = I_a - d \cdot r$

均衡條件：$Y = C + I$

根據儲蓄 S 與投資 I 分析的方法：

儲蓄函數：$S = S(Y) = -C_a + (1-b)Y$

投資函數：$I = I(r) = I_a - d \cdot r$

均衡條件：$S(Y) = I(r)$

根據上述均衡條件，可推導出產品市場達到均衡的狀態下（總供給等於總需求或儲蓄等於投資情況下），描述利率與國民收入之間函數關係的方程。

均衡條件：

$$Y = C(Y) + I(r)$$
$$\quad = C_a + b \cdot Y + I_a - d \cdot r$$
$$Y = \frac{C_a + I_a}{1-b} - \frac{d}{1-b} \cdot r$$

或者：

$S(Y) = I(r)$

$-C_a + (1-b)Y = I_a - d \cdot r$

$Y = \dfrac{C_a + I_a}{1-b} - \dfrac{d}{1-b} \cdot r$

上述方程表示產品市場的供求達到均衡狀態時，利率與國民收入 Y 之間有反方向變化的函數關係叫 IS 方程，描述這種函數的曲線稱為 IS 曲線。其中，Y 代表國民收入，C_a 代表自主性消費支出，I_a 代表自主性投資，r 為利息率，d 為投資的利率彈性，b 為邊際消費傾向，$k = \dfrac{1}{1-b}$ 代表乘數。當 C 和 I 為給定時，對於任一給定的利息率都會有一個相應的表示產品市場達到均衡時的國民收入。

2. IS 曲線的推導

當 $Y = C(Y) + I(r)$ 或 $S(Y) = I(r)$ 時，根據 $Y = \dfrac{1}{1-b}(C_a + I_a - d \cdot r)$ 就可以得出收入 Y 和利率 r 之間的關係，推導出 IS 曲線。

在圖 10-4 (a) 中，MEI 是投資的邊際效率。MEI 曲線向右下方傾斜，表示投資隨利息率呈反向變動關係。

在圖 10-4 (b) 中，45°線上的任意一點表示 S = I。由於 S = I 是產品市場的均衡條件，所以可以把以圖 10-3 (a) 橫坐標表示的投資需求轉換為圖 10-3 (b) 的縱坐標儲蓄 S 來表示。

在圖 10-4 (c) 中，S = S(Y) 是儲蓄函數，它由收入來決定。圖中的 Y_1 和 Y_2 的投資水準分別代表了圖 10-4 (a) 中的 I_1 和 I_2，並且 $Y_1 = S_1$、$Y_2 = S_2$。它分別決定著產品市場中的均衡國民收入水準 Y_1 和 Y_2。

IS 曲線的推導還有一種更加簡便的方法，因為產品市場均衡的收入與利率之間的關係為 $Y = \dfrac{1}{1-b}(C_a + I_a) - \dfrac{d}{1-b} \cdot r$，其中 $\dfrac{1}{1-b}$，d，I 和 C_a 均為常數，所以可以寫為 $Y = \alpha - \beta \cdot r$。當 $r = r_1$ 時，有 $Y = Y_1$，$r = r_2$ 時有 $Y = Y_2$。令 $r_1 > r_2$，所以 $Y_1 < Y_2$，連接產品市場均衡時每一個利率水準所決定的收入水準，就得到了圖 10-4D 的 IS 曲線。

在圖 10-4 (d) 中，IS 曲線是既有 I = S，同時又有 I(r) = s(Y) 的產品市場各種衡點的集合。各種均衡狀態相應決定著不同的均衡收入水準，同時又有利息的各種均衡配合。不在 IS 曲線上的點則是非均衡點，如在 IS 曲線右邊的點 E，表示 S > I；曲線左邊的點 F，表示 S < I。它們都將通過一個調整過程，使 I = S，回復到 IS 曲線恢復均衡時為止。

3. IS 曲線的特點

（1）IS 曲線由左上方向右下方傾斜

這是由於根據投資函數的特點，利率越低，投資越多，通過乘數效應，國民收入均衡值就越大。

圖 10－4

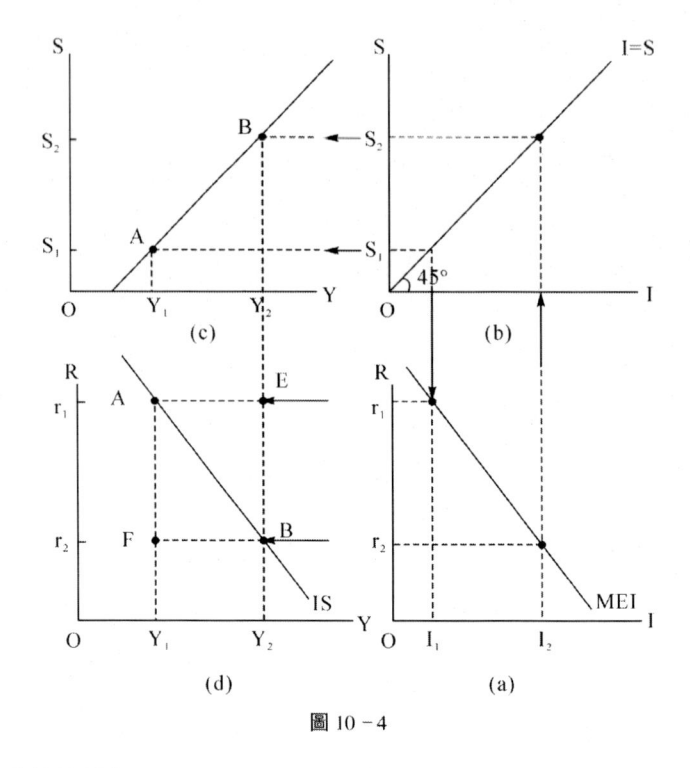

(2) IS 曲線的斜率

它表示利率 r 變動所引致的國民收入 Y 的變化程度。由於 IS 曲線方程是 $Y = \dfrac{Ca + Ia}{1-b} - \dfrac{d}{1-b} \cdot r$，故 IS 曲線的斜率取決於兩種因素：

乘數 $\dfrac{1}{1-b}$ 的大小。乘數越小，由利率變動引起的國民收入的變動越小，IS 曲線越陡峭；反之則相反。

乘數既定條件下，IS 曲線的斜率取決於投資的利率彈性 d 的大小。投資的利率彈性越小，表明投資對利率變動的反應越小，d 越小，IS 曲線就越陡峭；反之則相反。在極端條件下，即當投資的利率彈性為零時，不論乘數大小，IS 曲線都將變成一條直線。

(3) IS 曲線的移動

引起 IS 曲線移動的因素有兩個：

乘數值的變化。儲蓄傾向提高或所得稅率 t 的提高都會使乘數變小，從而使 IS 曲線向左移動；反之則相反。

自主性支出的變化。如果自主性消費支出和投資支出增加，則意味著與任一給定利率相應的國民收入均衡值增加，IS 曲線向右移動。同理，政府開支的增加將引起國民收入的增加，其幅度等於增加的政府支出乘以乘數之積，即 $\Delta Y = \Delta G \cdot \dfrac{1}{1-b}$ 或 $\Delta Y = \dfrac{1}{1-b(1-t)} \cdot \Delta G$

第二節　利率決定和貨幣政策

一、貨幣需求理論

在所有現代經濟中，貨幣都起著根本性的作用。多數貨幣需求理論從貨幣作為流動手段、支付手段的職能開始解釋貨幣需求。費雪方程從物價理論角度解釋了流通中的貨幣數量。如果用 M 表示貨幣，V 表示週轉率，P 表示價格，Q 表示產出水準，嚴格地界定貨幣用來滿足交易需要，那麼始終有 $M \cdot V = P \cdot Q$。在古典經濟學看來，Q 等於充分就業產出是一個常量，V 也是穩定的，M 由貨幣當局決定，所以有 $P = \frac{V}{Q} \cdot M$，自然可以推導出 $P' = M'$。所以可以得出一切物價現象都是貨幣現象的結論；庇古方程解釋了人們從預防需求角度要求持有的現金餘額。以 M 代表貨幣，Y 代表收入，k 代表單位收入要求持有的貨幣餘額，那麼就有 $M = k \cdot y$；鮑莫爾——托賓模型認為個人持有貨幣存量與企業維持資本存量遵循同一個道理，要求最佳貨幣需求水準必須是使持有貨幣的總成本最低，從而推導出 $M = \sqrt{\frac{2 \cdot Q \cdot C}{r}}$。其中 r 代表利率，Q 代表產出或收入，C 代表將債券轉化為貨幣的單次交易成本。可以看出，家庭對貨幣的需求與收入成正方向變化，與利率成反方向變化。

凱恩斯最重要的貢獻之一，就是將貨幣因素納入到他的收入、就業理論的體系中，建立起貨幣與實際收入和就業的相互關係。凱恩斯認為，貨幣的供給和需求決定利率水準，而投資又是利率的函數，因此，貨幣的供求通過利率，間接地影響總支出和實際產出。

在凱恩斯理論中，貨幣不僅執行交易媒介的職能，還是具有高度流動性的資產轉移手段。為此，他認為人們不僅需要貨幣用於交易活動，還可將其用於投機活動。凱恩斯從人們持有貨幣的動機對貨幣需求進行了分析。

1. 貨幣的交易性需求

（1）貨幣的交易需求。由於人們出售要素或產品獲取的貨幣收入與購買物品的貨幣支出在時間上通常是分離的，獲得的收入需分期支出。因此，廠商和居民戶都需要持有一定的貨幣餘額，以應付日常開支。這種為滿足日常交易活動的要求而持有的實際貨幣餘額，稱為貨幣的交易需求。

貨幣的交易需求主要決定於人們的收支水準和收支時距。如果假定支出水準是收入的穩定函數，則交易需求也就是總收入的正相關函數，同收入水準成相同方向變化。收支時距也是影響貨幣交易需求的重要因素。從本質上講，交易需求來自收支時距，如果收入和支出是同步的，人們也就不存在交易需求。所以，在收入既定時，收支時距越大，交易需求越大；收支時距越短，交易需求越小。

（2）謹慎需求。未來收支的不確定性，使人們需要持有一定量貨幣應付各種意外支出以減少損失，人們為此目的而要求持有的實際貨幣餘額稱為謹慎需求或預防需求。意

外收支變動可能來自個人傷殘事故、失業、企業賒銷款的延期收回、經濟反常時的現金危機等等。

貨幣的謹慎需求取決於多種因素，如收入水準、經濟的穩定性、臨時籌資的難易度、個人對未來的預期等。為簡化分析，通常將貨幣的謹慎需求視為收入的正相關函數。

貨幣的交易需求和謹慎需求有嚴格的區別：前者是為滿足當前交易活動，而後者實際上是一種為未來交易的儲蓄行為。但無論是當前交易還是未來交易，都是用於交易的，且它們都是收入的正相關函數。為方便分析，我們將這兩種貨幣需求統稱為交易性需求，用 L_1 表示，因此：

$L_1 = L(Y)$

假定每一單位收入所需要的交易性貨幣餘額為 k，則交易性需求可表示為：

$L_1 = k \cdot Y$

2. 貨幣的投機性需求

凱恩斯認為，貨幣不僅是便利交易的工具，而且還是具有高度流動性的資產形式。由於貨幣所具有的高度流動性，人們希望持有貨幣，以期在債券價格波動中謀求額外收益，人們出於這種動機而要求持有的實際貨幣餘額稱為投機需求。貨幣的投機需求被認為是凱恩斯貨幣理論中最富開創性的內容——正是借助投機性貨幣需求理論，凱恩斯建立起總貨幣供求與利率的依存關係，進而將貨幣市場分析納入其就業、收入的一般理論體系。

凱恩斯假定，具有完全流動性、但不能帶來收益的貨幣和完全不具流動性、但能帶來確定收益的長期債券，是僅有的兩種可供選擇的金融資產形式。在這兩種資產中，凱恩斯認為人們普遍存在對高度流動性的貨幣偏好，他稱之為流動性偏好。為了使人們放棄流動性偏好而持有債券，就必須為債券持有者提供一定的報酬。凱恩斯以永不兌現但可無限期獲得確定收益的英國統一公益券為例，來說明債券市場價格 V、債券收益率 r、預期收益 R 之間的關係，則有：

$r = \dfrac{R}{V}$

因為已假定長期債券是唯一的獲利性資產，即高度簡化的金融市場結構，故它的收益率 r 也可視為一般的利率水準或放棄流動性偏好的報酬率。在預期收益 R 既定時，利率與債券價格成反比的關係。

債券價格經常波動。凱恩斯認為，人們根據自己的觀察經驗，會確認一個正常的債券價格或利率水準，並且相信如果市場利率水準脫離這個正常水準，經一段時間後必然回復到這個正常水準。因此，當利率低於正常水準時，人們希望出售債券，換取有高度流動性的貨幣，以期利率上升時重新購入債券；反之，當利率高於正常水準時，人們希望以其持有的貨幣換取債券，等待利率下跌時出售債券以謀取額外收益。

由於人們對正常的債券價格或利率水準有不同的判斷，故在一個較大的利率區間內，每一利率水準都可能被不同的人視為正常利率，存在擴大和減少貨幣需求的可能。故社會作為一個整體，存在貨幣和債券的連續選擇。而且當利率較高時，更多的人傾向於購入債券，減少貨幣持有量；當利率較低時，更多的人趨於出售債券，擴大貨幣持有

量。因此，利率與貨幣投機性需求之間存在負相關關係。如以 L_2 表示貨幣投機性需求，則：

$L_2 = L(r)$

再以 h 表示單位利率變化對貨幣需求量的影響，則貨幣投機需求還可具體表示為：

$L_2 = -h \cdot r$

上式顯示了利率與貨幣需求之間的負相關關係。在平面圖上，若以橫軸表示貨幣投機需求量，縱軸表示利率水準，則貨幣投機需求為一條向右下方傾斜的線段，如圖 10-5 所示。當然，凱恩斯認為利率變動對貨幣需求的影響有一定限度：①當利率上升到一定高度，如圖 10-5 中的 r_1，所有的人都會預期利率不會再上漲，而趨於將用於投機的貨幣餘額全部用於購買債券，這時貨幣的投機性需求為零；②當利率下跌到一定的臨界水準，如圖 10-5 中的 r_2，儘管這時利率還大於零，但人們普遍預期債券價格不會再繼續上漲，利率不會繼續下跌，繼續持有債券不僅成本高，而且還會由於債券價格的必然下跌而遭受更大的損失。在這樣的條件下，人們不打算再持有債券，貨幣投機需求的利率彈性趨於無窮大，貨幣投機需求就成為如圖 10-5 中的水準直線。

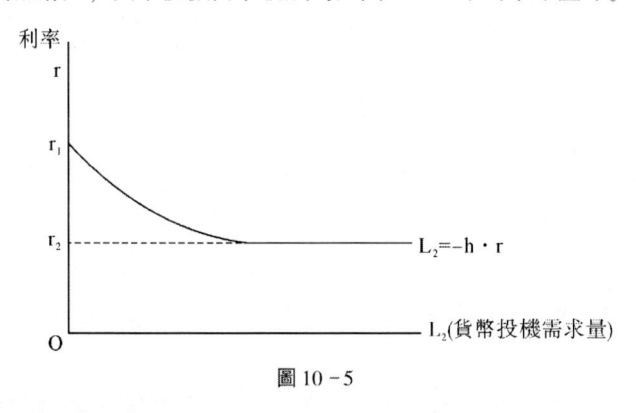

圖 10-5

3. 貨幣需求和流動性陷阱

貨幣需求是貨幣的交易需求、謹慎需求和投機需求的總和。人們持有貨幣是為了獲得貨幣的高度流動性，因此貨幣需求也表達了人們的流動性偏好。

以 L 表示貨幣需求，則凱恩斯的貨幣需求函數可表達為：

$L = L_1 + L_2$
$\quad = L(Y) + L(r)$
$\quad = k \cdot Y - h \cdot r$

貨幣需求是與收入變動成正相關的交易性需求和與利率成負相關的投機需求的總和。由於交易性需求不依存利率變動，故在橫軸表示貨幣需求量、縱軸表示利率的平面圖中，貨幣的交易性需求是一條垂直於橫軸的直線。將垂直的交易性需求線和向右下方傾斜的投機需求線按水準方向加總，得到圖 10-6 中向右下方傾斜的貨幣需求曲線 L，它表明了利率與貨幣需求的負相關關係。

在圖 10-6 中，利率高於 r_1 時，投機需求為零，全部貨幣需求都是獨立於利率變動

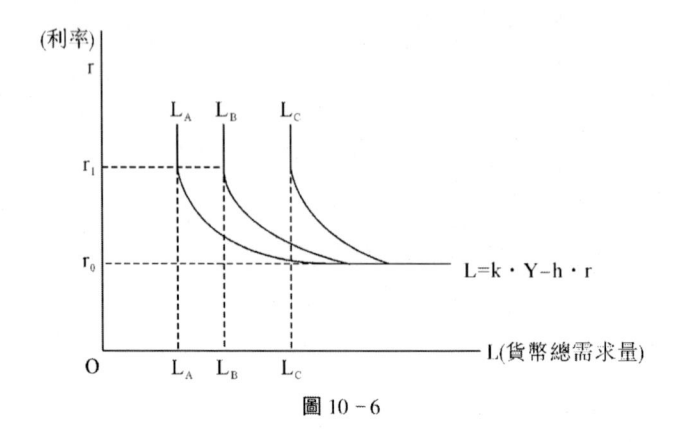

```
        (利率)
         r
         │    L_A  L_B  L_C
        r₁ ┄┄┼┐  ┐  ┐
            │ │  │   \
            │  \  \    \
        r₀ ┄┼┄┄┄┄┄┄┄┄┄┄┄┄┄ L=k·Y−h·r
            │  │  │  │
            │  │  │  │
         O ─┴──┴──┴──┴─────── L(貨幣總需求量)
               L_A L_B L_C
                  圖 10−6
```

的交易性需求；利率降至 r_0 時，貨幣需求趨於無窮大，貨幣需求曲線成為水準直線，這就是所謂「流動性陷阱」。

　　在既定的利率條件下，收入變動將引起貨幣需求線的移動。隨著收入增加，貨幣需求曲線將平行向右上方移至 L_B、L_C。更高的貨幣需求線意味著在確定的利率水準上，人們要求持有更多的貨幣餘額。

二、貨幣供給與利率

1. 貨幣的職能

　　貨幣被認為是在物物交換基礎上發展起來的，充當交易媒介、計價單位和價值儲存手段的物品。

　　貨幣最重要、最基本的職能是充當交易媒介，即一切交易以貨幣為仲介進行。貨幣執行交易媒介職能以貨幣價值或購買力被普遍接受為前提。貨幣的這個職能，使得以貨幣為仲介的交換取代了物物交換，便利了交易，有利於擴大交易範圍和社會分工。

　　當貨幣以其自身的計量單位，如美元、英鎊等測定和表示其他所有物品和勞務價值時，貨幣執行計價單位職能。通過這一職能，所有的物品都得到以特定貨幣單位標定的價格，從而不同類型的物品可以在統一的價格標準下比較其相對價格，決定其交換比率。貨幣的這個職能，可以由觀念上的貨幣單位執行，如商店的價格表、會計帳目上的貨幣收支等。貨幣的計價單位職能，簡化了不同物品間的價值比較的困難和麻煩，同時起到了節約交易成本、擴大交易的作用。

　　賣與買在時間上的分離，意味著人們在出售商品得到貨幣到使用貨幣購買商品期間，以貨幣的形式將相應的價值或購買力儲存起來，這時貨幣執行價值儲存手段職能。貨幣的這一職能，使貨幣成為資產的一種特有形式，擴大了資產選擇範圍，同時也進一步強化了賣與買的時空分離。

　　一種物品，只要能夠執行上述部分或全部職能，就具有相應的貨幣性，在一定程度上被視為貨幣。

2. 貨幣的定義

　　在信用制度高度發達的國家，信用工具種類繁多，大多在不同程度上執行貨幣的某

些職能，具有一定的貨幣性，所以，很難對一國的貨幣存量加以準確的限定。為了便於分析，經濟理論根據信用工具職能上的差異，大體上將它們按下述方式加以定義。

(1) 狹義的貨幣 (M_1)。貨幣最基本的職能是充當交易媒介，所以最嚴格的定義只把能夠直接充當交易媒介的非銀行私人部門持有的通貨和在商業銀行持有的活期存款視為貨幣，用 M_1 表示。

通貨也稱為現金，它由政府發行的紙幣和硬輔幣構成。通貨是由法令規定的債務合法清償手段和計價單位，由國家強制流通，並充當交易媒介和計價單位。清償貨幣本身價值很低，也不能兌換相應的貴金屬，但政府可以通過控制其發行量以及禁止私人發行和偽造而使之具有稀缺性，保證遠遠高於其本身價值的購買力。紙幣執行貨幣的職能，不僅由於它被強制流通，更重要的是因為政府的信用。如果公眾喪失了對政府的信任，總會找到其他物品替代執行貨幣職能，這種事例在歷史上屢見不鮮。

商業銀行的活期存款是由銀行保證在需要通貨時即可隨時使用支票提取現金的存款帳戶。人們在商業銀行持有活期存款，相當於持有現金。在西方各國，人們甚至可以直接以支票代替通貨作為債務清償手段進入流通，而且還由於它比現金更易於攜帶和轉移、能以交易實數支付、能通過掛失保證安全等優點而被廣泛用於交易活動。

到 20 世紀 70 年代後期，各國還創造了一些類似活期存款帳戶的支票存款帳戶，如美國的可轉讓提款單、自動轉帳存款、貨幣基金份額等。它們也是可以在需要時幾乎不支付交易成本就能通過支票轉化為現金的存款形式，故也被視為狹義貨幣的組成部分，它們與活期存款統稱為支票存款。

狹義貨幣 M_1，不僅是計價單位和交易媒介，而且也是重要的資產持有形式，執行價值儲存手段職能。作為財產持有形式的狹義貨幣有下述三個基本特點：①非獲利性。狹義貨幣作為財產持有形式不能為它的持有者提供額外的服務和收益，它的名義收益為零。②價值穩定性或安全性。狹義貨幣以其自身面值表示確定的價值，不會隨其他商品或要素相對價格變動而波動，在幣值穩定時，不存在購買力損失的風險。③高度流動性或靈活性。流動性指財產轉化為交易媒介的難易程度。任何其他金融資產和非金融資產都必須轉化為狹義貨幣才能進入流通充當交易媒介，但這種轉化需要耗費一定的時間、精力，可能還要支付一定的費用，特別是由於市場波動帶來的相對價值變化，可能會在這種轉化過程中使其持有者蒙受財力價值的損失——它們構成轉化的交易成本。由於交易成本的存在，任何其他資產形式都不具有充分流動性，有的甚至極端缺乏流動性，而狹義貨幣本身就是交易媒介，故無須支付任何交易成本即可進入流通，被視為最富流動性的資產形式。

(2) 廣義貨幣 (M_2 和 M_3)。除狹義貨幣外，銀行及其他金融機構還發行了大量雖不能直接充當交易媒介，但能帶來利息收入，因而能有效執行價值儲存手段職能的信用工具，這些信用工具是廣義貨幣的組成部分。在狹義貨幣基礎上，加上商業銀行及其他金融機構的各類小額儲蓄存款及定期存款，稱為廣義的貨幣 M_2。若再加上各種金融機構發行的大面額定期存款及長期回購合同票據等，則構成更為廣義的貨幣 M_3。

(3) 流動性資產 (L)。在西方各國還有大量具有某些貨幣特點，但又不能滿意地執行任何貨幣職能的信用工具，如國庫券、短期公債券、工商企業債券、人壽保險單及銀行承兌的其他商業票據等，構成流動性資產。流動性資產不定義為貨幣，但與貨幣密切相關。

綜上所述，可將不同的貨幣定義概括如下：
M_1 = 通貨 + 支票存款
$M_2 = M_1$ + 金融機構的小面額定期存款
$M_3 = M_2$ + 金融機構的大面額定期存款
L = 非貨幣流動性資產

鑒於貨幣最基本的職能是充當交易媒介，也正是基於這一職能而使貨幣與其他獲利性資產相區別，因此在宏觀經濟理論中，通常使用狹義貨幣的定義。故一國的貨幣供給只由非銀行私人部門實際持有的通貨和支票存款存量構成。

3. 銀行系統與貨幣創造

銀行系統是通貨和支票存款的創造者和發行者，因而也就是貨幣的供給者。在西方國家，銀行系統由中央銀行和私人金融機構組成。

中央銀行是由政府經營、代表政府統籌管理私人金融機構和金融市場的非盈利性機構。中央銀行通常也是由法律規定唯一有權發行通貨的機構。

在宏觀經濟領域，制定並實施與政府整個政策相適應的貨幣政策，保持經濟穩定和增長是中央銀行的基本職能。中央銀行通過其資產和負債的變動，調節貨幣供應量，實現其政策目標。

私人金融機構是經營貨幣及其他信用以謀求利潤的私人商業組織。私人金融機構的基本業務是廣泛地接受各種形式的存款，然後運用這些資金發放貸款或購買證券以獲得效益。因而，私人金融機構實際上服務於儲蓄者和借貸者，將儲蓄者的貨幣轉移到貸款者手中，充當金融仲介。

從影響貨幣供給的角度看，私人金融機構被劃分為商業銀行和其他金融機構兩種類型，後者如儲蓄銀行、投資銀行、抵押貸款銀行、儲貸協會、信用合作社、人壽保險公司、退休基金會、信託投資公司等等。這些金融機構同商業銀行並無本質區別，都是經營貨幣以謀利的金融仲介組織。但是商業銀行在過去是唯一能夠接受即期存款和發放短期貸款的金融機構，而其他金融機構只能接受非即期存款類儲蓄，提供中長期貸款。因此，只有商業銀行的業務能直接影響社會的貨幣供給。但由於金融創新及各國放鬆對銀行業的管制，20世紀70年代以後，其他私人金融機構也開始經營傳統上僅由商業銀行經營的業務，特別是即期存款及其他支票存款業務。因此，目前不僅只是商業銀行，而且其他私人金融機構業務對貨幣供應量也有積極影響。但為簡化分析，我們仍將商業銀行視為即期存款帳戶唯一的提供者。

儲戶在商業銀行的即期存款帳戶上存入現金之後，銀行應隨時滿足儲戶的提款需求，但同時也不斷地接受儲戶新存入的現金。兩相抵消，銀行只需保留其存款總額中的一小部分現金就可以滿足正常提款需要。

銀行為應付日常提款需要所必須留存的現金稱為準備金，它與即期存款總額之比稱為準備率。即期存款總額扣除準備金後，成為商業銀行在即期存款項目上的可營運資金。若以 ΔR 表示在即期存款帳戶上的原始存款增量，r 表示準備率，則銀行可擴大 ΔR (1−r) 的可營運資金。如果銀行將其全部可營運資金以短期貸款形式提供給社會，將相應地增加 ΔR (1−r) 的貨幣供應量。若進一步假定公眾或企業將由短期貸款所獲貨幣增量全部又以即期存款方式存入銀行，且銀行在扣除準備金後繼續將其轉化為短期貸

款，社會將增加 $\Delta R (1-r)^2$ 的貨幣供給。這個過程反覆進行，一筆原始即期存款增量就可倍數擴大貨幣供給，這個過程稱為銀行創造貨幣。

如果以 ΔM 表示貨幣供應增量，那麼在非銀行私人部門所得到的貸款全部以即期存款形式重新存入銀行，即不存在現金漏損的條件下有：

$$\Delta M = \Delta R(1-r) + \Delta R(1-r)^2 + \Delta R(1-r)^3 + \cdots + \Delta R(1-r)^n$$
$$= \Delta R[(1-r) + (1-r)^2 + \cdots + (1-r)^n]$$

在 $0 < r < 1, n \to +\infty$ 時，

$$\Delta M = \frac{\Delta R}{r} \text{ 或 } \frac{\Delta M}{\Delta R} = \frac{1}{r}$$

$\frac{\Delta M}{\Delta R}$ 表示單位原始存款所能帶來的貨幣供應增量，它稱為貨幣乘數，用 K_m 表示，即：

$$K_m = \frac{\Delta M}{\Delta R} = \frac{1}{r}$$

貨幣乘數也就是準備率的倒數。因此，已知準備率，就可求出貨幣乘數。假定準備率 $r = 20\%$，則 $K_m = \frac{1}{20\%} = 5$，它意味著在準備率為20%時，1單位原始存款能夠帶來5單位的貨幣供給。因此，100萬元的即期存款，可以增加的貨幣供應量為：$\Delta M = K_m \cdot \Delta R = 5 \times 100 = 500$ 萬元。

增加一筆原始存款，可以倍數地增加貨幣供給量；同樣，減少一筆原始存款，也可以倍數地收縮貨幣供給量。在原始存款既定時，它所能增加的貨幣供應量決定於準備率，兩者成反比例關係。準備率的高低，直接從相反的方向影響貨幣供給量。

4. 均衡利息率的決定

當貨幣供給等於貨幣需求時，貨幣市場達到均衡，這時的利息率為均衡利息率。

在圖10-7中，向右下方傾斜的貨幣需求曲線 L 表示貨幣需求與利率的負相關關係；而垂直的貨幣供給曲線 M_s 表明貨幣供給是由中央銀行控制的不受利率變動影響的常量。貨幣需求曲線與貨幣供給曲線交於點 E，它所對應的利率 r_E 就是均衡利率。如果實際利率高於均衡利率，如圖中 r_A，貨幣需求 L_A 小於貨幣供給 M_S，就會產生貨幣剩餘，人們實際持有的貨幣大於要求持有的貨幣量，就會以多餘的貨幣購買債券，推動債券價格上升，利率下跌；反之，如果實際利率低於均衡利率，如 r_B，就會出現貨幣短缺，人們實際的貨幣持有量小於希望持有的貨幣量。為了擴大貨幣持有量，人們將出售債券，從而壓低債券價格，提高利率。因此，無論實際利率高於還是低於均衡利率，都會引致利率波動，最後在均衡利率水準 r_E 上實現貨幣市場的均衡。

很顯然，由於存在向下傾斜的貨幣需求曲線，均衡利率與貨幣供給成反向變動關係。增加貨幣供給將使均衡利率下跌，而減少貨幣供給則可引起均衡利率上升。但是，凱恩斯認為利率的下降有一個限度：當貨幣供應量增加使利率跌到一個臨界水準，如圖10-6中的 r_0 時，由於貨幣投機需求趨於無窮大，繼續增加貨幣供給將全部被投機需求所吸收，人們不再購買債券，增加貨幣供給對債券價格及利率不再具有調節作用。此時貨幣需求具有無限彈性，稱為「流動性陷阱」或「凱恩斯陷阱」。由於流動性陷阱，利

圖 10-7

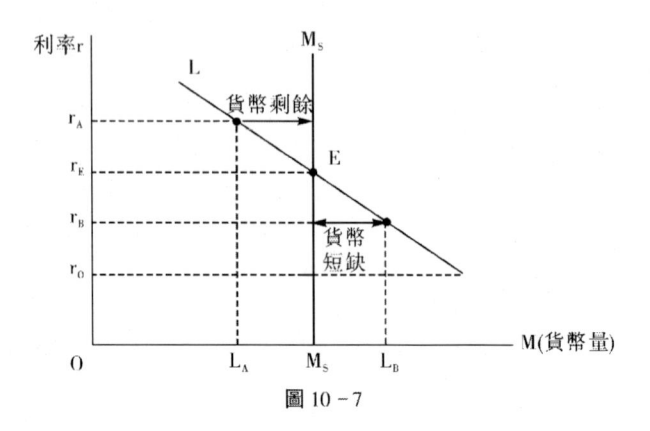

率達到一定點後，不會隨貨幣供給的增加而繼續下降，利率呈貨幣供給剛性。

三、貨幣政策工具

雖然中央銀行和私人金融機構都決定著貨幣供應量，但中央銀行能以直接或間接的手段，控制私人金融機構創造貨幣的能力。因此，中央銀行事實上唯一地決定著貨幣供應，並可根據其政策目標，調節貨幣供給量。

貨幣政策就是中央銀行通過調節貨幣供應量來影響總需求的政策。它主要通過以下手段進行：

1. 法定準備率

準備率與貨幣乘數成反比，準備率的大小，直接決定商業銀行創造貨幣的能力。中央銀行可以通過法令變動銀行的最低準備率，調節商業銀行創造貨幣的能力；或是降低法定準備率，擴大貨幣乘數以增加貨幣供應量；或是提高法定準備率，降低貨幣乘數以減少貨幣供應量。

法定準備率對商業銀行具有強制性和普遍性，故它的變動對貨幣供給有直接而猛烈的影響。但是，調整法定準備率需通過立法程序，容易引起政治性爭辯，且調整時間長，缺乏靈活性，故通常並不使用。

2. 公開市場業務

公開市場業務指中央銀行在資金市場買賣各種政府債券，控制貨幣供應量的活動。若中央銀行在公開市場提高債券收購價格，私人金融機構和公眾勢必以持有的債券換取貨幣，從而增加銀行貸款能力和公眾貨幣持有量；反之，中央銀行也可以低價出售債券，減少公眾和金融機構持有的貨幣量。

公開市場業務具有高度靈活性。特別是在第二次世界大戰後，一方面政府債券巨額累積；另一方面各種私人金融仲介機構為了資金安全，對無風險、利率低、但具有高度流動性的政府短期債券有很強的偏好，政府短期債券成為它們資產結構中的最重要部分，它們對政府債券價格及利率變動具有特殊敏感性，因此，公開市場上政府債券價格的變動對其資產結構有重大影響。中央銀行可以通過債券價格變動，對這些金融仲介的貸款能力進行連續的微量調節。

3. 再貼現率

票據貼現指金融機構將未到期商業票據扣除一定利息後以票面餘額付給持票人貨幣的放款業務。私人銀行以這些具有清償能力的商業票據為抵押向中央銀行借款，稱為再貼現。中央銀行扣除的利息與要求貼現的票據面值之比，稱為再貼現率。再貼現率實際上也就是中央銀行向私人金融機構放款的利率。過去人們認為再貼現率是影響私人金融機構貸款能力的手段之一。但目前再貼現率通常根據市場利率進行調整，故它不再是主動調節貨幣供應量的工具。

除了上述基本工具外，中央銀行還可以通過暗示和道義勸告等手段，要求商業銀行自行調節貨幣供應量；在必要時，中央銀行還可對銀行業務實施直接管制，但這種手段除戰爭或金融危機時期外很少使用。

第三節　貨幣市場均衡與 LM 曲線

一、貨幣市場均衡和 LM 曲線的定義

凱恩斯的貨幣和利息理論可以概括為：

$M_S = L(r, Y)$ 或 $M_S = k \cdot Y - h \cdot r$

貨幣供給 M_S 被視為外生變量，由政府控制。貨幣總需求中的交易性需求是收入的函數，投機性需求是利率的函數，貨幣市場實現均衡的條件是：

貨幣需求：$L = k \cdot Y - h \cdot r$

貨幣供給：$M_S = \dfrac{M}{P}$（M 為名義貨幣供給量，$\dfrac{M}{P}$ 為實際貨幣供給量）

均衡條件：$M_S = L$

（1）LM 曲線的推導和定義

從貨幣市場均衡條件可以看出，在貨幣的供給 M_S 既定的條件下，當貨幣市場供求關係平衡時，國民收入 Y 與利息率 r 之間存在依存關係。根據貨幣市場均衡條件可得：

$L = M$

$k \cdot Y - h \cdot r = \dfrac{M}{P}$。如果令 $P = 1$，上式又可寫為 $Y = \dfrac{M}{k} + \dfrac{h}{k} \cdot r$，該式為反應當貨幣市場均衡時，收入與利率成正方向變化的方程，叫 LM 方程。

描述國民收入與利息率之間的函數關係的曲線，稱為 LM 曲線。

圖 10-8 中，圖 a 表示貨幣的投機性需求是利率的函數，不同的利率水準 r_1 和 r_2 決定著不同的貨幣投機性需求 L_2' 和 L_2''。可以看出：利率越高，貨幣的投機需求越小；利率越低，貨幣的投機需求越大；當利率跌到一個臨界點時，貨幣的投機需求趨於無窮大。

圖 b 表示在貨幣供給 M_S 不變的情況下，M_S 減去貨幣的投機性需求 L_2，其餘額就是貨幣的交易需求 L_1。

圖 c 表示貨幣的交易需求是收入的函數。不同的 L_1 對應著不同的收入水準。在 M_S 給定的條件下，貨幣的投機需求 L_2 越小，交易需求 L_1 就越大。由於 L_1 是收入的正函

數，因此，L_1 越大，就必然對應著越高的收入；反之則相反。

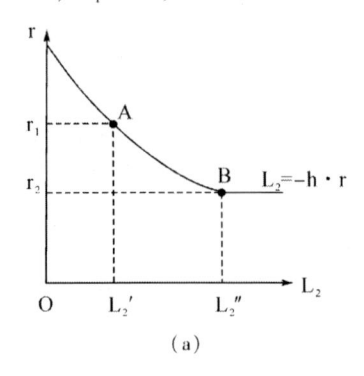

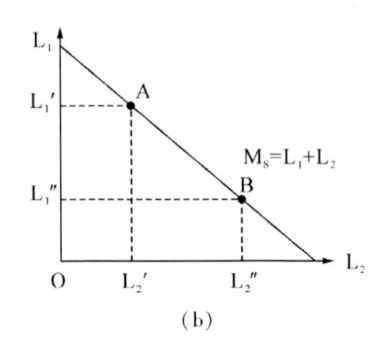

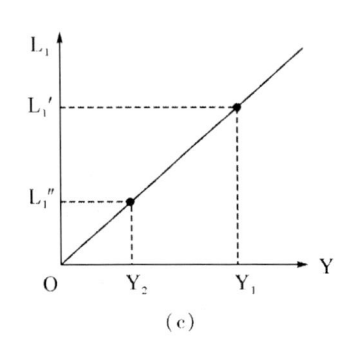

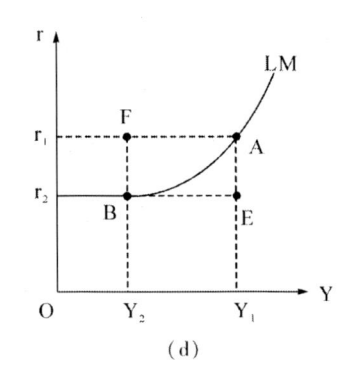

圖 10-8

圖 d 表示當貨幣市場處於均衡狀態即 $M_S = L_1 + L_2$ 時，各變量之間的關係。當 M_S 給定時，從中減去一定的利率所給定的投機需求 L_2，其餘額就是 L_1，貨幣的供給與貨幣的總需求相等，從而實現了貨幣市場的均衡，A、B 點都處於均衡狀態。若 r 既定，它要求有一個確定的國民收入 Y 與之相配合。因此，在貨幣供給等於貨幣總需求時，每一個均衡點都對應著各自的均衡利息率與均衡收入水準。LM 曲線就是在貨幣市場實現均衡時，反應不同的利率水準對應於不同的均衡收入水準的曲線。在 LM 曲線上的任意一點都是貨幣市場處於均衡狀態的點，不在 LM 曲線上的點都是貨幣市場的非均衡點。在 LM 曲線的右下方的 E 點，表明 $M_D > M_S$；在 LM 曲線左上方的 F 點，表明 $M_D < M_S$。它們都將通過一個調整過程，使 $M_D = M_S$，直到回復到 LM 曲線上，恢復貨幣市場的均衡才會停止。

在貨幣市場上，利率越高，貨幣的投機性需求越小，交易需求越大，從而均衡收入增加；反之則相反。故利率與收入成正方向變化關係，LM 曲線是向右上方延伸的。這說明，較低的收入水準，是與貨幣市場上較低的均衡利率相配合的，而較高的收入水準是同較高的均衡利率相配合的。因而均衡利率的水準，從而貨幣市場的均衡在 LM 中的

確定位置，還得由商品市場的均衡收入水準來確定。

二、LM 曲線的特點

通過對 LM 曲線的推導，從 LM 曲線的形成過程中，我們可看出 LM 曲線有以下特點：

1. LM 曲線自左向右上方傾斜

國民收入增加，使得貨幣總需求恰好等於貨幣總供給的利息率就越高；反之則相反。這是因為：當國民收入增加時，在貨幣流通速度 k 不變的條件下，交易需求 L_1 會增加，貨幣的投機需求 L_2 會相應減少，利率必然提高以引導人們自願減少貨幣的投機需求，從而使得交易需求和投機需求之和恰好等於貨幣供給。

2. LM 曲線的斜率

LM 曲線的斜率取決於利率變動時人們對貨幣的需求做出的反應的程度，即貨幣的需求利率彈性。一般來說，利率越高，LM 曲線上相應點的貨幣需求彈性將越來越小。因此，當國民收入增加引起的交易貨幣需求增加導致利率升高到一定水準時，投機性的貨幣需求等於零，就是說對較高利率做出反應的貨幣投機需求完全缺乏彈性。這時，全部的貨幣供給量被人們作為交易媒介用於交易活動，LM 曲線在相應的國民收入水準上變成垂直於橫軸的線。LM 曲線的該區間被稱為古典區間。這是因為在馬歇爾的貨幣需求函數 $M_d = kPY$ 中，貨幣的唯一職能是作為交易媒介，因而凱恩斯以前的古典學派實際上是假定在每一個利息率水準上貨幣的投機需求都等於零。另一種極端情況是：當利率降低到很低的水準，人們會認為利率不會再下降即債券價格不會再提高，這時，人們將按債券現行價格將債券換成現金。這樣，就在貨幣投機性需求函數上出現了凱恩斯「流動性陷阱」，貨幣投機性需求的利率彈性為無窮大，在 LM 曲線上表現為一段平行於橫軸的直線，如圖 10-9 所示。

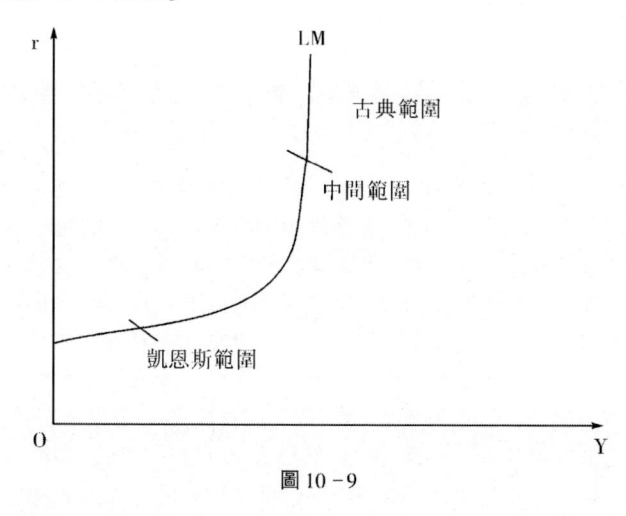

圖 10-9

3. LM 曲線的移動

一條既定的 LM 曲線總是以既定的貨幣供給量為前提條件的。所以，LM 曲線的移動

意味著貨幣供給量發生了變化，可以分為兩種情況：

一是物價水準不變，貨幣供給量增加，則 LM 曲線向右移動；反之貨幣供給量減少，LM 曲線向左移動。因為 Ms = Md = $L_1 + L_2$ = k·Y - h·r，若 Ms 增加，由於任一給定的 r 相應的貨幣投機性需求不變，因此必然有 Y 的增加，以保證由此引起的交易需求增加恰好等於貨幣供給量的增加，在圖中表現為任一給定利率水準 r 下，Y 隨著貨幣供給量的增加而增加。

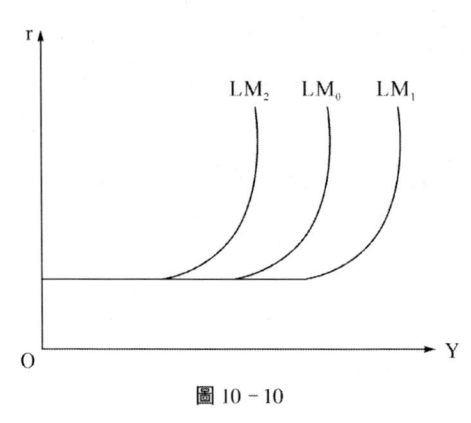

圖 10 - 10

引起 LM 曲線移動的另一方面的因素是物價水準的變化。Ms 不變，物價水準下降，則 LM 相應向右移動。因為 $\frac{M}{P}$ = $L_1 + L_2$ = k·Y - h·r，P 的下降意味著 $\frac{M}{P}$ 的增加，根據上述推理，Y 必然相應增加，意味著在任一給定水準的 r 有相應的 Y 的增加，使 LM 曲線向右方移動。反之，若 M_s 不變，物價水準上升，就會出現與上述情況相反的現象。LM 曲線的移動見圖 10 - 10。

第四節　IS—LM 模型與宏觀政策的有效性

在本章第一節推導 IS 曲線時，假定總需求函數為給定，即消費函數、投資函數及政府收支為給定，若利息率已知，則市場機制的作用將會給出一個相應的總供給與總需求達到均衡時的國民收入，且利息率越低，相應的國民收入越多，兩者成反方向變化。在第三節推導 LM 曲線時，我們假定貨幣總需求函數給定，貨幣供給量固定不變，在國民收入已知條件下，貨幣市場上的投機需求適應利率變化而調整，在某一利息率下，人們自願持有的貨幣剛好等於既定的貨幣供給量，且在國民收入值越大時，相應的利息率越高，兩者成同方向變化。上述分析說明，為了求得產品市場供求平衡時的均衡國民收入，必須假定貨幣市場供求平衡時的利息率為已知；另一方面，為了求得貨幣市場供求平衡時的均衡利息率，又必須假定產品市場供求平衡時的國民收入為已知，故兩個市場的均衡是互為條件的，利息率是聯繫兩個市場的橋樑。本節將說明兩個市場同時實現均衡的條件並分析均衡的變化。

一、IS—LM 模型

將根據凱恩斯的理論推導出的 IS 曲線和 LM 曲線放在一個圖中，就得到了擴大的宏觀經濟模型，如圖 10-11。

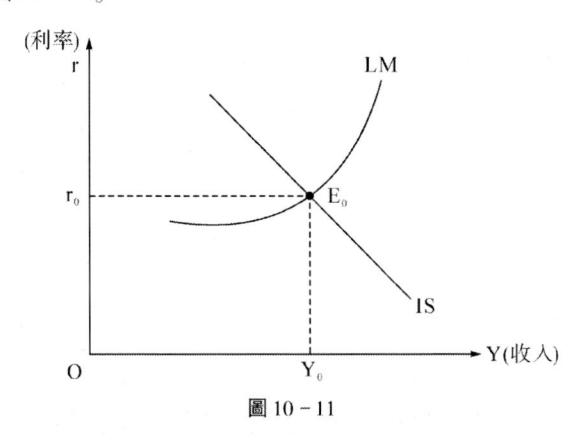

圖 10-11

該圖表明，在凱恩斯理論體系中，商品市場和貨幣市場是通過利率相互聯繫在一起的，兩個市場的均衡是同時確定的。交點 E_0 代表經濟體系的均衡狀態。相應於 E_0 點的利率 r_0 是均衡利率，Y_0 是均衡國民收入水準。當經濟體系在 E_0 點達到均衡時，總供給＝總需求，儲蓄＝投資。用聯立方程來求解兩個市場同時實現均衡的產量和利率水準，可表示為：

$$\begin{cases} s(Y) = I(r) \quad \text{或} \quad y = \dfrac{1}{1-b}(C_a + I_a) - \dfrac{d}{1-b} \cdot r \\ M_s = \dfrac{M}{P} = k \cdot Y - h \cdot r \quad \text{或} \quad Y = \dfrac{M}{k} + \dfrac{h}{k} \cdot r \end{cases}$$

上述聯立方程就是產品市場和貨幣市場同時實現均衡的條件。

圖 10-12 中，r_0 與 Y_0 的配合是與經濟體系均衡狀態相對應的均衡配合，而其他的各種配合則是非均衡的配合，它都表明了兩個市場的失衡。暫時的失衡必將通過調整使經濟體系回復到均衡狀態，直到實現 r_0 和 Y_0 的均衡配合為止。

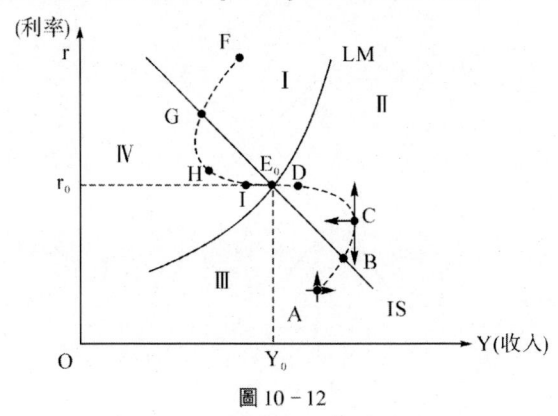

圖 10-12

在圖 10-12 中，IS 曲線和 LM 曲線把坐標平面分為 Ⅰ、Ⅱ、Ⅲ、Ⅳ 四個區域。如前所述，在 IS 曲線的右方即在 Ⅰ 和 Ⅱ 兩個區域，有 S>I；在左方即 Ⅲ、Ⅳ 兩個區域，有 I>S。在 LM 曲線的右下方即 Ⅱ、Ⅲ 兩個區域，有 $M_D>M_S$；在左上方即 Ⅰ 和 Ⅳ 兩個區域，則有 $M_S>M_D$。上述關係可以總結為表 10-1：

表 10-1

	商品市場	貨幣市場
區域 Ⅰ	I < S	$M_S > M_D$
區域 Ⅱ	I < S	$M_D > M_S$
區域 Ⅲ	I > S	$M_D > M_S$
區域 Ⅲ	I > S	$M_S > M_D$

如果非均衡點在第 Ⅲ 區域的 A 點，此時的利率和收入的配合處於不穩定狀態，由於有 I>S 和 $M_D>M_S$，通過調整必會有回復到 IS 曲線的趨勢，把利率和收入的組合推向 B 點。B 點在 IS 曲線上，雖然實現了產品市場均衡，但卻處於 LM 曲線右下方，有 $M_D>M_S$，又會有繼續調整的趨勢。B 調整到 Ⅱ 區域的 C 點，則有 I<S 和 $M_D>M_S$，又會使箭頭的方向經 D 點回復到 E_0 點，恢復到均衡狀態，此時 I=S、$M_D=M_S$，利率和收入的組合處於穩定狀態。如果非均衡點是在第 Ⅰ 區域的 F 點，類似的調整過程也將經由 G、H、I 回復到 E_0 點，達到均衡時，才會穩定。總之，任何不同於 i_0 和 Y_0 的組合都將通過調整回復到均衡配合的位置。

二、均衡的改變

如果 IS 曲線和 LM 曲線發生移動，利率和收入的均衡配合將會隨之而變動，經濟體系的均衡位置將隨之而發生變化。

1. IS 曲線的移動

導致 IS 曲線移動的變量很多，有的是可以由政府的財政政策加以控制和調節的，如邊際稅率、淨稅額和政府購買支出等，有的是自主性消費和自主性投資等自主變量。如果上述外生變量的變化使總支出增加，IS 曲線將向右移動，結果使均衡利率和國民收入上升，如圖 10-13。

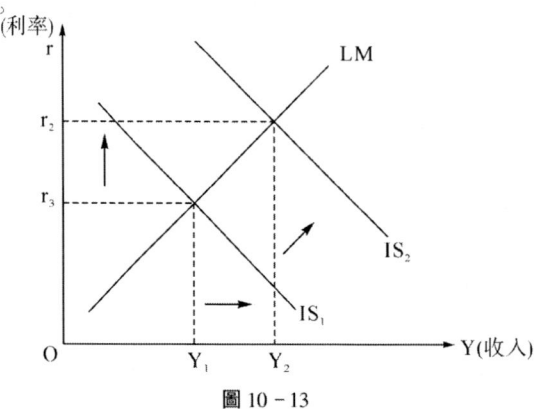

圖 10-13

出現這種結果的調整過程是：總支出 AE 增加使總支出大於原來的均衡收入水準 Y_1，從而國民收入增加。國民收入增加使貨幣交易需求 L_1 增加，從而使貨幣需求 M_D 大於不變的貨幣供給 M_S 即 $M_D > M_S$，結果使利率 r 上升；利率 r 上升會抑制投資的增加，即 I 下降，進而減少收入的增加從而減少貨幣交易需求的增加，又會減少對貨幣的投機需求 L_2；經過反覆調整，直到使貨幣需求與貨幣的供給相等，回復到均衡，即 $M_D = M_S$，結果是使貨幣市場和產品市場同時達到均衡，均衡國民收入增加，利率 r 上升。

相反，外生變量所造成的總支出減少，會使 IS 曲線向左移動，結果是國民收入的減少和利率的下降。

2. LM 曲線的移動

影響貨幣市場上貨幣供求的外生變量主要有貨幣的流通速度、貨幣供應量和物價水準等。上述因素的變化都會引起 LM 曲線的移動，使經濟體系的均衡位置發生改變，使國民收入和利率變動。如假定 IS 曲線保持不變，政府增加實際貨幣供應量，LM 曲線向右移動，結果會帶來國民收入增加和利息率下降，如圖10-14。

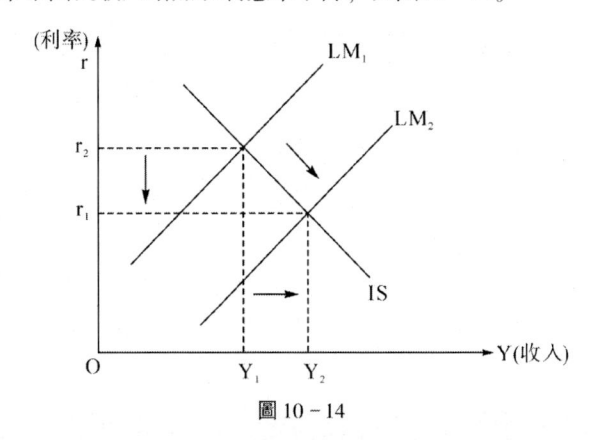

圖 10-14

出現這種結果的調整過程是：實際貨幣供給量的增加即 M_S 增加使貨幣供給大於貨幣需求，$M_S > M_D$，利率 r 下降，使貨幣的投機需求 L_2 增加，投資會增加 I (r)，總需求將大於原有總產量，結果使產量和收入增加；Y 上升，又使貨幣交易需求 L_1 增加，貨幣交易性需求增加又會限制貨幣投機性需求增加和收入增加的幅度。當投機需求和交易需求的增加與增加的貨幣供給相等，即實現貨幣市場的均衡時，調整過程才會結束，結果是國民收入增加和利率下降。

相反，若外生變量物價水準上漲使實際貨幣供給減少，LM 曲線向左移動，通過調整會使貨幣需求減少到與減少的實際貨幣供給相等，結果使利率上升和國民收入下降。

3. IS 曲線和 LM 曲線的移動

如果影響 IS 曲線和 LM 曲線的外生變量都發生了改變，就會使 IS 曲線和 LM 曲線同時發生移動。比如 IS 曲線和 LM 曲線同時向右移動，就可能保持利率水準不變，避免乘數效應的漏損，使增加的總支出發揮最大的擴張效果。

如圖10-15所示，若 LM_1 曲線不變，政府實行擴張性財政政策使 IS_1 曲線移到

IS_2，利率將上升到 r_1；利率上升將抑制投資的增加，從而使政府擴張性財政政策所能增加的 Y_1 少於原來預期的乘數效應，造成乘數效應的漏損。如果在實行擴張性財政政策的同時實行擴張性的貨幣政策，使 LM_1 曲線移至 LM_2，可以使利率保持在原來的 r_0 水準上，而經濟體系的均衡點改變為 E_2，國民收入增加到 Y_2 的水準，從而避免了乘數效應的漏損。IS 曲線和 LM 曲線的同時移動，可以有 8 種不同的均衡改變，利用圖形分析可以清晰地看到這一結果。

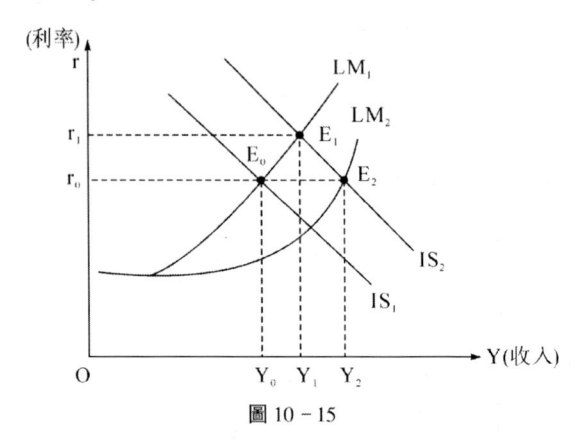

圖 10－15

三、IS 曲線和 LM 曲線的彈性及政策效果

我們已經介紹過 LM 曲線的三個範圍即完全富有彈性的「凱恩斯範圍」，完全沒有彈性的「古典學派範圍」和介於兩者之間的「中間範圍」。同樣，IS 曲線的彈性是指投資變動對利率變動反應的敏感度，如前所述，IS 曲線的彈性決定了 IS 曲線的傾斜程度。在 LM 曲線的不同範圍內，IS 曲線的彈性是不同的。如圖 10－16。

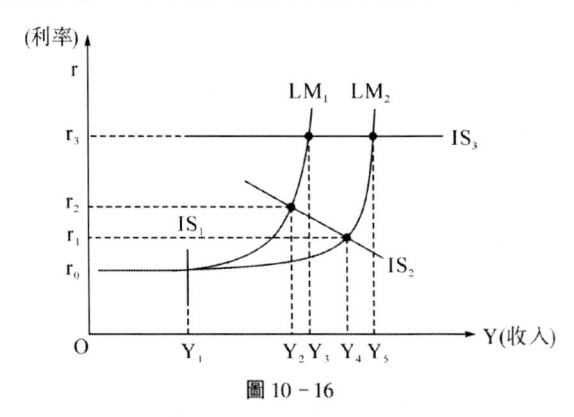

圖 10－16

在「凱恩斯範圍」內，IS 曲線完全沒有彈性。因為在該範圍內，LM 曲線具有完全彈性，利率已經釘在一個不變的水準上，不再影響投資的變動，因而不能通過利率的變動改變產量、收入和就業水準，只有通過擴張性財政政策才能辦到。

在「古典學派範圍」內，IS 曲線具有完全彈性，投資對利率反應極為敏感，IS 曲線

趨於平坦。擴張性財政政策使 IS 曲線上移，總支出的增加又會使利率上升，上升的利率又迅速使投資減少、支出減少，結果不會帶來收入的增加。所以，在該範圍內財政政策失效，只有通過擴張性貨幣政策使 LM 曲線右移才有可能增加收入。

在「中間範圍」內，IS 曲線具有不完全彈性。利率對投資有影響但又是不完全的。在有彈性的 IS 曲線給定條件下，貨幣供給量增加，LM_1 移動至 LM_2，利率會下降，貨幣投機需求增加，只有一部分用於增加交易需求，意味著只能部分地影響產量增加，所以貨幣政策只具有不完全的部分效力。同樣，IS 曲線右移，利率上升。利率上升會抑制私人投資支出，出現乘數漏損，財政政策也只具有不完全的部分效力。可以看出，越接近「凱恩斯範圍」，財政政策越有效；越接近「古典學派範圍」，則更應重視貨幣政策的作用；而在中間範圍，財政與貨幣政策往往會同時奏效。

從上述分析可以看出，財政政策的效果取決於擠出效應的大小，即政府的擴張性財政政策是否會導致利率水準的上升從而抑制私人投資支出。擠出效應的大小可以通過財政乘數反應出來。三部門經濟下，IS 曲線可以表達為：

$$Y = \frac{1}{1-b}(C_a + I_a + G_a) - \frac{d}{1-b} \cdot r \tag{1}$$

與前面分析不同的是，自主性支出項中增加了政府購買支出 G_a 項。LM 曲線可以表達為

$$Y = \frac{M}{k} + \frac{h}{k} \cdot r \tag{2}$$

求解得：$Y = \dfrac{h(Ca + Ia + Ga) + d \cdot M}{h(1-b) + d \cdot k} \tag{3}$

以 G_a 為自變量微分得：

$\dfrac{dy}{dG_a} = \dfrac{1}{1-b+\dfrac{d \cdot k}{h}}$，該式為財政政策乘數。可以看出，在邊際消費傾向 b 不變、貨幣需求對收入和利率的敏感度 k、h 不變下，投資需求對利率變化越敏感即 d 越大，$\dfrac{dy}{dG_a}$ 就越小，財政政策效果就越小；如果其他變量不變，h 越大，財政政策效果就越好。事實上，在 LM 曲線的水準區間即凱恩斯區間，$d \to 0$，$h \to \infty$，所以 $\dfrac{dy}{dG_a} \to \dfrac{1}{1-b}$，擴張性財政政策完全有效，同理可以得出，在古典區間財政政策完全無效而在中間範圍部分有效的結論。

貨幣政策效果的大小及影響因素同樣可以運用貨幣政策乘數進行分析。對 (3) 式以 M 為自變量微分，可得貨幣政策乘數為 $\dfrac{dy}{dM} = \dfrac{1}{(1-b) \cdot \dfrac{h}{d} + k}$。可以看出，在 k 值不變時，h 越小或者 d 值越大，貨幣政策效果就越好；同理可以分析其他變量變化對貨幣政策乘數的影響。不難得出在凱恩斯區間貨幣政策無效、在古典區間貨幣政策有效、在中間範圍不完全有效的結論。

第十一章　總需求——總供給模型

本章重點及難點

（1）總需求曲線的推導。
（2）宏觀生產函數與潛在產量。
（3）勞動市場的均衡。
（4）凱恩斯主義總供給曲線的推導。
（5）運用 AD—AS 分析均衡改變的路徑。

總需求函數（曲線）和總供給函數（曲線）是宏觀經濟學中重要的分析工具，總需求—總供給模型又叫 AD—AS 模型，該模型取消了價格水準固定不變的假定，聯繫產品市場、貨幣市場和要素市場，說明宏觀經濟均衡條件以及均衡的改變。

第一節　總需求曲線

一、總需求和總需求曲線

總需求是經濟社會對產品和勞務的需求總量，這一需求總量通常以總支出水準來表示。總需求由消費需求、投資需求、政府需求和國外需求構成。西方學者認為，推動總需求的力量除了價格水準、人們的收入、對未來的預期等因素外，還包括諸如稅收、政府購買和貨幣供給等政策變量。

總需求函數被定義為產量（收入）和價格水準之間的關係。它表示在某個特定的價格水準下，經濟社會需要多高水準的收入。或者說，總需求函數反應了從需求角度分析，每一個價格水準下由需求所決定的收入水準。以價格水準為縱坐標，產出水準為橫坐標，總需求函數的幾何表示被稱為總需求曲線。總需求曲線描述了與每一價格水準相對應的均衡的支出或收入。

我們先來分析一下價格水準的變化如何導致總支出水準的變化。這裡以價格水準上升為例加以說明。

首先，價格水準上升，人們需要更多的貨幣從事交易，如果名義貨幣供給不變，價格上升將使實際貨幣供給減少，貨幣需求增加，從而導致利率上升，進而私人投資和私人消費下降總支出水準下降，由支出水準決定的收入水準下降。在宏觀經濟學中，將價格水準變動引起利率同方向變動，進而使投資和產出水準反方向變動的情況，稱為價格的利率效應。

其次，價格水準上升，使人們所持有的貨幣及其他以貨幣固定價值的資產的實際價值降低，人們的實際財多餘額降低，於是人們的消費水準就相應地減少，這種效應稱為實際餘額效應。

最後，價格水準上升，往往伴隨著名義工資（收入）的增加，名義收入增加會使人們進入更高的納稅檔次，從而使人們的稅負增加，可支配收入下降，進而使人們的消費水準下降，這種效應叫價格的稅收效應。

二、從簡單的收入—支出模型中推導總需求曲線

總需求曲線可以從簡單的收入—支出模型中推導出來。如圖11-1所示。

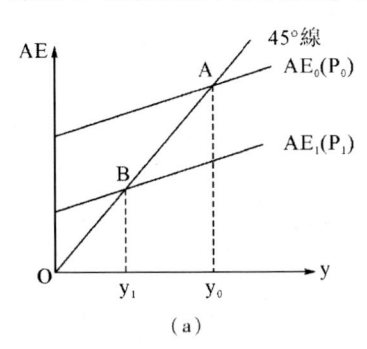

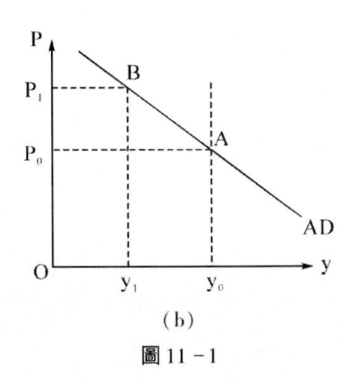

圖11-1

（a）圖中，當價格水準為P_0時，總支出曲線為AE_0，所決定的均衡收入為y_0，於是在（b）圖中就得到與價格P_0相對應的y_0，即（b）圖中的A點。A點即為總需求曲線上的一點。當價格水準發生變動，例如從P_0上升到P_1時，由於上述價格效應，導致總支出水準下降，在（a）圖中，總支出從AE_0下降到AE_1，從而使均衡的收入從y_0下降為y_1，於是又得到了（b）圖中的B點，B點亦為總需求曲線上的一點。將A、B等這類的點用曲線連接起來，便得到（b）圖中的總需求曲線AD。

從（b）圖中可以看出，總需求曲線是向右下方傾斜的，價格水準越高，總需求量或者說均衡總支出水準越低，從而由需求水準所決定的收入水準就越低。

三、從 IS—LM 模型推導總需求曲線

無論是在簡單的收入決定模型（支出—收入決定模型）還是在擴大的收入決定模型（IS—LM 模型）中，都將價格水準作為一個外生變量來看待。在價格水準固定不變且貨幣供給為已知，IS 曲線與 LM 曲線的交點就決定了均衡利率水準與均衡收入水準。如果我們在 LM 方程中引入價格變量，令 P 表示價格，那麼 LM 方程就可以寫為 $Y = \frac{M}{k} \cdot \frac{1}{P} + \frac{h}{k} \cdot r$，假設 IS 方程不變，當 $P = P_1$ 時，從 LM 方程中可解 $Y = Y_1$。如果價格下降，$P = P_2$，那麼 $Y = Y_2$，且 $Y_2 > Y_1$。可見，物價下降將引起實際貨幣供給的增加從而使 LM 曲線向右移動，從而均衡收入也就隨之改變並增加。這樣，我們就將價格變量與收入變量聯繫起來。現用圖 11-2 說明怎樣根據 IS—LM 模型推導總需求曲線。

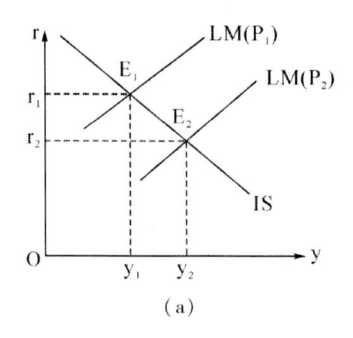

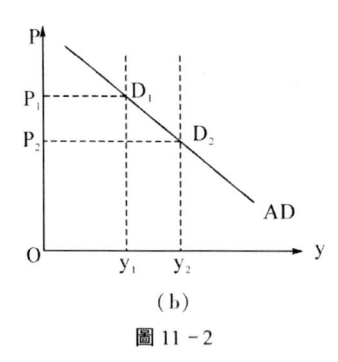

圖 11-2

當價格為 P_1 時，LM 曲線 $LM(P_1)$ 與 IS 曲線相交於 E_1，E_1 點所表示的國民收入和利率順次為 y_1 和 r_1。將 P_1 和 y_1 標在（b）圖中便得到總需求曲線上的一點 D_1。現在，假設 P 由 P_1 下降到 P_2。由於 P 的下降，LM 曲線移動到 $LM(P_2)$ 的位置，它與 IS 曲線的交點為 E_2。E_2 點所表示的收入和利率順次為 y_2 和 r_2。對應於（a）圖中的點 E_2，又可在（b）圖中找到 D_2。按照同樣的程序，隨著 P 的變化，LM 曲線和 IS 曲線可以有許多交點，每一個交點都標誌著一個特定的 y 和 r。於是就有許多 P 與 y 的組合，從而構成了（b）圖中的一系列點。把這些點連在一起所得到的曲線便是總需求曲線 AD。

應當指出的是，價格水準的變化，對 IS 曲線的位置沒有影響。這是因為決定 IS 曲

線的變量被假定為是實際量,而不是隨價格變化而變動的名義量。

從以上關於總需求曲線的推導中可看到,總需求曲線表示社會的需求總量和價格水準之間的相反方向的關係,即總需求曲線是向右下方傾斜的,如圖11-3。

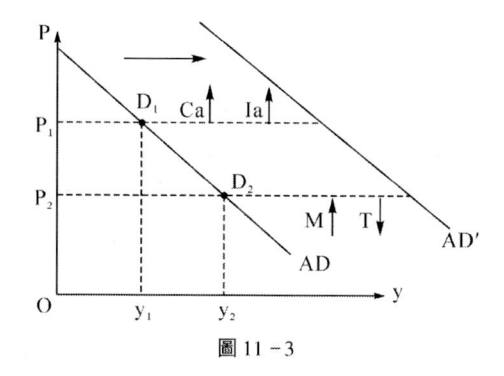

圖 11-3

根據對總支出曲線 AE 和 IS—LM 模型的討論,可以分析在封閉經濟下總需求 AD 是如何變化的。價格水準的變化會導致 AD 曲線上的點的變化,非價格因素的改變將會導致 AD 線的移動。家庭自發性消費 Ca 的增減,廠商自發性投資 Ia 的增減,會導致 AD 曲線向右或向左的移動。擴張性的財政政策比如減稅,增加政府購買支出 G,或者擴張性的貨幣政策比如貨幣供給量 M 的增加,都會使 AD 曲線向右移動。反之,緊縮性的財政與貨幣政策將會使 AD 曲線向左移動。如圖 11-3。

總需求曲線不僅在允許價格變動的條件下概括了前面所述的 IS—LM 模型,而且還較為直觀地說明了本書前面所述的財政政策和貨幣政策都是旨在影響總需求的所謂需求管理政策。

第二節　總供給曲線

總需求曲線只是給出了價格水準和以收入水準來表達的總需求水準之間的關係,並不能決定價格水準和均衡的總需求水準。為了說明整個經濟價格水準和總產出水準是如何決定的,宏觀經濟學需要引出另一個分析工具,即總供給曲線。

總供給是經濟社會的總產量(或總產出),它描述了經濟社會的基本資源用於生產時可能有的產量。一般而言,總供給主要是由勞動力、生產性資本存量和技術決定的。在宏觀經濟學中,描述總產出與勞動、資本和技術之間關係的一個合適的工具是生產函數。

一、宏觀生產函數和勞動市場

1. 宏觀生產函數

在西方經濟學中,生產函數是指投入和產出之間的技術關係。生產函數有微觀和宏觀之分,宏觀生產函數又稱總量生產函數,是指整個國民經濟的生產函數,它表示總投入和總產出之間的關係。

假定一個經濟社會在既定的技術水準下使用總量意義下的勞動和資本兩種要素進行

生產，則宏觀生產函數可表示為：
$$Y = f(N, K) \tag{1}$$
式中，y 為總產出；N 為整個社會的就業水準或就業量；K 為整個社會的資本存量。(1) 式表明，經濟社會的產出取決於整個社會的就業量和資本存量。

在宏觀生產函數的兩個自變量中，資本存量 K 的規模和數量被認為是由經濟社會以前各年的投資決定的。換句話說，K 的數值決定於過去的事件。出於這一考慮，並注意到資本存量通常是較大的，新投資流量在短期內對資本存量的影響非常有限。因此，在宏觀經濟波動分析中，一般把資本存量作為外生變量處理。為了強調這一點，今以 $\bar{K}$ 表示經濟社會現有的資本存量，將其代入到 (1) 式，有：
$$Y = f(N, \bar{K}) \tag{2}$$
宏觀生產函數 (2) 式表示，在一定的技術水準和資本存量條件下，經濟社會生產的產出 Y 取決於就業量 N，即總產量是經濟中就業量的函數，隨總就業量的變化而變化。

西方宏觀經濟學假定宏觀生產函數 (2) 式有兩條重要的性質：一是總產出隨總就業量的增加而增加；二是由於「報酬遞減規律」的作用，隨著總就業量的增加，總產出按遞減的比率增加。因此，宏觀生產函數 (2) 式可以用圖 11-4 表示。

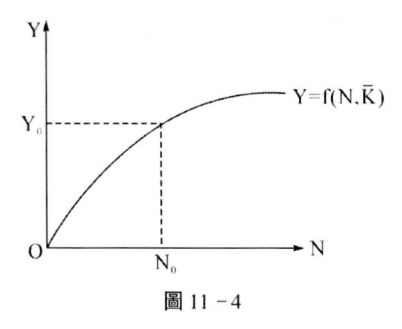

圖 11-4

宏觀生產函數建立了在一定資本存量和技術水準條件下，總產量和總就業量之間的關係。換句話說，在一定時期和一定條件下，總供給將主要由經濟的總就業水準決定。那麼，經濟中的總就業水準又是由什麼決定的呢？為此，有必要引入另一個市場，即勞動市場。

2. 勞動市場

在西方宏觀經濟學中，關於總供給的理論可以說是最有爭議的領域之一。而這種爭議在相當程度上體現在勞動市場理論方面。為了說明經濟中的就業水準是如何決定的，首先需要對最簡單的勞動市場——完全競爭的勞動市場加以分析。

如果勞動市場是競爭性的，而企業只能接受既定的市場工資和其產品的市場價格，則企業將會選擇一個就業水準，使勞動的邊際產品 MPL 等於實際工資，因為只有在這一就業水準，利潤才能最大化。這裡，實際工資等於貨幣工資 W 除以價格水準 P，即 $\dfrac{W}{P}$。

如果企業的就業低於這個水準，勞動的邊際產品就將超過實際工資，即 $MPL > \dfrac{M}{P}$，因而

存在著增加利潤的機會。企業將不斷利用這一獲利的機會，直到增雇的工人將勞動的邊際產品降低到和實際工資相等時為止。

由於勞動的邊際產品隨勞動投入的增加而降低，所以勞動的需求函數是實際工資的減函數。宏觀經濟學認為，上述微觀經濟學意義上的勞動需求與實際工資的關係，對於總量意義上的勞動市場也是成立的。

如果用 N_d 表示勞動需求量，則勞動需求函數可表示為：

$$N_d = N_d \left(\frac{W}{P}\right) \tag{3}$$

(3) 式中，$\frac{W}{P}$ 為實際工資，N_d 與 $\frac{W}{P}$ 成反方向變動關係。勞動需求函數的幾何表示，即勞動需求曲線可以表示為圖 11-5 中的形狀。

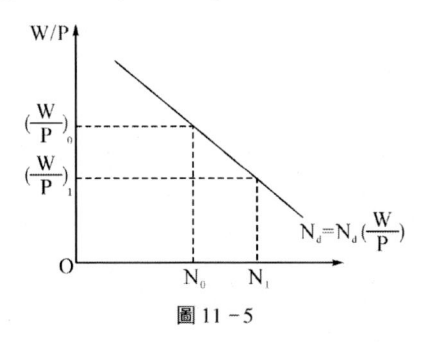

圖 11-5

從圖中可以看到，當實際工資為 $\left(\frac{W}{P}\right)_0$ 時，勞動需求量為 N_0；當實際工資下降到 $\left(\frac{W}{P}\right)_1$ 時，勞動需求量就由 N_0 上升到 N_1。

同勞動的需求類似，總量意義上的勞動的供給也被認為是實際工資的函數，勞動供給函數可表示為：

$$N_s = N_s \left(\frac{W}{P}\right) \tag{4}$$

(4) 式中，N_s 為勞動供給總量。進一步地，勞動供給是實際工資的增函數。實際工資低時，勞動的供給量小；實際工資高時，勞動的供給量大。勞動供給函數的幾何表示，即勞動供給曲線如圖 11-6 所示。

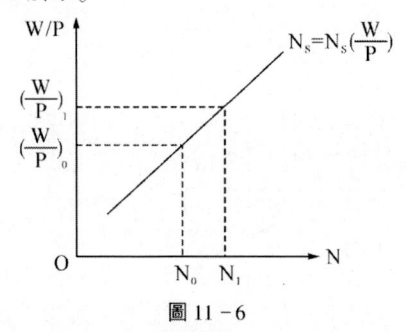

圖 11-6

如果工資 W 和價格 P 兩者都是可以調整的，那麼實際工資 $\frac{W}{P}$ 也是可以調整的。勞動市場的均衡就由勞動的需求曲線和勞動的供給曲線的交點來決定。如圖 11－7 所示。

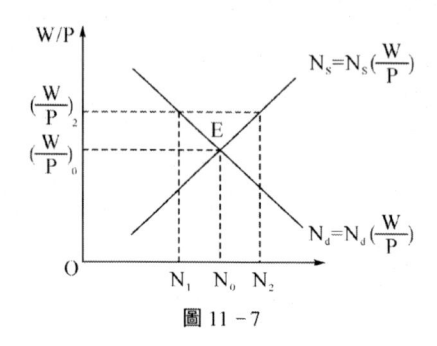

圖 11－7

在實際工資 $(\frac{W}{P})_0$ 的水準上，企業所選擇的勞動數量恰好等於公眾所提供的勞動數量，即就業水準為 N_0。如果實際工資太高，例如為圖中的 $(\frac{W}{P})_2$，則勞動的供給量為 N_2，而勞動的需求量只為 N_1，這意味著勞動供過於求，表明經濟不能為所有願意工作者提供足夠的職位，在價格和工資具有伸縮性的情況下，實際工資就會降低，從而刺激企業的勞動需求，抑制勞動者的勞動供給。隨著實際工資的不斷調整，勞動的供求數量也不斷進行調整，直到使勞動市場達到供求相等的均衡狀態時為止。

總之，在價格和工資具有完全伸縮性的完全競爭的經濟中，勞動市場的均衡條件是：

$$N_s\left(\frac{W}{P}\right) = N_d\left(\frac{W}{P}\right) \tag{5}$$

對於上述關於勞動市場的說明，這裡還須指出兩點：第一，在有伸縮性的工資和價格下，實際工資立即調整到勞動供求相等的水準，從而使勞動市場處於均衡的狀態，在宏觀經濟學中被稱為充分就業的狀態。第二，根據本節上面的說明，在任一時點上，資本存量 K 都是由以往的投資決策所決定的。將就業水準 N 和既定的資本存量 $\bar{K}$ 代入到總量生產函數 $Y = f(N, \bar{K})$ 就立刻得出產量水準。在這種解釋中，勞動市場處於主導地位，因為它決定經濟的總供給或產量。

二、總供給曲線

總供給函數表示總產量與一般價格水準之間的關係。在以價格水準為縱坐標，總產量為橫坐標的坐標系中，總供給函數的幾何表示即為總供給曲線。

按照價格在不同時期變動的情況，宏觀經濟學將總產出與價格水準之間的關係分為兩種情況，即長期總供給曲線和短期總供給曲線，本節將對二者依次加以說明。

1. 長期總供給曲線

在長期當中，價格和貨幣工資是可調節的。在不同的價格水準下，當勞動市場存在超額勞動供給時，貨幣工資就會下降；反之，當勞動市場存在超額勞動需求時，貨幣工

資就會提高。最後會使實際工資調整到使勞動市場達到均衡的水準。換句話說，在長期中，經濟的就業水準並不隨著價格水準的變動而變動，而始終處在充分就業的狀態上，經濟的產量水準也將位於潛在產量或充分就業的水準上，不受價格變動的影響。因此，在長期中，總供給曲線是一條位於經濟的潛在產量水準上的垂直線。如圖 11-8 所示。

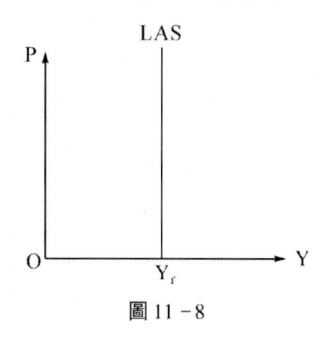

圖 11-8

垂直的長期總供給曲線表明，在長期中，經濟的產出主要由充分就業的勞動力數量所決定，從而獨立於價格水準。不難理解，圖 11-8 中的 Y_f 同樣是 $Y=f(N, \bar{k})$ 的一個解或都是圖 11-4 生產函數曲線上的一個點。只不過 Y_f 是充分就業狀態下的產出，由潛在就業量或充分就業量決定。所謂潛在就業量或充分就業量是指一個社會在現有激勵條件下所有願意工作的人都參加生產時所達到的就業量。由於經濟中一些難以避免的原因，當就業量等於潛在就業量時，失業率並不為零，這時的失業率被稱為自然失業率。一般地，當就業量低於潛在就業量時，失業率高於自然失業率；反之，當就業量高於潛在就業量時，失業率低於自然失業率。在宏觀經濟學中，潛在就業量通常被看做是一個外生變量，即它不取決於產量、消費、投資和價格水準等宏觀經濟變量。但另一方面，一個社會的潛在就業量又不是固定不變的，它隨著人口的增長而穩定增長。

潛在產量或充分就業的產量可以用生產函數表示為：

$$Y^* = f(N^*, \bar{K})$$

式中，N^* 為潛在就業量，Y^* 即為潛在產量。因為潛在就業量不受價格水準等宏觀經濟變量的影響，所以潛在產量也不受價格水準等經濟變量的影響，也被視為一個外生變量。當一個經濟社會的生產達到了其潛在產量時，意味著該經濟社會較充分地利用了現有的經濟資源。

2. 短期總供給曲線——基本凱恩斯模型

凱恩斯認為，在短期，貨幣工資的下降具有「剛性」。這個假設條件的含義是：工人們會對貨幣工資的下降進行抵抗，但卻歡迎貨幣工資的上升，因此，貨幣工資只能上升，不能下降。另一方面，由於工人們具有「貨幣幻覺」，即只看到貨幣的票面值而不注意貨幣的實際購買力，所以他們會抵抗價格水準不變的情況下的貨幣工資的下降，但卻不會抵抗貨幣工資不變的情況下的價格水準的提高。實際上兩種情況都會造成實際工資的下降。然而，正是由於工人們具有「貨幣幻覺」，所以會對相同的後果採取迥然不同的態度。總之，在工資的下降具有「剛性」的假設條件下，西方學者按照本節中的勞動市場的理論得出了凱恩斯主義的總供給曲線。

圖 11-9（a）中的 N_s 和 N_d 分別代表勞動的供給曲線和需求曲線。兩條曲線相交於均衡點 E_0。在該點，充分就業的實際工資和就業量順次為 $(\frac{W}{P_0})$ 和 N_0，這一原理我們在前一部分剛剛討論過。

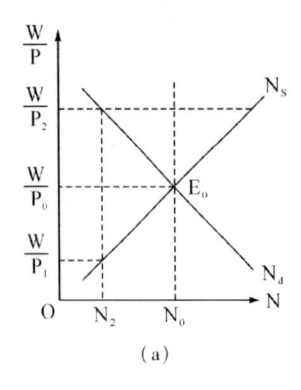

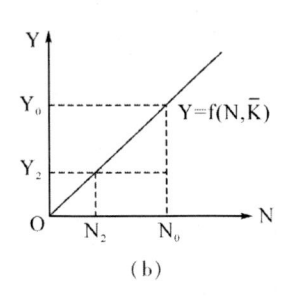

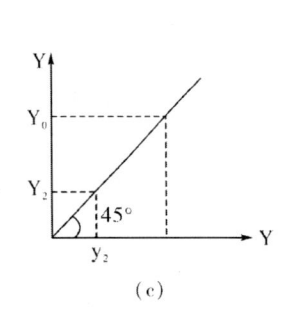

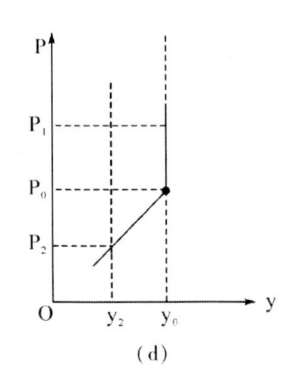

圖 10-9

（b）圖是生產函數的圖形，表示就業量和國民收入之間的關係。該圖表明，當就業量為 N_0 時，相應的國民收入為 Y_0。這相當於把 N_0 代入生產函數，以便求得 Y_0 的數值。

（c）圖的斜線是一條 45°線，該線被用來把 Y_0 的數值從縱軸轉換到橫軸，因為 45°線上的任何一點到縱橫兩軸的垂直距離總是相等的。

（d）圖表示價格 P 與 Y 之間的關係。例如 Y_0 是相當於價格水準等於 P_0 時的國民收入的數值。根據 Y_0 和 P_0 的數值可以得出（d）圖上的一點。從（d）圖中可以看到，這一點相當於垂直線段的底端。當 W 不變時，任何大於 P_0 的價格水準，例如 P_1，都會使（a）圖的實際工資下降到小於 $(\frac{W}{P_0})$ 的數值。處於這種情況時，例如相當於（a）圖的 $(\frac{W}{P_1})$ 的實際工資水準，勞動的需求都大於勞動的供給。這時，企業之間爭相雇用勞動者會提高貨幣工資。按照假設條件，貨幣工資的上升不會受到阻撓，所以貨幣工資

會很快上升，直至使根據新的價格水準（P_1）而計算出的實際工資等於原有的實際工資（$\frac{W}{P_0}$）的水準。圖（a）告訴我們，相當於（$\frac{W}{P_0}$）水準的實際工資，就業量為 N_0。通過圖（b）和圖（c）轉換，對應於 N_0 的國民收入為 Y_0，因此，在（d）圖中得到了 P_1 和 Y_0 之點。上述轉換適用於任何大於 P_0 的價格水準。這樣，便得到圖（d）中的垂直線段。

現在，假設價格水準下降到小於 P_0 的數值，譬如說為 P_2 的數值。在貨幣工資不變的情況下，實際工資（$\frac{W}{P_2}$）會處於圖（a）所示的較高的位置。圖（a）表明：相對於（$\frac{W}{P_2}$）的實際工資，雖然勞動的供給很大，但企業為了取得最大利潤，只能雇用 N_2 數量的勞動者，因此，就業量為 N_2。N_2 通過圖（b）和圖（c）的轉換，成為圖（d）中的 Y_2。這樣，得到圖（d）中的相當於 Y_2 和 P_2 之點。由於 Y_2 和 P_2 分別小於 Y_0 和 P_0，所以這一點處於圖（d）垂直線底端的左下方。上述情況不但適用於 P_2，而且也適用於任何小於 P_0 的價格水準，因此，我們得到圖（d）中的傾斜的線段，該線段為基本凱恩斯總供給曲線。如圖 11－10。

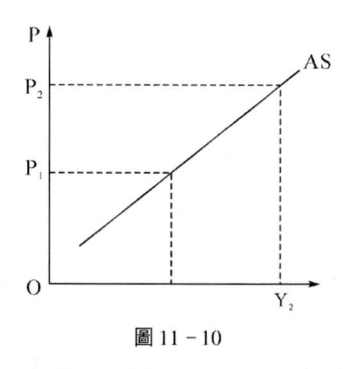

圖 11－10

基本凱恩斯主義總供給曲線表明，名義工資向下剛性，同時人們有貨幣幻覺。當價格越低時，實際工資越高，從而廠商的意願勞動投入水準越低，產出水準就越低；隨著價格水準的上升，實際工資下降，廠商的意願勞動投入將上升，產出水準就越高，如圖 11－10 所示，總供給曲線向右上方傾斜。

3. 極端凱恩斯總供給曲線

凱恩斯學派模型的一個非常重要的特徵是勞動的邊際產量為常數。假設生產函數為 $Y = a \cdot L$，a 為常數，等於勞動的邊際產量，那麼，廠商對勞動的最佳需求條件必然是 $a = \frac{w}{p}$。在名義工資剛性下，總供給曲線的形狀就特別簡單，只要在 $a = \frac{w}{p}$ 下或 $p = w \cdot \frac{1}{a}$ 下投入勞動，供給就會不斷增加，總供給曲線就是一條水準線。這樣，均衡收入水準就完全由總需求決定。如圖 11－11。

図 11-11

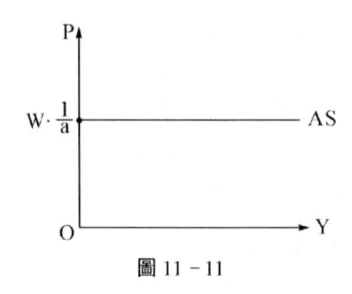

第三節　宏觀經濟均衡及均衡的改變

總需求和總供給曲線不僅可以從供求這兩個方面來說明收入的決定，而且可以更充分地說明宏觀經濟政策的有關問題。本節說明在 IS—LM 框架下宏觀經濟均衡的條件以及總需求曲線與總供給曲線移動的效應。

一、AD—AS 模型

1. 產出和價格水準的決定

在簡單支出—收入模型和 IS—LM 模型中已經討論過產出水準的決定。前一個模型中產出水準取決於自主性支出水準；在 IS—LM 模型中，產出水準取決於自主性支出水準和貨幣供給量。上述模型的結論是在價格水準不變的假定下得出的。在這裡，價格水準不變的假定被放鬆。AD—AS 模型是一個分析總需求、總供給如何相互作用，解釋產出與價格水準如何決定的分析框架。

在 AD—AS 模型中，總量均衡的一般原理如圖 11-12 所示。

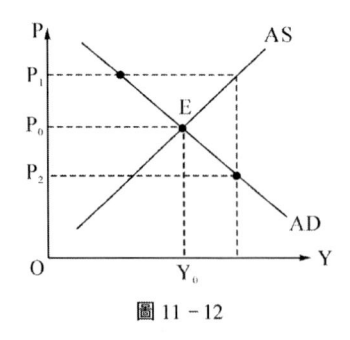

圖 11-12

圖 11-12 顯示了向右上方傾斜的 AS 曲線和向右下方傾斜的 AD 曲線。設價格水準為 P_1，這時 AS > AD，價格將會向下調整。向下調整的價格將會使實際工資上升，勞動需求下降從而總供給下降，同時又使實際貨幣供給增加，利率下降，投資與消費增加，從而總需求增加。在價格彈性下，這一過程會直到 $P = P_0$ 為止。同理，當 $P = P_2$ 時，價格調整最終也會回復到 P_0 水準。這時，AD = AS，$P = P_0$，$Y = Y_0$，E 點是宏觀經濟均衡

點。值得注意的是，圖 11-12 中 Y_0 為均衡收入，但不一定是充分就業均衡收入，如果 $Y_0 = Y_f$，那麼 E 點就是充分就業均衡點，Y_0 為充分就業均衡收入水準，P_0 為充分就業均衡價格。

2. 均衡的改變

為了使分析簡化，我們首先假定有向右上方傾斜的總供給曲線 AS 和向右下方傾斜的總需求曲線 AD，如圖 11-13。不難看出，無論是總需求曲線 AD 的移動還是總供給曲線 AS 的移動，都會導致均衡的改變。由於 AD 與 AS 移動的方向和程度可以不同，新的均衡點將會有八種不同的情況，在圖 11-13 及表 11-1 中可以清晰地反應出來。

圖 11-13

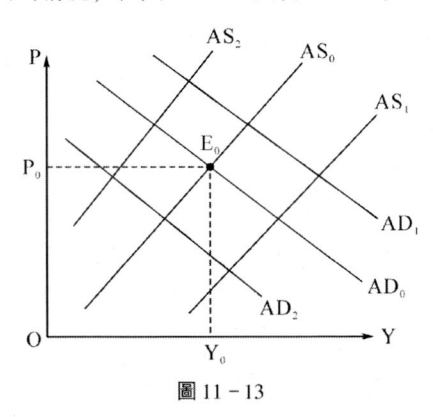

表 11-1

Y, P AD \ AS	不變	↑	↓
不變	不變	P↓ Y↑	P↑ Y↓
↑	P↑ Y↑	P 不確定 Y↑	P↑ Y 不確定
↓	P↓ Y↓	P↓ Y 不確定	P 不確定 Y↓

二、總需求曲線移動的效應

導致總需求曲線移動的因素是複雜的，自主性支出變化和總需求管理政策都會引起需求 AD 的移動。在這裡主要分析政府收支以及貨幣供給量的變化引起的總需求改變，以便分析宏觀財政政策和宏觀貨幣政策的效果。

1. 古典情形

在古典情形下，總供給曲線在充分就業的產量水準上是垂直的。不論價格水準如何，經濟中的全體廠商的供給量為 Yf。

圖 11-14 考察了在古典供給假定下一次財政擴張的效果，圖中，總供給曲線為 AS，經濟初始均衡為 E 點。政府的財政擴張使總需求曲線從 AD 移動到 AD'。在初始價格水

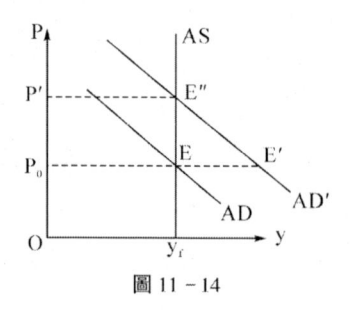

準 P_0，經濟的支出升至 E'點。在價格水準 P_0，產品需求上升了，但廠商不可能獲得勞動力來生產更多的產量，產品供給對新增的需求無法做出反應。由於廠商試圖雇用更多的工人，他們抬高了工資和生產成本，因而必須為他們的產品索取更高的價格。於是，產品需求的增加只會導致更高的價格，而不能提高產量。

價格的上漲降低了實際貨幣存量並導致了利率的上漲和支出的減少。經濟沿 AD'曲線不斷向上移動，直至價格的上升和貨幣實際餘額的下降足以將利率提高和支出降低到與充分就業相一致的水準。這就是在價格 P'的情形。在 E"點，總需求在更高的價格水準上再次與總供給相等。

再來看古典條件下貨幣擴張的效果。現在假定名義貨幣存量增加了，相應地，圖 11-14 中的總需求曲線向右方移動到 AD'。假如價格固定，經濟會移動至 E'，即前面所說的凱恩斯均衡點，但是，現在產量是固定供給的，總需求的增加導致了對產品的超額需求。試圖通過雇用更多勞動力來實施擴張的廠商推動了工資和成本的上漲。相應地，產品價格也隨之上漲，這意味著實際貨幣存量將不斷向其初始水準回落。事實上，產品價格會持續上漲，直到產品的超額需求消失為止。這樣，價格必須上漲到經濟達到點 E'的程度，這時 AS 與新的總需求曲線 AD 相交。只有當總需求再次與充分就業的供給量相等的時候，產品市場才會出清，價格上升的壓力才會消失。

下面考慮經濟從 E 點移動到 E"點的調整過程。這裡沒有產量的變化而只有價格水準的變化，假定價格上升與名義貨幣量的增加恰好同一比例。從圖中可以看到，作為對名義貨幣增加的反應，AD 曲線會向上移動一段與貨幣增加比例相同的距離。因此，在 E"點，實際貨幣存量 M/P 恢復到其初始水準。在 E"點，名義貨幣和價格均變動了同一比例，使得經濟的均衡產量維持不變。這樣，可以得出古典模型的一個重要結論：在古典供給條件下，名義貨幣的增加將促使價格水準上升同一比例而利率和實際產出維持不變。在宏觀經濟學中，將貨幣存量的變動只導致價格水準的變化而實際變量（產量、就業）無一發生變化的這種情況，稱為貨幣中性。

2. 基本凱恩斯主義情形

在剛性名義工資的凱恩斯主義學派中，總供給曲線 AS 是向右上方傾斜的。總需求的擴張將導致初始價格水準上的超額需求，從而引起產品價格上升。由於名義工資固定，實際工資將會隨價格上升而下降，從而使工廠增加勞動需求和產品供給。在新的均衡水準上，產量和價格都較前上升，但實際工資剛有所下降。總需求的擴張在基本凱恩斯情形下對均衡的影響可以用圖 11-15 表示。擴張性財政與貨幣政策的結果是均衡收入

與均衡價格的同時增加。

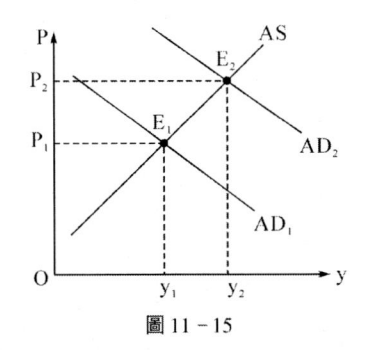

圖 11–15

在總需求的擴張既定下,價格上升的程度和收入改變的程度由 AS 的斜率決定或 AS 的供給彈性決定。可以看出,基本凱恩斯情形的一個重要結論就是,財政政策與貨幣政策的變動能夠影響收入水準,政府可以採取產量和就業穩定政策,從而使其達到政策管理目標。

3. 極端凱恩斯主義情形

前面已經分析了,極端凱恩斯主義 AS 曲線是水準的,原因在於名義工資剛性和勞動的邊際產量是一個常數。在該情形下,移動總需求曲線 AD 具有完全的產出效應而不會改變價格水準。如圖 11–16。

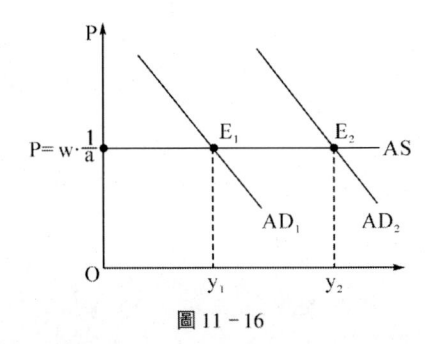

圖 11–16

三、總供給曲線移動的效應

AD—AS 模型不僅能清楚地說明總需求曲線移動的效應,而且還能說明總供給曲線移動的效應,這是前面所討論的 IS—LM 模型所不及的。

圖 11–17 說明了總供給曲線移動的效應。這裡考慮的是由於經濟中企業的設備投資增加即資本 K 增加或技術進步而造成生產能力增大的情形。這時,總供給曲線將向右移動,從 AS_0 移動到 AS_1。這種移動的結果是收入與產出水準上升,價格水準下降。只不過 AD 曲線的傾斜程度決定了價格與收入改變的程度。不難看出,如果 AD 曲線越缺乏彈性,價格下降將越明顯,上述總供給移動的效應是古典供給或長期總供給移動效應。

相同的分析思路下,我們可以分析在基本凱恩斯情形下總供給移動的效應。在名義工資剛性下,基本凱恩斯總供給曲線向右上方傾斜。如果經濟的投入要素價格上升,AS 曲線將向左移動,反之相反。

圖 11-17

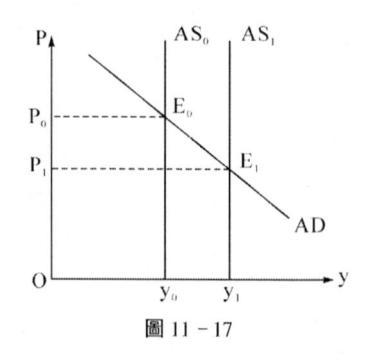

圖 11-18 描述了從國外購買的投入品（比如石油）價格上漲的效應。這時總供給曲線向上移動。從微觀角度看，為了使廠商願意生產與以前相同的產量，它們必須能得到更高的產品價格。從圖中可以看出，即使這時經濟存在過剩的生產能力，價格水準也會上升。20 世紀 70 年代初期美國經濟受到的石油供給衝擊被認為是一個現實的事例。在圖 11-18 中，歐佩克提高了石油價格，這使得總供給曲線向上移動，從而導致一個更高的均衡價格水準 P_1 與更低的產量水準 y_1。

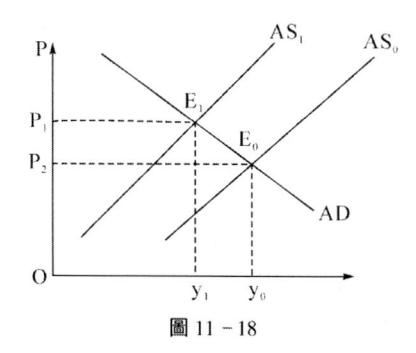

圖 11-18

在極端凱恩斯情形中，如果勞動邊際產量 a 上升或名義工資由於制度性原因的下降都會使 AS 向下移動。結果將會使價格水準由 P_0 下降到 P_1，而收入水準將會由 Y_0 上升到 Y_1，如圖 11-19。

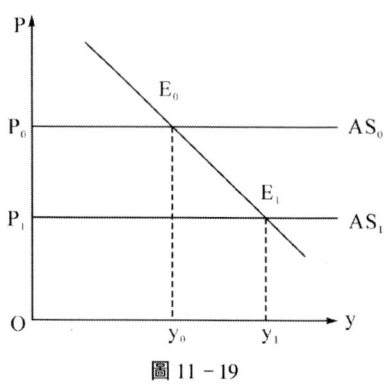

圖 11-19

第十二章　失業與通貨膨脹

本章重點及難點

(1) 失業主要是由哪些原因引起的？
(2) 什麼是自然失業率和充分就業？
(3) 奧肯定律的主要內容是什麼？
(4) 通貨膨脹對收入和財富分配的影響。
(5) 什麼是需求拉上型通貨膨脹和成本推進型通貨膨脹？
(6) 如何理解交替型的菲利浦斯曲線？
(7) 什麼是適應性預期？用適應性預期解釋滯脹。
(8) 什麼是理性預期？理性預期是如何解釋滯脹的？

　　宏觀經濟學主要研究社會資源的充分利用。社會資源充分利用涉及如何實現充分就業、物價穩定、國際收支平衡和經濟增長。從本章開始，我們的分析將由一般的國民收入決定理論轉入研究經濟穩定和經濟增長的實現問題。
　　失業和通貨膨脹是社會最為普遍關注的問題，它們直接反應出社會資源的利用狀態，影響著社會經濟穩定。

第一節　失業與充分就業

　　勞動是一個社會最基本、最重要的經濟資源，勞動失業也就是社會最明顯、最重要的資源閒置和浪費，故短期社會經濟資源的利用程度通常以勞動就業或失業水準來反應。

一、失業和失業率

1. 勞動就業和勞動失業

　　經濟學把一個國家的全部人口區分為勞動適齡人口和非勞動適齡人口。勞動適齡人口主要是指符合政府的有關勞動法令規定、可以參加工作的那部分人口。它主要由勞動力和非勞動力兩部分構成：其中那些能參加工作而不尋找工作，或因求學、料理家務、衰老和殘疾等無法參加工作的勞動適齡人口就屬於非勞動力；除此之外，那些有工作或沒有工作而正在積極尋找工作、有時間參加工作的勞動適齡人口被稱為勞動力。
　　勞動力不外乎處於就業和失業兩種狀態。勞動就業是指勞動力被運用於生產過程並獲得相應的工資或薪金收入的狀態。在西方國家中，勞動就業既包括勞動力在私人部門的就業，也包括勞動力被政府部門有償雇傭，如政府公務員、軍事人員等。如果勞動力

未被私人部門或政府部門有償雇傭，即不能通過勞動獲得工薪收入，就是勞動失業。顯然，勞動失業是指那些可以馬上工作而且正在積極尋求工作的勞動適齡人口，不能被有償雇傭的狀態。因此，下列幾種情況並不是經濟學意義上的失業者：一是在農業、建築業和旅遊業中因季節變換而暫時失去職位的勞動者，因為他們並不尋找工作；二是在校讀書的學生，他們並不積極尋找工作，而且因求學也不能馬上參加工作；三是因年老、傷殘和疾病喪失生產勞動能力的人。

2. 失業的測量

一個社會在一定時期的失業狀況，通常採用失業率、失業持續時間、雇傭率和離職率等指標來測量。

失業率是用來反應社會失業程度最常用的指標。所謂失業率就是指失業人口占勞動力的比率。勞動力為就業人口和失業人口之和，所以失業率可以表示為：

$$失業率 = \frac{失業人口}{就業人口 + 失業人口}$$

除失業率外，失業持續時間指失業者連續失業的時間。用這一指標可以反應勞動力流動情況或失業變動情況；在失業率既定的情況下，失業持續時間越短，說明勞動力流動越大。雇傭率是指在一定時期（如某一個月或一個季度）內增雇的職工人數在就業總人數中所占的比重，它表明了就業增長或失業減少的情況。離職率是指在一定時期內退職、解雇以及退休的總人口在就業人口中所占的比率。勞動力流動性越大，雇傭率和離職率就越高。

二、失業的原因和類型

造成失業的原因相當複雜，經濟學對失業的分類也多種多樣。不過，根據失業的成因，它通常被分為摩擦性失業、結構性失業和週期性失業三種。

1. 摩擦性失業

摩擦性失業是指在勞動力正常流動過程中所產生的失業。年輕人或畢業生開始尋求工作的過程、婦女走出家庭重新進入勞動力市場的過程、人們出於某種合理的原因（比如厭倦）放棄原有工作或被解雇並尋找新工作的過程，都是正常的勞動流動過程。無論是年輕人第一次尋找工作，還是婦女重新尋找工作，或者是合理的工作轉換，都是要消耗一定時間的。因此，摩擦性失業會一直存在。

摩擦性失業的大小，取決於勞動力流動性的大小和尋找工作所需的時間。勞動力流動量越大、流動越頻繁、搜尋工作的時間越長，則摩擦性失業越大。勞動力流動性的大小在很大程度上是由社會的制度性因素和勞動力構成決定的。市場經濟制度較少限制勞動力流動。年輕人想不斷發現適合自己技能與興趣的工作，因而較年長者更頻繁地變換工作。尋找工作時間的長短主要取決於獲取就業信息的難易和快慢，以及失業的代價和失業者承受這種代價的能力。信息不充分和不對稱、購買信息的成本太高、失業的代價太低以及失業者對這種代價的心理承受力和經濟承受力越強，尋找工作的時間就越長，摩擦性失業就越大。

2. 結構性失業

顧名思義，結構性失業是指在經濟結構的轉換過程中，勞動力供給結構不能適應勞

動力需求結構變化的要求，從而存在的失業。結構性失業不同於摩擦性失業；摩擦性失業屬於短期失業，結構性失業多為長期性失業；摩擦性失業有些是自願失業，而結構性失業則往往屬於非自願失業；勞動供需結構在摩擦性失業中是吻合的，而在結構性失業中是不相符的。儘管如此，在摩擦性失業和結構性失業中，勞動供求和經濟總供求也是均衡的。

經濟發展、技術進步、產業興衰、地區開發、人口規模和構成的變化都會引起經濟結構的變化，進而造成對勞動力的需求結構的變化。而勞動力供給結構的調整往往滯後於勞動力需求結構的變化，從而出現勞動力供求在職業、技能、產業、地區分佈等方面的不一致，就必然會產生職位空缺與失業同時存在。比如在汽車製造工人失業的同時，存在著計算機程序員工作的空缺。同樣，可能在經濟擴張地區存在虛位待人，而在經濟衰退地區卻有求職人潮；年長者可能發現自己難以掌握新的工作機會所必備的基本技能。

除了上述原因造成結構性失業外，不適當的政府政策也會影響經濟結構，從而引起或加劇結構性失業。比如：抑制用機械代替勞動力的政策、對「夕陽產業」不適當的保護政策，阻止產業國際化和競爭性的政策，即使在短期內能減少失業，從長期看也肯定會引起更大的結構性失業。

3. 週期性失業

生物存在固有生命節律，經濟也存在波動週期。經濟學把國民經濟波動中因經濟衰退而產生的失業稱之為週期性失業。在經濟衰退時期，國民產出下降，勞動就業減少，週期性失業擴大；在經濟擴張時期，國民產出上升，勞動就業增加，週期性失業縮小。

週期性失業的典型特徵就是經濟的有效需求不足。勞動力的需求是一種引致需求。在經濟波動過程中，當國民經濟總需求或總產出下降時，對產品和勞務的需求也會減少，進而引起對勞動力需求的減少。如果在這種情況下又存在工資剛性，那麼即使人們願意接受現行的工資標準和工作條件，也仍然無法被有償僱傭。因此，國民經濟有效需求不足會導致週期性失業。顯然，週期性失業是一種非自願失業。

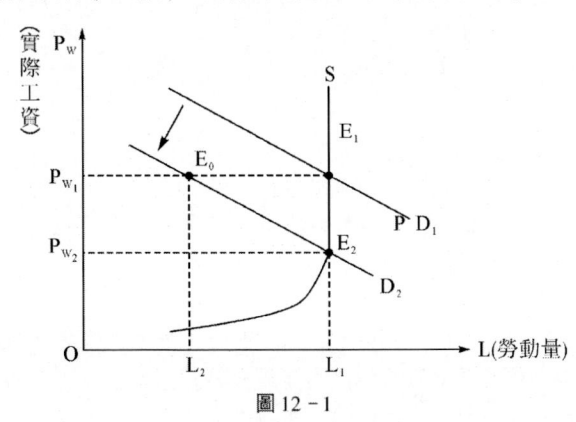

圖 12-1

圖 12-1 描述了週期性失業產生的機理。圖中 D 和 S 分別代表勞動市場的需求和供給，E_1 點和 E_2 分別表示工資為 P_{W_1} 和 P_{W_2} 時的勞動市場均衡點，均衡量都為 L_1。在經

濟衰退時期，社會經濟總需求不足導致勞動需求由 D_1 下降到 D_2。如果工資能從 P_{W1} 降低到 P_{W2}，則勞動市場將在 E_2 點達到均衡，這時不會產生勞動的週期性失業。

然而，工資水準常常不能對勞動需求下降做出充分調整，因而存在工資的向下剛性或工資黏性。工資黏性的存在，可能是因為政府法規（比如最低工資法）不允許工資向下調整；也可能是明確的或隱含的勞資合同阻礙了工資的迅速調整；甚至還可能是廠商認為而且發現，通過支付給工人比勞動市場出清時的工資（比如圖中的 P_{W2}）更高的工資（比如 P_{W1}），它們能夠獲得更多的利潤。

在圖 12-1 中，如果工資在 P_{W1} 處是黏性的，它不會隨勞動需求的減少降到 P_{W2}。在 P_{W1} 水準上，廠商只願雇傭更少的勞動 L_2，而此時願意在 P_{W1} 條件下工作的人為 L_1。L_1 和 L_2 之間的勞動量就是在工資剛性條件下，因需求不足而出現的週期性失業。

三、充分就業與失業成本

1. 自然失業率和充分就業

如前所述，摩擦性失業和結構性失業存在於勞動供求和社會總供求均衡狀態中，而週期性失業存在時，社會經濟總供求和勞動供求是失衡的。在西方經濟學家眼中，市場均衡狀態是一種自然穩定狀態，因而他們把摩擦性失業和結構性失業統稱為自然失業，經濟處於自然失業狀態時的失業率就叫自然失業率。顯然：

$$自然失業率 = \frac{摩擦性失業 + 結構性失業}{就業人口 + 失業人口}$$

自然失業率是勞動力市場和商品市場處於均衡時的失業率，也是能夠長期持續存在的最低失業率。如果實際失業率低於自然失業率，通貨膨脹就會不斷上升，政府遲早會被迫採取措施抑制通貨膨脹，從而使失業率回升到自然失業率。如果實際失業率高於自然失業率，社會就存在在週期性失業，隨著反週期政策的運用，週期性失業逐漸縮小，失業率又回落到自然失業率。當實際失業率等於自然失業率時，價格、工資和通貨膨脹率都是穩定的，失業率就穩定在自然失業率水準。正因為如此，自然失業率被認為是不致引起難以接受的通貨膨脹的最低失業率。

在實際生活中，自然失業總是大於零的，而且會隨勞動力結構、政府政策、經濟結構轉型等因素的改變而上升。比如 20 世紀 50 年代美國經濟自然失業率為 4% 左右，70 年代為 5% 左右，80 年代為 6% 左右。

當社會經濟中只存在摩擦性失業和結構性失業，而沒有週期性失業，從而實際失業率等於自然失業率時，我們就說經濟實現了充分就業。在充分就業時，經濟的實際產出就被稱為潛在產出或充分就業的產出。

2. 失業的成本

維持充分就業為人們所關注，根本原因在於失業給各方面帶來的巨大成本。

對失業者個人和居民戶而言，他們不能獲得勞動收入，被迫在接受貧困和接受政府或私人施舍間進行難受的選擇。可能他們不得不放棄計劃中的休假，他們的孩子不得不搗碎大學夢，甚至他們不得不租住更便宜的住房。他們的自尊心和自信心受到打擊，專業技能的提高和知識的累積無法實現，就連守時和責任心這樣的基本工作態度也得不到培養。

對社會經濟來說，失業直接造成經濟資源的浪費，造成實際國民產出的損失。勞動力是最重要的生產要素，而且本期的勞動力還不能移至下期使用。因此，本期失業者不僅是勞動資源的閒置，而且是勞動資源的永久性浪費。在勞動失業的同時，伴隨著設備和廠房的大量閒置，就必然會降低實際國民產出。美國經濟學家奧肯研究後發現，實際失業率超過自然失業率1%，實際國民產出就會低於潛在國民產出2.5%。這個關係被稱為奧肯定律。

對社會和政治而言，失業的成本也相當巨大。失業會給人們心理上造成巨大創傷，引致悲觀失望、厭世輕生。高失業時期，往往伴隨高犯罪率、高離婚率和其他社會騷亂，甚至危及社會和政治穩定。雖然失業保險制度在一定程度上緩解了失業的社會影響，但它遠遠不能抵消失業的成本。

第二節　通貨膨脹與價格穩定

第二次世界大戰後許多國家出現的嚴重通貨膨脹和滯脹使凱恩斯經濟學的神話破滅，各種自由主義經濟思潮的經濟學派異軍突起，關於通貨膨脹理論的研究有了縱深的發展。本節主要分析通貨膨脹的含義與影響，說明通貨膨脹的成因，介紹菲利浦斯曲線，並對反滯脹政策進行歸納。

一、通貨膨脹的含義

當代西方經濟學對通貨膨脹的定義不一：價格派將通貨膨脹定義為一般物價水準的持續上漲；貨幣派認為「通貨膨脹」一詞的原意只適用於貨幣量，認為通貨膨脹是貨幣量的過度膨脹。海爾曼特・弗里希在《通貨膨脹理論》中將通貨膨脹定義為「通貨膨脹是價格水準相當幅度的持續上升的過程，或貨幣價值相當幅度的持續下降的過程」。對通貨膨脹的理解包括以下幾個層面：①通貨膨脹是一個動態的概念，它描繪的是一個時間過程，偶然的價格上漲並不是通貨膨脹；②通貨膨脹是物價水準的總體上漲和有感覺的上漲，而不是指個別商品物價的上漲或物價的輕微上揚；③通貨膨脹表現為物價的上漲與貨幣值的下降兩種形式；④在實物物價管制或配給制的經濟時期，避免了通貨膨脹的表面化，但始終存在著物價上漲的壓力，這是一種被壓抑的通貨膨脹。

通貨膨脹程度通常以物價指數的上升來表示。根據物價上升幅度，通貨膨脹一般分為爬行的、溫和的、兩位數的、奔騰的和惡性的通貨膨脹五個類別：物價總水準每年上漲不超過2%~3%，稱為爬行的通貨膨脹；在5%~10%以下，稱為溫和的或適度的通貨膨脹；超過10%，稱為兩位數的通貨膨脹；物價總水準上漲達50%以上的通貨膨脹，稱為奔騰的通貨膨脹；物價總水準上漲達100%以上，稱為惡性的通貨膨脹。通貨膨脹是經濟運行的主要指示器，一旦出現兩位數以上的通貨膨脹，就會使經濟不穩定，並導致一系列嚴重後果。

二、通貨膨脹效應

通貨膨脹是不能完全預料的，這種不可預料性將會導致實際工資率或利率的改變，

從而造成實際收入與實際財產的重新分配，並影響產量、就業及經濟增長。經濟學上的通貨膨脹效應就是從這個意義上分析通貨膨脹的影響的。

1. 通貨膨脹對實際收入和實際財產再分配的效應

通貨膨脹最主要的效應是造成實際收入和實際財產的再分配。當發生非預期的通貨膨脹時，工薪收入者、養老金及退休金收入者由於名義收入不變或名義收入增長慢於價格的上漲，會蒙受損失；而從利潤中獲取收益的集團，將是通貨膨脹的受益者，因為在貨幣工資率不變或調整滯後的情況下，都會增加廠商的收益和利潤。故不能預期的通貨膨脹會導致收入從工薪收入集團向利潤收入集團的轉移，從而使收入分配的不均等化進一步加劇。

通貨膨脹對財產價值的影響主要取決於財產的形式。有的財產形式能夠隨通貨膨脹而增加它的貨幣價值，這類財產稱為可變價值財產。如房地產、黃金、汽車等物質資產和股票之類的金融資產，不僅不會在通貨膨脹中貶值，甚至還會得到額外的收益。相反，持有固定貨幣面額的資產所有者，將在通貨膨脹中受損，因為固定面額的資產如活期存款、現金、債券等會因為通貨膨脹而貶值。與此相對應，對於承擔固定貨幣面額的債務人，會因通貨膨脹降低了償還貨幣的實際價值而成為受益者；相反，享有固定貨幣面額的債權人會遭受損失，從而發生不利於債權人而有利於債務人的不公正的財產再分配。由於企業與政府往往是處於債務人的地位，居民戶處於債權人的地位，因此通貨膨脹將造成有利於政府和企業而不利於居民戶的財產再分配。同時，由於通貨膨脹使私人部門名義收入增加，擴大了所得稅的納稅基礎，使私人部門的所得稅等級向上變動，造成稅收扭曲。因此，從這個意義上講，通貨膨脹又可以稱為通貨膨脹稅。

2. 通貨膨脹對產量和就業的短期效應

在非充分就業情況下，未被預期的通貨膨脹使實際工資成本下降，利潤增加，產量和就業擴大。較高的通貨膨脹率使持有實際資本比持有現金更有吸引力，從而使實際資本增加，總供給和就業增加。但另一方面，在通貨膨脹中，企業可能要求增加存貨，又會增加利息成本；企業力求減少手持現金和儲備金，這將增加「損耗成本」即資產管理成本和造成資金週轉不靈使生產縮減；居民在通貨膨脹中的超前購買與過度消費會造成相當長時期內耐用品的需求減弱，導致經濟的嚴重衰退。

在充分就業的條件下，通貨膨脹只會促進工資成本的上升而進一步推進通貨膨脹，會對經濟體系的各個方面與環節產生破壞性的影響。

即使通貨膨脹是可預期的，高通貨膨脹也會導致相對價格波動，使企業計劃的難度增大，從而管理缺乏效率，收集、處理信息的成本上升，謀求資產形式轉化的資產管理成本上升，最終對生產造成不利影響。

3. 通貨膨脹對經濟增長的效應

從長期看，通貨膨脹使國民收入的更大部分轉歸利潤和非工資收入者。這類高收入集團具有較高的儲蓄傾向，從而提高了社會平均儲蓄傾向，促進了經濟增長。但另一方面，在通貨膨脹中，居民戶會擴大目前消費而減少儲蓄，高收入階層會更傾向於購買可變價格財產，使社會儲蓄不一定增加。通貨膨脹扭曲的稅收也會抑制投資，導致產量下降。如果通貨膨脹是可合理預期的，工資調整滯後將不復存在，實際工資成本上升，通貨膨脹對經濟增長將帶來不利影響。

三、通貨膨脹的成因

1. 需求拉上型通貨膨脹

這種理論認為，通貨膨脹的形成原因是由於對產品和勞務的需求超過了在現行價格條件下可能得到的供給，所以一般物價水準就上升，或者如通常所說的，是因為「錢太多，貨太少」。

貨幣數量論者和凱恩斯主義者從各自的理論基礎出發，都主張需求拉上型的通貨膨脹理論。傳統的貨幣數量論斷言：「如果貨幣供應照貨物購買的不變速度來週轉，那麼貨幣供應的增加必然意味著總開支的增加。如果整個經濟是處於充分就業水準，那麼開支的增加必然意味著物價水準的成比例上升。如果物價上升是持續的、相當可觀的，這樣，按照我們的定義，就有了通貨膨脹。因此，在既定的這些條件下，只要盡快地擴大貨幣供應，通貨膨脹就發生；貨幣供應停止擴大時，通貨膨脹就中止。」如果經濟未達到充分就業水準，那麼「如果每個時期貨幣存量（即人人手邊保存的貨幣量）增加5%，那麼每個時期的實際產量就增加5%，而隨著達到充分就業產量水準，每個時期的物價也上升5%」。可見，按照貨幣數量論的解釋，在充分就業之前，貨幣供給的增加直接引起實際產量的增加，但如果允許貨幣供給的增加超過實際產量的增加，也會發生通貨膨脹；在充分就業之後，過度的貨幣需求則只會造成名義物價水準的上升，導致通貨膨脹。所以，貨幣數量論認為，只要貨幣當局控制了貨幣存量，就控制了總需求，因而就控制住了物價或通貨膨脹。

現代貨幣數量論和古典的貨幣數量論有所區別但又存在著密切聯繫：現代貨幣數量論不再把貨幣流通速度 V 視為不變的常數，而視為是各種資產利率和預期物價變動的穩定函數；現代貨幣數量論迴避了古典經濟學的充分就業假定，也不再把貨幣需求 M_s 只視為交易需求。但是，因為現代貨幣數量論強調 V 是各種資產利率和預期物價變動的穩定的函數，因此把 M_s 的變動看成是影響收入變動的主要因素。而收入的變動又意味著產量和價格的變動。所以，產量和價格的變化直接決定於貨幣供給量 M_D 的變化。因此，弗里德曼認為，「唯一貨幣要緊」。「假如你要控制物價和收入，貨幣供給就提供槓桿。」

根據以上觀點，弗里德曼斷定：「通貨膨脹隨時隨地都是一種貨幣現象。」貨幣量增長的速度超過了產量的增長速度，通貨膨脹就會發生。

弗里德曼認為，貨幣超速增長的原因，主要是來自政府開支的迅速增長，政府推行充分就業加速了政府支出增加；中央銀行實行錯誤的貨幣政策，以赤字發行不斷支持經濟擴張政策。所以，弗里德曼指出：「在現代世界中，通貨膨脹是一個印刷現象。」「通過印刷更多的紙幣以支付政府的用款。無疑，這是當代通貨膨脹的主要源泉。」

凱恩斯認為，在經濟活動水準的不同階段，價格水準的運動是各不相同的：①當總需求水準很低時，貨幣總支出增加引致的有效需求，因為存在有大量未被充分利用的生產設備、資源和失業，會使產量和就業量成比例地增加，並不會造成物價水準上升。②當總需求繼續擴大通向高就業帶而還未達到充分就業時，由於投入的勞動力和資本的效率降低、由於生產要素缺乏流動性出現的「瓶頸」現象，收益遞減規律開始起作用，邊際成本上升，結果使產量的增加慢於總需求的增加，相對於總需求而言的產量短缺將導致「半通貨膨脹」或「爬行的通貨膨脹」。在這個階段，物價水準的緩慢上升將使實

際工資下降，推動經濟實現充分就業的產量水準。因為物價上漲的同時也會帶來產量的增加，所以物價上漲的速度會大大地低於貨幣總支出的增長率。還因為增加的貨幣會先降低利率並刺激投資從而增加了有效需求，有效需求增加又使總產量和總就業量增加，所以增加的貨幣將大部分用於增加的產量，只有一小部分才會促使物價水準上漲。③當充分就業一經達到時，情況就迥然不同了，物價就會隨貨幣數量的增加而同比例上漲。所以，在凱恩斯看來，在充分就業之前有效需求的增加，將導致產量的增加，即使會造成緩慢的物價水準上漲，但也不可能出現真正的通貨膨脹。只有經濟達到充分就業點之後，才會由過度需求而引起真正的通貨膨脹。所謂真正的通貨膨脹，是指總需求超過按現行價格能夠購買的充分就業所生產的產量。按照這個理論，消除通貨膨脹的手段就是減少總支出，即減少政府購買、增稅、減少貨幣供給以提高利率，抑制企業投資和住宅建築，力求把總需求減少到經濟正好達到的充分就業的生產能力水準。這樣，充分就業和消除通貨膨脹、保持價格穩定似乎可以同時達到，兩者並不矛盾。

2. 成本推進型通貨膨脹

20世紀50年代後期，西方國家流行著所謂「成本推進」型的通貨膨脹理論。這個理論把通貨膨脹的原因歸結為成本的迅速上升和供給的減少。它們認為資本主義市場經濟已經發生了結構性的變化，通貨膨脹是經濟中特殊集團運用市場特權造成的：一是工會運用特權提出更高的工資要求，引起「工資推進」的通貨膨脹；二是壟斷或寡頭部門的企業運用特權，要求增加利潤，引起「利潤推進」的通貨膨脹。因此，西方經濟學把成本推進型通貨膨脹又分為工資推進型和利潤推進型兩大類型。

（1）工資推進的通貨膨脹。根據資產階級經濟學家的說法，工資推進型通貨膨脹的形成原因是工資率的提高超過了勞動生產率的增長。

他們認為，在完全競爭的勞動市場中，勞動供求關係的變化決定著均衡工資率的變動。在勞動供給函數不變的情況下，工資率則取決於對勞動的需求。企業對勞動的需求價格，在產品價格既定時，則又完全取決於勞動的邊際生產率。所以，只要工資率隨勞動的邊際生產率而改變，產量和就業量又隨勞動的邊際生產率而變動，商品價格就不會上升，就不會導致通貨膨脹。

但是，在勞動市場存在工會壟斷的條件下，工會運用權力，在市場需求不變、勞動的邊際生產率不變或較小變化的情況下，要求增加工資，從而提高了企業的成本。這樣，企業為避免利潤損失，就必然提高價格。只要有相當部分的勞動被工會組織起來，就足以導致通貨膨脹。而且，存在著強大工會力量的部門的價格上升，會蔓延到整個經濟體系。結果，在沒有對整個經濟中的產量需求出現任何增加時，就產生了相當程度的工資推進的通貨膨脹。再者，上漲後的物價，又會使工會再度提出更高的工資要求，因而又再度引起物價上漲——如此的反覆過程，就造成了工資—物價的螺旋上升。

當然，工會壟斷還不是通貨膨脹的充分條件，它還要取決於市場需求彈性。如果產品的需求富有彈性，企業就很難通過提高產品價格來彌補因工資成本上升帶來的損失。因此工會將面臨著巨大的失業威脅，工會也會謹慎地提出工資要求。由於壟斷寡頭行業的需求曲線比較缺乏彈性，這就為企業提高價格留下了很大餘地，工會由此受到失業威脅的程度也較小，也為工會的工資要求準備了充分條件。所以，他們認為工資推動的通貨膨脹主要是由工會化的壟斷寡頭行業推動起來的。

（2）利潤推動的通貨膨脹。利潤推動的通貨膨脹是指企業為謀求更多利潤，使其產品價格上升超過成本增長所導致的通貨膨脹。

與競爭性的市場不同，在壟斷或寡頭市場，企業可以操縱價格，故可以通過削減產量、從而減少總供給的手段來提高產品價格以增加利潤。不過這必須以對國民經濟的壟斷化為前提。但他們認為，在實際上，壟斷和寡頭企業，一般都有一個大約確定的最大利潤目標，對利潤的追逐，不是無止境的；產品的替代和競爭又總是不同程度地存在著，它的定價總會受到需求的限制和來自其他方面的限制。因此在成本既定的條件下，它提高價格的實際能力是很有限的。所以，他們認為，「有能力操縱價格的廠商一般地可以用提高價格立即回應工資的提高，但當面臨不變的需求和穩定的成本時，它們就不大可能找出理由來把價格提高到超過按照最大限度利潤或廠商的其他目標而達成的『均衡價格之上』。」可見，利潤推進通貨膨脹理論實質上是一種改頭換面的工資推進通貨膨脹理論。

此外，一些西方經濟學家認為，成本上升也可能是因為某些關鍵性的生產要素的價格上升引起的。例如美國在1973—1974年的石油漲價；全球性的糧食短缺引起的穀物價格上漲。這些導致了整個經濟的生產成本上升，引起了通貨膨脹。這類通貨膨脹稱為瓶頸型通貨膨脹。

3. 結構性通貨膨脹

1959年，查爾斯·L. 舒爾茨在《美國近年來的通貨膨脹》一文中，針對通貨膨脹到底是「需求拉上」還是「成本推進」的爭論，提出了被稱為「部門需求移動」的通貨膨脹理論。他說，1955—1957年美國貨幣支出每年增長5%，物價上漲3.5%，產量增加1.5%。在他看來，這期間的物價上漲既不能用成本推進論來解釋，也不能認為是總需求過大。如果按需求拉上論，物價水準的提高應該是由於總需求過大，即總需求超過充分就業所能提供的產量。但若有些部門有超額需求，另一些部門需求不足，則前者的價格會提高，後者的價格會降低，不會出現總需求過多引起的物價水準的上升，故在總需求並不過大的條件下，通貨膨脹不能用需求拉上來解釋。舒爾茨也反對用「成本推進」來解釋當時美國的通貨膨脹。「成本推進」的基本論點是工資與物價的變動在相當程度內與總需求無關。在接近充分就業條件下，工會的力量如此強大以至於完全能自主提高工資與物價。事實上，近年來工資的增長超過勞動生產率的增長，常被作為「成本推進」的依據，但在純粹需求拉上型通貨膨脹中，工資的增長也可能超過勞動生產率的增長。引起物價水準上升的因素很多：物價水準上升，工資隨著上漲，由此再引起物價上升，而初始的物價上升也可能是由於需求過大引起的，因此「需求拉上」與「成本推進」往往難以區分。

到了20世紀60年代和70年代，西方學者提出即使經濟實現了總量平衡，由於在經濟發展過程中，經濟結構方面的因素會發生變動，進步的或先進的經濟部門與保守的或落後的經濟部門的勞動生產率存在較大的差異，但對貨幣工資的增長要求卻趨於一致。在需求擴大的先進部門，工資與物價上升，這些部門的產品價格作為其他部門的產品成本因素，帶動物價一個部門接著一個部門地上升，但落後部門的工資卻不會因為需求減少而下降，使工資向上富有彈性而向下呈剛性。這種經濟部門結構進而需求結構的變化，使物價呈持續上升的長期趨勢。這一解釋通貨膨脹的理論，稱為結構性通貨膨脹理論。

第三節　菲利浦斯曲線與滯脹

西方經濟學者認為，成本推進型的通貨膨脹將使政策制定者處於兩難處境。如圖 12-2 所示，如果總需求不變，成本上升使 S_0 移動到 S_1，價格水準上升，產量下降，在通貨膨脹的同時，失業將增加；如果政府要維持原來的產量與就業水準，就必須將需求曲線推向 D_1 並與 S_1 相交於 U 點，但必須以更高的通貨膨脹 P_2 為代價；如果要保持原來的物價水準 P_0，就要將需求曲線下移至 D_2，使之與 S_1 相交於 F 點，但又必須以更高的失業率為代價。可見，通貨膨脹與失業之間存在著短期替代關係。

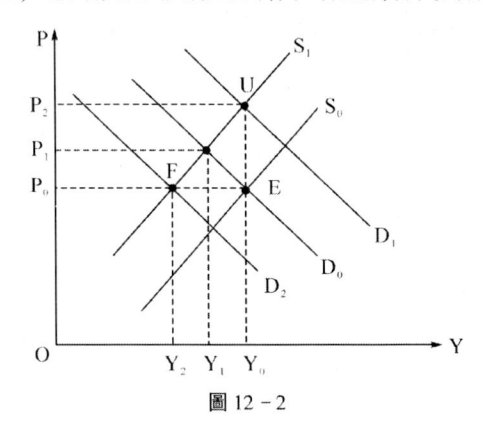

圖 12-2

一、菲利浦斯曲線

1958 年，英國經濟學家 A. W. 菲利浦斯首先根據 1861—1957 年英國的失業和貨幣工資率之間變動的有關經濟資料，得出了一條兩者有替代依存關係的經驗曲線，稱為菲利浦斯曲線。後來新古典綜合派經濟學家把它改變為通貨膨脹率（＝貨幣工資上漲率－勞動生產率上漲率）與失業率變動的替代依存關係，以它作為制定經濟政策的指導思想，作為管理需求的工具。

如圖 12-3 所示，假定每年工資上漲 5%，勞動生產率每年增長 3%，每年的通貨膨脹率就為 2%。從圖中可以看到，在一條既定的菲利浦斯曲線上，要減少失業率就要提高通貨膨脹率，而要減少通貨膨脹率就要提高失業率，兩者具有替代關係。因此，政府通常寧願選擇一組社會可以接受的、比較溫和的失業率和通貨膨脹率的組合作為政府需求管理目標。這個組合稱為臨界點，臨界點所對應的區域稱為安全區。一旦通貨膨脹或失業超過了政府預定目標，如 A 點或 B 點，政府就可以採取緊縮性或擴張性財政—貨幣政策，將其分別調整至安全範圍內。如果通貨膨脹與失業率均在臨界點以內，政府則無需進行管理。

菲利浦斯曲線表達了產量與物價水準的正相關關係。因為：在其他條件不變時，失業率上升，產量減少，通貨膨脹率會降低；反之，會出現相反的結果。產量與通貨膨脹

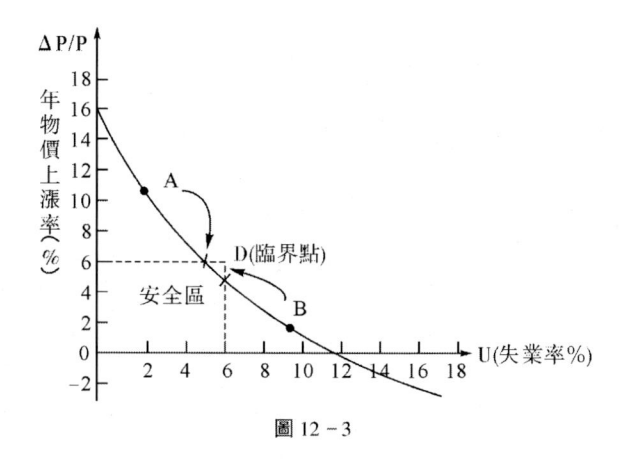

率的這種正向變動關係，與總供給曲線所表達的產量隨物價水準成正方向變動是一致的。因此，菲利浦斯曲線可以被視為相應的總供給曲線，菲利浦斯曲線的移動可以被表示為總供給曲線的移動。下面，我們將用總供給曲線來代替菲利浦斯曲線，並與總需求的分析結合，進一步討論菲利浦斯曲線即總供給曲線移動的原因和過程，說明通貨膨脹的過程與滯脹問題。

二、通貨膨脹過程理論和滯脹

西方經濟學關於通貨膨脹過程的理論是近年來的一個新發展。這個理論用適應性預期因素和自然失業率來解釋總供給曲線即菲利浦斯曲線不斷向上移動的原因，來說明通貨膨脹過程是工會壟斷和凱恩斯主義的擴張政策帶來的必然惡果，以此來解釋西方經濟中出現的滯脹狀態不斷加深的新現象。可以說，傳統的通貨膨脹理論與新近20年來通貨膨脹理論的發展之間的主要區別是引進了「預期」這個關鍵因素。預期又區分為適應性預期和理性預期。下面分別採用適應性預期和理性預期方法對通貨膨脹過程進行分析。

1. 適應性預期和自然失業率假定

弗里德曼和費爾普斯在20世紀60年代末和70年代初首先提出：菲利浦斯曲線所表明的替代關係是不穩定的。沿著菲利浦斯曲線所做的替代選擇會導致菲利浦斯曲線位置的改變。從長期看，失業和通貨膨脹之間並不存在替代關係。他們引入了「適應性預期」概念和「自然失業率假定」來討論菲利浦斯曲線的移動問題，據以解釋通貨膨脹和滯脹的原因。

適應性預期是由弗里德曼在貨幣理論中引入的概念，它是指人們通常會逐步修改自己預期的通貨膨脹率，以適應物價的實際變動。適應性預期的公式是：

$$\pi_{t+1}^* = \pi_t^* + r(\pi_t - \pi_t^*)$$

π_{t+1}^* 是表示預期的下期通貨膨脹率。π_t 是本期的實際通貨膨脹率。π_t^* 是上期對本期的預期通貨膨脹率。如果 $\pi_t > \pi_t^*$，說明預計低了，預期的名義工資增長率低於實際的通貨膨脹率，導致了實際工資按 $(\pi_t - \pi_t^*)$ 的比例下降。所以本期的預期率加上

本期的預期的誤差進行向上的適應性調整，就可以作為對下期的通貨膨脹的預期率。r表示本期的預期錯誤對下期預期通貨膨脹率的影響程度。

自然失業率概念是弗里德曼在1968年提出的。自然失業率取決於勞動市場和商品市場的實際結構特徵，是由自發供求力量形成的處於均衡狀況的失業率。自然失業率又稱為正常失業率或充分就業率。市場的實際結構特徵，包括市場的不完全性、需求與供給的隨機變異性、搜尋工作空位和勞動有效利用的信息費用以及勞動流動的費用等等。由於這些特徵是變動的和可以改進的，所以自然失業率的水準也是可以變動的。

弗里德曼的自然失業率概念是針對新古典綜合派的菲利浦斯曲線理論提出來的。菲利浦斯曲線強調通過擴大總需求以消除非自願失業，以通貨膨脹為代價來實現充分就業。弗里德曼則用自然失業率的理論與之抗衡，指出從長期來看，通貨膨脹與失業率之間並不存在替代關係，自然失業率是不可能通過擴大總需求消除的「硬核」。他據此提出了一種不受通貨膨脹影響的失業理論，否定了凱恩斯主義關於刺激總需求就能解決資本主義制度下就業問題的論斷。

下面我們將把預期和自然失業率的概念引入對通貨膨脹過程的分析，以說明通貨膨脹和滯脹理論。

2. 需求變動導致的通貨膨脹和滯脹

在商業循環的高漲階段，通貨膨脹為總需求上升所拉上，如圖12-4所示，D_0移動到D_1。總需求的增加由IS曲線或LM曲線的右移引起。而引起IS曲線或LM曲線右移的因素又產生於消費傾向的提高、私人部門的自主支出增加、貨幣供給的增加、政府支出的增加、淨出口的增加等等。總需求的增加使經濟的均衡位置由A點變為B點，產量增加到Y_1，同時價格上升到P_1，但B點只是短期均衡而不是長期均衡。因為價格已從P_0上升到P_1，為補償實際工資的下降，適應價格的變動，工人會把對價格的預期從P_0調整到P_1^*。這樣，供給曲線由於預期價格的調整使成本上升而向左上方移動到S_1(P_1^*)。此時均衡位置又由B變到C，使產量下降到Y_2，價格上升到P_2。而C點也不能長期穩定。因為在C點，實際價格水準P_2超過了預期價格P_1^*，工人會發覺他們又被愚弄了，他們就會把預期價格校正到更高的水準，結果再次推動總供給曲線向左上方移動。這個調整過程將一直繼續下去，但當達到預期價格等於實際價格，即預期的通貨膨脹率P_n^*＝實際的通貨膨脹率P_n時，通貨膨脹過程就會停止。充分調整後的產量仍將回到自然失業率的產量水準Y_0，實際工資率將回到Y_0時的勞動邊際生產率水準，但名義工資和價格水準卻都上升了。

因此需求拉上型通貨膨脹過程將出現兩種不同的狀態：一是擴張狀態$\overline{AB}$。在這種狀態時，需求的上升將產生暫時的產量就業效應，但價格水準將上升；二是滯脹狀態$\overline{BN}$。在這種狀態時，對價格上漲的適應性預期將推動成本上升，沿著$\overline{BN}$指示的路線，供給函數逐漸得到完全調整，產量終將回復到Y_0，失業率復歸到自然失業率的水準，但卻存在一個價格不斷上升的過程。

3. 工資推動的通貨膨脹和滯脹

勞動市場存在工會壟斷，集體議價推動工資成本上升，在需求不變的情況下，工會預期價格會上升至P_1，如圖12-5所示，S_0移向S_1，產量由Y_0下降到Y_2，價格預期

图 12-4

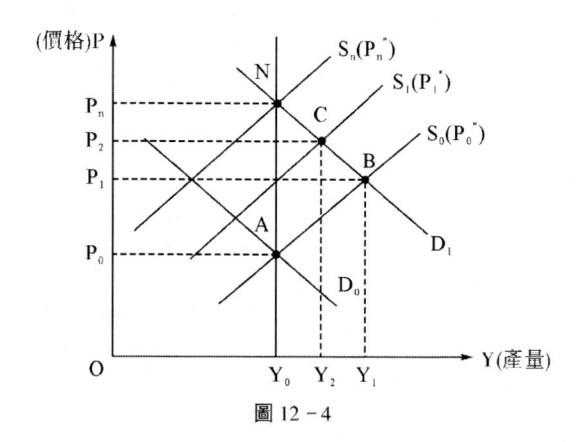

由 P_0^* 上升到 P_1^*，但實際上升到 P_2，這就導致了滯脹狀態的發生。但這不是一種穩定狀態。價格預期的調整的動態過程將導致產量的進一步下降和價格的進一步上升，使滯脹不斷加深。在 C 點，價格已上升為 P_2，工人對價格的預期也將由 P_1^* 調整到 P_2^*，使預期價格 P_2^* 與實際價格 P_2 相等。工資成本的上升使供給曲線向左上方移動到 S_2 (P_2^*)，這說明 S 曲線的位置總是取決於預期價格的水準。這時均衡點由 C 變到了 E。但實際價格又已上升，隨之工人適應價格的變動又將調整價格預期，供給曲線又會向左上方移動。這種調整反覆進行，直到實現完全調整，使 $P_n = P_n^*$，達到 $S_n (P_n^*)$ 和 D_0 相交於 N 時才會保持穩定，實現長期均衡。結果，產量或就業將逐漸下降到 Y_1 的水準，而價格又將進一步上升到 P_n 的水準。這說明，雖然實際工資水準的上升已經實現了，但卻是以較低的就業水準和較高的通貨膨脹水準，即以滯脹狀態進一步加深為代價的。

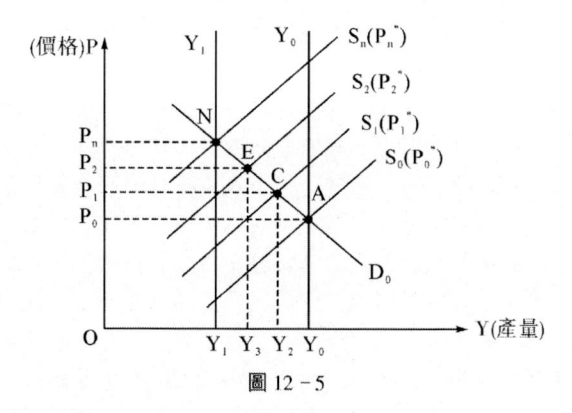

圖 12-5

4. 有需求調節政策的供給推動型通貨膨脹

現在在單純的工資推動型通貨膨脹模型的基礎上，再加進政府的財政—貨幣的擴張性的需求調節政策，分析它對通貨膨脹過程的影響，見圖 12-6。

首先假定，因單純的工資成本上升首先把供給曲線 S_0 移動到 S_1 (P_1^*)，均衡點由 A 變到 B，使失業增加到與 Y_2 對應的水準，價格上升到 P_1。適應性預期使 P_0^* 調整到 P_1^*。供給曲線隨之移動到 S_2 (P_2^*)，使均衡點變到 C，產量減少到 Y_3。政府或中央銀

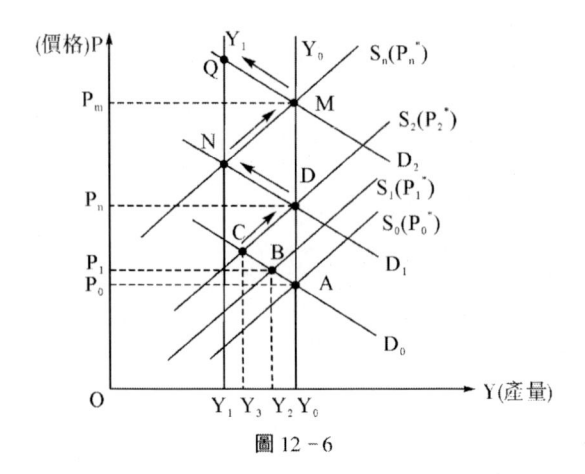

行在政治壓力下（特別是在選舉年），力求把總需求提高到能恢復 Y_0 的產量或就業水準，實施擴張性的財政——貨幣政策使 D_0 移動到 D_1，新的均衡點為 D，此時價格上升到 P_n。但適應性預期又把 P_1^* 調整到 P_n^*，供給曲線隨之移動至 $S_n(P_n^*)$，結果均衡點由 D 移動到 N，產量將進一步下降到 Y_1。為把產量增加到 Y_0，政府又得加大「劑量」，把 D_1 移動到 D_2，結果價格進一步加速上升到 P_m。上述的調整過程將重複下去。但由於失業率會逐漸增大，因此政府的調節力度亦將隨之加大，而通貨膨脹率也將加速。

從圖 12-6 可以看到 CD 和 NM 的區域是經濟的擴張時期，隨之而來的 DN 和 MQ 的區域則是滯脹不斷加深的時期。隨著調節需求政策的加大力度的輪番實施，滯脹將進一步加深，為保持既定就業目標所花的代價將越來越大。

總之，新古典宏觀經濟學認為，單純的總需求拉上，如果政府不干預，在短期內會帶來產量和就業增加，價格上漲；但從長期看，經過預期的完全調整過程，總供給曲線即菲利浦斯曲線的上移會最終停止，通貨膨脹過程會自動結束，失業率仍會迴歸到自然失業率水準。所以，從長期來看，菲利浦斯曲線是一條以自然失業率為垂足的直線。失業和通貨膨脹並不存在替代關係。單純的工資成本推進，通過預期的完全調整過程，總供給曲線即菲利浦斯曲線也將經過一個上移的過程而自動停止。如果政府堅持強硬的政策，通貨膨脹過程會自動結束，但失業率會停止在高於自然失業率的水準，菲利浦斯曲線仍是一條低於自然失業水準的直線。如果工會不願承受非正常的失業和通貨膨脹，工會就會削減工資水準或根本不願提出過高的工資要求，這樣，調整過程甚至會逆轉或不會發生。但是如果政府強調充分就業的允諾，在工資成本推動的情況下採取擴張需求政策，就將出現滯脹階段和擴張階段相交替、滯脹隨之不斷加深的過程。因此，新古典宏觀經濟學家把滯脹的不斷加深歸罪於工會的壟斷和凱恩斯主義的擴張政策，主張經濟自由主義而反對凱恩斯主義的財政政策、貨幣政策和收入政策。

5. 理性預期的非交替的菲利浦斯曲線

理性預期學派形成於 20 世紀 70 年代，以穆斯、盧卡斯、薩金特、華萊士等人為代表。理性預期學派是在強調合理預期這一觀點上形成的。所謂合理預期，簡單說就是指當事人（消費者、生產者、公眾）的預期符合於實際上將會發生的事實。在當事人進行

預期時，主動地、事前地掌握了充分的信息，並經過理智的整理，做出明智的判斷，預先採取了預防性措施，結果使預期和事實一致。當然，正確的預期也包括某些預期誤差，但他們認為那是發生外部干擾時產生的。如果沒有外部干擾，預期就可以做到完全正確。

盧卡斯等人把理性預期引入對通貨膨脹過程的分析，與自然失業率理論相結合，不僅徹底否定了凱恩斯主義的菲利浦斯曲線具有替代性的基本結論，而且也否定了貨幣主義者關於菲利浦斯曲線在短期具有替代性的結論。

如前所說，貨幣主義者一向認為，如果擴大貨幣供給，由於適應性預期的調整滯後，使實際工資暫時下降，產量和就業會暫時增加，短期菲利浦斯曲線具有替代關係。但預期的完全調整過程，使菲利浦斯曲線不斷向上運動，最終會使通貨膨脹率與名義工資上漲率達於一致，實際工資和產量又將回復到原來的水準，恢復自然失業率狀態。結果，只有通貨膨脹而不會有產量和就業的增加，所以，長期的菲利浦斯曲線並不存在失業和通貨膨脹的交替關係。

盧卡斯等人把合理預期假定與自然失業率理論結合起來，否定了貨幣主義者適應性預期使調整暫時滯後、菲利浦斯曲線在短期具有替代關係的觀點。他們認為，各經濟當事人既然能夠對政策的行為做出合理預期，能事前估計到擴大貨幣供給帶來的物價上升，工人就會事前採取防衛性措施，在物價上漲之前就提出更高的工資要求；債權人事先就會要求提高放款利率；雇主事前就會放棄擴大生產的打算。一切當事人之間的關係，乃至供給者和需求者之間的關係都會由合理預期做出新的調整或發生新的相應變化。由於公眾已走在政府的前面，事先採取了相應的對策，最後不是迫使政府放棄原來的計劃，便是使政府預期的計劃目標落空，使政府的反經濟衰退政策失效，在失業並不減少的情況下，反而導致更高的通貨膨脹率。所以，不僅從長期看，而且從短期看，政府擴大貨幣供給只會導致通貨膨脹而不能改變自然失業率，菲利浦斯曲線完全沒有替代關係。

三、反通貨膨脹和滯脹的政策

當代西方經濟學家在通貨膨脹和滯脹的問題上，雖然從各自的理論觀點和政策主張出發，存在激烈爭論，但有兩個基本點是相同的：一是主張加強經濟中的內在穩定器，通過改變經濟中的結構關係，使經濟增強自動控制波動的固有能力；二是主張當發生意外變動而對總需求和價格造成衝擊和干擾時，政府應採取旨在穩定經濟、使經濟正常運行的微觀和宏觀的調節政策。政府應當如何做？應當做到什麼程度？在達到目標應採取的主要手段上，當代西方經濟學家又開始了激烈的爭論，並存在著嚴重的分歧。

1. 凱恩斯主義的斟酌行動

凱恩斯主義者把菲利浦斯曲線作為管理總需求的工具，認為通貨膨脹和失業的交替是有效的，主張通過斟酌行動來協調高就業和價格穩定之間的衝突。失業率超過了臨界點就通過擴張的財政—貨幣政策增加總需求，以提高通貨膨脹率來換取失業率的下降；反之則可採取緊縮的財政—貨幣政策來降低通貨膨脹率。為了防止菲利浦斯曲線的上移、臨界點的向上變動，他們又在菲利浦斯曲線的框架內提出了收入政策和人力政策，開始重視從供給方面來處理滯脹問題，以抑制因工資成本上升和利潤上升造成的成本上

升，減輕對失業和通貨膨脹的壓力。

所謂收入政策是指一些旨在抑制工資或利潤收入過於增長，避免成本推進使總供給下降引起滯脹的政策手段。它主要有工資—價格指導線和工資—價格管制兩種措施。只在特殊情況下才採取工資—價格凍結政策。與此同時，為保證接受指導線的工人和企業的實際收入不受損害，政府還相應地採取了工資保險和基礎收入（最低的所得稅）政策。

所謂人力政策是指旨在增強勞動的流動性和就業能力，消除由勞動市場不完全性引起的非自願失業，以減輕政府擴張總需求導致通貨膨脹的壓力。人力政策主要包括職業訓練計劃、發展職業介紹指導、提供和發展勞動密集型的公共工程和行業、幫助勞動力遷移等等。

到了20世紀60年代末和70年代，滯脹不斷加深，菲利浦斯曲線不斷上移，臨界點不斷改變，通貨膨脹對失業率的替代率不斷上升，短期菲利浦斯曲線完全失效，收入政策和人力政策也無濟於事。在這種走投無路的情況下，一些凱恩斯主義者又提出了所謂「走走停停」的政策。這個政策的基本內容是：他們一方面不否認預期的調整會導致菲利浦斯曲線上移使短期菲利浦斯曲線部分失效，但又認為預期的調整在實際上是不可以完全實現的，因此從長期看，菲利浦斯曲線也還有某些替代性。所以，雖然不可能在安全區內實現協調，但卻可以採取一種可能選擇的戰略。如圖12-7所示，一是若以充分就業U_0為目標，結果是加速通貨膨脹，使經濟向垂直方向變動，這是社會無法接受的，政府將面臨最大風險，是不可取的。二是決策者採取波動的戰略，選擇長期菲利浦斯曲線上一個合適的點，讓經濟做動態循環運動或沿著穩定不變的環形曲線週期運動。原來失業率為U_2，擴張政策使失業率下降到U_1，雖未達到U_0的水準但可為社會所忍受。這時，加速的通貨膨脹又成為最大問題，於是回頭再採取緊縮政策對付通貨膨脹，使之下降到社會可容忍的水準。如此往復進行，似乎就可在擴張與衰退的交替中保持社會穩定。但他們又說，選舉年的競選者為爭選票往往以擴大就業為目標，上臺後則搞緊縮側重於反通貨膨脹；民主黨強調充分就業允諾，共和黨則持強硬路線拒絕支持總需求擴張。因此這種波動的戰略選擇充滿政治和黨派色彩，結果形成政策或政治的交替循環，形成政策週期，使「走走停停」政策變成了一場週期的噩夢，使經濟陷入了痛苦的深淵之中。

一些凱恩斯主義經濟學家又提出，應以收入政策來補充貨幣—財政政策，似乎這樣就可以通過對物價和工資的控制來消除或削弱通貨膨脹預期的影響，降低通貨膨脹的速度，把通貨膨脹率控制在社會可容忍的水準上。但這實際上是以拉長蕭條期為代價來換取低通貨膨脹的方法，它仍然是一條艱苦而又漫長的道路。例如美國在1971年下半年採取工資—價格管制收效甚微。1971年底，雖然失業率已高達6%，但通貨膨脹率卻下降很少。據經濟學家們的估算，高失業率需要維持四五年的時間，才可能使通貨膨脹下降到社會可接受的程度。

在當代，凱恩斯主義的大多數經濟學家所同意的反通貨膨脹和滯脹的戰略是：把不合意的菲利浦斯曲線向左拉回，使之盡可能靠近安全區。該主張著重於供給方面，使財政—貨幣政策微觀化，採取改進勞動市場和產品市場的結構和特徵的「一攬子」政策。這些政策主要包括：職業培訓計劃、職業信息和職業協調服務，以減緩轉移職業發生的

通貨膨漲(%)

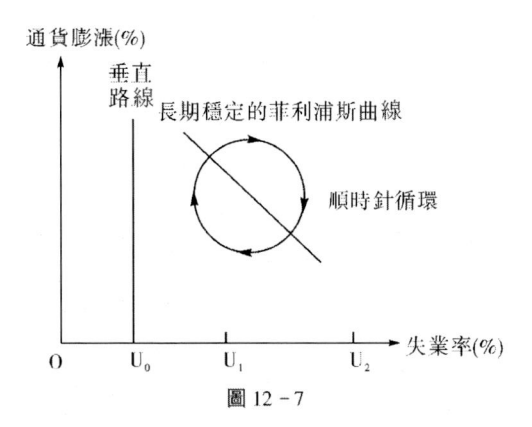

垂直路線
長期穩定的菲利浦斯曲線
順時針循環
失業率(%)
O　U₀　U₁　U₂

圖 12 - 7

摩擦；此外還有農業支持價格、進口限額、關稅政策等等。但是，正如西方經濟學家不得不承認的，「唯一可以肯定的事情是，困難問題不會消失。現在我們還沒有任何經過證明為有效的技術來實現既是高就業、又是合理的價格穩定。考慮到這兩者都是重要的政策問題，而又沒有能力使它們協調一致，因此這是我們美國經濟制度中的一大缺陷。」

2. 貨幣主義者的反通貨膨脹和滯脹的政策

貨幣主義者認為通貨膨脹只是一種貨幣現象，貨幣量的增長超過產量的增長就會發生通貨膨脹。弗里德曼說，不論財政的還是貨幣的擴張，都是一種貨幣行為。弗里德曼認為：「由於價格具有黏性，貨幣供給增加的初期可快或慢地影響產量……但是，大約兩年以後，這種效果就會逐漸消失，而主要效果是加劇了通貨膨脹。」因此，在他看來，即使就短期看，由於貨幣政策的產量就業效應是滯後的，也就有可能時過境遷，那時經濟所需要的也許已經與決策者的初衷相違逆──擴張的效應與收縮的需要相反，或許收縮的效應已與衰退的現實相抵觸，結果事與願違：政府企圖利用貨幣政策來消除波動，實際卻有可能加劇了波動。再者，當政者往往為貨幣政策的短期產量和就業效應所誘惑，特別是在競選中被濫加利用，結果以貨幣手段過分刺激經濟，把經濟推向最大生產能力之上，帶來越來越高的通貨膨脹。因此，不僅從長期看，貨幣政策的結果只能是通貨膨脹，並不能改變自然失業率的產量水準，而且短期內的產量和就業效應也可能適得其反，往往會加大波動幅度。

貨幣主義者堅決主張採取「單一規則」的貨幣政策。所謂單一規則的貨幣政策，是指排除利息率、信貸流量、自由準備金等因素，而以一定的存量作為唯一因素來支配的貨幣政策。弗里德曼始終強調貨幣存量應當按一個不變的、既定的貨幣數量增長比率來增加。而這個固定的增長比率應是每年增長4%～5%。這是因為：美國平均每年的人口和勞動力增加率是1%或2%、產量每年平均增加3%，再考慮到隨收入增加而下降的貨幣流動速度，所以他把增長率確定在4%～5%，認為這是「現行措施的最適當規則」。

貨幣主義者認為，只要實行單一的貨幣規則，控制住「閘門」，忍受住降低貨幣供給量帶來的失業增加，具有耐心和勇氣熬過緊縮通貨發生「藥效」的兩年時滯，就能解決通貨膨脹問題。通貨膨脹解決了，才具備實現穩定增長的必要條件。而實現穩定增長的最重要的途徑，就是要排除政府在儲蓄、投資、效率、合理化、革新等方面所設置的

障礙。政府設置的障礙主要又來自兩方面：一是臨界稅率過高，使私人積極性大大降低；二是政府對價格、工資的管制以及過於繁瑣的各種各樣的規章制度。所以，貨幣主義反滯脹的基本政策思路是反對國家的財政、貨幣、收入—價格干預，主張自由放任和充分發揮市場機制的自動調節作用。

3. 合理預期學派的反滯脹政策

合理預期學派否認弗里德曼的價格調整滯後的觀點，認為由於當事人能合理預期，國家無法欺騙當事人，總需求的調節政策對產量與就業即使在短期也不起作用，所以擴張總需求政策無論長期或短期都只會帶來通貨膨脹的惡果。而且，意外因素對價格產量造成的衝擊和干擾，公眾事先無法得知，政府也無法事先得知，還哪裡談得上制定或實施合理的總需求政策！因此進行干預政策的合理性本身就未經證明。這種盲動的政策只可能使經濟發生更厲害的波動。它們的最終結論是：在任何情況下，宏觀經濟政策都是無效的。

合理預期學派堅決反對國家干預經濟的政策，認為自由市場經濟本身就能實現持續的供求均衡，基本趨於穩定，這是它的基本政策原則。它們主張制定一些公開的、長期不變的規則，堅持實行，言而有信。比如：固定每年的貨幣供給量增長率；規定財政預算平衡規則；穩定的稅率規則等等。這樣就可以消除公眾防備受到政府欺騙和愚弄的心理，使實際和預期一致，就會消除通貨膨脹，經濟就會在自然失業率的均衡水準上正常運行。

4. 供給學派的反滯脹政策

供給學派是20世紀70年代中期新出現的學派。供給學派的代表人物大多是美國的青年經濟學家。由於面對嚴重的滯脹局面，凱恩斯主義束手無策，貨幣主義的「藥方」也難以奏效，供給學派應運而生。供給學派的思想和主張贏得了美國壟斷資產階級的贊賞，成為里根競選總統時的經濟綱領的理論基礎。里根當政後制定了以供給學派減稅政策為核心的「經濟復興計劃」，供給學派一躍而成為官方經濟學。

其實，供給學派只不過是穿上了現代服裝的古典學派。它們主張復活被凱恩斯否定的薩伊定律，相信供給會創造自己的需求；認為美國嚴重的滯脹局面是凱恩斯主義擴張政策帶來的惡果；美國的問題是長期實行擴張政策造成的需求過度、供給不足；認為供給是實際需求的唯一來源，強調「供給第一」，主張必須實行刺激供給增長的政策。

首先，供給學派的政策主張的核心是通過減稅刺激供給增長。他們認為，產生滯脹的根源是長期刺激總需求而造成了儲蓄率太低、利息率太高，使投資不足，結果生產萎縮、供給不足、失業增加。而政府一意擴大總需求，使赤字增加，發行過多的貨幣，又造成了通貨膨脹。解脫困境的根本辦法是大幅度減稅。因為美國的稅率早已太高，進入了禁區。大幅度減稅能增加私人收入和企業利潤，刺激私人和企業工作、儲蓄、投資的積極性。由減稅而多得的錢也會用於儲蓄和投資。兩者都會擴大生產、增加供給、增加就業、減少通貨膨脹率。雖然稅率降低了，政府稅收會暫時減少，但是因為生產因此而增加了，政府的總稅收反而將增加，最終會逐漸消除政府的財政赤字和通貨膨脹。

其次，供給學派還堅決主張削減政府開支。它們特別反對政府龐大的社會福利開支和各種社會福利措施。吉爾德說道：「失業保險制度鼓勵人們失業；殘疾保險使患輕病者裝成重病，暫時殘疾裝成永久殘疾；多子女家庭補助造成更多的無父親家庭。」費爾德斯坦說：「失業津貼過高促成了某些人的惰性，使其安於現狀，靠救濟度日，這只能鼓勵懶漢，對社會不利。」總之，他們竭力主張嚴格限制領受津貼的條件，這可以一舉

三得：既可大幅度地減少政府支出；也有利於刺激人們的工作熱情，提高經濟的效率；同時又彌補了在減稅時期可能暫時出現的赤字。

再次，供給學派主張減少政府規章條例，實行企業自由經營，把企業從繁多的條例束縛中解脫出來，刺激生產和投資的積極性，使企業將更多的資金用於發展和開拓新技術。

最後，供給學派主張政府應嚴格地控制貨幣供給量，緊縮信用，使貨幣供給增長率與經濟增長率保持一致。但它們認為，只有恢復金本位制，才可能嚴格地限制聯邦儲備局對貨幣的操縱力量，消除公眾的預期心理，保持經濟穩定。

第十三章 經濟增長與增長政策

本章重點及難點

(1) 什麼是經濟增長？它有哪幾個主要的源泉？
(2) 經濟穩態及其實收。
(3) 儲蓄率對經濟增長的影響。
(4) 人口增長對經濟增長的影響。
(5) 外生技術對增長的影響。
(6) AK 模型的內容。

如前所述，經濟穩定和經濟增長是兩大基本的宏觀經濟問題。在研究了失業、通貨膨脹和經濟穩定問題之後，本章將分析經濟增長。

第一節 經濟增長的源泉

一、經濟增長率

經濟波動表現為國民產出的波動。在經濟擴張階段，國民產出會有較快的增加；而在經濟收縮階段，國民產出可能會有下降。無論是國民產出的增加還是減少，都僅僅是一種短期的經濟現象。經濟增長是一種長期經濟現象，它是指一國國民產出或經濟生產能力的持續增長。

經濟增長一般用經濟增長率來測量。為了排除價格波動的影響，經濟增長率是指實際 GDP 的增長率。如果用 Y_1 表示基期的實際 GDP，Y_2 表示報告期的實際 GDP，U 表示經濟增長率，那麼有：

$$U = \frac{Y_2 - Y_1}{Y_1} \cdot 100\%$$

平均來說，大多數經濟在長期內平均每年增長幾個百分點。例如美國的實際 GDP 在 1960—1997 年間平均每年以 3.15% 的比率增長。

二、經濟增長因素的分類及測算

實際 GDP 在長期內持續增長的源泉是什麼呢？西方經濟學家認為，經濟增長的因素或源泉很多，但一般可歸結為兩大項，即生產要素的投入量以及全部要素生產率或廣義的技術進步，即由於技術進步所引起的投入生產要素生產率的提高。

1. 要素投入量

生產要素包括土地（及各種自然資源）、勞動和資本，但由於土地基本上是一個固定量，所以考慮要素投入量時，通常只包括勞動和資本。

勞動投入量和資本投放量對總產量（或收入）的影響可用新古典增長模型進行分析。

在不存在技術進步條件下的產量增長率公式如下：

$$\frac{\Delta Y}{Y} = b(\frac{\Delta K}{K}) + (1-b)\frac{\Delta L}{L}$$

式中 b 表示資本的收入在總收入中的比例，也表示資本每增長1%可以帶來的產量的增長率。例如：若 b = 0.25，則表示資本所有者的收入占總收入的 25%；也表示資本每增長1%，可以帶來產量0.25%的增長。(1-b) 則表示勞動的收入在總收入中的比例，其意義和 b 相似。

以上是就勞動和資本投入量對經濟增長影響的總體而言的。在實際經濟分析中還可以用不同的分類法將兩者進一步細分為不同的因素。例如：勞動投入量可以細分為就業人數、工時、勞動力質量及構成等因素，這些因素都是相互制約、相互影響的，最終表現為勞動投入量的增減，從而影響整體的經濟增長。

2. 全部要素生產率和部分要素生產率

這兩個概念是美國經濟學家肯德里克在分析影響經濟增長的因素時提出的概念。部分要素生產率是指產量與某一特定投入量如資本要素投入量或勞動要素投入量之比。它反應的是投入要素數量增加所產生的經濟增長率。但由於投入要素結構變化也會影響生產效率，所以部分要素生產率還不能表示生產效率的全部變化。所謂全部要素生產率是指產量與全部要素投入量之比，它反應的是全部要素投入量效率增加所帶來的經濟增長率，在統計資料核算中用單位勞動時間的產量及其貨幣表現的產值來表示，實際上它指的就是全部勞動生產率。

全部要素生產率同樣可以細分為若干因素，如包括資源重新配置、規模經濟、知識進步等。

雖然全部要素生產率的變化體現了技術進步的作用，但這種作用或貢獻是無法直接計算的，僅可以將其作為「剩餘」來估算，即從國民收入增長率中減去與勞動和資本相應的增長率，所得剩餘或餘值就代表技術進步這一增長因素所做的貢獻。

例如統計資料顯示：國民收入增長率為 5%，資本增長率為 5%，勞動增長率為 2%，b = 0.25。將其代入存在技術進步條件下的新古典模型：

$$\frac{\Delta Y}{Y} = \frac{\Delta A}{A} + b\frac{\Delta K}{K} + (1-b)\frac{\Delta L}{L}$$

由上式得：

$$5\% = \frac{\Delta A}{A} + 0.25 \times 5\% + (1-0.25) \times 2\%$$

$$= \frac{\Delta A}{A} + (1.2\% + 1.5\%)$$

$$= \frac{\Delta A}{A} + 2.7\%$$

故：

$$\frac{\Delta A}{A} = 5\% - 2.7\% = 2.3\%$$

上式表明，由於資本增長5%，其對產出增長所做貢獻為1.2%；勞動增長2%，其對產出增長所做貢獻為1.5%。勞動和資本投入量的增長總共使產出（或收入）增長2.7%。這樣，國民收入增長率減去要素投入量的增長率的餘值就是技術進步因素所做的貢獻，即5% - 2.7% = 2.3%。

3. 經濟增長因素所做貢獻的實證分析

從20世紀50年代中期以來，一些西方經濟學家不斷對經濟增長因素及其貢獻進行理論和實證分析，有的還運用上述基本方法具體地對促進國民收入增長的多種因素所做貢獻進行了分析測算。

美國經濟學家庫茲涅茨認為，經濟增長不是短期而是長期的生產產品的能力的提高，因此，先進的及相應的制度和思想意識的調整是至關重要的。他認為促進經濟技術增長的因素包括：知識存量的增長、資本的增加、對勞動力的訓練、企業家才能及勇氣以及制度和思想意識的改變。其中，他認為知識存量是第一位的要素，知識存量的增加和擴大具有加速度的特點，因此，一旦社會進入經濟增長軌道，經濟發展又會影響、刺激新知識的產生，從而進一步促進經濟的增長。

美國經濟學家索洛則依據前述基本理論和方法具體測算了美國1909—1949年間的統計數據。結果表明，在這40年間，技術進步率每年平均為3.1%。其間人均國民生產總值增長3~4倍，其中技術進步的貢獻占87.5%，而人均資本投入量的增長所做貢獻僅為12.5%。其他美國經濟學家對1940—1960年間勞動和資本投入量的增加以及全部要素生產率的提高對國民收入增長所做貢獻的測算表明，在這20年間，在人均收入年增長率1%中，要素生產率提高所做貢獻為70.34%，資本累積（即人均資本的增加）所做貢獻為29.66%。可見，技術進步對經濟增長具有十分重要的意義。

美國經濟學家丹尼森根據美國的歷史統計資料測算了各個增長因素對國民收入增長所做的貢獻。丹尼森首先把引起經濟增長的因素分為七類，其中屬於生產要素投入量的增加包括：①就業人數和年齡、性別構成；②包括非全日工作的工人在內的工時數；③就業人員的教育年限；④資本存量的大小。屬於全部要素生產率的提高包括：①資源配置的改進；②規模經濟；③知識進展。按丹尼森的測算，美國1929—1969年國民收入的年平均增長率為3.41%。其中，生產要素投入增長率為年平均2.82%，對國民收入增長的貢獻為53.4%；而全部要素生產率的提高年平均增長率為1.59%，對國民收入增長的貢獻為46.6%，即技術進步所做的貢獻占將近一半。

第二節　資本累積和經濟穩態

大多數國家大多數家庭的物質生活水準一直在大幅度改善。這種進步來自收入增加，這使人們可以消費更多的物品與勞務量。

為了衡量經濟增長，經濟學家用了國內生產總值的數據，國民生產總值衡量經濟中

所有人的總收入。美國現在的實際 GDP 是其 1950 年水準的 3 倍多，而且，人均實際 GDP 是其 1950 年水準的 2 倍多。在任何一個既定的年份中，我們都可以觀察到各國之間的生活水準存在巨大差距。表 13-1 表示 1997 年世界上 12 個人口最多的國家的人均收入。美國以人均收入 28,740 美元列在首位。尼日利亞人均收入僅為 880 美元——是美國數字的 3% 左右。在這一章和下一節中，我們的解釋什麼原因引起不同時期和各國之間的這種收入差別。生產要素——資本與勞動——以及生產技術作為經濟產出，從而也就是總收入的源泉。這樣，收入差別必然產生於資本、勞動和技術的差別。

我們的主要任務是提出一種被稱為索洛增長模型的經濟增長理論。為了解釋為什麼我們的經濟在增長，以及為什麼一些國家增長得比另一些國家快，我們必須拓寬我們的分析，以便能描述經濟中一直在發生的變化。索洛增長模型表明儲蓄、人口增長，以及技術進步如何影響一個經濟的產出水準及其隨著時間推移的增長。在本節中，我們分析資本累積和經濟穩態。

表 13-1　　　　　　　　　生活水準的國際差別，1997 年

國別	人均收入（美元）
美國	28,740
日本	23,400
德國	21,300
墨西哥	8,120
巴西	6,240
俄羅斯聯邦共和國	4,190
中國	3,570
印度尼西亞	3,450
印度	1,650
巴基斯坦	1,590
孟加拉國	1,050
尼日利亞	880

資料來源：世界銀行。

索洛增長模型是為了說明在一個經濟中，資本存量的增長、勞動力的增長，以及技術進步如何相互作用，以及它們如何影響一國物品與勞務的總產出。我們分幾步來建立這個模型。我們的第一步是考察物品的供求如何決定資本累積。在這第一步中，我們假設，勞動力和技術是不變的。然後我們放鬆這些假設，即在本節的後面引進勞動力變動，並在下一節中引進技術變革。

一、物品的供求

1. 物品的供給與生產函數

索洛模型中的物品供給依據了我們所熟悉的生產函數，生產函數說明產出取決於資本存量和勞動力：

$$Y = F(K, L)$$

索洛增長模型假設，生產函數為規模收益不變。這個假設通常被認為是現實的，而且，正如我們將說明的，這有助於簡化分析。回想一下，如果

$$zY = F(zK, zL)$$

那麼，對任何一個正數的 z 來說，生產函數就是規模收益不變。這就是說，如果我們使資本和勞動都乘以 z，那麼，也可以使產出乘以 z。

規模收益不變的生產函數使我們可以分析經濟中相對於勞動力規模的所有數量。為了說明這是正確的，設在上式中 z = 1/L 就可以得出：

$$Y/L = (K/L, 1)$$

這個式子表示，每個工人的產出 Y/L 是每個工人的資本量 K/L 的函數。（當然，數字「1」是不變的，從而可以不考慮。）規模收益不變的假設意味著，經濟的規模——用工人人數來衡量——並不影響每個工人產出和每個工人資本量之間的關係。

由於經濟規模是無關緊要的，所以就可以說明以每個工人來表示所有數量是方便的。我們用小寫字母來表示這些量，因此，y = Y/L 是每個工人的產出，k = K/L 是每個工人的資本量。這樣，我們可以把生產函數寫為：

$$y = f(k)$$

在這裡，我們定義 f(k) = F(K, 1)。圖 13-7 說明了這種生產函數。

這個生產函數的斜率表示在給出額外一單位資本時，工人生產的額外產出是多少。這個量是資本的邊際產量 MPK。用數學方法，我們可以寫為：

$$MPK = f(k+1) - f(k)$$

要注意的是，在圖 13-1 中，隨著資本量增加，生產函數變得越來越平坦，這表明生產函數表現出資本的邊際產量遞減。當 k 低時，平均每個工人只用很少資本去進行工作，因此，額外的一單位資本是非常有用的，並生產出大量增加的產出。當 k 高時，平均每個工人有大量資本，因此，額外的一單位資本只使生產略微增加。

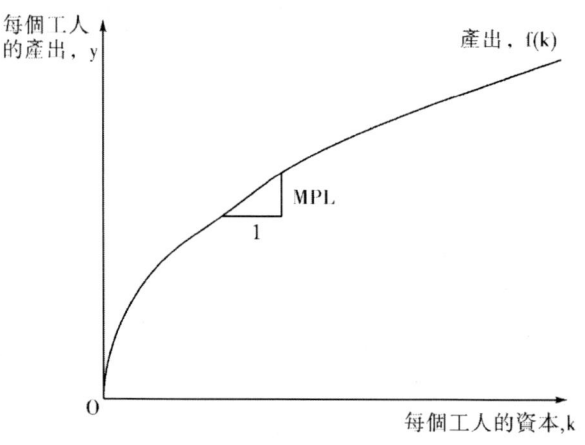

圖 13-1　生產函數

2. 物品的需求與消費函數

在索洛模型中物品的需求來自消費和投資。換言之，人均產出 y 分為人均消費 c 和人均投資 i：

y = c + i

這個式子是經濟中國民收入核算恒等式的每個人平均的形式。要注意的是，它沒有考慮政府購買（就現在的目的而言我們可以不考慮這一點）和淨出口（因為我們假設了一個封閉經濟）。

索洛模型假設，每年人們把其收入中的 s 的比例用於儲蓄，把 (1-s) 比例用於消費。我們可以用簡單形式的消費函數表示這種思想：

c = (1-s) y

在這裡，儲蓄率 s 是 0 與 1 之間的一個數。要記住，各種政府政策都可以潛在地影響一國的儲蓄率，因此，我們的目的之一是找出多大的儲蓄率是合意的。但是，就現在而言，我們只是把儲蓄率 s 作為發既定的。

為了說明這種消費函數對投資意味著什麼，用 (1-s) y 代替國民收入核算恒等式中的 c：

y = (1-s) y + i

整理各項得出：

i = sy

這個式子表明，投資等於儲蓄，這正如我們在前面看到的那樣。因此，儲蓄率 s 也是用於投資的產出比例。

現在我們已經介紹了索洛模型中的兩個主要要素——生產函數和消費函數——它描述了任何一個時點時的經濟。對於任何一個既定的資本存量 k，生產函數 y = f(k) 決定了經濟生產多少產出，以及儲蓄率 s 決定了產出在消費和投資之間的配置。

二、資本存量的增長

在任何時候，資本存量都是經濟中產出的關鍵決定因素，但資本存量是一直在變動的，而且，這種變動會引起經濟增長。特別是兩種力量影響資本存量：投資和折舊。投資指用於新工廠和設備的支出，而且，它引起資本存量增加。折舊指原有資本的磨損，而且，它引起資本存量減少。現在我們考慮這每一種情況。

正如我們已經提到過的，人均投資 i 等於 sy。通過替代生產函數中的 y，我們可以把人均投資表示為人均資本存量的函數：

i = sf(k)

這個式子把現有資本存量 k 與新資本累積量 i 聯繫在一起。圖 13-2 表示這種關係。這個圖說明：對任何一個 k 的值，產出如何由生產函數 f(k) 所決定，以及這種產出在消費和儲蓄之間的配置如何由儲蓄率 s 所決定。

為了把折舊結合到這個模型中，我們假設每年的磨損是資本存量的某個比例 δ。在這裡的 δ（小寫希臘字母 delta）稱為折舊率。例如，如果資本平均使用 25 年，那麼，折舊率是每年 4%（δ=0.04）。每年折舊的資本量是 δk。圖 13-3 表示折舊量如何取決

图 13-2

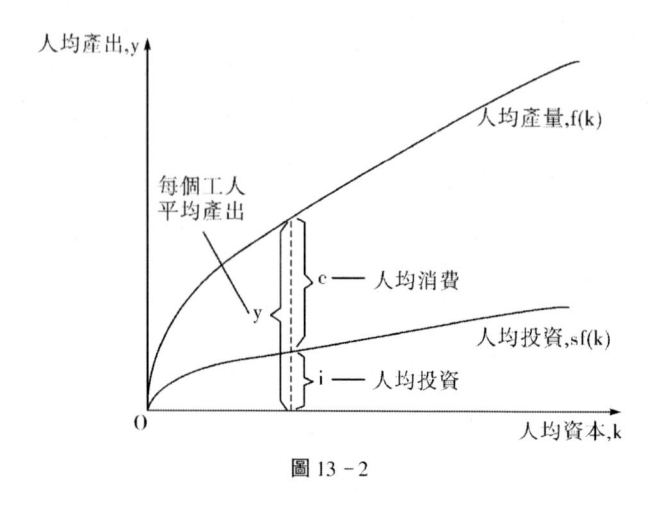

于资本存量。

我們可以用下列式子表示投資和折舊對資本存量的影響：

資本存量變動 = 投資 - 折舊

Δk = i - δk

在這裡 Δk 是一年和下一年之間的資本存量變動。由於投資 i 等於 sf（k），我們把這個式子寫為：

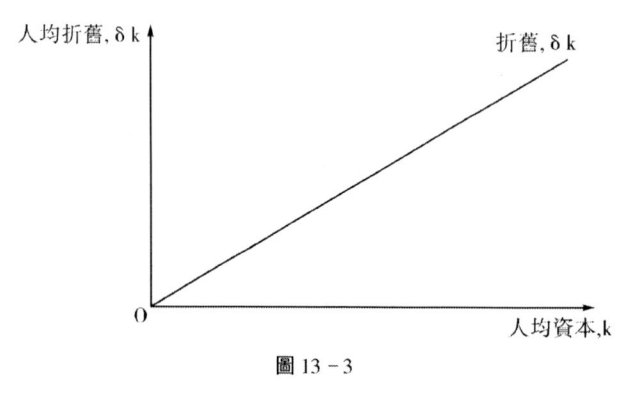

圖 13-3

圖 13-4 畫出了這個式子不同資本存量水準 k 時的各項——投資和折舊。資本存量越多，產量和投資量越大。折舊量也越大。

三、經濟穩態及其實現

1. 經濟穩態

正如圖 13-4 所示，存在一個唯一的使投資量等於折舊量的資本存量 k^*。如果經濟本身找到了這種資本存量水準，那麼，資本存量就不會改變，因為作用於它的兩種力量——投資和折舊——正好平衡。這就是說，在 k^* 時，Δk = 0，資本存量 k 和產量 f (k) 一直是穩定的（既不增加也不減少）。因此，我們把 k^* 稱為穩定狀態的資本水準。

由於兩個原因，穩定狀態是重要的。正如我們剛剛說明的，一個處於穩定狀態的經濟是停滯的。此外，而且同樣重要的是，一個不處於穩定狀態的經濟將發生變動。這就是說，無論經濟開始時的資本水準如何，總是以穩定狀態的資本水準為結束。在這種意義上，穩定狀態代表經濟的長期均衡。

為了說明為什麼一個經濟總是以穩定狀態結束，假設經濟開始時是小於穩定狀態的資本水準，比如在圖 13-2 中的 k_1。在這種情況下，投資水準大於折舊量。隨著時間推移，資本存量將增加，並將一直增加到——沿著產出 f(k)——達到穩定狀態 k^* 時為止。

同樣，假設經濟開始時大於穩定狀態的資本水準，比如在 k_2 水準。在這種情況下，投資小於折舊：資本的磨損快於被替代的資本。資本存量將減少，又達到了穩定狀態的水準。一旦資本存量達到了穩定狀態，投資等於折舊，而且既無增加資本存量的壓力，也沒有減少資本存量的壓力。

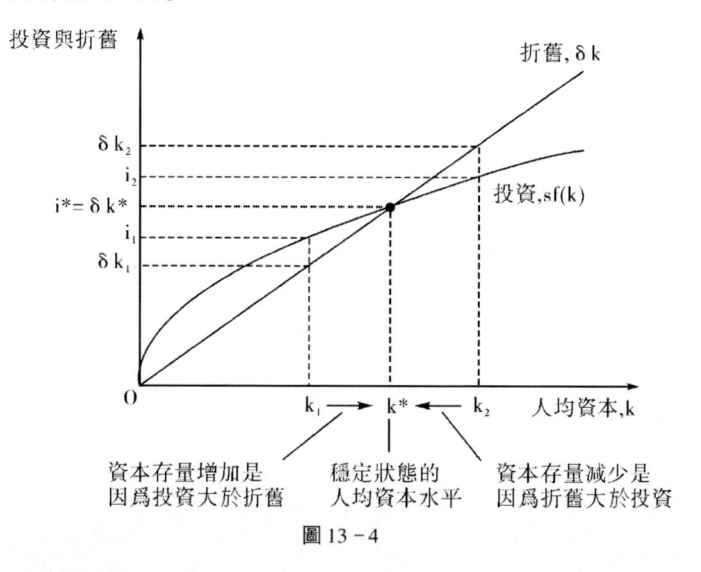

圖 13-4

2. 向穩定狀態接近

我們用一個數字例子來說明索洛模型如何發生作用，以及經濟如何接近穩定狀態。對這個例子，我們假設生產函數是：

$$Y = K^{1/2} L^{1/2}$$

為了得出人均的生產函數 f(k)，把生產函數的兩邊除以勞動力 L：

$$\frac{Y}{L} = \frac{K^{1/2} L^{1/2}}{L}$$

整理各項得出：

$$\frac{Y}{L} = \left(\frac{K}{L}\right)^{1/2}$$

由於 y = Y/L，而 k = K/L，這個式式就變成：

$$y = k^{1/2}$$

這個式子也可以寫為：

y = $\sqrt{k}$

生產函數的這種形式說明，人均產出等於人均資本量的平方根。

為了完成這個例子，我們假設產出的30%用於儲蓄（s=0.3），每年的折舊為資本存量的10%（δ=0.1），經濟在開始時人均資本為4個單位（k=4）。在給出這些數字後，我們現在可以考察，隨著時間推移，這個經濟會發生什麼變動。

我們從研究第一年產出的生產和配置開始。根據生產函數，人均4單位資本生產人均2單元產出。由於30%的產出用於儲蓄和投資，而70%的產出用於消費，所以，i=0.6，c=1.4。此外，由於資本存量折舊為10%，所以，δk=0.4。在0.6的投資和0.4的折舊時，資本存量的變動是Δk=0.2。第二年開始時人均資本存量為4.2單位。

表13-2說明經濟逐年進步的過程。每一年，新資本增加，產出增長。在許多年後，經濟達到人均資本9單位的穩定狀態。在這種穩定狀態時，0.9單位的投資正好抵消了0.9單位的折舊，因此，資本存量和產出沒有長期增長。

表13-2　　　　　　　接近穩定狀態：一個數字例子

年份	k	y	c	i	δk	Δk
1	4.000	2.000	1.400	0.600	0.400	0.200
2	4.200	2.049	1.435	0.615	0.420	0.195
3	4.395	2.096	1.467	0.629	0.440	0.189
4	4.584	2.141	1.499	0.642	0.458	0.184
5	4.768	2.184	1.529	0.655	0.477	0.178
⋮						
10	5.602	2.367	1.657	0.710	0.560	0.150
⋮						
25	7.321	2.706	1.894	0.812	0.732	0.080
⋮						
100	8.962	2.994	2.096	0.898	0.896	0.002
⋮						
∞	9.000	3.000	2.100	0.900	0.900	0.000

跟蹤經濟在許多年中的進步過程是找出穩定狀態資本存量的一種方法，但還有另一種要求的計算很少的方法。我們還記得：

Δk = sf（k）－δk

這個等式表明k如何隨時間推移而變動。由於穩定狀態（根據定義）是k的值使Δk=0時，所以，我們知道：

0 = sf（k*）－δk*

或者換個說法，

$$\frac{k^*}{f(k^*)} = \frac{s}{\delta}$$

這個等式提供了一種找出穩定狀態人均資本水準 k* 的方法。代入數字和我們這個例子中的生產函數，我們得出：

$$\frac{k^*}{\sqrt{k^*}} = \frac{0.3}{0.1}$$

現在對這個等式兩邊進行平方得出：

k* = 9

穩定狀態的資本存量是人均 9 個單位。這個結果證實了表 13-2 中關於穩定狀態的計算。

3. 日本和德國增長的奇跡

日本和德國是兩個成功的經濟增長事例。雖然它們今天是經濟上的超級大國，但在 1945 年這兩個國家的經濟卻是步履蹣跚。第二次世界大戰摧毀了它們的大量資本存量。但是，在戰後幾十年中，這兩個國家經歷了最迅速的增長。在 1948 年到 1972 年間，日本每年人均產出的增長率為 8.2%，德國的每年人均產出增長率為 5.7%，相比之下，美國每年的人均產出增長率僅為 2.2%。

從索洛增長模型的角度看，日本和德國的經歷中最令人驚訝的是什麼？考慮一個穩定狀態的情況。現在假設戰爭摧毀了一些資本存量。毫不奇怪，產出水準立即下降了。但是，如果儲蓄率——產出中用於儲蓄和投資的比例——不變，經濟將要經歷一個高增長的時期。產出增長是因為在資本存量低時投資所增加的資本大於折舊所用的資本。這種高增長要一直持續到經濟達到它以前的穩定狀態。因此，部分資本存量被摧毀減少了產出，但隨後的增長高於正常增長。正如通常報刊上所描述的，日本和德國迅速增長的「奇跡」是索洛模型對那些戰爭大大減少了其資本存量的國家的預期。

第三節　儲蓄率與資本黃金律

一、儲蓄率提高與經濟增長

對日本和德國第二次世界大戰後增長的解釋並不像以上案例研究中所說的那樣簡單。另一個相關的事實是，日本和德國的產出中儲蓄和投資的比例都高於美國。為了更充分地理解各國經濟狀態的差別，我們必須考慮不同儲蓄率的影響。

考慮當一個經濟儲蓄率提高時所出現的情況。圖 13-5 說明了這種變動。假設該經濟在開始時處於穩定狀態，儲蓄率為 s_1，資本存量為 k*。當儲蓄率從 s_1 提高到 s_2 時，sf(k) 曲線向上移動。在最初的儲蓄率 s_1 和最初的資本存量 k_1^* 時，投資量正好與折舊量抵消。在儲蓄率提高以後，投資立即增加，但資本存量折舊量仍然未變。因此，投資大於折舊。資本存量將逐步增加，直至經濟達到新的穩定狀態 k_2^* 時為止，k_2^* 的資本存量和產出水準高於原來的穩定狀態。

索洛模型表明，儲蓄率是穩定狀態資本存量的關鍵決定因素。如果儲蓄率高，經濟

就將有大量資本存量和高產出水準。如果儲蓄率低，經濟就將有少量資本存量和低產出水準。這個結果說明了有關財政政策的許多討論。正如我們在第九章中說明的，政府預算赤字會減少國民儲蓄和擠出投資。現在我們可以說明，減少儲蓄率的長期結果是較低的資本存量和較低的國民收入。這就是為什麼許多經濟學家批評長期預算赤字的原因。

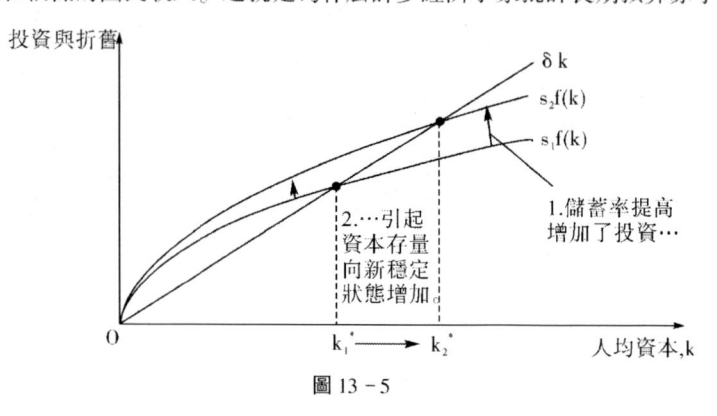

圖 13－5

索洛模型對儲蓄和經濟增長之間的關係說明了什麼呢？在索洛模型中提高的儲蓄加快了增長，但這只是暫時的。儲蓄率的提高會使經濟增長的加快一直進行到經濟達到新穩定狀態時為止。如果經濟保持高儲蓄率，也就保持了大量資本存量和高產出水準，但並不能永遠保持高經濟增長率。在圖 13－6 中，舊的均衡增長路徑和新的均衡增長路徑的斜率相同，說明具有相同的經濟增長率，但在過渡時期（2000—2010 年）的增長率卻更高。

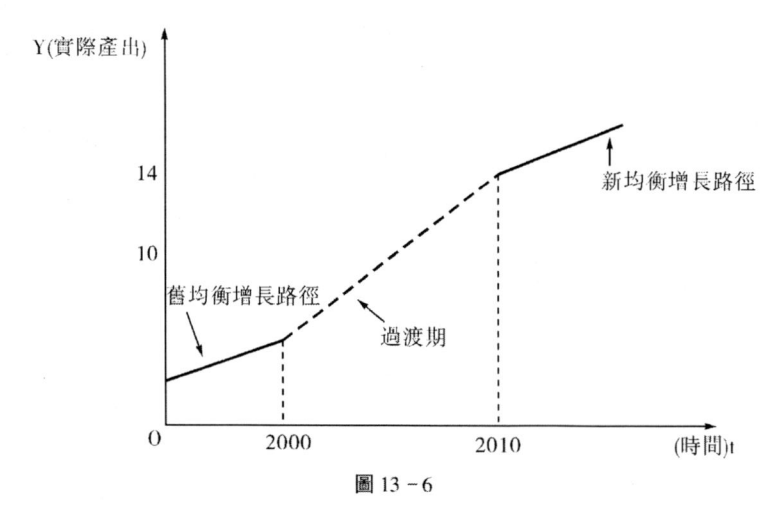

圖 13－6

現在我們知道了儲蓄如何影響增長，我們可以更充分地解釋德國和日本在第二次世界大戰後驚人的經濟業績。不僅僅是由於戰爭使它們的初始資本存量低，而且也是由於它們的儲蓄率高使穩定狀態的資本存量也高。這些事實有助於解釋 20 世紀 50 年代和 60 年代這兩個國家經濟的迅速增長。

根據索洛模型,如果一國把其大部分收入用於儲蓄和投資,它就將有高穩定狀態資本存量和高水準收入。如果一國的儲蓄和投資只是其收入的一小部分,它穩定狀態的資本和收入就降低。

現在我們來看看一些數據,以便說明這種理論結論是否在實際上有助於解釋各國生活水準的巨大差別。圖13-7是84個國家數據的離散圖(這個圖只涉及部分國家)。數據表明,用於投資的產出比例和人均收入水準之間存在正相關關係。這就是說,具有高投資率的國家,例如美國和日本,通常有高收入;而具有低投資率的國家,例如烏干達和乍得,有低收入。因此,數據與索洛模型的預言是一致的,即投資率是一國富還是窮的關鍵決定因素。

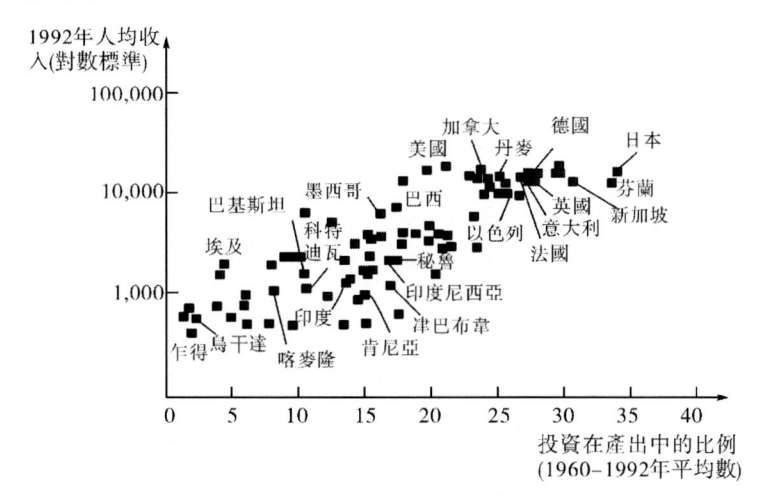

圖13-7 投資率與人均收入的國際證據

這個圖中所表示的密切相關性是一個重要事實,但正如它解決了許多問題一樣,它也提出了許多問題。有人自然會問,為什麼各國的儲蓄和投資率之間差別這麼大呢?有許多可能的答案,例如,稅收政策,退休形式,金融市場的發展程度,以及文化差別。此外,政治穩定性可能也起作用:毫不奇怪,在經常發生戰爭、革命和政變的國家裡,儲蓄和投資率總是低的。在用官員腐敗程度估算的政治制度不完善的國家裡,儲蓄和投資也總是低的。圖13-7中證據的最後一種解釋是反向因果關係:也許高水準的收入在某種程度上促成了高儲蓄與投資率。不幸的是,經濟學家之間對這許多種可能解釋中哪一種最重要還沒有達成共識。

投資率與人均收入之間的關係是密切的,而且,這也是說明為什麼一些國家富而另一些國家窮的一條重要線索,但並不是全部情況。這兩個變量之間的關係遠遠是不完全的。例如,墨西哥和津巴布韋的投資率相近,但墨西哥的人均收入比津巴布韋高出3倍以上。在儲蓄和投資之外應該還有其他決定生活水準的因素。因此,在本節的後面還要回到國際差別,以說明應該考慮的其他變量是什麼。

二、資本的黃金規則水準

到現在為止,我們用索洛模型考察了一國的儲蓄和投資率如何決定其穩定狀態的資

本和收入水準。這種分析會使我們認為，高儲蓄率總是一件好事，因為它總會引起更高的收入。假設一國有100%的儲蓄率，這就會引起最大可能的資本存量和最大可能的收入。但如果所有這種收入都用於儲蓄，甚至沒有消費，這是好事嗎？

這裡用索洛模型討論，從經濟福利的角度看，多少資本累積量是最優水準。後面，我們討論政府政策如何影響一國的儲蓄率。但在這一切中我們首先要提出這些政策決策所依據的理論。

1. 比較各種穩定狀態

為使我們的分析簡單化，我們假設決策者可以把經濟的儲蓄率確定在任何水準上。決策者通過確定儲蓄來決定經濟的穩定狀態。決策者應該選擇哪一種穩定狀態呢？

在選擇一種穩定狀態時，決策者的目的是使組成社會的個人福利最大化。個人本身並不關心經濟中的資本量，甚至也不關心產出。他們關心的是他們可以消費的物品與勞務量。因此，仁慈的決策者要選擇消費水準最高的穩定狀態。使消費最大化的穩定狀態值 k 稱為資本的黃金規則水準，並用 k^*_{gold} 來表示。

我們如何能說明一個經濟是否處於黃金規則水準呢？為了回答這個問題，我們必須首先決定穩定狀態的人均消費，然後說明哪一種穩定狀態提供了最大的消費。

為了確定穩定狀態的人均消費，我們從國民收入核算恒等式開始：

$$y = c + i$$

把它重新整理為：

$$c = y - i$$

消費只不過是產出減投資。由於我們想確定穩定狀態的消費，所以，我們代入產出和投資的穩定狀態值。穩定狀態的人均產量是 $f(k^*)$，在這裡 k^* 是穩定狀態的人均資本存量。此時，由於在穩定狀態時資本存量是不變的，所以，投資等於折舊 δk^*。用 $f(k^*)$ 替代 y，並用 δk 替代 i，我們可以把穩定狀態的人均消費寫為：

$$c^* = f(k^*) - \delta k^*$$

根據這個等式，穩定狀態的消費是穩定狀態的產出在支付了穩定狀態的折舊之後所剩下來的。這個式子表明，穩定狀態資本的增加對穩定狀態的消費有兩種相反的影響。一方面，更多的資本意味著更多的產出；另一方面，更多的資本也意味著必須把更多的產出用於替代被磨損的資本。

圖13-8把穩定狀態的產出和穩定狀態的折舊作為穩定狀態資本存量的函數。穩定狀態的消費是產出與折舊的差額。這個圖表明，存在一種可以使消費最大化的資本存量水準——黃金規則水準 k^*_{gold}。

當比較各種穩定狀態時，我們必須記住，較高的資本水準既影響產出又影響折舊。如果資本存量低於黃金規則水準，資本存量增加引起的產出增加大於折舊，因此，消費增加。在這種情況下，生產函數比 δk^* 線陡峭，因此，兩種曲線之間的距離——等於消費——隨著 k^* 的上升而增長。與此相比，如果資本存量在黃金規則水準之上，資本存量的增加減少了消費，因為產出的增加小於折舊的增加。在這種情況下，生產函數比 δk^* 線平坦，因此，兩條曲線之間的距離——消費——隨著 k^* 的上升而縮小。在資本的黃金規則水準時，生產函數和 δk^* 線斜率相同，而且，消費是最高水準。

現在我們可以得出表示黃金規則資本水準的一個簡單條件。我們還記得，生產函數

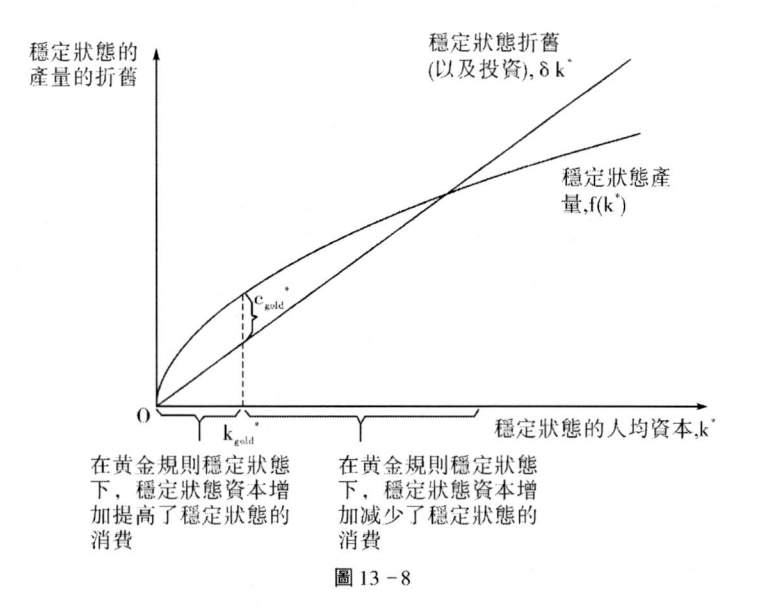

的斜率是資本的邊際產量 MPK。δk^* 線的斜率是 δ。由於這兩個斜率在 δk^*_{gold} 時相等，所以，黃金規則可以用下式來表示：

MPK = δ

在資本的黃金規則水準時，資本的邊際產量等於折舊率。

為了使這一點略有不同，假設經濟開始時處於某種穩定狀態資本存量 k^*，而決策者正考慮把資本存量增加到 k^*+1。從這種資本增加中引起的額外產出應該是 $f(k^*+1)-f(k^*)$，它是資本的邊際產量 MPK。從增加——單位資本中所引起的額外折舊量是折舊率 δ。因此，這額外的一單位資本對消費的淨影響是 MPK $-\delta$。如果 MPK $-\delta>0$，那麼，資本的增加提高了消費，因此，k^* 必定低於黃金規則水準。如果 MPK $-\delta<0$，那麼，資本的增加會減少消費，因此，k^* 必定在黃金規則水準之上。這樣，下列條件就描述了黃金規則：

MPK $-\delta=0$

在黃金規則的資本水準時，資本的邊際產量減折舊（MPK $-\delta$）等於零。正如我們將要說明的，決策者可以把這種找出黃金規則資本存量的條件運用於任何一個既定的經濟。[4]

要記住，經濟並不會自動地趨向於黃金規則穩定狀態。如果我想要任何一種特定的穩定狀態資本存量，例如，黃金規則，那麼，我們就需要一種特定的儲蓄率來支持它。圖 13-9 表示把儲蓄率確定為引起黃金規則資本水準時的穩定狀態。如果儲蓄率高於這個圖中所用的水準，穩定狀態的資本存量就太高了。如果儲蓄率低於這個水準，穩定狀態的資本存量就太低了。在這兩種情況下，穩定狀態的消費都小於在黃金規則穩定狀態時的水準。

284 / 西方經濟學原理

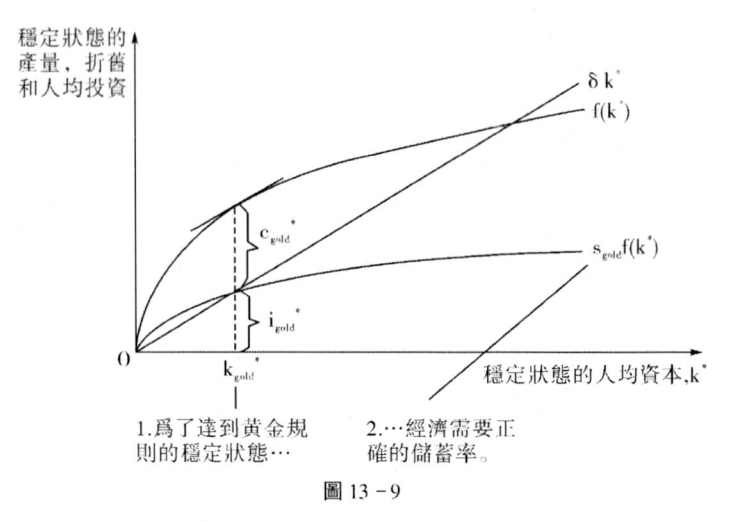

[圖 13-9: 穩定狀態的產量、折舊和人均投資圖，顯示 δk^*、$f(k^*)$、$s_{gold}f(k^*)$ 曲線，以及 c^*_{gold}、i^*_{gold}、k^*_{gold} 的位置]

1. 爲了達到黃金規則的穩定狀態…
2. …經濟需要正確的儲蓄率。

圖 13-9

2. 確定黃金規則穩定狀態

考慮在以下的經濟中決策者選擇一種穩定狀態的決策。生產函數和我們以前的例子一樣：

$$y = \sqrt{k}$$

人均產出是人均資本量的平方根。折舊 δ 又是資本的 10%。這次決策者選擇儲蓄率 s，從而選擇了經濟的穩定狀態。

為了說明決策者可以得到的結果，回想一下在穩定狀態時成立的以下等式：

$$\frac{k^*}{f(k^*)} = \frac{s}{\delta}$$

在這個式子兩邊平方得出穩定狀態資本存量的一個解。我們得出：

$$k^* = 100s^2$$

我們可以用這個結果計算任何一個儲蓄率時的穩定狀態的資本存量。

表 13-3 提供了表示這個經濟中從各種儲蓄率中得出的穩定狀態的計算結果。我們看到，較高的儲蓄引起較高的資本存量，較高的資本存量又引起較高的產出和較高的折舊。穩定狀態的消費，即產出與折舊之間的差額，先隨更高的儲蓄率而上升，然後又下降。當儲蓄率是 0.5 時，消費最高。因此，儲蓄率為 0.5 就引起了黃金規則穩定狀態。

回想一下確定黃金規則穩定狀態的另一種方法是確定資本的淨邊際產量（$MPK - \delta$）等於零時的資本存量。對於這個生產函數，邊際產量是：

$$MPK = \frac{1}{2\sqrt{k}}$$

用這個公式，表 13-3 最後兩欄給出了不同穩定狀態下 MPK 和 $MPK - \delta$ 的值。要注意的是，當儲蓄率在其黃金規則值 0.5 時，資本的淨邊際產量等於零。由於邊際產量遞減，只要經濟中的儲蓄小於這個值，資本的淨邊際產量就大於零，而只要經濟中的儲蓄大於這個值，資本的淨邊際產量就小於零。

這個數字例子證實了，確定黃金規則穩定狀態的兩種方法——觀察穩定狀態的消費

或觀察資本的邊際產量——都得出了相同的答案。如果我們想知道現實經濟現在是在其黃金規則資本存量之上或之下，第二種方法用起來更方便，因為估算資本的邊際產量容易做到。與此相比，用第一種方法評估一個經濟要求估算許多不同儲蓄時穩定狀態的消費，很難得到這類信息。

表 13-3　　　　　　　　找出黃金規則穩定狀態：一個數字例子

假設：$y = \sqrt{k}$，$\delta = 0.1$

s	k^*	y^*	δk^*	c^*	mpk	mpk − δ
0.0	0.0	0.0	0.0	0.0	∞	∞
0.1	1.0	1.0	0.1	0.9	0.500	0.400
0.2	4.0	2.0	0.4	1.6	0.250	0.150
0.3	9.0	3.0	0.9	2.1	0.167	0.067
0.4	16.0	4.0	1.6	2.4	0.125	0.025
0.5	25.0	5.0	2.5	2.5	0.100	0.000
0.6	36.0	6.0	3.6	2.4	0.083	−0.017
0.7	49.0	7.0	4.9	2.1	0.071	−0.029
0.8	64.0	8.0	6.4	1.6	0.062	−0.038
0.9	81.0	9.0	8.1	0.9	0.056	−0.044
1.0	100.0	10.0	10.0	0.0	0.050	−0.050

三、向黃金規則穩定狀態的過渡

現在我們使這位決策者的問題更加現實。到現在為止，我們一直假設決策者會簡單地選擇經濟的穩定狀態，並立即達到這種狀態。在這種情況下，決策者會選擇有最高消費的穩定狀態——黃金規則穩定狀態。但是，現在假設經濟已經達到了穩定狀態而沒有達到黃金規則穩定狀態。當經濟在各種穩定狀態之間過渡時，消費、投資和資本存量會發生什麼變動呢？過渡的影響會阻礙決策者去達到黃金規則嗎？

我們必須考慮兩種情況：經濟開始時的資本比黃金規則穩定狀態時多，或者比黃金規則穩定狀態時少。結果是這兩種情況向決策者提出了非常不同的問題。（正如我們將在下一章中說明的，第二種情況——資本太少——描述了大多數現實經濟，其中包括美國。）

從資本太多開始　我們首先考慮經濟從穩定狀態的資本多於黃金規則穩定狀態開始時會出現的情況。在這種情況下，決策者應該實施目的在於降低儲蓄率的政策，以便減少資本存量。假設這些政策成功了，並在某個點上——稱為時間 t_0——儲蓄率降到最終引起黃金規則穩定狀態的水準。

圖 13-10 表明當儲蓄率下降時，產出、消費和投資會發生什麼變動。儲蓄率下降直接引起消費增加和投資減少。由於在最初的穩定狀態時投資和折舊是相等，所以，投資

現在就小於折舊，這意味著經濟不再處於穩定狀態。逐漸地資本存量減少，引起產出、消費和投資減少。這些變量會一直下降到經濟達到新的穩定狀態時為止。由於我們一直假設，新穩定狀態是黃金規則狀態，所以，儘管產出和投資都少了，但消費應該大於儲蓄率變動之前。

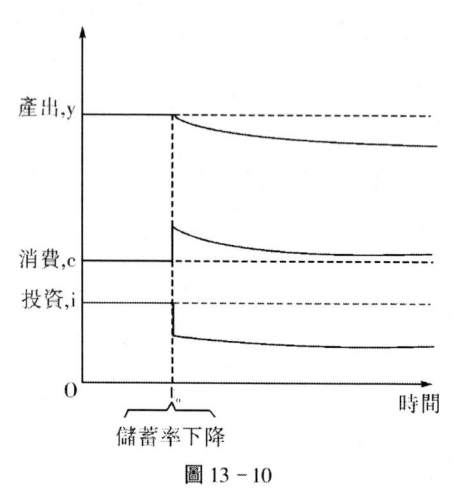

圖 13 - 10

要注意的是，與原來的穩定狀態相比，在新的穩定狀態時消費不僅多了，而且還沿著通向新穩定狀況的整個路徑來提高。當資本存量大於黃金規則水準時，降低儲蓄率顯然是一種好政策，因為這種政策在每一個時點上都增加了消費。

從資本太少開始。當經濟從資本小於黃金規則穩定狀態開始時，決策者應該提高儲蓄率以達到黃金規則。圖 13 - 11 表明所發生的情況。在 t_0 時儲蓄率提高直接引起消費減少和投資增加。隨著時間推移，更多的投資引起資本存量增加。隨著資本累積，產出、消費和投資逐漸增加，最後達到新穩定狀態水準。由於最初的穩定狀態時低於黃金規則，所以，儲蓄增加最終使消費水準高於以前存在的水準。

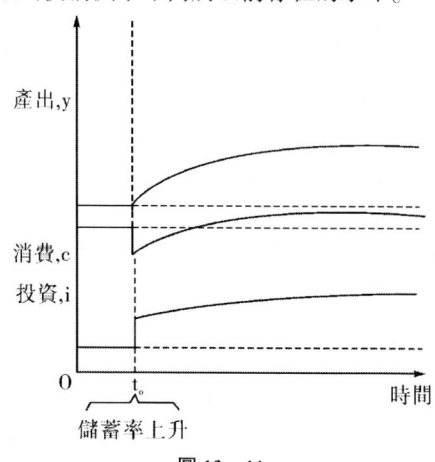

圖 13 - 11

引起黃金規則穩定狀態的儲蓄率提高增加了經濟福利嗎？最終是要增加經濟福利的，因為穩定狀態的消費水準較高。但是，達到新穩定狀態要求在開始時期減少消費。要注意的是，這與經濟開始時高於黃金規則的情況相反。當經濟從高於黃金規則開始時，達到黃金規則在所有時點引起較高的消費。當經濟從低於黃金規則開始時，達到黃金規則要求最初減少消費以增加未來的消費。

當決定是否要達到黃金規則穩定狀態時，決策者必須考慮現在的消費者和未來的消費者並不總是同樣的。達到黃金規則實現了最高的穩定狀態消費水準，所以子孫後代受益。但是，當經濟最初低於黃金規則時，達到黃金規則要求增加投資，從而降低現在這一代人的消費。因此，當選擇是否增加資本累積時，決策者面對不同的幾代人之間福利的交替關係。那些對現在這一代人的關心大於子孫後代人的決策者可能決定不實施達到黃金穩定狀態的政策。與此相比，那些同樣關心所有各代人的決策者將選擇達到黃金規則。儘管現在這一代人將少消費一些，但子孫後代無數的人都將由於向黃金規則變動而受益。

因此，最優資本累積關鍵取決於我們如何評價現在一代人與子孫後代人的利益。《聖經》裡的黃金規則告訴我們了一個《論語》中也論及的道理：「己所不欲，勿施於人」。如果我們留心這種勸告，我們就會對各代人同樣重視。在這種情況下，達到黃金規則的資本水準是最優的——這就是為什麼它被稱為「黃金規則」。

第四節 人口增長與經濟增長

基本索洛模型說明，資本累積本身並不能解釋持續的經濟增長。高儲蓄率引起暫時的高增長，但經濟最終要達到資本與產出不變的穩定狀態。為了解釋我們在世界大多數國家所觀察到的持續經濟增長，我們必須把索洛模型擴大到包括其他兩個經濟增長的源泉——人口增長和技術進步。在這一節中，我們把人口增長加到模型中。

這裡我們不假設人口是固定的，而是假設人口和勞動力按一個不變的比率 n 在增長。例如，美國人口增長每年為 1% 左右，因此，n=0.01。這就意味著，如果某一年有 1.5 億人進行勞動，那麼，第二年就有 1.515 億人（1.01×1.5 億）進行勞動，而第三年就有 1.530,15 億人（1.01×1.515 億）進行勞動，如此等等。

一、人口增長時的穩定狀態

人口增長如何影響穩定狀態呢？為了回答這個問題，我們必須討論人口增長如何與投資和折舊一起影響人均資本累積。正如我們以前提到過的，投資增加了資本存量，而折舊減少了資本存量。但現在有第三種作用於人均資本量變動的力量：工人數量增加引起了人均資本減少。

我們繼續用小字母表示人均數量。因此，$k=K/L$ 是人均資本，$y=Y/L$ 是人均產出。但是，記住工人數量是一直在增長的。

$$\Delta k = i - (\delta + n) k$$

這個式子表明，新投資、折舊和人口增長如何影響人均資本存量。新投資增加了人

均資本存量（k），而折舊和人口增長減少了人均資本存量（k）。我們已經在本章前面根據人口不變（n=0）的特殊情況說明了這個式子。

我們可以把（δ+n）項定義為收支相抵的投資——保持人均資本存量不變所需要的投資量。收支相抵的投資包括現有投資的折舊，它等於δk。它還包括為新工人提供資本所需要的投資量。為這一目的所需要的投資量是nk，因為n是新工人數，k是每個工人平均資本量。這個式子表明，人口增長減少人均資本累積的方法與折舊類似。折舊通過磨損資本存量減少k，而人口增長通過把資本存量更少地分散到大量工人中而減少k。[6]

我們現在對人口增長進行分析的做法也與以前相似。首先，我們用sf(k)代替i。這個式子就可以寫為：

$$\Delta k = sf(k) - (\delta + n)k$$

為了說明什麼因素決定了穩定狀態的人均資本水準，我們看圖13-12，該圖把圖13-4的分析擴大到包括人口增長的影響。如果人均資本k是不變的，一個經濟處於穩定狀態。與以前一樣，我們用k^*表示穩定狀態時k的值。如果k小於k^*，投資就大於收支相抵的投資，因此，k增加。如果k大於k^*，投資就小於收支相抵的投資，因此，k減少。

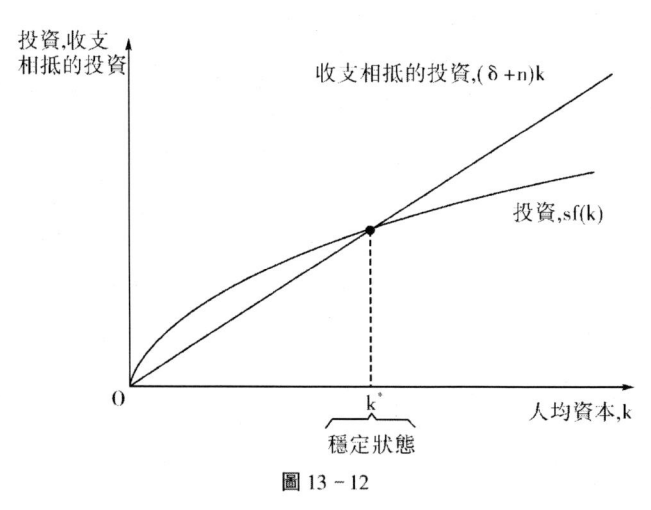

圖 13-12

在穩定狀態時，投資對人均資本存量的正效應正好與折舊和人口增長的負效應平衡。這就是說，在k^*時，$\Delta k=0$，而且，$i^* = \delta k^* + nk^*$。一旦經濟處於穩定狀態，投資有兩個目的。一些投資（δk^*）用於替代折舊的資本，而另一些投資（nk^*）為新工人提供穩定狀態的資本量。

二、人口增長的影響

人口增長在三方面改變了基本索洛模型：

第一，它使我們更接受於解釋持續的經濟增長。在人口增長的穩定狀態中，人均資本和人均產量是不變的。但是，由於工人數量以n這一比率增長，所以，總資本和總產出也必定以n這一比率增長。因此，儘管人口增長不能解釋生活水準的持續提高（由於

在穩定狀態時人均產出不變），但它有助於解釋總產出的持續增長。

第二，人口增長對為什麼一些國家富有而另一些國家貧困提供了另一種解釋。考慮人口增長的影響。圖13-13表明，人口增長率從 n_1 提高到 n_2 使穩定狀態人均資本水準從 k_1^* 下降為 k_2^*。由於 k^* 減少了，以及由於 $y^* = f(k^*)$，所以，人均產量水準也降低了。因此，索洛模型預言，人口增長率較高的國家，人均GDP水準較低。

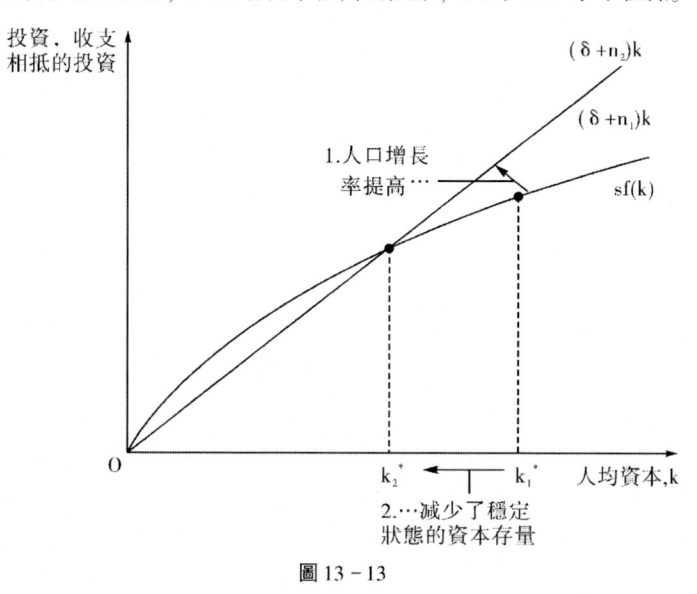

圖13-13

第三，人口增長影響我們決定黃金規則（消費最大化）資本水準的標準。為了說明這個標準如何變動，要注意人均消費是：

$c = y - i$

由於穩定狀態產量是 $f(k^*)$，穩定狀態投資是 $(\delta + n)k^*$，所以，我們可以把穩定狀態的消費表示為：

$c^* = f(k^*) - (\delta + n)k^*$

用與以前大致相同的推理，我們可以得出這樣一個結論：使消費最大化的 k^* 的水準是：

$MPK = \delta + n$

或者換個說法，

$MPK - \delta = n$

在黃金規則穩定狀態時，資本的邊際產量減折舊等於人口增長率。

三、世界各國的人口增長與人均收入

現在我們再回到為什麼世界各國生活水準差別如此巨大這個問題。我們剛剛完成的分析表明，人口增長可能是一個答案。根據索洛模型，人口增長率高的國家穩定狀態的人均資本存量低，從而人均收入也低。換言之，高人口增長率總使一國狀態惡化是因為

當工人數量增長迅速時很難維持高水準的人均資本。為了說明有沒有證據支持這個結論，我們再來看看各國的數據。

圖13-14是以前案例研究（以及圖13-7）中所有考察的同樣84國的數據離散圖。該圖表明，人口增長率高的國家往往人均收入水準低。國際數據與我們模型關於人口增長率是一國生活水準一個決定因素的預言是一致的。

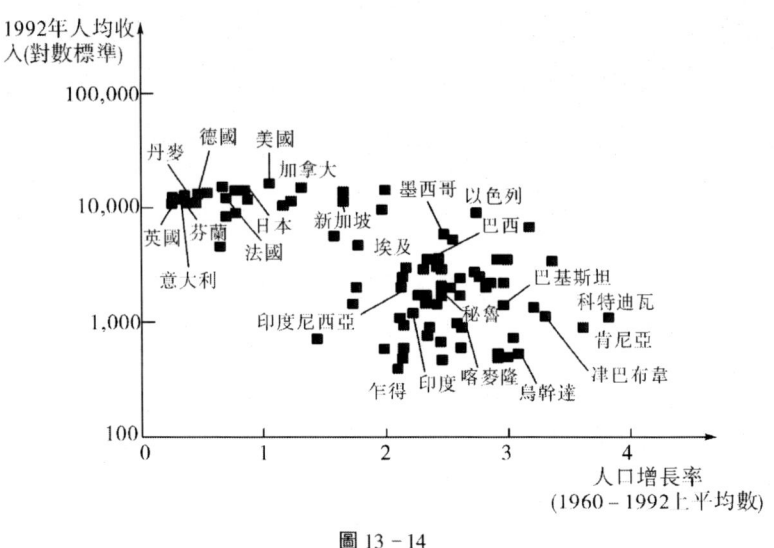

圖13-14

這個結論引起了決策者的注意。那些力圖使世界上最貧窮國家走出貧困的人，例如，世界銀行派到發展中國家的顧問，通常都建議通過增加控制生育方法的教育和擴大婦女工作機會來降低出生率。為了達到同樣的目的，中國實行只允許一對夫婦生一個孩子的嚴厲政策。如果索洛模型正確的話，這些降低人口增長率的政策在長期中提高了人均收入。

但是，在解釋各國數據時，重要的是要記住，相關性並不意味著因果關係。數據表明，低人口增長一般與人均收入高水準相關，而且，索洛模型對這一事實提供了一種可能的解釋，但其他解釋也是可能的。可以設想的是，高收入鼓勵低人口增長，這也許是因為在富國更容易得到控制生育的技術。國際數據可以幫助我們評價索洛模型這樣的增長理論，因為這些數據告訴我們理論的預言是否在世界上得到證明。但往往有不止一種理論可以解釋同樣的事實。

第五節　技術進步與經濟增長

從建立索洛增長模型開始到現在為止，所建立的模型說明了，儲蓄和人口增長如何決定經濟的穩定狀態資本存量，以及穩定狀態的人均收入水準。正如我們所看到的，它說明實際增長經驗的許多特徵——為什麼日本和德國在被第二次世界大戰摧毀之後增長如此迅速，為什麼那些儲蓄和投資在其產出中所占比例高的國家比那些儲蓄和投資在其產出中所

占比例低的國家富裕,以及為什麼人口增長率高的國家比人口增長率低的國家貧窮。

但是,這個模型並不能解釋我們在大多數國家所觀察到的生活水準的長期提高。在我們現在的這個模型中,當經濟達到穩定狀態時,人均產出就停止增長了。為了解釋持續的增長,我們需要把技術進步引入這個模型中。

一、索洛模型中的技術進步

現在我們把經濟增長的第三個源泉技術進步結合到索洛模型中。到現實為止,我們的模型一直假設資本和勞動的投入與物品和勞務的產出之間的關係不變。但是,可以修改這個模型,以便考慮社會生產能力的外生增長。

1. 勞動效率

為了把技術進步結合進來,我們必須回到把總資本 K 與總勞動 L 和總產出 Y 聯繫在一起的生產函數。到現在為止,生產函數一直是:

$Y = F(K, L)$

現在我們把生產函數寫為:

$Y = F(K, L \times E)$

在這裡,E 是被稱為勞動效率的新(而且有點抽象)概念。勞動效率反應的社會對生產方法的瞭解程度;隨著可獲得的技術改進、勞動效率提高。例如,當 20 世紀初期裝配線生產改變了製造業時,勞動效率提高了,而且,當 20 世紀後期引入計算機化時,勞動效率又提高了。當勞動力的健康、教育或技能得到改善時,勞動效率也提高了。

$L \times E$ 項衡量效率工人的人數。它考慮到工人的數量 L 和每個工人的效率 E。這個新生產函數說明,總產出 Y 取決於資本的單位數量 K 和效率工人的數量 $L \times E$。實際上,勞動效率 E 的提高也和勞動力 L 的增加一樣在發生。

關於技術進步最簡單的假設是,它引起勞動效率 E 以某種不變的比率 (g) 增長。例如,如果 g = 0.02,那麼,每單位勞動每年的效率就會提高 2%,產出的增加就像勞動力增加了 2% 一樣。這種形式的技術稱為勞動擴大型,而 g 稱為勞動擴大型技術進步的比率。由於勞動力 L 是按 n 的比率增長,而每單位勞動的效率 E 是按 g 的比率增長,所以,效率工人的數量按 n + g 的比率增長。

把技術進步表示為勞動擴大就使它類似於人口的增長。在上一節中,我們根據人均數量分析經濟,並允許工人數量隨時間推移而增加。現在我們根據每個效率工人的數量來分析經濟,並允許效率工人的數量增加。

為了這樣做,需要再考慮一下我們的符號。現在我們讓 $k = k/(K \times E)$ 代表每個效率工人的資本,$y = Y/(L \times E)$ 代表每個效率工人的產出。用這些定義,我可以重新寫出 $y = f(k)$。

這組符號實際上並不像看起來那麼新。如果我們讓勞動效率按任意值 1 保持不變,正如我們到現在為止隱含地所作的那樣,那麼,K 和 Y 的這些新定義就歸結為我們的舊符號。但是,當勞動效率提高時,我們必須記住 k 和 y 現在是指每個效率工人(而不是每個實際工人)的數量。

我們對經濟的分析與我們考察人口增長時一樣。表示一段時期內 K 的變動的等式現

當工人數量增長迅速時很難維持高水準的人均資本。為了說明有沒有證據支持這個結論，我們再來看看各國的數據。

圖13-14是以前案例研究（以及圖13-7）中所有考察的同樣84國的數據離散圖。該圖表明，人口增長率高的國家往往人均收入水準低。國際數據與我們模型關於人口增長率是一國生活水準一個決定因素的預言是一致的。

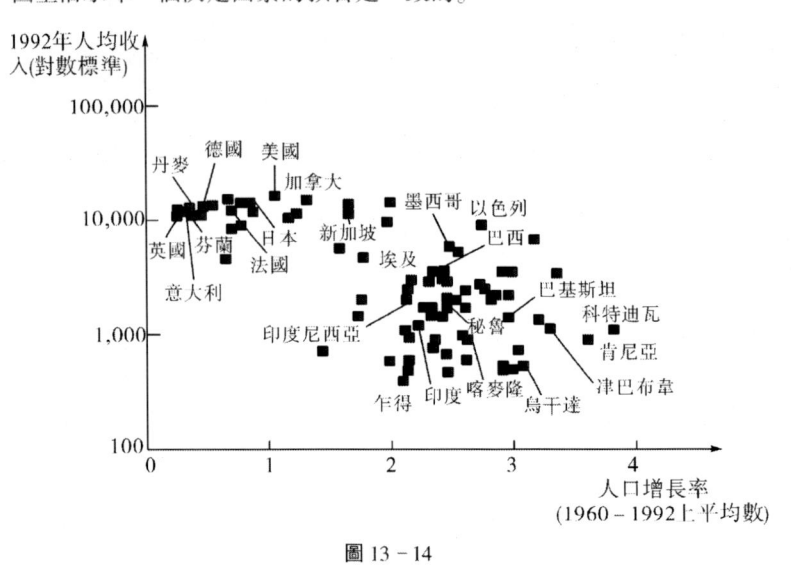

圖 13-14

這個結論引起了決策者的注意。那些力圖使世界上最貧窮國家走出貧困的人，例如，世界銀行派到發展中國家的顧問，通常都建議通過增加控制生育方法的教育和擴大婦女工作機會來降低出生率。為了達到同樣的目的，中國實行只允許一對夫婦生一個孩子的嚴厲政策。如果索洛模型正確的話，這些降低人口增長率的政策在長期中提高了人均收入。

但是，在解釋各國數據時，重要的是要記住，相關性並不意味著因果關係。數據表明，低人口增長一般與人均收入高水準相關，而且，索洛模型對這一事實提供了一種可能的解釋，但其他解釋也是可能的。可以設想的是，高收入鼓勵低人口增長，這也許是因為在富國更容易得到控制生育的技術。國際數據可以幫助我們評價索洛模型這樣的增長理論，因為這些數據告訴我們理論的預言是否在世界上得到證明。但往往有不止一種理論可以解釋同樣的事實。

第五節 技術進步與經濟增長

從建立索洛增長模型開始到現在為止，所建立的模型說明了，儲蓄和人口增長如何決定經濟的穩定狀態資本存量，以及穩定狀態的人均收入水準。正如我們所看到的，它說明實際增長經驗的許多特徵——為什麼日本和德國在被第二次世界大戰摧毀之後增長如此迅速，為什麼那些儲蓄和投資在其產出中所占比例高的國家比那些儲蓄和投資在其產出中所

出的增長率就只取決於技術進步的比率。根據索洛模型，只有技術進步能解釋生活水準的長期上升。

引起技術進步也修改了黃金規則的標準。現在資本的黃金規則水準定義為使每個效率工人消費最大化的穩定狀態。根據以前所用的同樣推理，我們可以說明，穩定狀態時每個效率工人的人均消費是：

$$c^* = f(k^*) - (\delta + n + g)k^*$$

如果

$$MPK = \delta + n + g$$

或者

$$MPK - \delta = n + g$$

穩定狀態的消費就實現了最大化。這就是說，在黃金規則資本水準時，資本的淨邊際產量 $MPK - \delta$ 等於總產出增長率 $n + g$。由於現實經濟既有人口增長，又有技術進步，所以，我們必須用這個標準來評價經濟的資本大於還是小於黃金規則穩定狀態。

二、內生增長理論

一個化學家，一個物理學家和一個經濟學家都被困在一個荒島上，他們竭力想找出打開一個食品罐頭的方法。

「讓我把罐頭放在火上烤就可以打開了。」化學家說。

「不，不，」物理學家，「讓我從一棵高樹上把罐頭扔到岩石上。」

「我有一個主意。」經濟學家說，「首先，我們假設有一把開罐刀……」

這個古老的笑話的目的是說明經濟學家如何用假設使他們所面臨的問題簡單化——而有時過分簡單化了。在評價經濟增長理論時，這個笑話特別合適。增長理論的一個目的是解釋我們在世界上大多數地方所觀察到的生活水準的長期提高。索洛模型說明了，這種長期增長必定來自技術進步。但技術進步來自哪裡呢？在索洛模型中，這只是一個假設！

為了充分理解經濟增長的過程，我們需要超越索洛模型，並建立解釋技術進步的模型。能這樣做的模型往往被稱為內生增長理論，因為這些模型否定了索洛模型外生技術變革的假設。儘管內生增長理論的領域廣闊而且有時還較為複雜，但我們這裡還要簡單地瞭解一下這種現代研究成果。[6]

1. 基本模型

為了說明內生理論的內在思想，我們從一個特別簡單的生產函數開始：

$$Y = AK$$

在這裡，Y 是產出，K 是資本存量，而 A 是一個常量，衡量一單位資本所生產的產出。要注意的是，這個生產函數並沒有反應出資本收益遞減的性質。無論資本量是多少，額外的一單位資本生產 A 單位額外產出。不存在資本收益遞減是這個模型和索洛模型之間的關鍵差別。

現在我們看看這個生產函數說明了經濟增長的什麼內容。與以前一樣，我們假設收入中的一個比例 s 用於儲蓄和投資。因此，我們用一個與以前所用的相似的式子來描述資本累積：

$$\Delta K = sY - \delta K$$

這個式子表明，資本存量的變動（ΔK）等於投資（sY）減折舊（δK）。把這個式子與生產函數 $Y = AK$ 結合在一起，進行一點調整之後我們得出：

$\Delta Y/Y = \Delta K/K = sA - \delta$

這個式子表明，決定產出增長率 $\Delta Y/Y$ 的是什麼。要注意的是，只要 $sA > \delta$，即使沒有外生技術進步的假設，經濟的收入也在一直增長。

因此，生產函數的簡單變動就可以從根本上改變對經濟增長的預測。在索洛模型中，儲蓄引起暫時增長，但資本收益遞減最終迫使經濟達到增長只取決於外生技術進步的穩定狀態。與此相比，在這種內生增長模型中，儲蓄和投資會引起長期增長。

但放棄資本收益遞減的假設合理嗎？回答取決於我們如何解釋生產函數 $Y = AK$ 中的變量 K。如果我們接受傳統觀點，即 K 只包括經濟的工廠與設備存量，那麼，假設收益遞減就是自然而然的。給每個工人 10 臺電腦並不會使工人的生產率是只有一臺電腦時的 10 倍。

但是，內生增長理論的支持者認為，如果對 K 作出更廣義的解釋，資本收益不變（而不是收益遞減）的假設就更合理。也許對內生增長模型最發了的支持是把知識作為一種資本。顯而易見，知識是經濟生產中的一種重要投入——無論它生產的物品與勞務還是它提供的新知識。但是，與其他形式的資本相比，假設知識表現出收益遞減的性質就不太合理了。（實際上，過去幾百年來科學與技術創新增長的速度使一些經濟學家認為，存在知識的收益遞增。）如果我們接受了知識是一種資本的觀點，那麼，假設資本收益不變的內生增長模型就更合理地描述了長期經濟增長。

2. 兩部門模型

雖然 $Y = AK$ 模型是內生增長最簡單的例子，但該理論已經大大超越了這種情況。研究的思路是努力建立一個以上生產部門的模型，以便對支配技術進步的力量提供更好的描述。為了說明我們從這種模型中可以瞭解到什麼，我們簡單舉一個例子。

經濟有兩個部門，我們把這兩個部門稱為製造業企業和研究性大學。企業生產物品與勞務，這些物品與勞務用於消費和物質資本投資。大學生產被稱為「知識」的生產要素，然後這兩個部門免費利用知識。企業的生產函數，大學的生產函數，以及資本累積公式描述了這個經濟：

$Y = F [K, (1-u) EL]$（製造業企業的生產函數）

$\Delta E = g (u) E$（研究性大學的生產函數）

$\Delta K = sY - \delta K$（資本累積）

在這裡，u 是在大學的勞動力的比例（且 $1-u$ 是在製造業的勞動力比例），E 是知識存量（它又決定了勞動效率），g 是表明知識增長如何取決於在大學的勞動力比例的函數。其他符號是標準符號。正常情況下，假設製造業企業生產函數是規模收益不變的：如果我們使製造業物質資本量（K）和製造業中效率工人的數量 $[(1-u) EL]$ 翻一番，那麼，物品與勞務產出（Y）也翻一番。

這個模型與 $Y = AK$ 模型是同一類。最重要的是，只要把資本廣義地定義為包括知識，這個經濟就表現出資本收益不變（而不是遞減）的性質。特別是，如果我們使物質資本 K 和知識 E 都翻一番，那麼，我們就可以使這個經濟中兩個部門的產出都翻一番。

因此，與 Y = AK 模型一樣，這個模型也可以在不假設生產函數中有外生變動的情況下引起長期增長。在這裡，長期增長是內生地產生的，因為大學的知識創造決不會放慢。

但是，這個模型同時也與索洛增長模型類似。如果在大學的勞動力比例 u 是不變的，那麼，勞動效率 E 就按不變的比率 g (u) 增長。這種勞動效率以不變的比率 g 增長是以前有技術進步的索洛模型所作出的假設。而且，這個模型的其餘部門——製造業生產函數和資本累積方程——也與索洛模型的其餘部分相同。因此，對任何一個既定的 u 的值，這種內生增長模型也和索洛模型一樣發揮作用。

在這個模型中有兩個關鍵的決策變量。正如在索洛模型中一樣，用於儲蓄和投資的產出比例 s 決定了穩定狀態的物質資本存量。此外，大學中勞動的比例 u 決定了知識存量的增長。儘管只有 u 影響穩定狀態的收入增長率，但 s 和 u 都影響收入水準。因此，這個內生增長模型在說明哪一種社會決策決定技術變革率方面只是邁出了一小步。

3. 研究與開發

剛剛提出的兩部門內生增長模型使我們更能進一步解釋技術進步，但它仍然只講了有關知識創造的一些隨機情況。即使只考慮某一時刻的研究與開發過程，有三個事實也是顯而易見的。第一，儘管大部分知識是公共物品（即每個人都可以免費得到的物品），但有許多研究是由利潤動機驅動在企業進行的。第二，研究之所以有利是因為創新能給予企業暫時的壟斷地位，這既是由於專利制度又是由於最早進入新產品市場的企業優勢。第三，當一家企業創新時，其他企業要根據這種創新去進行下一代創新。要把這些（基本是微觀經濟的）事實與至今為止我們討論的（基本是宏觀經濟的）增長模型聯繫起來並不容易。

一些內生增長模型力圖把這些有關研究與開發的事實結合在一起。這樣做要求把企業在從事研究與開發時所面臨的決策模型化，並把對自己的創新與有某種壟斷力量的企業之間的相互作用模型化。對這些模型較為詳細的探討超出了本書的範圍。但應該顯而易見的是，這些內生增長模型的優點是它們對技術創新過程提供了更為全面的闡述。

這些模型想要解決的是一個問題是，從整個社會的角度看，追求利潤最大化的私人企業所進行的研究是太少還是太多。換言之，研究的社會收益（這是社會所關心的）是大於還是小於私人收益（這是單個企業的動機）？結論是就技術而言，兩方面的影響都有。一方面，當一個企業創造了一種新技術時，它通過給其他企業進行未來研究提供了一個可以依靠的知識基礎而使這些企業狀況變好。正如伊薩克·牛頓的名言所說：「如果說我比其他人看得更遠，那是因為我站在了巨人們的肩膀上。」另一方面，當一個企業投資於研究時，它也會通過僅僅是首先發現了另一個企業本來也已發明的技術而使其他企業狀況變壞。這種研究的另一方面影響被稱為「傷害」效應。企業讓自己從事的發明太少還是太多就取決於這種影響是正的「站在肩膀上」的外部性還是負的「傷害」外部性更主要。

儘管理論對最優研究努力的看法還是含糊不清的，但這一領域內的經濟研究通常並非如此。許多研究表明，「站在肩膀上」的外部性是重要的，因此，研究的收益是大的——通常每年大於 40%。我們以前估算出物質資本的收益率是每年 8% 左右，特別是與物質資本的收益相比，研究的收益是驚人的。根據一些經濟學家的判斷，這種發現證明了政府大量補貼研究的正確性。

第十四章　開放經濟下的宏觀管理

本章重點及難點

(1) 經常項目與儲蓄、投資的關係
(2) 影響經常項目的因素
(3) 購買力平價與匯率決定
(4) 固定匯率和浮動匯率下的宏觀經濟政策效果
(5) IS—LM—BP 模型的內容

在前面的各章分析中，我們分析了封閉經濟下的宏觀經濟總量，將對外經濟關係存而不論。本章在三部門經濟基礎上，加上進出口和國際收支的變化，將封閉經濟模型擴展為開放經濟模型。重點介紹開放經濟下的基本恆等關係，一國經常項目的確定，以及在開放經濟條件下的宏觀經濟政策。

第一節　開放經濟下的收支項目

在一個完全封閉的經濟中，有 $C+I+G \equiv Y \equiv C+S+T_N$，總儲蓄 S 必定等於總投資 I。對於單個的家庭而言，有些家庭可能想要儲蓄而沒有任何投資，而有些家庭可能有投資項目而沒有儲蓄。金融市場正好解決了將一些家庭的儲蓄轉化為另一些家庭的投資的問題。但在開放經濟中，一國居民與其他國家居民交易商品和金融資產，因而一國的儲蓄就不必總是等於該國國內所發生的總投資。如果一國家庭的儲蓄大於國內投資，那麼就會將超額儲蓄借給其他國家，該國的國民產出就有一部分出口給外國居民。所以，一國的儲蓄、投資與進出口、經常項目就有密切的關係。

一、開放經濟、均衡和外貿乘數

1. 四部門經濟的收支均衡

在封閉經濟中，國民收入 Y 等於總支出 C+I+G 時就達到均衡，於是得：

$$Y = C + I + G \tag{1}$$

由於 Y−C = S+T，於是有

$$I + G = S + T \tag{2}$$

在開放型經濟中，進口 M 增加了本國實際商品和勞務的總供給，而出口 X 則增加了對本國實際商品和勞務的總需求，因此均衡式變為：

$$Y + M = C + I + G + X \tag{3}$$

或：

$$Y = C + I + G + (X - M) \tag{4}$$

（X－M）是出口與進口的差額，稱為淨出口或外貿差額、外貿結餘。

在均衡狀態下，總支出等於總收入，由(2)可得：

$$I + G + X = S + T + M \tag{5}$$

(5)式的左邊是注入的流量，右邊則是漏出的流量。

假定進口水準是收入水準的線性函數。做出這個假定，是因為：①隨著收入增加和消費增加，對進口商品的需求會隨之增加；②當國民收入增長時，對原材料和勞務的進口也會隨之增加。出口由外國的收入水準決定，作為外生變量看待；進口由本國的收入水準決定，作為內生變量看待。所以進口的線性方程可寫為：

$$M = M_a + m \cdot Y \tag{6}$$

其中的 M_a 為自主進口，參數 m 叫做邊際進口傾向（MPM）。$m = \triangle M / \triangle Y$。

再將公式(6)代入(4)或(5)，可得：

$$Y = C + I + G + X - (M_a + m \cdot Y) \tag{7}$$

或：

$$I + G + X = S + T + (M_a + m \cdot Y) \tag{8}$$

圖14－1用漏出—注入法表示了四部門的收入均衡模型。M 線的斜率是 $m = \triangle M / \triangle Y$，即邊際進口傾向。

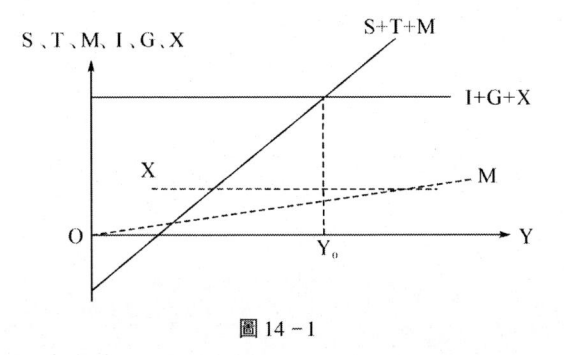

圖 14－1

2. 外貿乘數

在開放型經濟中，收入增加，進口會隨之增加。在存在正的邊際進口傾向時，自主支出增加所產生的乘數擴張效應將減弱，使乘數變小——因為由自主變量變動所增加的收入中，一部分會用來購買外國的商品或勞務，從而造成增加收入的部分滲漏。

下面我們利用(4)式來推導出邊際進口傾向對乘數的效應。

因為(4)式可以擴展為：

$$Y = C_a + b(Y - T) + I + G + X - (M_a + m \cdot Y) \tag{9}$$

(9)可改寫為：

$$Y = C_a + b \cdot Y - b \cdot T + I + G + X - M_a - m \cdot Y$$

$$Y - b \cdot Y + m \cdot Y = C_a - b \cdot T + I + G + X - M_a$$

因此可得：

$$Y = \frac{1}{1-b+m}(C_a - bT + I + G + X - M_a) \tag{10}$$

(10)中的 $1/(1-b+m)$ 是對外貿易乘數。

在(10)式中的括弧裡的任何變量發生變動,都等於該數值的變動乘以外貿乘數。

很顯然,外貿乘數 $1/(1-b+m)$ 與正常乘數 $1/(1-b)$ 相比較,外貿乘數小於正常乘數。只有邊際進口傾向 m 為 0 時,兩者才會相同。只要 m 為正數,它就會使外貿乘數變小。

例如:假定邊際消費傾向 $b = \frac{3}{5}$,如果現在出口增加 \$ 2,000 億,邊際進口傾向 $m = \frac{1}{10}$,國民收入增加將是 $\$ 2,000 \cdot \left[\dfrac{1}{1-\dfrac{3}{5}+\dfrac{1}{10}}\right] = \$ 4,000$ 億。如果邊際進口傾向為 0,則增加的國民收入將是 $\$ 2,000 億 \times \dfrac{1}{1-\dfrac{3}{5}} = \$ 5,000$ 億。

可見,增加出口和抑制進口,會增加本國的國民收入和就業,採取這樣的外貿政策就可以把本國的失業「出口」到其他國家。

二、儲蓄、投資與經常項目

1. 經常項目的確定

在封閉經濟中,儲蓄必定等於投資。由於儲蓄和投資都是國內利率 r 的函數,所以國內利率的調整將會使儲蓄與投資均衡,如圖 14-2。

如果儲蓄與投資變化,圖 14-2 的均衡也將發生改變。比如從短期分析,如果遇上好的年景,產出豐收,這是一種有利的供給變化,結果將會導致家庭儲蓄的增加,從而會使利率 r 下降,當前儲蓄與投資增加。如圖 14-3 所示,暫時的收入增加會使 S 向 S′ 變化,結果利率 r 下降,儲蓄 S 和投資 I 增加。

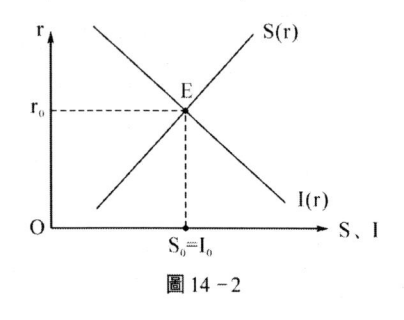

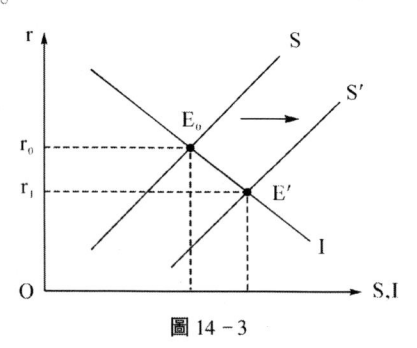

圖 14-2

圖 14-3

如果收入的增加是持久的,均衡的改變將會更加複雜一些。當預期未來收入增加時,居民將會傾向於減少當前的儲蓄從而增加更多的當前消費。儲蓄曲線 S 將向左移動至 S′。由於預期收入增加,投資也將增加,從而使 I 向右移動至 I′,結果可以確定的是均衡利率將會上升,這一過程如圖 14-4 所示。

在開放經濟條件下,經常項目反應一國與其他國家或地區之間的產品與勞務交易,

圖 14－4

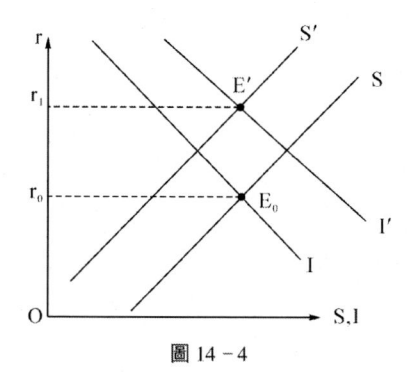

也記錄轉移支付。如果經常項目為正，表明一國的出口和轉移支付所得收入大於支出，又叫經常項目順差，反之為經常項目逆差或赤字。當有經常項目赤字或逆差狀態時，就需要向國外出售資產或從國外借款支持。因而一國經常項目 CA 也可以定義為一國對外淨債權的變化，即 $CA = B^* - B^*_{-1}$。B^* 代表對外淨債權。

前面已經指出，在封閉經濟下家庭儲蓄 S 總是等於投資 I，所以封閉經濟下一國家庭的總債權必然等於 0。即 $B = S - I = 0$，B 代表國內債權，在開放經濟下 S 可以不等於 I，所以，一國儲蓄 S 與投資 I 之差就體現了對外淨債權的變化。所以有 $B^* - B^*_{-1} = S - I$。可見，開放經濟條件下必然有

$$CA = B^* - B^*_{-1} = S - I \tag{11}$$

所以，經常項目可以表示為一國對外淨債權的變化，也必然是一國儲蓄與投資的差額。利用這一簡單的框架，我們可以把經常項目表示為利率的增函數。對於一個小國而言，S 與 I 所決定的利率水準是國內利率水準，對於給定的國際利率 r^*，國內儲蓄與利率是不一定相等的，它們的差額正好反應該國的經常項目變化。如圖 14－5。

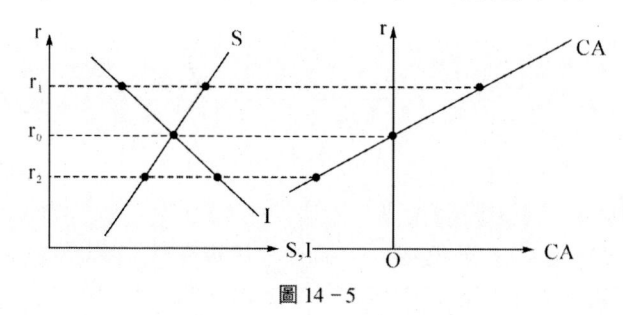

圖 14－5

當世界利率為 r_0 時，一國 $S = I$，$CA = 0$。如果世界利率上升為 r_1，一國 $S > I$，CA 為正，反之，如果世界利率下降為 r_2，$S < I$，CA 為負，因此，開放小國，必然有 $CA = CA(r^*)$。

2. 經常項目與貿易項目

由於 $CA = S - I$，所以 $CA = (C + S) - (C + I)$。令 $C + I = A$，所以有 $CA = Y - A$。再令 M 為進口，X 為出口，Cd 為對國內產品的消費，Id 為對國內產品的投資需求，Ad

為對國內產品的支出，因此 CA = Y － A 可以調整為 CA = Y － A =（Ad ＋ X）－（Ad ＋ M）＝ X － M = TB，因此有

$$CA = X - M = TB \qquad (12)$$

上式中 CA = TB 只是一個近似相等關係。因為在一國可支配收入中，還應該包括轉移支付變化，如果用 $r \cdot B_{-1}^*$ 表示淨外國資產收益，那麼（12）式可以調整為

$$CA = TB + r \cdot B_{-1}^* \qquad (13)$$

至此，經常項目的表述就有了多種方式，可以綜合地表達為

$$CA = B^* - B_{-1}^* = S - I = Y - A = TB + r \cdot B_{-1}^* \qquad (14)$$

3. 影響經常項目的因素

由於問題本身的複雜性，我們將以一個小國為例，分析影響一國經常項目的因素。

（1）世界利率。世界利率變化對經常項目的影響是至關重要的。隨著世界利率的上升，國內投資將會下降，儲蓄將會上升。經常項目變為盈餘。因此，小國經濟，開放經濟下，經常項目與世界利率存在著一種正相關關係。

（2）一國收入的影響。許多國家的產出水準都會受到來自於各種因素的擾動，比如地震，冰雪災害會降低產出從而降低儲蓄水準；反之風調雨順又可能使儲蓄增加。在圖 14－6 中，假如一個國家因為氣候變壞而歉收，那麼人們為了維持穩定的消費就會降低當前的儲蓄水準，S 會向 S′移動，結果在既定的世界利率水準上經常項目 CA 會出現赤字。

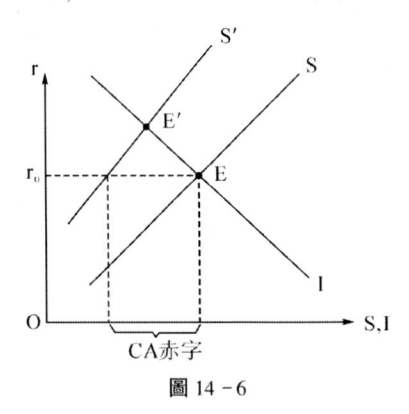

圖 14－6

（3）投資變化。投資變化對經常項目的影響是顯而易見的。如圖 14－7 所示。假設一國經濟的均衡點為 A，由於預期收入的增加，投資增加，在世界利率不變下且等於 r_0 下，經常項目當會出現赤字並有 CA = A′－ A。如果該國是封閉經濟，那麼利率的上升將會在使 S 與 I 在 B 點均衡。

（4）貿易條件的影響。貿易條件用 TT 表示，是一國出口價格對進口價格之比，即 $TT = \dfrac{PX}{PM}$。PX 是出口商品的價格指數，PM 是進口商品價格指數。貿易條件的改善意味著 TT 值的增大，結果一國收入將會增加。如果貿易條件的改善是暫時的，那麼的儲蓄將會上升。從均衡開始的經常項目就會向盈餘變化。如果貿易條件是持續性改善，則家庭將傾向於用增加的持久性收入維持更高的消費水準，儲蓄率並不一定上升，經常項目

圖 14－7

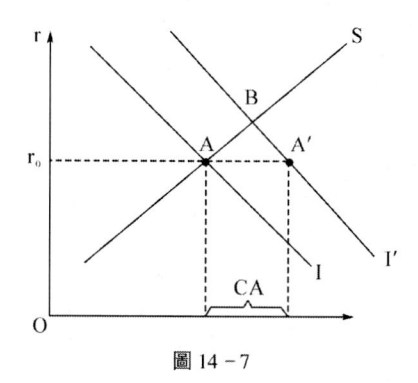

也並不一定會出現盈餘。

三、政府預算與經常項目

1. 政府儲蓄、投資與債務

政府收入來源是十分複雜的。但稅收為政府最為重要的收入形式。為了簡化分析，假定政府的收入為稅收這種單一形式，且稅收為淨稅收，即總稅收減去轉移支付的餘額，設為 T。政府支出也被簡化為政府消費支出 C^g 和政府投資支出 I^g。當政府收不抵支時，政府將會舉債，設 D^g 為政府的淨債務，那麼政府債務餘額必然是期初債務與政府預算赤字之和，所以有：

$$D^g = D^g_{-1} + r \cdot D^g_{-1} + C^g + I^g - T \tag{15}$$

（15）式中，D^g_{-1} 為期初政府債務，$r \cdot D^g_{-1}$ 為政府為期初債務所支付的利息，$C^g + I^g - T$ 為政府支出減去政府收入，即政府赤字。可見，政府淨債務變化是政府支出與政府收入之差，即

$$D^g - D^g_{-1} = r \cdot D^g_{-1} + C^g + I^g - T \tag{16}$$

由於政府儲蓄 $S^g = T - (r \cdot D^g_{-1} + C^g)$，所以，政府預算赤字 DEF 就等於政府投資與儲蓄的差額。

$$DEF = D^g - D^g_{-1} = I^g - (T - C^g - r \cdot D^g_{-1}) \tag{17}$$

因為 $T - C^g - r \cdot D^g_{-1} = S^g$，所以（17）式可寫為

$$DEF = I^g - S^g \tag{18}$$

所以，預算盈餘是赤字的相反值，等於政府儲蓄減政府投資。

2. 政府預算與經常項目

在前面已經分析過，經常項目是經濟中的總儲蓄與總投資之差即 CA = S - I，將總儲蓄與總投資分別分解為政府與私人兩個部分，那麼就有：

$$CA = S - I = (S^p + S^g) - (I^p + I^g) = (S^p - I^p) + (S^g - I^g)$$

根據（18）式有：

$$CA = (S^p - I^p) - DEF \tag{19}$$

（19）式得出了一個非常重要的結論，即政府預算赤字是與經常項目相聯繫的。預算赤字的上升往往伴隨著經常項目的變化。所以，國際貨幣基金組織建議，克服經常項

目赤字的最好辦法是減少公共部門赤字。

第二節　匯率和匯率決定

決定匯率的資產—市場理論是近年在西方流行的國際收入均衡理論和國際收入調節理論。它是以貨幣主義的國際收入調節理論為基礎，對 IS—LM 模型進行修正而發展起來的一種具有濃厚的綜合折中色彩的理論。本節著重於介紹這種具有代表性的新的流行理論的基本內容，提供一個開放性經濟的收支均衡宏觀模型。

一、匯率

匯率是一單位本幣所能買到的外幣數量，或是按外國貨幣標定的本幣價值。為了分析的方便，在這裡以美國為例，把美元的匯率看成是美元對許多國家貨幣匯率的加權平均數，稱為貿易加權匯率，用 E 表示。對每一個國家匯率的權數是根據它在對美國貿易總額中所占的比重來確定的，所以研究匯率在貿易中的作用時，只採用加權平均匯率指標，即只把世界其他國家（ROW）作為一個單獨的國家看待。ROW 的貨幣單位 FMU 也被看成是單一的，ROW 的價格水準和 GNP 也被看成是單一的。

在當今世界，西方各主要國家實行的是浮動匯率制或靈活匯率制。在這種制度下，匯率是在外匯市場中決定的。

外匯市場是進行外匯交易的市場，它是由各大貿易國的商業銀行及其分行所組成的世界性網絡，它借助於現代通信工具通過經紀人進行外匯交易。參與國際外匯市場交易的有私人、企業和政府。國際外匯市場的基本特徵是其競爭的完全性。

在完全競爭性的外匯市場，匯率由什麼決定呢？按照貨幣主義學派的購買力平價理論，兩國間的匯率應當與兩國間物價水準相一致。比如：有代表性的一組商品在美國值 2 美元，在法國值 10 法國法郎，匯率 E 就是 1 美元＝5 法國法郎。匯率 E 乘某種商品的國內價格（E·P）就等於該種商品的國外價格。所以，購買力平價匯率就是使所比較的兩種通貨在各自的國內其購買力正好相等的匯率。購買力平價又稱為匯率平價或有效匯率。

但平價匯率並不一定等於實際匯率。對平價匯率的偏離是時常發生的。實際匯率是衡量一國產品和 ROW 產品的相對價格指標，若以 P_W 表示其他國家產品的價格，實際匯率用符號表示為：

$$實際匯率 = \frac{美國產品的 FMU 價格}{ROW 產品的 FMU 價格} = \frac{E \cdot P}{P_W}$$

若用外幣單位表示的美國產品價格與外國產品的價格相等，實際匯率就等於匯率平價。若不等，則表明了兩者的差別，所以實際匯率表明了對購買力平價的偏離程度。實際匯率上升，表明美國產品在國外市場變貴了；反之則變得更便宜了。比如：平價匯率是 1 美元＝3 德國馬克。當美元實際匯率上升到 1 美元＝3.3 德國馬克時，一臺美國產、賣 1,000 美元的計算機，在德國的售價就從 3,000 德國馬克上升到 3,300 德國馬克。反之，實際匯率下降，美國產品就會相對變得便宜。所以實際匯率偏離購買力平價是經常

可能出現的。但是這種背離又是暫時的。如果美元與法國法郎的實際匯率是 1 美元 = 1 法國法郎，但在美國 1 美元買到的東西比把 1 美元換成 1 法國法郎在法國買到的東西多 5 倍，即平價匯率為 1 美元 = 5 法國法郎，法國法郎持有者就會爭相競換美元，使得對美元的需求增加，匯率上漲，一直到 1 美元 = 5 法國法郎，重新實現購買力平價才會停止。可見，實際匯率總是以購買力平價為中心波動。如果假定本國和外國生產的產品相同，人們又總能很快地取得外匯，彼此又總能購買到別國最便宜的產品，實際匯率的波動就很微小，基本等於購買力平價。但實際上，實際匯率在短期是存在很大波動的，背離購買力平價是很平常的現象。其重要的原因是：各國生產的產品並不相同，人們也不能很快地買到別國的最便宜產品，別國的便宜產品也並不能完全把本國昂貴的產品擠出市場。比如當美元升值時，日本汽車、電氣產品比美國的便宜，雖然這會使美國產品的銷售增加困難，但它卻不能完全被日貨擠出市場，在短期內就使實際匯率達到購買力平價水準。所以西方經濟學認為，購買力平價理論雖然能解釋長期匯率的決定，為長期匯率的變化趨勢提供說明，但卻不能準確地解釋短期的匯率決定問題。而且，更重要的還在於，購買力平價理論只是局限在用商品進出口貿易所引起的貨幣供求變動來說明匯率決定，並未涉及國際間資本流動對實際匯率的重要影響。因此，當代西方經濟學又採用利率平價和預期理論來強調資本流動對於匯率短期決定的重要意義。

二、匯率和利率

匯率的短期波動同本國和其他國家的利率密切相關。一般地說，利率和匯率具有正相關的關係。現在我們逐步來說明這個結論。

1. 利率平價

利率平價用於解釋本國和其他國家的利率與預期的本國貨幣貶值率之間的關係。

以證券為例，投資者要比較在美國持有美元證券和在德國持有德國馬克證券的收益。如果兩國的證券的固定利率都是 10%，匯率為 1 美元 = 3 德國馬克，那麼用 100 美元可以換到 300 德國馬克，購買德國馬克證券到年底可得本利和 330 德國馬克。但是，如果這年美元貶值了 2%，年底的匯率就是 1 美元 = 2.94 德國馬克。那麼 330 德國馬克就能換到大約 112 美元（330÷2.94 = 112.2），這樣，以美元衡量的德國證券的淨收益就是 12%。它高出 10% 的德國證券的固定利率。而兩者之間的差額是由美元的貶值造成的。

如果兩國的證券的固定利率存在差額，比如美元是 10% 的利率，德國馬克利率是 5%，預期的美元貶值率是 0，投資者顯然會強烈地偏好美元證券而不願持有德國馬克證券。但是由於資本流動會使兩種證券的短期收益具有趨於相等的態勢，人們也就有理由預期美元的年貶值率將達到 5% 左右，因為這樣，兩國投資的年收益率才會相等，資本在國際間才會停止流動。

一般地說，由於兩國證券的短期收益要趨於一致，美元證券和德國馬克證券的固定利率差，就將形成一個與其相等的預期美元貶值率。寫成公式就是：

$R - R_W$ = 預期的美元貶值率

上式中的 R 是美元利率，R_W 是其他國家的利率，它表明利率差和預期的貨幣貶值率之間具有這種一一相等的關係。不同的利率差會形成與其相等的不同預期貶值率，這

就稱為利率平價。舉例來說，如果 $R=0.10$、$R_w=0.05$，那麼預期的美元貶值率就是 0.05，在美國投資和在別國投資的收益率才會相等。

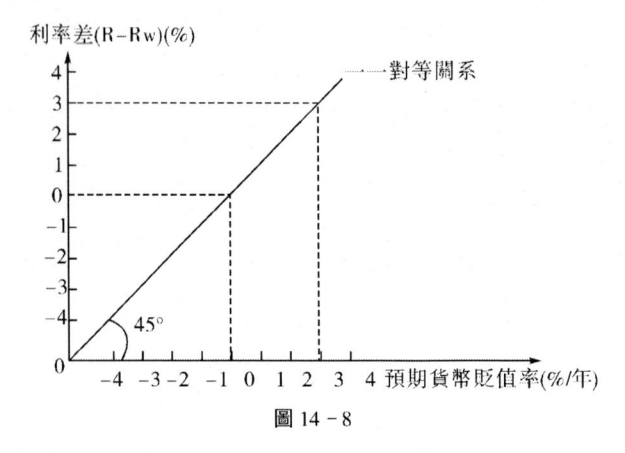

圖 14－8

如圖 14－8 所示，以利率差為縱軸，預期貨幣貶值率為橫軸，利率差的變動一一地對等著預期貶值率的變動，兩者之間有正向的函數關係。

2. 匯率和預期的貨幣貶值率

下面進一步討論在市場上對美元貶值率的預期是如何形成的，以此說明貶值率預期的大小與匯率的高低密切相關。

實際匯率一般是圍繞著購買力平價波動的，時高時低，但總有回復到購買力平價的長期趨勢。這是可以由投資者預期的。如果實際匯率向上偏離平價時，投資者將預期匯率會最終下降到平價水準。同樣，如果實際匯率向下偏離平價時，投資者也會預期匯率要上升到平價水準。一般地說，匯率越高，預期的匯率下降率也越大，即美元的貶值率越大。反之，匯率越低，預期的匯率升值率越大。

當然，實際匯率回復到購買力平價上要經歷一個過程，不是短時間就能做到的。如果假定合理預期匯率只是以每年10％的速度回復到平價水準，就可寫出關係式：

預期的美元貶值 = 0.10（實際匯率 - 購買力平價）

例如：設購買力平價為 1.0，實際匯率為 1.3，實際匯率與購買力平價之差就為 0.30，匯率高於平價30％。那麼，每年的預期貨幣貶值率就是 0.3 的 1/10 即3％，由此我們就可以畫出預期的貨幣貶值曲線，表明匯率水準與預期貨幣貶值之間存在的這種相關性。

圖 14－9 說明，如果實際匯率高於購買力平價水準，投資者預期會出現貨幣貶值；反之，實際匯率低於購買力平價水準，投資者預期會出現貨幣升值。但是，根據經驗研究的結果表明，投資者合理預期匯率回到平價水準的速度是相當慢的，因而預期貨幣價值的變動速度也是很慢的。圖中假定匯率回復的速度是每年 1/10，實際匯率與平價的差額 0.2，預期貨幣貶值每年為2％。因此在匯率和預期的貨幣貶值之間存在著一條向上傾斜的相關曲線。

3. 利率差和利率

上面已經說明，為了維持利率平價，利率差會引起一個相等的預期美元貶值率，預

圖 14－9

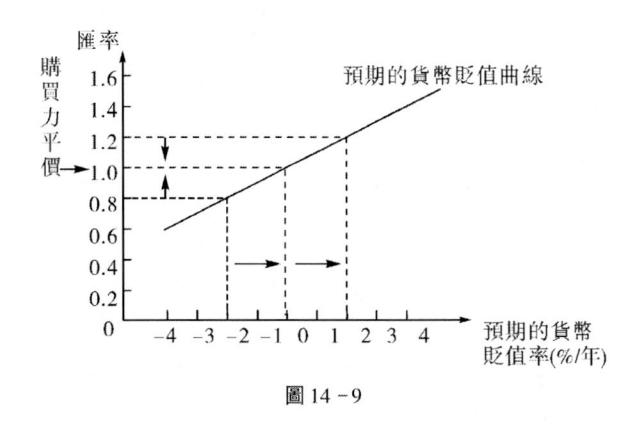

期的美元貶值率又以相當慢的速度反應著實際匯率回復到購買力平價的程度。現在再回頭來討論利率差形成的過程，說明一國利率的變動對利率差的影響程度，進而推導出一國利率變動與匯率變動的關係。

美國和別國的利率變動都會影響兩國的利率差。美國利率的變動是由貨幣政策和財政政策等諸多因素決定的，別國利率改變也是由別國的貨幣政策和財政政策等諸多因素決定的。如果美國實行緊縮性政策使利率上升，別國相反實行使利率下降的擴張性政策，兩國的利率差就會擴大。如果別國也跟隨美國採取使利率上升的政策，兩國的利率差就會縮小。

為了簡化分析，在這裡只討論美國利率改變產生的結果。美國在世界經濟中佔有重要地位，美國的利率會影響其他國家的利率，造成別國利率的改變，但其影響的程度又是不完全相同的。假定傳遞的比例系數是 0.5，那麼表示美國利率和外國利率關係的數學表達式可以寫成：

$R_W = 0.025 + 0.5R$

上式說明，當美國利率 R 為 5% 時，其他國家的利率 R_W 也是 5%，預期的美元貶值率為 0，保持了利率平價。如果美元利率上升到 10%，按 0.5 的傳遞系數計算，其他國家的利率將上升到 7.5%，結果產生了利率差 2.5%。為了維持利率平價，就要求有 2.5% 的美元貶值率。

上式也可以表示為利率差的形式，$R - R_W$ 是利率差，將 $R_W = 0.025 + 0.5R$ 代入，則：

$R - R_W = R - (0.025 + 0.5R)$

$R - R_W = 0.5R - 0.025$

它表明當美國的利率上升時，利率差也隨之上升。其結果是：在美國的利率和美國與其他國家的利率差之間形成了一條向上傾斜的相關曲線，見圖14－10A。

現在已經具備了推導美國利率和匯率之間關係的理論準備。我們首先以假定的代數式進行推導，然後再用幾何方法將各種關係表示出來。

因為有：

$R - R_W = 0.1(匯率 - 平價)$

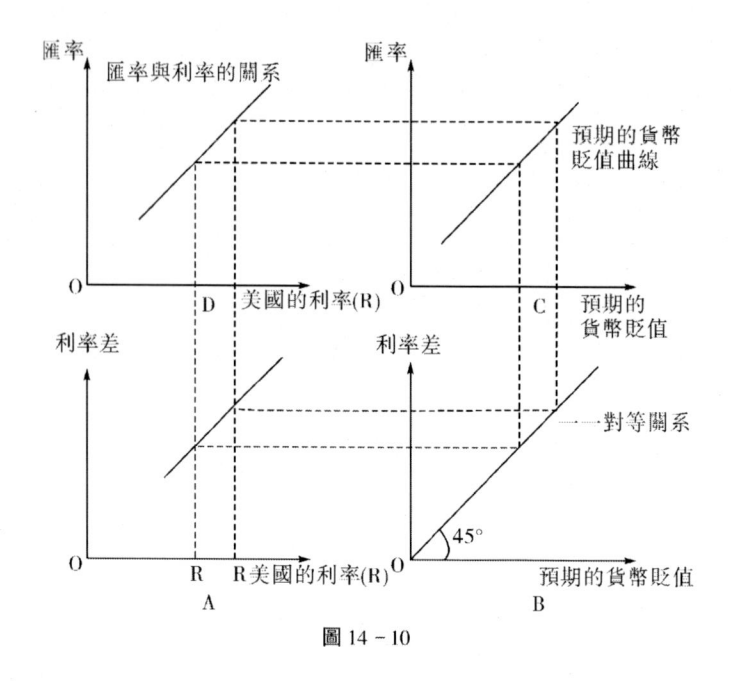

圖 14 - 10

因此：
0.1(匯率－購買力平價)＝0.5R－0.025
得到：
匯率＝購買力平價＋5R－0.25

上式表明，匯率和利率是正相關的。美國的利率因各種原因，比如政府支出增加而上升時，匯率也會上升。原因在於：美元利率上升造成了利率差，投資者為取得最大收益會把資金轉移到美國，對美元債券的大量購買會造成美元匯率上升。但為了維持利率平價，高的利率和匯率又將引起美元貶值的預期，經過逐期調整，最終將使利率差伴隨出現一個相關的預期美元貶值率，使持有高利率的美元資產和持有低利率的外幣資產的收益率歸於一致，資金在國際間的轉移也暫時中止。

例如：按上式計算，如果美國的利率是5%（R＝0.05）時，利率差保持正常，匯率等於購買力平價。如果購買力平價是1.0，美國的利率從5%上升到6%，就會使美元從1.0升值到1.05，即升值5%。

圖14-10概括了利率—匯率之間關係的形成過程。圖14-10A圖的R是開始的利率水準，利率上升到R′，由其他國家的利率反應曲線確定了美國利率與其他國家的利率差，差額由經驗的傳遞比例系數確定。圖14-10B圖表明了利率與預期貨幣貶值有一一對等關係，這由利率平價原理決定。圖14-10C圖表明預期貨幣貶值率對匯率的反應程度，這種反應程度取決於預期的匯率每年回復到購買力平價的速度。圖14-10D圖是經由上述各種機制所決定的利率變動所引起的匯率變動的結果，利率變動導致匯率的正相關變動。

綜上所述，在自由匯率的情況下，貨幣與黃金完全脫鉤，匯率在長期由購買力平價

決定。決定匯率短期波動的重要因素是利率的變動。因為利率變動產生利率差,為了維持利率平價,會導致預期貨幣貶值或升值,這意味著匯率的上升或下降。結果使匯率和利率之間有正相關關係。而兩者的相關值又取決於該國利率變動對其他國家利率變動的傳遞比例係數和預期實際匯率回復到平價的速度。一國利率變動是由包括財政—貨幣政策在內的多種因素決定的。這些因素的任何變動,都將使利率改變,從而經過上述調整機制使匯率發生改變。

從利率與匯率的關係還可以間接地引申出一個重要含義:當美元利率上升、美元升值、匯率上升時,就可預期美元將會貶值,利率將會下降。所以,利率和匯率的較大上升就將帶來較大的貨幣貶值預期。所以到了一定時候,即使美元利率依然很高,美元證券對投資者也不會再具有大的吸引力。

第三節　開放經濟下的宏觀模型

在開放經濟下,一國均衡收入的決定及變化不僅取決於一國內部產品市場、貨幣市場和要素市場的均衡,同時還取決於外部均衡。本節引入國際利率、匯率變量,分析在同時存在私人部門、政府部門和對外經濟關係部門下均衡收入的決定及變化。

一、開放經濟條件下的 IS—LM 模型

在 IS—LM 模型中加進對外貿易部門,分析匯率和外貿對總需求的影響,把 IS—LM 模型擴展為開放式模型,要相應做以下三個方面的修正:

第一,總支出 I + G 應加上淨出口(X - M)一項,因淨出口是外國對本國商品勞務的購買。

第二,淨出口是收入和匯率的函數。淨出口反向地取決於實際匯率,因為當本國貨幣升值時,出口減少,進口增加,結果都會使淨出口減少。淨出口反向地取決於本國的實際收入,這是因為進口隨本國的實際收入的增加而增加,因而實際收入增加,淨出口會變小。由此我們可以得到淨出口函數方程:

$$X = M_a - m \cdot Y - n \frac{E \cdot P}{P_W} \tag{20}$$

(20) 式中的 $(M_a - m \cdot Y)$ 是進口,m 是邊際進口傾向,Y 是實際收入。出口 X 與收入 Y 成反向關係變動。$\frac{E \cdot P}{P_W}$ 是實際匯率,n 是係數。出口 X 與實際匯率成反向關係。上式說明,淨出口等於自主進口減去收入乘邊際進口傾向,再減去實際匯率乘上一個係數。

第三,匯率又是利率的函數。如前所述,利率和匯率具有正相關關係。

由於利率變動關聯著匯率的變動,所以若有利率上升,匯率將上升,會導致淨出口減少,使總支出減少;所以因利率上升而導致的國內私人投資下降、總支出下降的趨勢,將會進一步加強。結果,與封閉經濟中的 IS 曲線相比,在開放經濟中,由利率上升而導致的國民收入減少會更多一些,即 IS 曲線會變得平緩一些。也就是說,利率上升不

僅會使私人投資減少，而且還會使匯率上升、出口減少，從而使 GNP 減少得更多；反之，利率下降不僅會使私人投資增加，也會使匯率下降、出口增加，從而將使 GNP 增加得更多，結果也將使 IS 曲線變得更平緩一些。

但是，在開放經濟中，利率上升不僅會提高匯率、減少出口、減少國民收入、使 IS 曲線變得平緩；同時，利率上升、投資減少又會使國民收入下降從而導致進口減少。進口減少將通過外貿乘數增加本國的國民收入。所以，由利率上升導致的國民收入減少又將部分地被利率上升導致的進口減少、收入增加所抵消，從而使 IS 曲線變得平緩的趨勢受到部分的抑制。反之，利率下降不僅會增加出口，同時也會增加進口——前者增加國民收入，後者減少國民收入。所以，利率下降導致的國民收入增加的勢頭也會受到部分的抵消，結果也會使 IS 曲線變得平緩的趨勢受到部分的抑制。

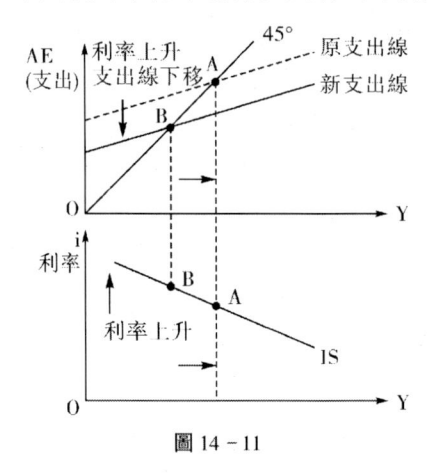

圖 14-11

圖 14-11 表示了開放型經濟中 IS 曲線的幾何推導過程。圖的上部分是 45°線和支出線。原支出線是 $C+I+G+(X-M)$。新支出線表示因利率上升、匯率上升、淨出口減少使總支出下降，導致的總支出線向下移動。圖的下半部分表示了利率上升導致的 GNP 下降的路線，由此推導出一條變得平緩的 IS 曲線。

把封閉經濟的 IS—LM 模型擴展為四部門的 IS—LM 模型，使總支出增加了淨出口，加進了外貿、利率和匯率的影響，使 IS 曲線變得平緩了些。除了做這些修正外，其他總支出部分、消費、投資、政府支出仍保持不變，貨幣的供給函數和需求函數仍保持不變，即對 LM 曲線不用再加以修正。這樣，我們就可以利用 IS—LM 模型來分析外貿、利率和外匯變動對一國價格水準、總收入和就業的影響，分析一國實施財政—貨幣政策對進出口、匯率的影響，對價格水準、收入和就業的影響。

二、IS—LM—BP 模型

國際收支平衡是開放經濟中一個重要的宏觀經濟目標，下面我們將國際收支平衡的條件加入到開放經濟模型中來，用 IS—LM—BP 模型來解釋經濟同時達到國內均衡和外部均衡的狀態。

1. 國際收支平衡和 BP 曲線

每個國家在一定時期內都可能產生經常帳戶和資本帳戶的順差或逆差，雖然這兩個帳戶也可能分別出現平衡，但這種情況大多是偶然的。我們將淨出口與淨資本流出之間的差額稱為國際收支差額，並用 BP 來表示，即：

國際收支差額 = 淨出口 − 淨資本流出

或者：

$$BP = X - F \tag{21}$$

這裡的淨資本流出 F = 流向外國的本國資本 − 流向本國的外國資本。如果本國利率高於國外利率，外國的投資和貸款就會流入本國，這時淨資本流出減少。反之，如果本國利率低於外國利率，將導致淨資本流出增加。一般認為，淨資本流出是本國利率 r 與國外利率 rw 之差的函數。假定淨資本流出函數是線性的，有：

$$F = \sigma\,(rw - r) \tag{22}$$

式中，σ > 0 為常數。可見，F 是國內利率 r 的減函數。

任何經常項目的赤字都要由相應的資本流入來抵消。如果國際收支差額為正，即 BP > 0，稱國際收支出現順差或國際收支盈餘。如果國際收支差額為負，即 BP < 0，則稱為國際收支逆差或國際收支赤字。按照宏觀經濟學的定義，一國的國際收支平衡也稱為外部均衡，是指一國國際收支差額為零，即 BP = 0。國際收支平衡時，有：

$$X = F$$

將淨出口函數和淨資本流出函數代入上式，得到國際收支均衡函數：

$$M_a - mY - n\frac{E \cdot P}{P_W} = \sigma\,(rw - r) \tag{23}$$

上式表示了當國際收支平衡時，收入 Y 與利率 r 的相互關係。在其他變量和參數既定的前提下，以利率為縱坐標，收入為橫坐標，可以畫出國際收支曲線，也稱 BP 曲線，如圖 14 − 12。

2. IS—LM—BP 模型

相應地，在以利率為縱坐標、收入為橫坐標的坐標系中，IS—LM—BP 模型可以用三條曲線，即 IS 曲線、LM 曲線和 BP 曲線來表示，如圖 14 − 13 所示。

圖 14 − 12

圖 14 − 13

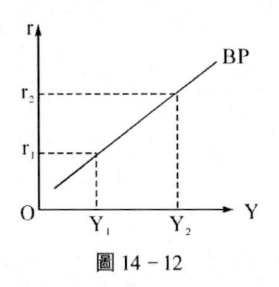

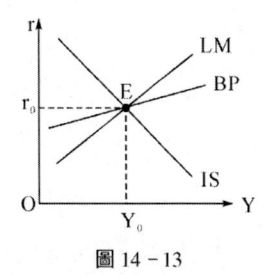

圖中，IS 曲線、LM 曲線和 BP 曲線相交於 E 點，表示經濟內外同時達到均衡。在開放經濟條件下，IS 曲線與 LM 曲線的交點所對應的狀態被稱為內部均衡或國內均衡。BP 曲線上的每一點所對應的狀態，即國際收支平衡被稱為外部均衡或國外均衡。因此，圖

14-12中的E點反應的是國內均衡和國外均衡同時得以實現的狀態。其中，IS曲線給出了在現行匯率下使總支出與總收入相等時的利率和收入水準的組合。LM曲線給出了使貨幣需求與供給相等的利率和收入水準的組合。BP曲線給出了在給定匯率下與國際收支相一致的利率和收入的組合。有了IS—LM—BP模型，就能從理論上分析開放經濟條件下的若干宏觀經濟問題，特別是一些政策問題。

三、資本完全流動下的IS—LM—BP模型

1. 資本完全流動時的BP曲線

從國際收支均衡函數可知，BP曲線的斜率項中有一個很重要的參數σ。σ實際反應國家間資本流動的難易程度。σ值越大，表示國內與國外的極小的利率差都會引起大量的資金流動。反之，如果σ值較小，則表示該國的金融市場還不太成熟，資本流動還有一定的限制或困難，從而國內利率與國外利率不相等時也不會造成很大的資本流動。

在資本完全流動的假定下，如果國外利率rw是既定的，則當國內利率高於國外水準時，資本就會無限地流入本國，就會出現大量的資本帳戶以及國際收支的盈餘。反之，若本國的利率低於國外水準時，資本就會無限地外流，就會出現國際收支赤字。這時BP=0一定是一條位於國外利率水準rw上的水準線。在水準線以上的點對應國際收支盈餘，在水準線以下的點對應國際收支赤字。

2. 固定匯率制度下的資本完全流動

前面說過，在資本完全流動條件下，極小的利率差異也會引起巨大的資本流動。在固定匯率情況下，IS—LM—BP模型所演繹的一個結論是：一國無法實行獨立的貨幣政策。圖14-14中，由於資本的完全流動，BP曲線為一條水準線，這意味著，只有在利率水準等於國外利率，即$r = rw$時，該國才能實現國際收支平衡。在任何其他利率水準上，資本流動都很劇烈以至該國的國際收支無法實現均衡，這又迫使該國中央銀行不得不進行干預以保持原有的匯率水準。這種干預在理論上使LM曲線發生移動。

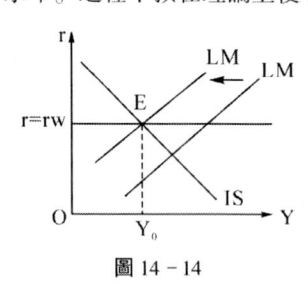

圖14-14

考察圖14-14從E點開始的貨幣擴張，這使得LM曲線向右移動到LM′，這時內部均衡點移到E′點。但在E′點，發生大規模的國際收支赤字，因而存在使匯率貶值的壓力。為了穩定匯率，中央銀行必須干預，出售外國貨幣，同時回籠本國貨幣。因此本國貨幣供給減少，結果使LM曲線向左移動。這一過程會持續到最初在E點的均衡得到恢復時為止。同樣可以說明，中央銀行任何緊縮貨幣的政策都將導致大規模的國際收支盈餘，因為這傾向於引起貨幣升值，並迫使中央銀行進行干預以保持匯率穩定。中央銀行的干預引起本國貨幣量增加。結果，最初的貨幣緊縮被抵消了。

3. 浮動匯率制度和資本完全流動

在完全浮動匯率情況下，一國的貨幣當局不干預外匯市場。匯率必須調整以使外匯市場出清，從而保持外匯的供求平衡。在浮動匯率和資本完全流動條件下，IS—LM—BP模型可以用來考察出口需求變化的效應。這可用圖 14-15 來加以說明。

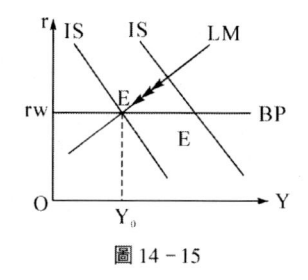

圖 14-15

考慮出口需求增加的情形。在圖中 E 點的初始的匯率和利率水準上，出口需求的增加使 IS 曲線向右移動到 IS′，這時內部均衡點為 E′點。但在 E′點，本國的利率超過了國外水準。作為對較高利率的反應，資本將開始流入本國，產生國際收支盈餘並由此引起本國貨幣升值。升值意味著本國的競爭力下降，即進口品的價格水準下降，且本國商品變得相對較昂貴。對本國商品的需求減少，淨出口下降。所有這一切說明，升值意味著 IS 曲線從 IS′向左方移動。只要本國的利率水準高於 rw，匯率就將保持升值，這意味著匯率升值必須持續到 IS 曲線一直移動到最初的均衡位置為止，這種調整由沿著 LM 曲線的箭頭來表示。因此，在資本完全流動和浮動匯率條件下，出口增加對均衡產出沒有影響。由於資本的完全流動性，出口需求增加引起的利率上升，進而使貨幣升值，因此最後完全抵消了出口的增加。一旦經濟回復到點 E，淨出口就回到最初的水準。當然，匯率這時已經上升了。

國家圖書館出版品預行編目（CIP）資料

西方經濟學原理 / 楊伯華, 繆一德 主編. -- 第四版.
-- 臺北市：財經錢線文化發行：崧博出版, 2019.12
　　面；　公分
POD版

ISBN 978-957-735-959-9(平裝)

1.經濟學

550　　　　　　　　　　　　　　　　　　108018192

書　　名：西方經濟學原理(第四版)
作　　者：楊伯華、繆一德 主編
發 行 人：黃振庭
出 版 者：崧博出版事業有限公司
發 行 者：財經錢線文化事業有限公司
E - m a i l：sonbookservice@gmail.com
粉 絲 頁：　　　　　　網　址：
地　　址：台北市中正區重慶南路一段六十一號八樓815室
8F.-815, No.61, Sec. 1, Chongqing S. Rd., Zhongzheng Dist., Taipei City 100, Taiwan (R.O.C.)
電　　話：(02)2370-3310　傳　真：(02) 2388-1990
總 經 銷：紅螞蟻圖書有限公司
地　　址：台北市內湖區舊宗路二段121巷19號
電　　話:02-2795-3656　傳真:02-2795-4100　　網址：
印　　刷：京峯彩色印刷有限公司（京峰數位）

本書版權為西南財經大學出版社所有授權崧博出版事業股份有限公司獨家發行電子書及繁體書繁體字版。若有其他相關權利及授權需求請與本公司聯繫。

定　　價：500元
發行日期：2019年12月第四版
◎ 本書以POD印製發行